秦岭
自然地理与人文历史

QINLING ZIRAN DILI YU
RENWEN LISHI

赵德芳 鲍锋 韩小武 编著

西安地图出版社

图书在版编目（CIP）数据

秦岭自然地理与人文历史 / 赵德芳，鲍锋，韩小武
编著 . -- 西安： 西安地图出版社， 2021.12（2025.4 重印）
ISBN 978-7-5556-0767-0

Ⅰ . ①秦… Ⅱ . ①赵… ②鲍… ③李… Ⅲ . ①秦岭—
人文地理 Ⅳ . ① K928.3

中国版本图书馆 CIP 数据核字（2021）第 249746 号

著作人及著作方式： 赵德芳　鲍锋　韩小武　编著
责任编辑： 杨芸　曲婵

书　　名	秦岭自然地理与人文历史
出版发行	西安地图出版社
地址邮编	西安市友谊东路 334 号　710054
印　　刷	陕西海丰印刷有限公司
开　　本	787 mm × 1092 mm　1/16
印　　张	17.75
字　　数	466 千字
版　　次	2021 年 12 月第 1 版　2025 年 4 月第 2 次印刷
审 图 号	GS（2020）5814 号
书　　号	ISBN 978-7-5556-0767-0
定　　价	56.00 元

版权所有　侵权必究

前言

"云横秦岭家何在？雪拥蓝关马不前。"秦岭被尊为华夏文明的龙脉，被称为"中华民族的父亲山"。巍巍秦岭，莽莽群山，横亘在我国南北的分界线上，巍峨中天。它使得天分南北，地割江河，东西逶迤，高下相摩。俗语说，秦岭西望昆仑，北拒广漠，东瞰中原，南压重山。

广义上的秦岭，西起甘肃临潭北部的白石山，向东经天水南部的麦积山进入陕西。在陕西与河南交界处分为三支，北支为崤山，中支为熊耳山，南支为伏牛山，全长1600多千米，南北宽数十千米至二三百千米。陕西境内的秦岭呈蜂腰状分布，东、西两翼各分出数支山脉，西翼为大散岭（海拔2819米）、凤岭（海拔2000米）和紫柏山（海拔2610米）三支；东翼分支自北向南依次分布为太华山、蟒岭、流岭、鹃岭和新开岭，海拔均在1500～2500米。秦岭的中段主体为太白山（海拔3771.2米）、鳌山（海拔3476米）、首阳山（海拔2720米）、终南山（海拔2604米）、草链岭（海拔2646米）。

秦岭在我国居中的地理位置、广阔的地域分布、中东部高海拔的隆起及其与四周高程的巨大落差、北山坡短仰、南山坡长俯，以及几亿年形成历史保育的动植物和人文景观，这些突出特性决定了秦岭在我国乃至东亚自然地理、气候水文、生态、农事、动植物区划等天然界线划分中的重要地位和作用。它既是中国南北气候等自然地理要素的分界线，也是"天然中药库"和"世界生物基因库"。

前11世纪开始，历经1100多年，秦岭更是成为中国历代王朝的风水宝地，共有西周、秦、西汉、新莽、东汉、西晋、前赵、前秦、后秦、西魏、北周、隋、唐等13个朝代在秦岭北坡建都。唐末黄巢和明末李自成领导的农民起义也曾在西安建立政权。

而作为中国历史上最具影响力、国力最为强盛的周、秦、汉、唐四个朝代，更是将秦岭作为其历史与文化的发源地，依靠秦岭丰富的资源供给，成就了中国历史上最为辉煌的封建王朝。

千百年来，秦岭以奇美壮丽的自然景观和丰富的动植物资源吸引了众多游人及探索者的目光，而与秦岭相关的历史典故和地理风物更让众多研究者沉醉其中。广阔的地域和厚重的历史使得打造大秦岭文化品牌成为保护秦岭、传播中华优秀传统文化的一个重要途径，也是兼具学术研究、文化传承、旅游开发等多重意义和价值的一个重要课题。

本书旨在通过系统梳理秦岭的自然地理环境、历史变迁、文化脉络，打造一本综合介绍秦岭的知识性读物。本书分为秦岭的自然地理、人文历史、绿水青山三大篇。其中，秦岭的自然地理篇主要包括地理位置、山水地貌、动植物等自然环境。秦岭的人文历史篇主要包括宗教、名人、古栈道、古寺庙、古村落，以及民俗文化等文化特色知识。而秦岭的绿水青山篇主要从发展的角度，提出秦岭生态保护的迫切性以及促进秦岭文化传播多元化和可持续发展的重要性。

本书由赵德芳统稿，具体章节撰写分工如下：前言，赵德芳；第一篇第一章、第二章，李广文；第三章，刘亚辰；第四章，赵德芳；第五章，胡有宁。第二篇第一章、第二章，赵德芳；第三章，张薇；第四章，李矫锢；第五章，张薇；第六章，李矫锢。第三篇第一章，李广文；第二章，胡有宁；第三章，赵德芳。本书在撰写过程中得到了鲍锋教授的提纲论证及全程指导，还有毛腊梅社长，韩小武总编辑，呼雪梅、曲婵、杨芸的大力支持，他们提出了宝贵的建议，在此表示衷心的感谢！

关于秦岭的课题研究已经有很多，未来会更多。本书旨在抛砖引玉，以求共同提高。虽然几易其稿，限于作者水平，书中难免存在一定局限性，不足之处敬请读者批评指正。

赵德芳

2019 年 9 月于古都西安

目 录

第一篇　举世无双的自然地理 ········· 001
- 第一章　中华龙脉大秦岭 ········· 002
- 第二章　秦岭的地质地貌 ········· 019
- 第三章　南北气候分界线——秦岭的气候 ········· 029
- 第四章　长江黄河分水岭——秦岭的水系 ········· 039
- 第五章　秦岭的生物资源 ········· 067

第二篇　源远流长的人文历史 ········· 085
- 第一章　秦岭古文明 ········· 086
- 第二章　秦岭水文化 ········· 105
- 第三章　秦岭宗教文化 ········· 135
- 第四章　秦岭战争文化 ········· 165
- 第五章　秦岭诗词文化 ········· 190
- 第六章　秦岭民俗文化 ········· 219

第三篇　惠及后世的绿水青山 ········· 239
- 第一章　打造国家中央公园 ········· 240
- 第二章　保护中华绿肺 ········· 244
- 第三章　人与自然和谐相处 ········· 252

附　录 ········· 260

参考文献 ········· 274

第一篇
举世无双的自然地理

DI-YIPIAN JUSHIWUSHUANG DE ZIRAN DILI

第一章
中华龙脉大秦岭

巍峨秦岭，横亘于中华大地。人们一直认为它是中国南北分界线，但它又何尝不是中华大地南北的缝合线。在秦岭的荫庇之下，秦王朝不但完成了统一中华的春秋霸业，更奠定了中国2000多年"以农为本"的基础；在巍峨的秦岭之中，汉王朝奠定了中国辽阔的版图。今天，它又承载着"南水北调"的使命，牵系着中国的未来。

打开中国地理版图，全长1600余千米的秦岭，宛若一条东方巨龙，雄踞华夏中央。它西连青藏高原，北聚黄土高原，南拥巴蜀荆楚之地，东接华北平原、江汉平原。它和合南北，泽被天下，将中国地势"三级阶梯"联系在一起，成为中国的地理标识。它是一座山，一座高大而雄伟的山，但它又不仅仅是一座山。它是历史的见证者，看到了秦汉时期的恢宏气势，也经历了隋唐的极盛辉煌；它是一种精神，一种凝结在每一位中华儿女心中的精神。如果说黄河是我们的母亲河，那么东西绵延上千千米的秦岭，完全称得上是我们的父亲山。黄河母亲给了我们流淌的血液，秦岭父亲则给了我们坚强的脊梁。

第一节 秦岭概述

作为严父，秦岭用自己的身躯把我们的祖国大地天然地分成了南北，给了我们不一样的气候，不一样的习俗，以及不一样的性格。

一、秦岭范围

秦岭，分为广义上的秦岭和狭义上的秦岭。广义的秦岭，西起昆仑，中经陇南、陕南，东至豫鄂皖——大别山，以及蚌埠附近的张八岭，是长江和黄河的分水岭。其范围包括岷山以北，陇南和陕南蜿蜒于洮河与渭河以南、汉江与嘉陵江支流——白龙江以北的地区，东到豫西的伏牛山、熊耳山，在方城、南阳一带山脉断陷，形成南襄隘道，在豫鄂交界处为桐柏山，在豫鄂皖交界处为大别山，走向变为西北—东南，到皖南霍山、嘉山一带为丘陵，走向为东北—西南。由于秦岭范围较大，南北自然、文化差异明显，其范围在科学界还存在一些争议。党双忍教授通过研究，给出了大秦岭范围（图1-1）；陕西师范大学李君轶教授带领团队，结合前人研究和实地考察，也给出了秦岭范围。比较二者，我们不难发现：党教授给出的大秦岭范围西部比李教授给出的范围，西倾山西部包含范围较大，而大岷山西部却又缺少了岷江西岸部分地区；东部边界差别不是很明显。

狭义上的秦岭，位于北纬32°~34°，介于关中平原和南面的汉江谷地之间，是嘉陵江、洛河、渭河、汉江四条河流的分水岭；东西绵延400~500千米，南北宽达100~150千米。也有人将狭义上的秦岭定义为陕西境内秦岭的统称。陕西境内的秦岭西起宝鸡—凤县—略阳线，南以汉江与大巴山为界，北坡直达渭河干流和黄河干流，向东以蟒岭、流岭、鹘岭等平行支脉为最东界线。

由于秦岭范围没有统一的界定，而本书以介绍陕西秦岭为主，故而将本书描述的秦岭范围界定为北部以秦岭北麓为界，南部以汉江为界，东西以陕西省行政边界为界，即陕西秦岭（图1-2）。

陕西境内的秦岭地跨宝鸡市（陈仓区南部、渭滨区南部、岐山县南部、眉县南部、凤县全境和太白县全境），西安市（周至县南部、鄠邑区南部、长安区南部、蓝田县南部、临潼区南部、灞桥区东部），渭南市（临渭区南部、华州区南部、华阴市南部、潼关县南部），商洛市（洛南县、商州区、商南县、丹凤县、山阳县、镇安县和柞水县全境），安康市（旬阳市北部、汉滨区北部、汉阴县北部、紫阳县北部、石泉县北部、宁陕县全境、岚皋县北部），汉中市（佛坪县全境、洋县北部、城固县北部、西乡县东北部、汉台区北部、留坝县全境、勉县北部、宁强县北部、略阳县全境）等陕西省中南部6市共39区县（图1-3）。

二、秦岭气候

秦岭基本上与1月0摄氏度等温线、2000小时日照时数线以及800毫米等降水量线一致。秦岭南部属于亚热带气候，降水多，气温高，太阳辐射较少；北部为暖温带气候，相对于秦岭以南，其降水较少，气温较低。秦岭生态功能区的相对高差大，其垂直分布上的气温、降水差异也比较大，年平均气温最低在0摄氏度，最高可达10摄氏度左右；降水量也在650~1000毫米变化。

三、水文特征

秦岭生态功能区地形变化大，河流密布。据统计，区内有大小河流及山沟多达20多万条，长度在40千米以上的河流共86条，流域面积在100平方千米以上的河流共195条，流域面积在1000平方千米以上的有22条，水系形态呈羽毛状、树枝状格局，超过70%的面积属于长江流域，有近30%的面积属于黄河流域，其中以汉江水系的范围最广，占陕西秦岭地区总面积的60%以上；渭河水系的范围次之，约占陕西秦岭地区总面积的24%；嘉陵江和南洛河两个水系的范围很小，合计仅占陕西秦岭地区总面积的14%。

大秦岭卫星遥感影像

第一篇 举世无双的自然地理

◆ 图1-1 大秦岭卫星遥感影像

秦岭 自然地理与人文历史
QINLING ZIRAN DILI YU RENWEN LISHI

大秦岭政区归属图

第一篇 举世无双的自然地理

◆ 图1-2 大秦岭政区归属图

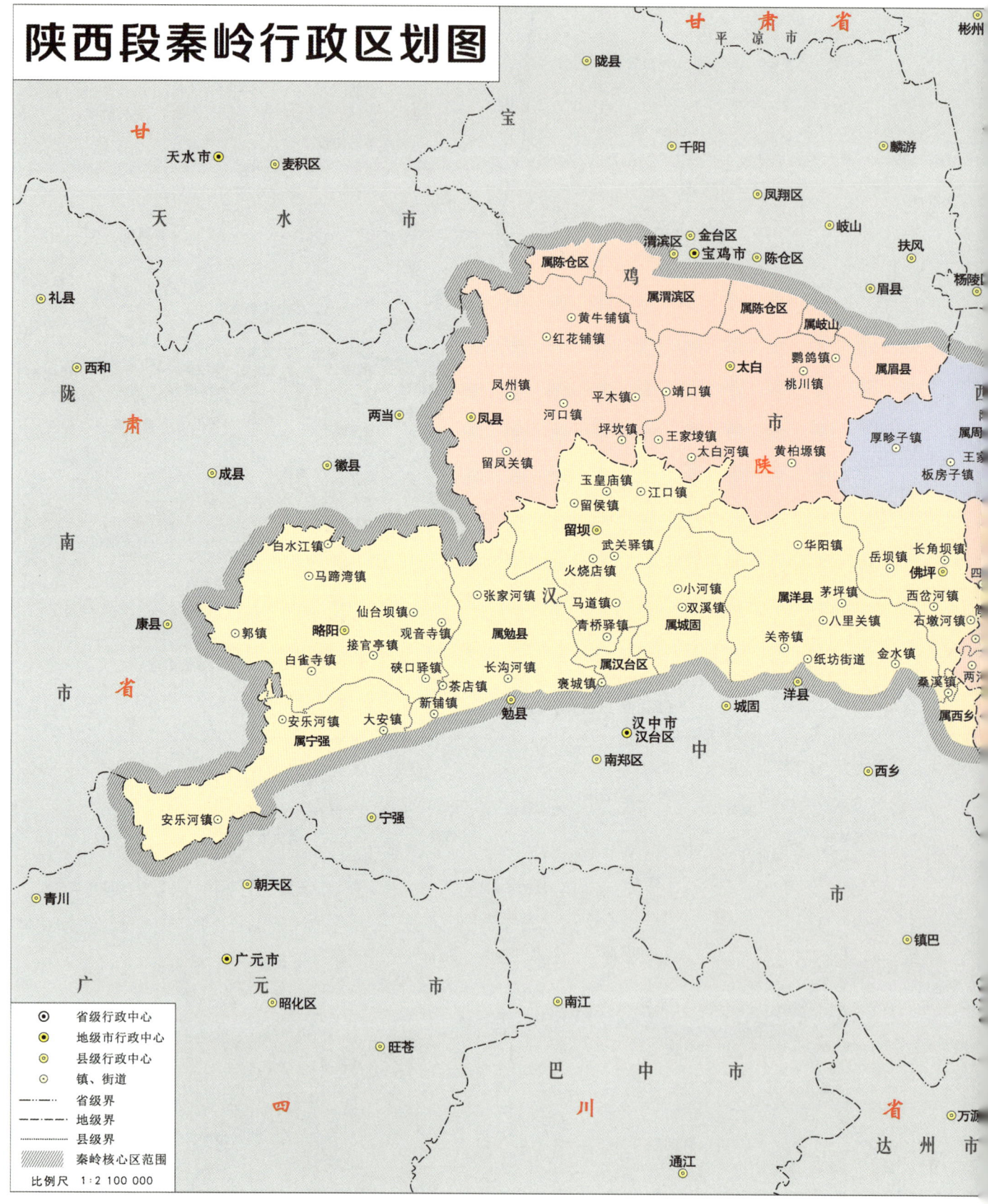

第一篇　举世无双的自然地理

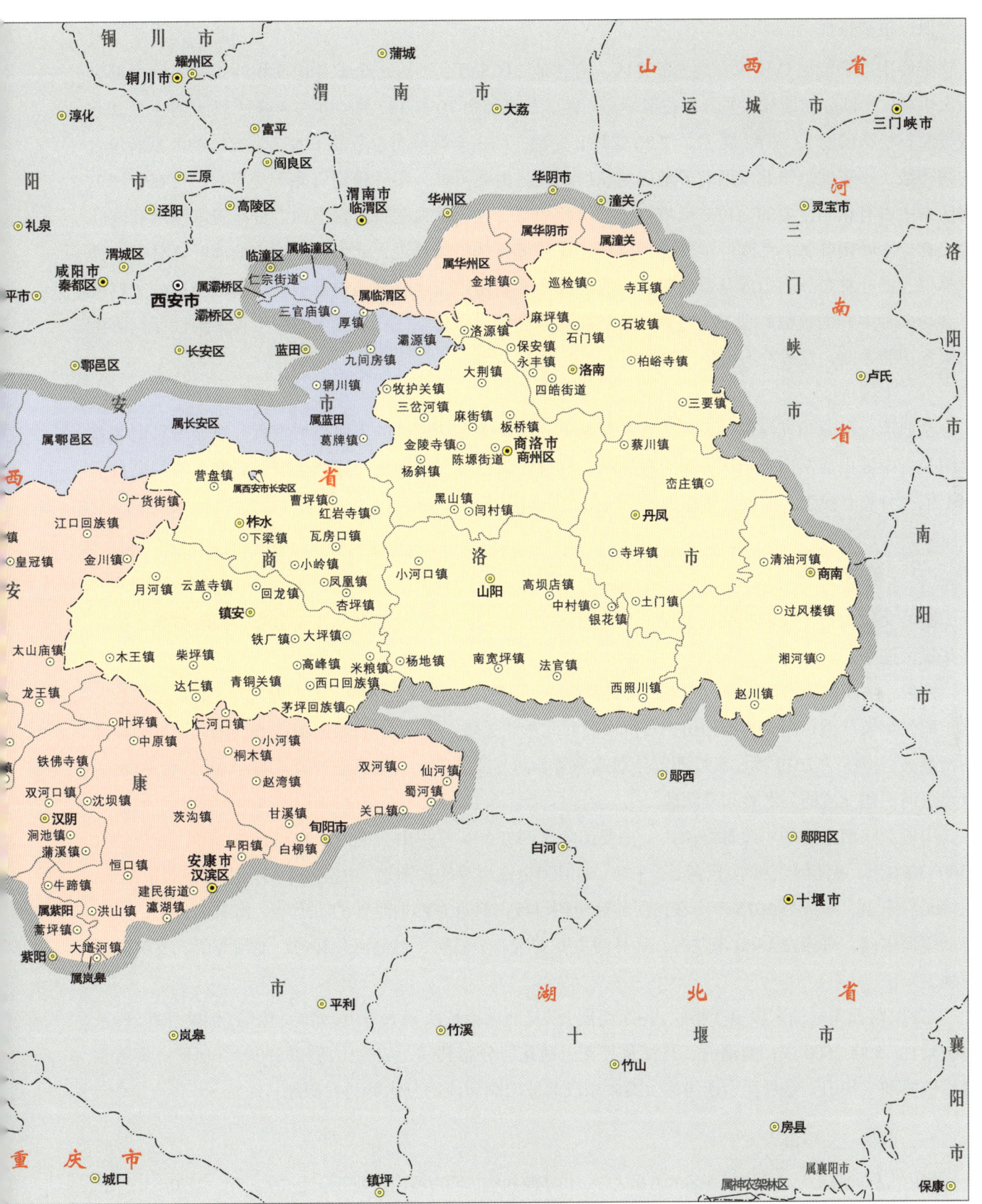

◆ 图1-3　陕西段秦岭行政区划图

四、植被特征

秦岭生态功能区是陕西省最大的林区，有林地247.5万公顷，占全省林地面积的54%，绝大部分为次生林，少部分原始林主要分布在秦岭高山区。苔藓植物70科182属440种4亚种21变种1变型，蕨类及石松类植物33科83属312种20变种8变型，约占全国蕨类总数的12%。秦岭植物区系所包含的物种数，在东北、华北及西北等地区均位居前列。由此可见，秦岭植物资源十分丰富，且在全国植物区系中占有相当重要的地位。南坡以落叶阔叶和常绿混交林为基带，自下而上分布着常绿落叶阔叶混交林、落叶阔叶林、针阔叶混交林，呈现北亚热带森林植被景观；北坡自下而上的落叶栎林带、桦木林带、针叶林带和高山灌丛草甸带，构成了典型的暖温带山地森林植被景观。丰富的植物种类构成了秦岭多种多样的植被类型，这些森林植被在固碳释氧、净化空气、涵养水源、生物多样性保护等生态服务功能方面，发挥着不可替代的作用。

五、土壤特征

在地形、水源和气候等一系列因素的影响下，秦岭生态功能区的土壤类型垂直分布显著且南北差异明显。南坡山麓至山脊依次分布有黄棕壤、棕壤、暗棕壤、草甸土及原始土壤，北坡土壤类型自下而上依次分布有褐土、棕壤、暗棕壤、草甸土及原始土壤。

第二节 秦岭山峰

秦岭父亲山给了我们坚强的脊梁，分为西、中、东三段，每段都有其代表山峰，巍峨峻峭，挺立在华夏大地中心。

西段：陕西秦岭的西段分为三支，北支为秦岭，也称南岐山或大散岭；中支为凤岭，有黄土堆积，水土流失比较严重；南支为紫柏山，在留坝的西北称柴关岭。这些山岭海拔均在1500米以上，而以紫柏山最高，海拔达2610米。秦岭西段分别成为清姜河与嘉陵江、嘉陵江左岸支流与沮水河干、支流，以及褒河一些支流的分水岭和发源地。

中段：陕西秦岭的中段称终南山，主要山岭有四方台、首阳山、终南山和东光秃山等，海拔均在2500~3000米，是沣河、涝河、浐河、子午河、旬河和金钱河等的发源地。由秦岭梁向东南延伸的平河梁，主峰是广东山，海拔为2675米。在旬河和社川河流域，有近东西向延伸的古道岭、海棠山和羊山，山势低缓而破碎，海拔在1500米左右，是月河主要支流——恒河、付家河和蜀河、池河等干、支流的发源地。

东段：陕西秦岭的东段呈手指状，向东南展开。从北向南依次是太华山、蟒岭、流岭、鹃岭和新开岭，海拔均在1500~2600米；南洛河、丹江及其支流银花河分布其间，成为山河相间的岭谷地形。秦岭主脊草链岭和太华山，是丹江、南洛河及秦岭东段北坡山涧溪流的分水岭与发源地。

一、西岳——华山

华山古称"西岳"，为中国著名的五岳之一，位于陕西省华阴市境内，处于东经109°57′~110°05′，北纬34°00′~34°25′；东西长15千米，南北宽10千米，总面积约148平方千米；西距陕西省会西安

120千米，南接秦岭，北瞰黄（河）渭（河），扼守着大西北进出中原的门户。

华山山脉为花岗岩巨石，在地壳发生运动时，形成了秦岭北麓的大断层，华山山脉上升，而渭河地带相反向下凹陷，华山仙掌就是典型的垂直断层面。自古华山一条道，华山以其险峻闻名于世。主要山峰有东、西、南、北、中五峰，与金庸先生笔下的东邪、西毒、南帝、北丐、中神通相呼应，乃至于金庸先生晚年时期亲临华山，并题写了"华山论剑"4个大字。

东峰海拔2096.2米，是华山主峰之一，因位置居东而得名。峰顶有一平台，居高临下，视野开阔，是著名的观日出的地方，人称朝阳台，东峰也因之被称为朝阳峰。东峰由一主三仆四个峰头组成，朝阳台所在的峰头最高，玉女峰在西，石楼峰居东，博台偏南，宾主有序，各有千秋。古人称华山三峰，指的是东、西、南三峰，玉女峰则是东峰的一个组成部分。今人将玉女峰称为中峰，使其亦作为华山主峰单独存在。古时称登东峰道路艰险，《三才图会》记述：山岗如削出的一面坡，高数十丈，上面仅凿了几个足窝，两边又无树枝藤蔓可以攀缘，登峰的人只有爬在岗石上，手脚并用才能到达峰巅。今已开辟并拓宽几条登峰台阶路，游人可安全到达。东峰有景观数十处，位于东石楼峰侧的崖壁上有天然石纹，像一个巨型掌印，这就是被列为关中八景之首的华岳仙掌，巨灵神开山导河的故事就源于此。朝阳台北有杨公塔，与西峰杨公塔遥遥相望，塔上有杨虎城将军亲笔所题"万象森罗"4个字。此外，东峰还有青龙潭、甘露池、三茅洞、清虚洞、八景宫、太极东元门等。遗憾的是，有些景观因年代久远或天灾人祸而废，现仅存遗址。20世纪80年代后，东峰部分景观逐步得以修复。险道整修加固，亭台重新建造，在1953年毁于火患的八景宫旧址上，已重新矗立起一栋两层高的木石楼座，是为东峰宾馆。

西峰海拔2082.6米，是华山主峰之一，因位置居西而得名。又因峰巅有巨石，形状好似莲花瓣，古人多称其为莲花峰、芙蓉峰。明朝袁宏道在他的《华山记》中记述："石叶上覆而横裂。"徐霞客在《游太华山日记》中也记述："峰上石笋起，有石片覆其上如荷叶。"李白诗中云"石作莲花云作台"，也当指此石。西峰为一块完整巨石，浑然天成。西北绝崖千丈，似刀削锯截，其陡峭巍峨、阳刚挺拔之势是华山山形之代表。西峰南崖有山脊与南峰相连，脊长300余米，石色苍黛，形态好像一条屈缩的巨龙，人称屈岭，也称小苍龙岭，是华山著名的险道之一。西峰上景观比比皆是，有翠云宫、莲花洞、巨灵足、斧劈石、舍身崖等，并伴有许多美丽的神话传说，其中沉香劈山救母的故事流传最广。峰上崖壁题刻遍布，工草隶篆，琳琅满目。峰北绝顶叫西石楼峰，峰上杨公塔为杨虎城将军所建。塔下岩石上有"枕破鸿蒙"题刻，是书法家王铎的手迹。

南峰海拔2154.9米，是华山最高主峰，也是五岳最高峰，古人尊称它为"华山元首"。登上南峰绝顶，顿感天近咫尺，星斗可摘。举目环视，但见群山起伏、苍苍莽莽，黄河渭水如丝如缕，漠漠平原如帛如绵，尽收眼底，使人真正领略华山高峻雄伟的博大气势，享受如临天界，如履浮云的神奇情趣。峰南侧是千丈绝壁，直立如削，下临一断层深壑，同三公山、三凤山隔绝。南峰由一峰二顶组成，东侧一顶叫松桧峰，西侧一顶叫落雁峰。也有说南峰由三顶组成，把落雁峰之西的孝子峰也算在其内。这样一来，落雁峰最高居中，松桧峰居东，孝子峰居西，整体像一把圈椅，三个峰顶恰似一尊面北而坐的巨人。袁宏道在他的《华山记》一书中记述南峰形象说："如人危坐而引双膝。"

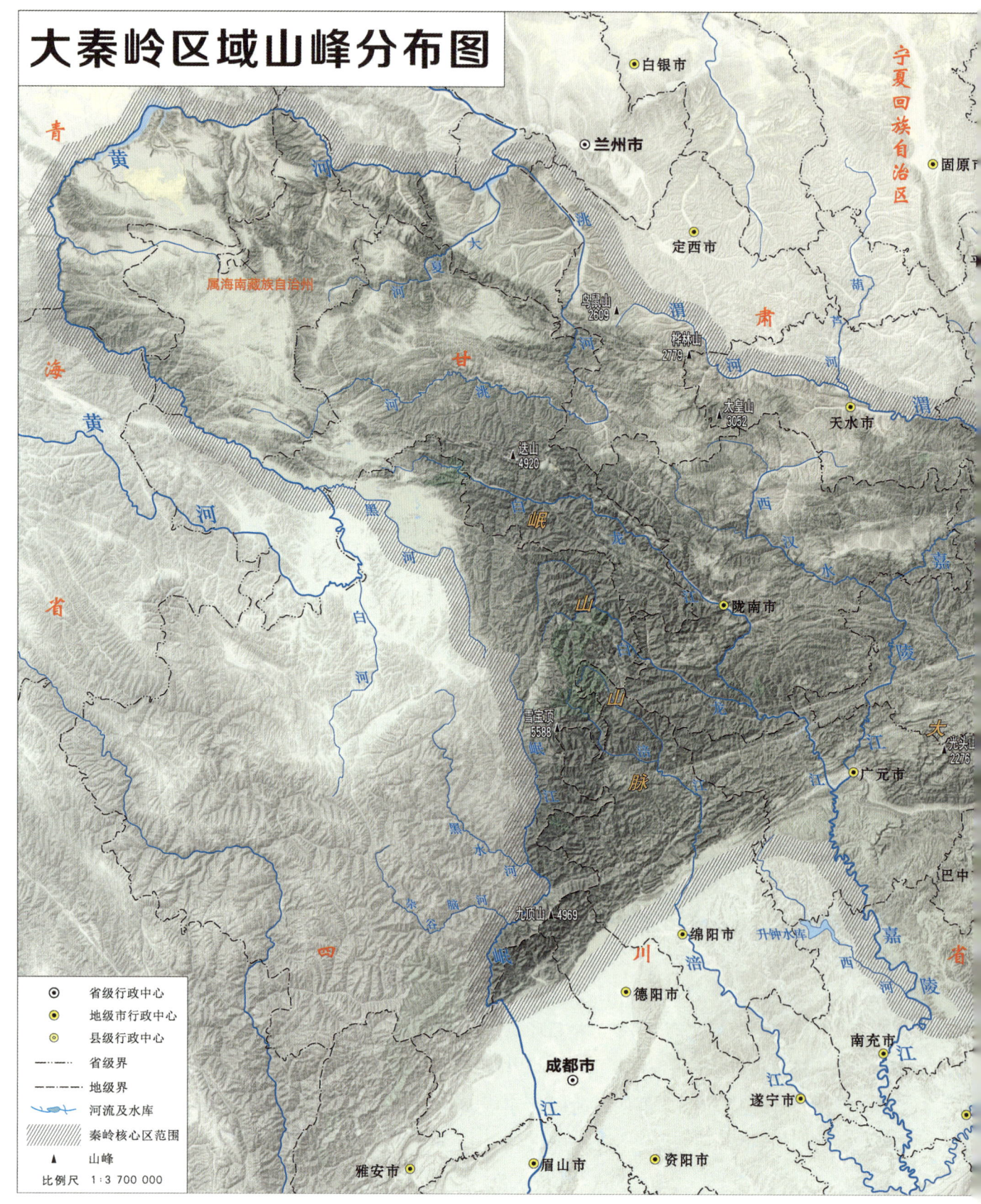

第一篇 举世无双的自然地理

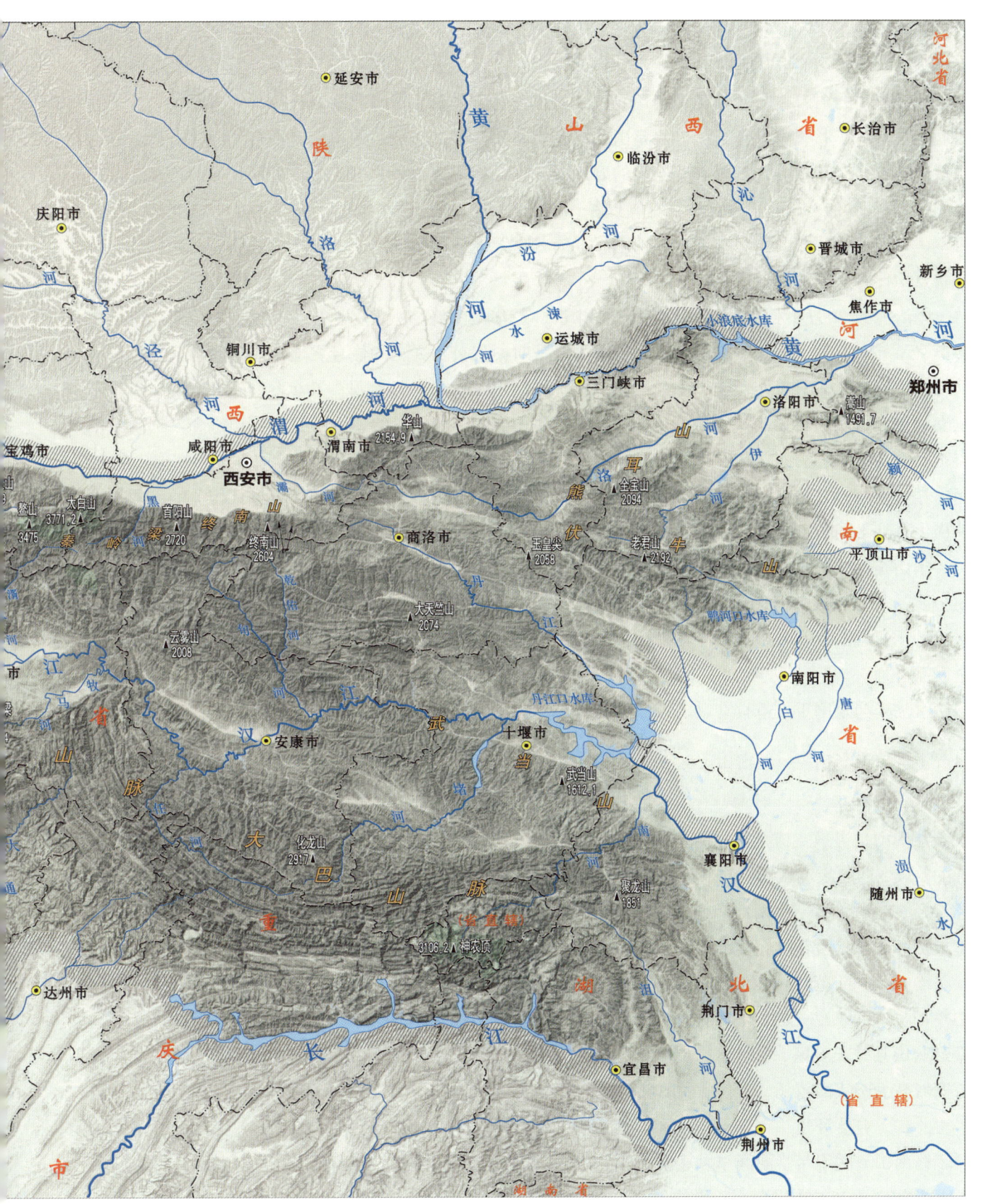

◆ 图1-4 大秦岭区域山峰分布图

北峰海拔1614米，是华山主峰之一，因位置居北而得名。北峰四面悬绝，上冠景云，下通地脉，巍然独秀，有若云台，因此又名云台峰。唐朝李白在《西岳云台歌送丹丘子》中曾写道："三峰却立如欲摧，翠崖丹谷高掌开。白帝金精运元气，石作莲花云作台。"峰北临白云峰，东近量掌山，上通东西南三峰，下接沟幢峡危道，峰头是由几组巨石拼接，浑然天成。绝顶处有平台，原建有倚云亭，现留有遗址，是南望华山三峰和苍龙岭的好地方。峰腰树木葱郁，秀气充盈，是攀登华山绝顶途中理想的休息场所，1996年开通的登山缆车上站，即峰之东壁。峰上景观颇多，有影响的如真武殿、焦公石室、长春石室、玉女窗、仙油贡、神土崖、倚云亭、老君挂犁处、铁牛台、白云仙境石牌坊等，且各景点均伴有美丽的神话传说。

中峰海拔2037.8米，居东、西、南三峰中央，是华山主峰之一。峰上林木葱茏，环境清幽，奇花异草多不知名。峰头有道舍名玉女祠，传说是春秋时秦穆公女弄玉的修身之地，因而此峰又被称为玉女峰。中峰多数景观都与萧史弄玉的故事有关，如明星玉女崖、玉女洞、玉女石马、玉女洗头盘等。玉女祠建在峰头，传说当年秦穆公追寻女儿来到华山，一无所获，绝望之下只能建祠纪念。祠内原供有玉女石像一尊，另有龙床及凤冠霞帔等物，后全毁于天灾人祸。今祠为后人重建，玉女塑像为1983年重塑，姿容端庄清丽，古朴严谨。峰上还有石龟蹑、无根树、舍身树等景观，与其相关的传闻都妙趣横生，从不同角度丰富了中峰的内涵，增添了中峰的神奇与美丽。

华山是第一批国家重点风景名胜区、国家AAAAA级旅游景区、全国重点文物保护单位、国家地质公园，著名景点多达210余处，有凌空架设的长空栈道，三面临空的鹞子翻身，以及在峭壁绝崖上凿出的千尺幢、百尺峡、老君犁沟等，其中华岳仙掌被列为关中八景之首。同时，华山也是道教主流全真派圣地。现存（截至2013年）72个半悬空洞，道观20余座，其中的玉泉院、都龙庙、东道院、镇岳宫被列为全国重点道教宫观。

二、宗教名山——终南山

（一）概况

终南山是道教主流全真派的圣地，又名太乙山、地肺山、中南山、周南山，简称南山，是秦岭山脉的一段，西起宝鸡市眉县、东至西安市蓝田县，有"仙都""洞天之冠"和"天下第一福地"的美称。《诗经·秦风》有"终南何有，有条有梅"的诗句。唐朝官绅多在此建有别墅，其中以王维的辋川别墅最负盛名，其所作的优美山水诗大多是描写此处景色。

终南山的范围大致与陕西秦岭中段一致，介于东经107°37′~109°49′、北纬33°41′~34°22′之间，东西长约230千米，最宽处55千米，最窄处15千米，总面积约4851平方千米。横跨蓝田县、长安区、鄠邑区、周至县等县区，绵延数百余里，雄峙在古城长安（西安）之南，成为长安城高大坚实的依托、雄伟壮丽的屏障。

（二）自然环境

终南山属暖温带半温润季风气候，四季冷暖干湿分明，年无霜期226天。1月平均气温0.4摄氏度，7月平均气温26.6摄氏度，年平均气温13.3摄氏度，年平均降水量613.7毫米，年平均湿度69.6%。终南山是国家AAAA级旅游景区、世界地质公园、国家森林公园、国家自然保护区。2009年8月23日，联合国教科文组织正式通过秦岭终南山入选世界地质公园。

终南山自然资源丰富，截至2012年，终南山内有野生动物36目100科643种，其中兽类有7目23科144种；两栖爬行类至少有5目9科30种，占中国兽类总种数的29%；鸟类共17目52科399种，约占中国鸟类总种数的34%；珍稀濒危动物达62种。秦岭又是许多古老和孑遗生物的避难所，稀有、特有物种类型较多，已有128种动物和56种植物被列入国家和省级重点保护对象。秦岭有种子植物122科671属2931种，有世界性单种属37个，少种属60个，中国特有属23个；有蕨类植物120种，藓类植物253种；被列为国家和省级重点保护的野生珍稀植物29种，可用于园林绿化的观赏植物约600种，药用植物约800种。由于气候的立体差异，植物的分布也形成相应的垂直带谱，从下到上依次形成四个景观林带，界线清晰，色调分明，分别是落叶栎林带（海拔780~2300米），优势种主要有栓皮栎、锐齿栎、辽东栎等；桦木林带（海拔2300~2800米），优势种主要有红桦、毛红桦等；针叶林带（海拔2800~3400米），优势种以巴山冷杉、太白落叶松为主；高山灌丛草甸带（海拔3400~3767米），优势种以头花杜鹃、高山绣线菊、杯腺柳为主。

（三）人文历史

终南山为道教发祥地之一，自尹喜草创楼观后，历朝于终南山皆有所修建，历尽沧桑，得以传承。由于其道教文化深厚的底蕴，终南山历代多有隐士，据统计有5000余人。时至今日，在终南山中还保留着隐居的传统，来自全国各地的修行者隐居山谷，过着和千年前一样的生活。在主流社会之外，这一群人的生活远离都市，与群山、清风为邻。

（四）风景名胜

终南山地处中国南北大陆板块碰撞拼合的主体部位，是中国南北天然的地质、地理、生态、气候、环境乃至人文的分界线，有"中国天然动物园""亚洲天然植物园"之称，以秦岭造山带地质遗迹、第四纪地质遗迹、地貌遗迹和古人类遗迹为特色，其中涉及王顺山、楼观台、首阳山等诸多大小名山。

1. 王顺山

王顺山位于蓝田县城20千米的蓝桥乡，距古都西安仅60千米，交通便利，因中国古代二十四孝之一——王顺担土葬母于此而得名。

王顺山是秦岭终南山世界地质公园的重要组成部分，国家森林公园，国家AAAA级旅游景区，是陕西有名的自然旅游景点。它南依秦岭，北邻灞河，蓝水环绕，景色迷人。独秀峰、五云峰、西峰、狮子峰、千指峰等景象，犹如一幅山水画屏。一线天、刃峰、孔雀梁、醉仙台、蜡烛台、石墙谷等景点，如鬼斧神工，峭壁兀立，万丈绝壁，飞云流雾，变幻莫测。其顶峰为玉皇顶，海拔2239米，登上玉皇顶，可东眺西岳华山，北望渭水连天，南观群山蜿蜒，西瞰古都长安。

2. 楼观台

楼观台，中国道教最早的圣地，道教楼观的发源地，因其说经台犹如竹海松林中浮起的方舟，常称楼观台。其位于秦岭北麓中部陕西省西安市周至县境内，东距西安70千米，西距周至县城15千米，号为道家七十二福地之首。楼观台创始于西周，鼎盛于隋唐，衰落于宋金，毁于宋末，振兴于今。景区内山清水秀，台、寺、观、院、塔、洞、池、炉、石、树，传承着源远流长的道教文化。

3. 首阳山

首阳山是陕西秦岭北坡著名高峰，海拔2719.8米，位于周至县九峰乡耿峪和鄠邑区甘峪交界处，东距西安60千米，西距周至县城30千米。景区人文景观星罗棋布，自然景观目不暇接。史载，商周交兵时，商朝上大夫伯夷、叔齐阻拦周武王大军未果，遂南行入山隐居，采薇而食，义不食周粟。每天清晨迎来第一束朝阳，叹曰："奇哉美哉首阳山。"故首阳山因此而得名。伯夷、叔齐在首阳山死后，儒家尊两人为圣贤，道家尊两人为大太白神和二太白神。

三、秦岭主峰——太白山

（一）自然概况

太白山跨太白县、眉县、周至县三县，主峰拔仙台在太白县境内东部，海拔3771.2米，介于东经107°18′~107°54′、北纬33°08′~34°48′之间，直距太白县城43.25千米。太白山山顶气候严寒，冰冻时间很长，常年有积雪，天气晴朗时，雪峰皑皑，因而以"太白"命名。

太白山是长江和黄河两大水系的分水岭，具有低山、中山、高山等地貌类型，特点各异。低山区是被黄土覆盖的石质低山；中山区奇峰林立，怪石嶙峋，千姿百态；高山区是遗留下来的第四纪冰川地貌冰斗、角峰、槽谷及冰碛堤等。由于其巨大的高山落差，形成了太白山独有的气候特点，气候随海拔而变化的垂直递减规律，气温垂直递减率平均估计在0.4~0.5摄氏度。在特有的气候环境下，动植物带有明显的垂直分布，在海拔620~3511米的山地范围内，分布了地球上数千千米范围内才有的气候带、植物带和动物带，形成了包括3个植物带、7个植物亚带、15个植被群系在内的最完整的山地植被垂直带谱。根据气候和植被的特点，由下向上分为暖温带、温带、寒温带、寒带、高山寒带5个明显的气候带。森林植被自下而上有8个景观带：栓皮栎景观林带（海拔1300米以下）、锐齿栎景观林带（海拔1300~1800米）、

◆ 图1-5 太白山（一）

辽东栎景观林带（海拔1800~2300米）、红桦景观林带（海拔2300~2600米）、牛皮桦景观林带（海拔2500~3000米）、巴山冷杉景观林带（海拔2800~3200米）、太白红杉景观林带（海拔3000~3500米）、高山灌丛草甸景观带（海拔3400米以上）。太白山动植物资源非常丰富，山上林木茂盛，中草药遍地皆是，尤其是独有世界上仅存的孑遗植物——独叶草。丰富的植物资源为野生动物提供了充足的食物，雉类之血雉、红腹角雉及兽类之大熊猫、金丝猴、羚牛等珍禽异兽于太白山繁衍生息。自19世纪始，世界各

地学者纷纷慕名前往太白山考察，太白山已成为科考研究、避暑旅游、体育运动和教学实习的重要基地（图1-5）。

（二）独具特色的旅游资源

拔仙绝顶——拔仙台，海拔3771.2米，雄踞于秦岭群峰之上，为太白山绝顶，恰似一个不规则三角形锥体，孤高峥嵘，参天入云，三面陡峭，雄险无比，台顶宽阔平坦，向西南倾斜，西宽东窄，面积约8.4公顷。台上有封神台、雷神殿，登顶远眺，顿有"一览众山小"之感。

天池明珠——在海拔3000米以上有6个高山湖泊，系冰川遗迹之冰斗湖、冰碛湖、冰蚀湖，水面1000~8000平方米，湖面平静，碧波荡漾，清澈凛冽，洁净无杂，印月映日，呈串珠状排列于拔仙台南北，被誉为"高山明珠""太白天池"。

◆ 图1-6 太白山（二）

冰川奇石——在海拔3300米以上，有第四纪冰川遗迹的角峰、刃脊、槽谷、石海、石河、石环、石玫瑰、冻融岩柱等，怪石嶙峋，千姿百态，如禽若兽，似人若仙，令人目不暇接，浮想联翩。平安云海——太白山千峰竞秀，万壑藏云，中高山地带常见云海雾霭，尤以平安云海最为壮观。平安寺周围，峡谷深幽，峰峦叠嶂，云雾翻腾，四野弥漫，峰如海岛，岭似飞舟，时隐时现，变幻无穷，景象万千，身临其境，有飘飘欲仙之感（图1-6）。

四、秦巴千里栈道"第一名山"——紫柏山

（一）自然概况

紫柏山位于汉中市留坝县境内，系秦岭主峰太白山支脉，海拔1300~2600米，山势巍峨壮观，山上古树多紫柏，故名紫柏山。紫柏山雨量充沛、气候爽朗；草木葱茂，苍翠欲滴；山顶云雾缭绕，山下溪水淙淙，青山绿水，风景如画，因为汉代留侯张良归隐于此而声名远扬。山下张良庙背靠紫柏山，其最高建筑"授书楼"屹立山巅，掩映在紫柏青松之间，隐现于云海雾涛之中，雄伟壮观。

紫柏山是因张良归隐此地而成为天下第一山。山势巍峨、蜿蜒起伏，自古就有"七十二洞、八十二坦、九十二峰"之说，是与华山、骊山齐名的陕西三大名山之一。

紫柏山植被分布受地形、气候和海拔的影响，形成典型的森林垂直带谱，自下而上依次形成阔叶林带、针阔混交林带、红桦杜鹃林带、冷杉林带、灌木林带和亚高山草甸。海拔2200米以上的亚高山草甸面积达1333多公顷，分布有紫柏山独有的"高山喀斯特地貌"——天坑，即山顶上的草坦，大小

锅坦 100 多个，被誉为"亚洲第一天坦群落"。

（二）自然与人文历史并重的景观

紫柏山总面积 112 平方千米，2009 年 2 月成为国家森林公园。景区以紫柏山为主题，包括光华山、铁龙山、玄女洞、古营盘和紫柏山五大景区。悠久的人文历史和神秘的自然景观，赋予紫柏山厚重博大的自然与文化的双重价值。

复杂多样的喀斯特岩溶地貌和独特的地质构造，经大自然神奇造化形成了诸葛抚琴、玄女望月、观音送子、紫柏睡佛等自然奇观。这里气候凉爽，空气负氧离子丰富，是真正的"天然氧吧"。紫柏山下古营盘，两汉三国时期历史遗迹众多。"明修栈道、暗度陈仓"的陈仓道就经过这里；诸葛亮六出祁山，有五次从定军山沿陈仓道经过这里，并在此安营屯驻；姜维大战铁龙山的典故就发生在这里，司马寨、铁龙山、牧场、点将台、西城墙、郭淮墓等遗迹历历在目。

第二章
秦岭的地质地貌

第一节 秦岭地质

秦岭是世界典型的复合型大陆造山带，是形成统一中国大陆的主要接合带。秦岭科学内涵深厚，典型遗迹众多，地质演化历史悠长，构造强烈复杂，地层岩石发育齐全，变质类型多样，属世界典型代表性大陆造山带，已成为地质科学研究的天然实验室和旅游观光的博览馆。

在地质构造上，秦岭是一个掀升的地块，北麓为一条大断层崖，秦岭循着断层上升，而渭河谷地则循着断层下降，形势极为雄伟；崖陡壁峭，巍然凸起，成为中国南北之间一条重要的地理分界线。山脉主脊偏于北侧，北坡短而陡峭，河流深切，形成许多峡谷，通称秦岭"七十二峪"；南坡长而和缓，有许多条近于东西向的山岭和山间盆地。

一、秦岭父亲山的形成

秦岭山地是古老的褶皱断层山地，秦岭北部早在4亿年前就已上升为陆地，遭受剥蚀；秦岭南部却淹于海水之中，接受了古生代时期的沉积。在距今3.75亿年的加里东运动中，秦岭南部隆起，露出海面。2.3亿年前晚古生代的海西运动时，秦岭北部也崛起上升，至三叠纪时，因距今1.95亿年的印支运动的影响，秦岭与海洋完全隔绝，雄伟的身姿基本成形。进入中生代以后，秦岭林区以剥蚀为主，是周围低洼地区的供给地。距今约8000万年的燕山运动，使秦岭在形成以断块活动为主的南北褶皱带构造格架后，秦岭又在喜马拉雅山运动的强烈改造下，经大幅度的断块式垂直升降运动，而最终形成了现今秦岭的格局。

秦岭的演变，在中生代以前和以后的变化非常大。中生代三叠纪时期，中秦岭和南秦岭地区形成了褶皱山隆起带，成为一个广阔的侵蚀地区；以南和巴山地带，是一个广阔的沉降地区；北秦岭（包括渭河断陷盆地）是介于中、南秦岭剥蚀地区与鄂尔多斯沉积区之间的过渡地区。当时，南秦岭的河流往南流入巴山四川海相盆地，中秦岭的河流往北流入鄂尔多斯内陆盆地。

侏罗纪时期，秦岭地带，包括北秦岭、中秦岭和南秦岭，成为具有差异震荡运动的古老准平原，并形成了凤县、商州区、勉县和紫阳等许多侏罗纪含煤盆地。秦岭两侧广阔的沉降、沉积地区在逐步收缩，分别向南向北后退，而秦岭地带隆起剥蚀地区却在逐渐扩大。从地貌上看，起伏凸出变为平缓，而流域盆地增多且规模变小，分布分散，因而形成了许多侏罗纪的含煤盆地。

燕山运动时期，秦岭地带进一步隆起，并伴有岩浆运动。由于秦岭巴山的隆起，南坡河流向四川盆地移动。由于岩浆活动和差异隆起，绝大多数内陆小型含煤盆地逐渐沉降得越来越低，河流侵蚀更为强烈。因此，在秦巴山区两侧的内陆盆地中沉积的白垩系地层的底部和秦岭山地中的盆地里，形成了大量的砾岩。

新生代早第三纪，由于构造运动和缓，因而在这个广泛的均夷作用时期，山地又一次逐渐剥蚀成准平原。在秦岭地区广阔的准平原上分散着许多小盆地，其面积逐渐扩大。在这一时期，除了如徽县和商州区这种已经扩大了的中生代盆地外，还发育了如商洛和安康盆地等新盆地。

秦岭地区的古老河流自然流入了这些分散的盆地。其时，汉江可能已经大体上发育成现今的形态。汉江的源头当时可能向西穿过嘉陵江，而现今的嘉陵江河源可能就是那时期汉江的源头。因此，汉江可能是秦岭山区早第三纪准平原上早已形成的古老大河。

早第三纪到晚第三纪过渡时期，通过喜马拉雅运动的影响，秦岭又进行了隆升。这次隆升开始分裂成许多倾斜的断块，并在以前沉积的基础上，形成了许多断块盆地，如徽县盆地、洛南盆地和安康盆地，以及在其他区形成的盆地，如汉中盆地。渭河断陷谷地以深断裂与秦岭带分开。秦岭大小断块的形成，分割了早第三纪的准平原，形成了最高一级的夷平面——海拔2300~3500米的太白山跑马梁面；其次一级的海拔2600~2900米，以终南断块和佛坪断块岭脊为代表，包括玉皇山、首阳山、终南山、兴隆岭、草链岭的夷平面；最低一级的海拔1600~2200米，以华山、蟒岭、流岭、马道岭、柴关岭为代表的共3个夷平面。而通过三趾马和在蓝田公王岭地层中发现的大量南方来的动物群的遗迹可以推断，当时秦岭的海拔不会超过1000米，从而证明3个夷平面如此大的高程是在第四纪时期中逐步形成的。在分水脊以南的大多数河流都向南流入汉江，而黑河由于水量丰富，足以抗衡秦岭和缓的抬升运动，所以继续向北流入渭河断陷盆地。

到了晚第三纪和早更新世时期，秦岭又发生强烈的垂直升降运动。进入中更新世时期，秦岭山地的上升运动以区域性间歇式抬升为主。之后随着地壳的稳定和上升的交替，逐步形成了第三、第二和第一级阶地，秦岭山地的地貌格局基本形成。

二、地质灾害

秦岭山区东西长400余千米，南北宽约200千米，面积约5791610平方千米。秦岭山体高大，山脊一般海拔都在2000米以上，主峰太白山海拔3771.2米。受新构造运动影响，山体北仰南俯，北坡窄陡，南坡宽缓，主峰偏北，构成不对称水系，北坡短小，南坡源远流长。地形起伏大，断裂发育，各种侵蚀与剥蚀作用非常强烈。地层自元古界至第四系均有分布，岩浆活动强烈，山体多由多种变质岩类和侵入岩类组成，第四系松散堆积物广布于斜坡沟谷地带。秦岭区属大陆性季风气候，北坡属暖温带，南坡属亚热带，平均气温5.9~15.7摄氏度。降雨量340~1240毫米，南多北少，6—9月为雨季，是崩塌、滑坡和泥石流的频发期。秦岭地区以崩塌、滑坡、泥石流为主的突发性地质灾害点多面广，发生频繁。据2001年底统计资料，区内威胁30人以上的地质灾害点有986处，其中滑坡821处，泥石流104处，崩塌52处，地面塌陷9处。

1. 滑坡

滑坡是指斜坡上的土体或者岩体，受河流冲刷、地下水活动、雨水浸泡、地震及人工切坡等因素影响，在重力作用下，沿着一定的软弱面或者软弱带，整体地或者分散地顺坡向下滑动的自然现象。运动的岩（土）体称为变位体或滑移体，未移动的下伏岩（土）体称为滑床。

产生滑坡的基本条件是斜坡体前有滑动空间，两侧有切割面。例如，中国西南地区，特别是西南丘陵山区，最基本的地形地貌特征就是山体众多，山势陡峻，土壤结构疏松，易积水，沟谷河流遍布于山体之中，与之相互切割，因而形成众多的具有足够滑动空间的斜坡体和切割面。秦岭地区因地质构造作用存在许多节理、裂隙、层面、断层发育的斜坡，山体陡峭、降雨丰富，为滑坡提供了充分的条件，致使滑坡灾害较为频繁。

滑坡是区内最发育的地质灾害类型，有隐患点821处，占该区地质灾害点总数的83%。按滑坡体的物质组成，可分为土质滑坡和岩质滑坡。岩质滑坡主要指发生滑坡的滑坡体以岩石为主，土质滑坡主要有黄土滑坡、堆积层滑坡和膨胀土滑坡。黄土滑坡主要分布于秦岭北坡的黄土塬边地带；堆积层滑坡遍布秦岭南麓斜坡地带，因雨多沿第四系堆积物与基岩分界面滑动，极易成灾。膨胀土滑坡主要分布在汉中、安康等山间盆地边缘地带。

2. 崩塌

崩塌是较陡斜坡上的岩土体在重力作用下突然脱离母体崩落、滚动、堆积在坡脚（或沟谷）的地质现象。崩塌多发生在大于60°~70°的斜坡上。崩塌的物质，称为崩塌体。崩塌体为土质者，称为土崩；崩塌体为岩质者，称为岩崩；大规模的岩崩，称为山崩。崩塌可以发生在任何地带，山崩限于高山峡谷区内。崩塌体与坡体的分离界面称为崩塌面，崩塌面往往就是倾角很大的界面，如节理、片理、劈理、层面、破碎带等。崩塌体的运动方式为倾倒、崩落。崩塌体碎块在运动过程中滚动或跳跃，最后在坡脚处形成堆积地貌——崩塌倒石锥。崩塌倒石锥结构松散、杂乱、无层理、多孔隙；由于崩塌所产生的气浪作用，细小颗粒的运动距离更远一些，因而在水平方向上有一定的分选性。

秦岭地区通常由坚硬的各类岩浆岩（又称为火成岩）、变质岩及沉积岩（又称为水成岩）的碳酸盐岩（如石灰岩、白云岩等）等结构密实的岩石构成，在节理、裂隙、层面、断层等对坡体的切割、分离下，加之江、河、沟的岸坡及各种山坡、铁路、公路边坡，工程建筑物的边坡及各类人工边坡，坡度大于45°，为崩塌的形成提供脱离体（山体）的充分条件，造成秦岭地区崩塌灾害频发。

崩塌有土质崩塌和岩质崩塌两种。土质崩塌中以黄土崩塌最多，黄土崩塌多发生在55°以上的黄土斜坡或陡坎上，由平行于坡面的节理或卸荷裂隙发展而成。岩质崩塌多发生在陡峻的基岩斜坡或裂隙、节理发育的人工陡坎地段。秦岭北麓黄土崩塌、岩质崩塌共52处，黄土崩塌主要在蓝田县和宝鸡市渭滨区及陈仓区境内黄土冲沟沟脑及斜坡地带分布，岩质崩塌主要分布在铁路、公路沿线。

3. 泥石流

泥石流是指在山区或者其他沟谷深壑、地形险峻的地区，因为暴雨、暴雪或其他自然灾害引发的山体滑坡并携带有大量泥沙及石块的特殊洪流。泥石流具有突然性与流速快、流量大、物质容量大和破坏力强等特点。发生泥石流常常会冲毁公路、铁路等交通设施，甚至村镇等，造成巨大损失。

泥石流是暴雨、洪水将含有沙石且松软的土质山体经饱和稀释后形成的洪流。它的面积、体积和流量都较大，而滑坡是经稀释土质山体小面积的区域，典型的泥石流由悬浮着粗大固体碎屑物并富含粉砂及黏土的黏稠泥浆组成。在适当的地形条件下，大量的水体浸透流水山坡或沟床中的固体堆积物质，使其稳定性降低，饱含水分的固体堆积物质在自身重力作用下发生运动，就形成了泥石流。泥石流是一种灾害性的地质现象。通常泥石流暴发突然、来势凶猛，可携带巨大的石块。因其高速前进，具有强大的能量，因而破坏性极大。

泥石流流动的全过程一般只有几个小时，短的只有几分钟，是一种广泛分布于世界各国的一些具有特殊地形、地貌地区的自然灾害。这是山区沟谷或山地坡面上，由暴雨、冰雪融化等水源激发的，含有大量泥沙、石块的介于挟沙水流和滑坡之间的土、水、气混合流。泥石流大多伴随山区洪水而发生。它与一般洪水的区别是，洪流中含有足够数量的泥沙石等固体碎屑物，其体积含量最少为15%，最高可达80%左右，因此，比洪水更具有破坏力。

秦岭具有较大威胁的泥石流主要分布在中山区和亚高山区，位于汉江和嘉陵江上游的宁强、略阳、凤县地区。在潼关、华阴等地水石流灾害发育。泥石流一般集中发生于每年的7—9月，多由暴雨或大暴雨所引发。

第二节 秦岭地貌

根据形成地表起伏形态的主导营力，地貌学可以划分为气候地貌学、构造地貌学两大分支。

气候地貌学主要包括冰川地貌学、冰缘地貌学、风沙地貌学等分支学科，这些地貌类型的分布规律受气候条件的影响具有明显的纬度地带性，并有伴随纬度地带性分异规律的垂直地带性。构造地貌学包括静态构造地貌和活动构造地貌两大类，其中静态构造地貌包括褶曲构造地貌、断裂构造地貌、熔岩构造地貌等。活动构造地貌包括褶曲活动、断裂活动产生的各种次生地貌形态。根据地貌形态、物质成分和地貌过程的差异，还可以划分为岩溶地貌、黄土地貌、花岗岩地貌等。

秦岭由东向西逐渐升高，陕西境内岭脊海拔约2000米，高峰都在2000~3000米，如华山主峰海拔为2400米，太白山主峰为3771.2米，高出汉水及渭河河谷超过3000米之多。秦岭北坡山麓短急，地形陡峭，又多峡谷，南坡山麓缓长，坡势较缓，但是因河流多为横切背斜或向斜，故河流中上游也多峡谷。秦岭山脉入陇南境内后，其走向为西北—东南，主脉海拔均在2000米以上，崇山之间形成一些小的盆地。秦岭北邻渭河平原，其间有大断裂，为北仰南倾的断块构造，因而山势陡峭，形成千岩竞秀的壁立山峰，总坡长不到40千米，河流短促，多急流。由于秦岭地质应力复杂，历史悠久，其地貌类型也复杂多样，存在着一些特征鲜明的地貌类型。

一、崩塌地貌

翠华山国家地质公园，地处陕西省西安市南30千米处的秦岭北麓（图1-7），以自然山崩景观闻名于世。公园为各地质研究机构、学校实地考察和教学基地。有残峰断崖、崩塌石海和堰塞湖等山崩地貌（图1-8）。翠华山景区属于翠华山山崩地貌区，面积73.24平方千米，以山崩地貌为特色。素有"中国山崩奇观""地质地貌博物馆"之美称（图1-9）。山崩遗迹规模在中国范围内属于最大者，在世界范围内仅次于塔吉克斯坦的USOI山崩和新西兰的韦克瑞莫纳山崩，位居世界第三，以"终南独秀"和"中国地质地貌博物馆"著称于世。

1992年，翠华山被林业部批准为国家森林公园；1997年，被评为"西安旅游十大景"；2001年，被国土资源部批准为首批"国家地质公园"；2002年，被国家旅游局批准为"国家AAAA级旅游景区"；2009年，晋升为"秦岭终南山世界地质公园"；2012年，被评为"国家水利风景区"。

翠华山属秦岭山脉，由中元古界（距今10亿年前）变质杂岩组成，秦岭北麓大断层从山北侧通过。该断层目前仍在活动，其北侧相对下降形成关中平原，南侧抬升形成高高耸立

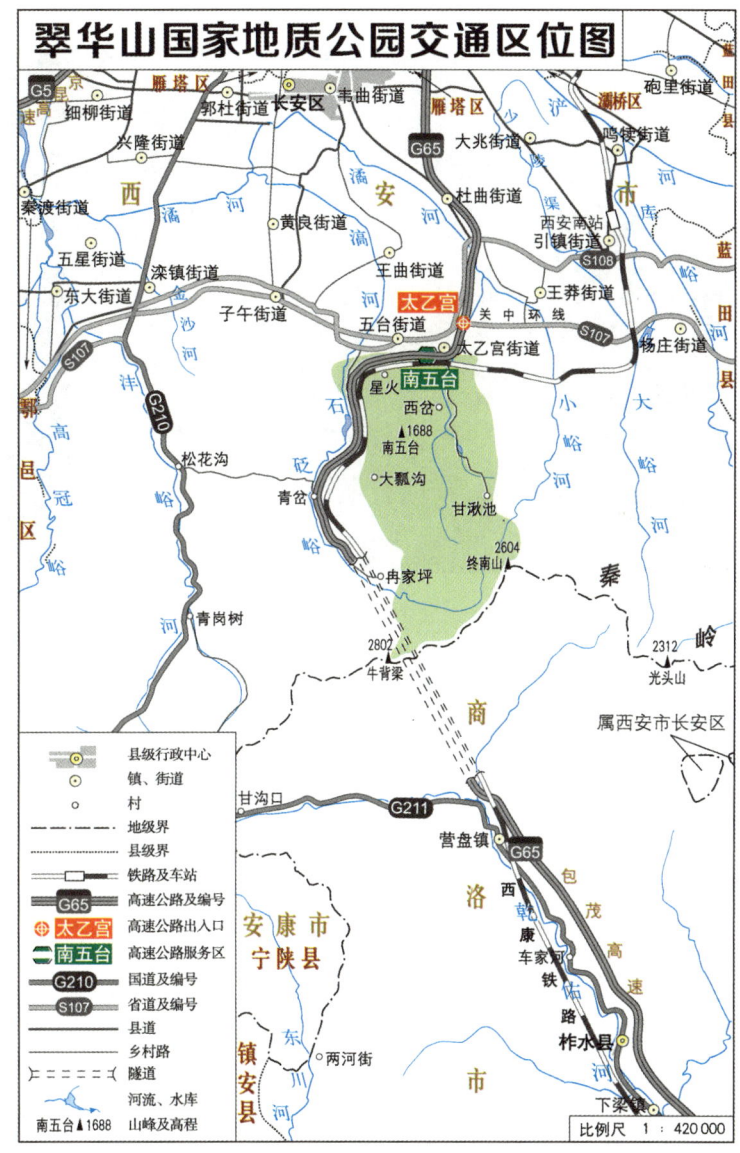

◆ 图1-7 翠华山国家地质公园交通区位图

◆ 图1-8 翠华山坍塌地貌

◆ 图1-9 翠华山风洞

的秦岭，一万年以来平均每年上升1.73~3.4毫米。强烈的断裂活动，加上构成翠华山山体的岩石质坚性脆，又地处地震带且多暴雨，从而引起山体崩落。《国语》卷一《周语》篇，就记述了周幽王二年（前780）地震引起山崩的情况："周幽王二年，西周三川皆震……三川竭、岐山崩。"这里的山崩地质作用形成了一系列山崩地质景观，如山崩悬崖景观、山崩石海景观、山崩地堆砌洞穴景观、山崩堰塞湖景观、山崩瀑流景观及山崩形成的各种造型奇石景观等。

"太乙近天都，连山到海隅。白云回望合，青霭入看无。分野中峰变，阴晴众壑殊。欲投人处宿，隔水问樵夫。"（唐·王维《终南山》）翠华山国家地质公园富有其悠久的历史文化背景，是牛背梁国家自然保护区的缓冲区，也是终南山国家森林公园最具特色的组成部分和一级开发区，更是陕西省著名风景名胜区。据《西京胜迹图志》载，翠华山自秦汉唐王朝起被辟为皇家的"上林苑""御花园"，长安八大寺院围绕其周。汉武帝因"山林川谷丘陵，能出云，为风雨，见怪物，皆曰神"，于前112年在翠华山拜谒太乙神，故翠华山又名太乙山，太乙山至今在东南亚等世界华人地区享有盛名。

二、河流地貌

太平国家森林公园位于陕西省西安市鄠邑区太平峪内（图1-11），距西安44千米，咸阳60千米，总面积6085公顷；海拔880~3000米，最高是冰晶顶3015米；年均气温7~10摄氏度，最高气温29摄氏度；属于冰晶顶韧性剪切带与构造混合岩化园区。园内植物资源丰富、种类繁多，国家保护一、二类动物30多种。

1997年，太平国家森林公园成为陕西省省级森林公园。2004年12月晋升为国家森林公园。2010年7月经文化和旅游部（原国家旅游局）评定为国家AAAA级旅游景区，2010年12月，被西安市政

◆ 图1-10 太平国家森林公园（一）

府认定为"西安服务业名牌"。

太平国家森林公园作为终南山世界地质公园的核心景区（图1-12），地貌为秦岭中山地，属于冰晶顶韧性剪切带与构造混合岩化园区，分为黄羊坝构造跌水瀑布地貌景群、石门混合岩景群、月宫潭峡谷地貌景群和原始森林景群。太平景区地处秦岭造山带的二级构造单元北秦岭构造带，从板块地质构造古环境讲，它位于古海沟以北靠近大陆一侧。

太平国家森林公园地处秦岭造山带的二级构造单元北秦岭构造带，从板块地质构造古环境讲，它位于古海沟以北靠近大陆一侧（现今的板块缝合带以北）。太平景区地层主体属于古元古界秦岭群，原岩为陆缘碎屑岩及少量大陆溢流拉斑玄武岩和酸性火山岩，形成于距今22亿年。它是火山岛弧的基底部分。由于古岛弧热流值很高，加之板块俯冲、碰撞、陆内造山等强烈的构造运动，秦岭群在古生代曾发生广泛的变形变质作用、混合岩化作用和多期岩浆侵入活动，以加里东期中高级区域变质作用为主（距今4.4亿年）。新生代以来断裂构造、风化剥蚀作用的刻画，终于形成了今日丰富多彩的地质构造遗迹。

公园尤以瀑布为最美，共有大小瀑布12处，瀑布最大落差达到160米，并集中分布在2.5平方千米的范围内，其中彩虹瀑布、仙鹤桥

◆ 图1-11 太平国家森林公园交通区位图

◆ 图1-12 太平国家森林公园（二）

瀑布、烟霞瀑布、龙口飞瀑等最具特色，是游客体验山水魅力的好去处。彩虹瀑布因上午阳光下可见七彩飞虹而得名，最大落差160余米，水流凌空而下，数十米内水雾盈谷，巨大的冲击力下自然成风，水雾飘散，在树枝凝聚成雨，独有"飞流直下风自起，晴空万里雨成溪"之感悟。

三、喀斯特地貌

陕西柞水溶洞国家地质公园位于陕西省商洛市柞水县城南13千米的石瓮镇（图1-13），距西安79千米（图1-14）。溶洞风景区包括佛爷洞、风洞、百神洞、天洞、云雾洞等百余个溶洞。这里自然环境灵秀典雅，景点多而集中，既有可与"瑶林仙境"媲美的喀斯特溶洞群，又有山清水秀之风姿，是陕西省一处以溶洞和自然景观为主的旅游区。

在已开放的溶洞内，形态各异的钟乳石琳琅满目、绚丽多姿，石笋、石幔、石帷、石瀑布美不胜收；石禽、石兽、石猴、石佛惟妙惟肖；晶莹透亮的石花、石果、石蘑菇、石葡萄令人垂涎欲滴。博人眼球的自然艺术宫殿令广大游客惊叹不已，

◆ 图1-13 柞水溶洞

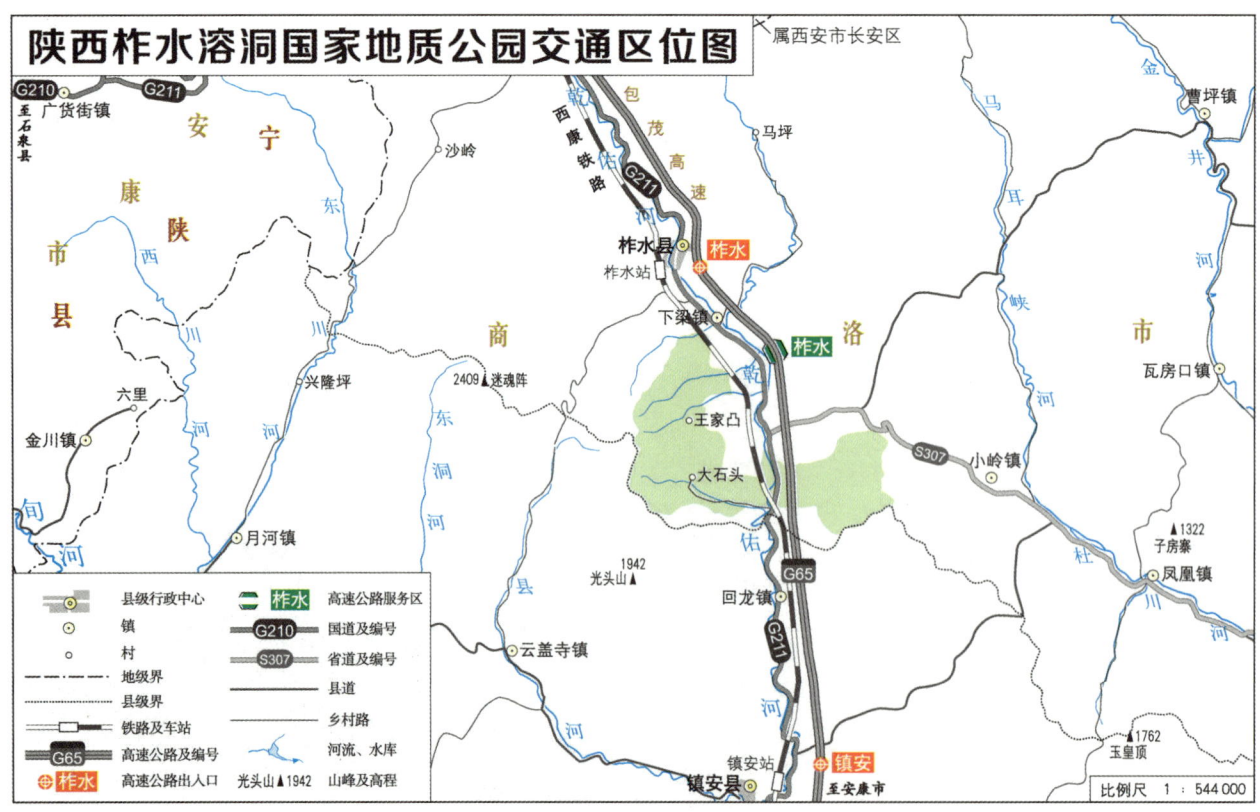

◆ 图1-14 陕西柞水溶洞国家地质公园交通区位图

被誉为"北国奇观"和"西北一绝"。1990年,被陕西省人民政府首批公布列为全省十大风景区之一,1999年又被评为全国名洞。

四、冰川地貌

太白山国家森林公园为太白山国家AAAAA级旅游景区、国家森林公园、国家水利风景区、全国体育旅游十大景区、"美丽中国"十佳度假区、中国最具吸引力十大旅游目的地、中国最美生态旅游目的地、中国登山摇篮。

太白山国家森林公园位于秦岭主峰太白山北麓的陕西省宝鸡市眉县境内,公园面积2949公顷,森林覆盖率94.3%(图1-16)。公园以森林景观为主体,苍山奇峰为骨架,清溪碧潭为脉络,文物古迹点缀其间,自然景观与人文景观浑然一体,是中国西部不可多得的自然风光旅游区,被誉为中国西部的一颗绿色明珠,包括10个景区,180多个景点,如著名的大爷海(图1-15)。公园海拔620~3511米,是中国海拔最高的国家森林公园。

◆ 图1-15 大爷海

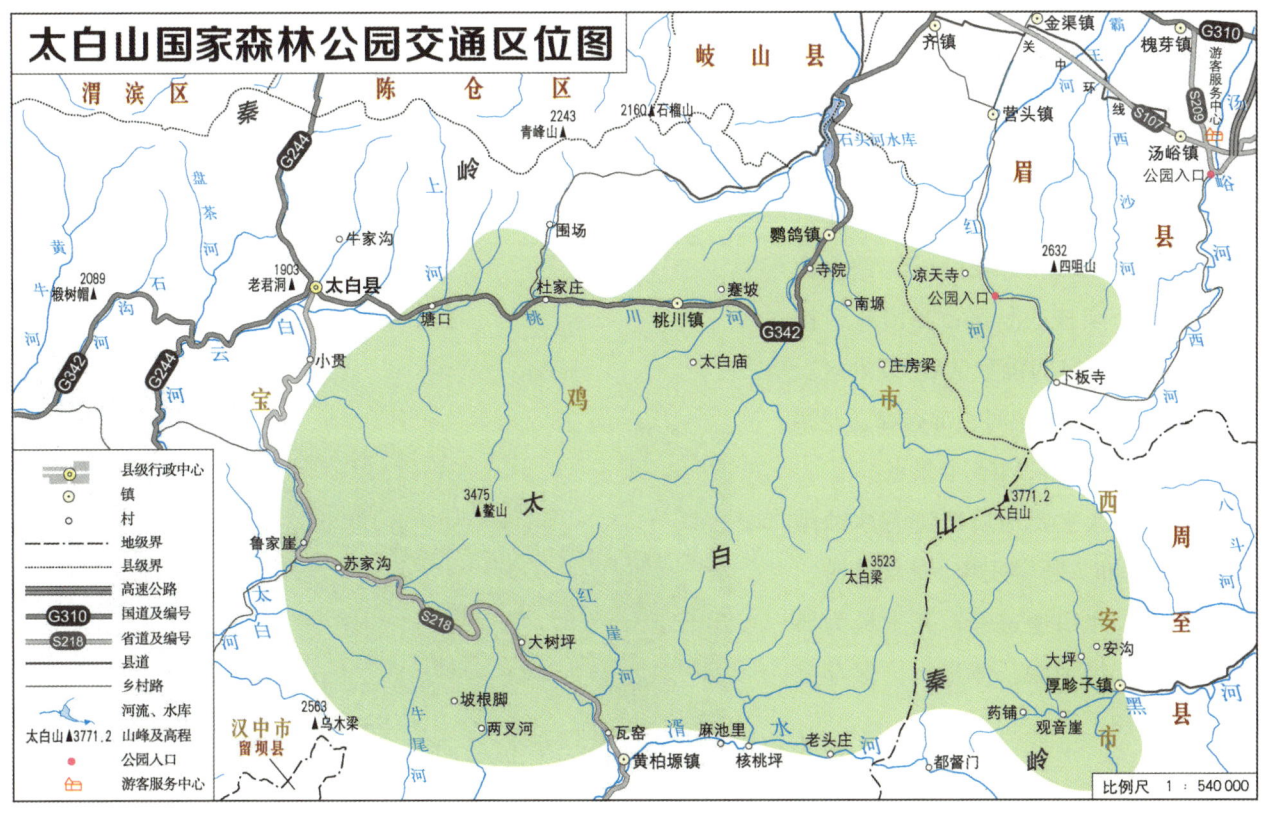

◆ 图1-16 太白山国家森林公园交通区位图

太白山的主体由规模庞大的花岗岩体组成，地质学家称其为"太白花岗岩"。太白花岗岩在漫长的地质发展史上，几经构造变动、断层，节理十分发育，它们在各种外力的共同作用下，塑造了太白山奇峰林立、山势峥嵘的险、奇景色。太白山高山区至今还保留着完整的、千姿百态的第四纪冰川遗迹。

高山湖泊，古人及当地老人都称其为"神湖"，又为"冰蚀湖"。这些冰蚀湖自古就有"太白池光""高山明珠"之称，被列为太白山八景之一。由拔仙台环眺四周，角峰、槽谷、冰斗、冰坎、冰阶等第四纪冰川所特有的地貌是研究第四纪冰川最好的天然博物馆之一。

五、冰缘地貌

陕西朱雀国家森林公园属于冰晶顶韧性剪切带与构造混合岩化区，地处华夏龙脉、秦岭之巅万顷森林腹地，面积48.08平方千米（图1-17）。2009年，被联合国教科文组织确定为秦岭终南山世界地质公园核心景区；2010年，被国家旅游局评定为国家AAAA级景区。公园有秦岭梁、芦花河、奇秀峰、龙潭子、冰河翠等景群，105个景点。

朱雀景区主要地质遗迹有冰蚀瀑布、断崖瀑布、断崖残峰、冰缘地貌、风蚀地貌、冰臼遗迹等，其中最为典型的当属冰缘地貌，体量大，保存完整（图1-18）。

◆ 图1-17 陕西朱雀国家森林公园交通区位图

◆ 图1-18 陕西朱雀国家森林公园

第三章
南北气候分界线——秦岭的气候

第一节 影响秦岭气候的主要因素

通常来讲，影响一个地区的气候要素多种多样，如该地区的地理位置、自然环境、光照的强弱、所处区域的大气环流状态、周边是否有高大山体或者高原等，甚至该地区地表是森林还是荒漠，都会对气候造成不同的影响。本节结合地区特点，选择大气环流和地理环境等两个对区域气候有显著影响的因子，介绍影响秦岭气候的主要因素。大秦岭区域气候分布，见图1-19。

一、大气环流对气候的影响

副热带到温带地区上空的大气常年稳定绕地球自西向东运动，这一年际相对稳定的风带被称为西风带（图1-20）。西风带虽然年际间相对稳定，变化较小，但在年内随着季节的更替，存在着明显的南北摆动。同时，由于位于世界最大的大陆——欧亚大陆和最大的海洋——太平洋的交界区域，中国中东部地区的气候还受到地球上最典型、势力最强的季风——东亚季风的影响。东亚季风同样在年际间相对稳定，但年内不同季节却盛行着不同的风向。秦岭地区在内纬向上处于西风带内，经向上又正好受到季风的影响。因此，大气环流对秦岭气候的影响，主要表现为西风带和季风环流对秦岭气候的影响。

1. 西风带对秦岭气候的影响

西风气流像我们日常生活中见到的河水一样，在"流淌"的过程中，会出现大小不一的"旋涡"并向"下游"流去。当西风带中这样的大气旋涡气流经过各地时，就会给当地带来天气变化。这种大气中的旋

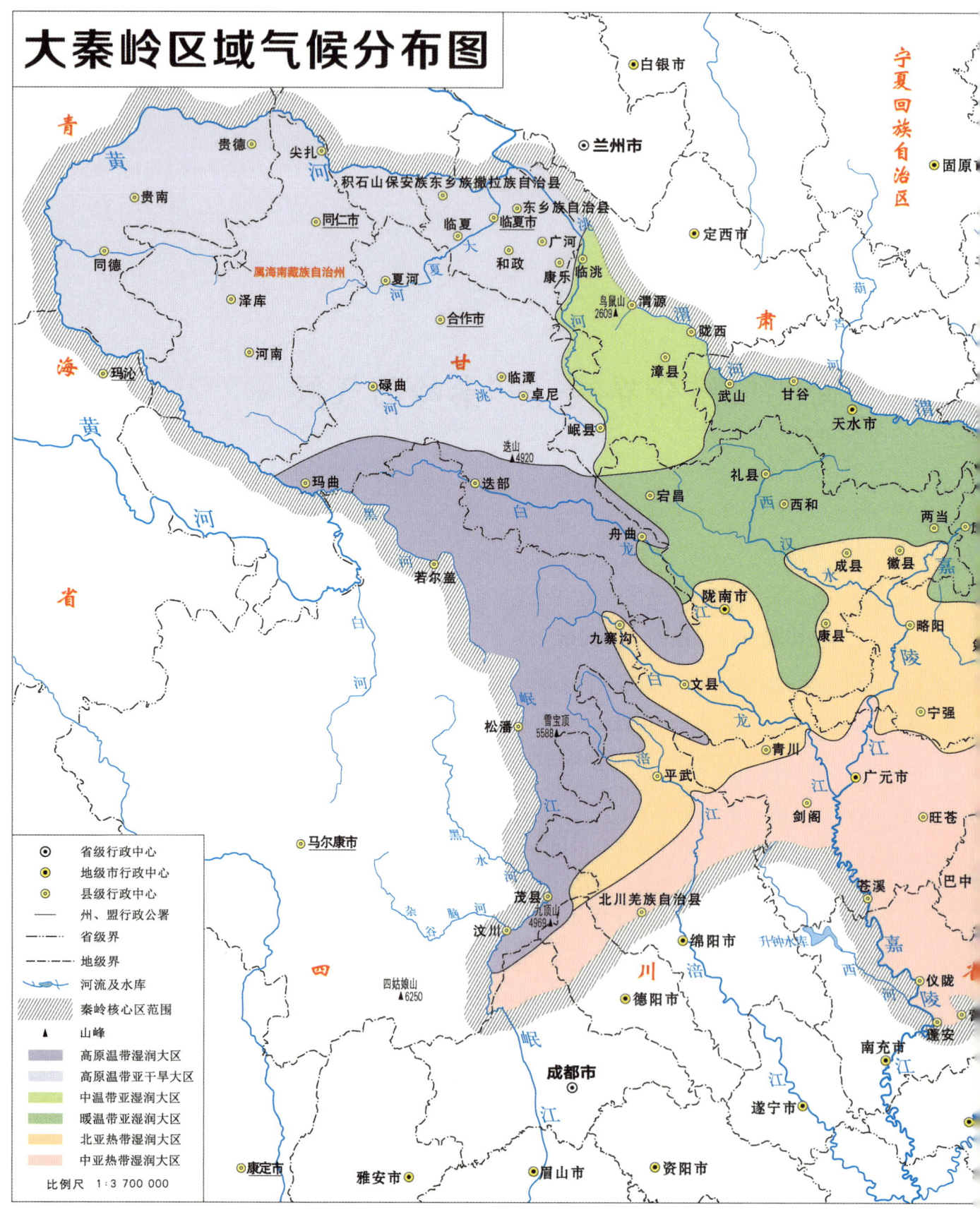

第一篇 举世无双的自然地理

◆ 图1-19 大秦岭区域气候分布

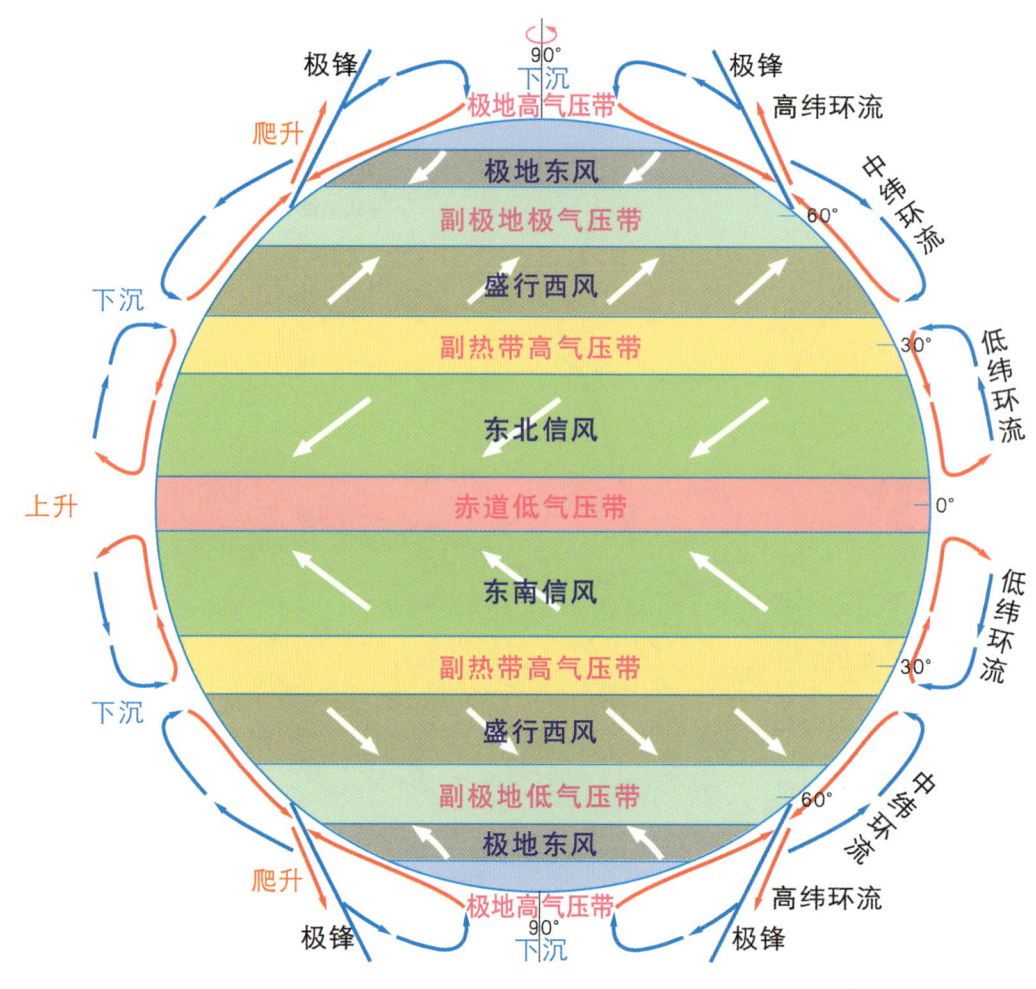

◆ 图1-20 西风带

涡被称为"气旋",由气旋活动引起的气象变化过程,被称为"天气系统"。

一年之中,西风带随着太阳直射点的变化而存在季节性移动。在北半球,冬季西风带南移,夏季西风带北移。由于地球表面存在高大山体和海陆差异等性质不均衡的现象,西风带在实际移动过程中并非笔直的正东西向,而是存在弯曲,会出现偏西北或偏东南等情况。这些弯曲的部位被称为低压槽和高压脊。这种波状的槽脊气流常常把北方的冷空气引导到南方,把南方的暖空气导引到北方,并且产生大范围的天气变化。

秦岭位于西风带,高空全年盛行西风。西风气流从欧洲经亚洲西部进入我国已变得很干燥,一般不会带来充沛的降水,但是西风气流常常引导西伯利亚冷空气侵入,使秦岭地区降温。冷空气南下的现象不仅冬季频发,夏季也会出现。当冷空气与南方来的暖湿气流相遇时,常会在秦岭及周边地区产生大范围的降水。

2. 季风环流对秦岭气候的影响

地球上由于海陆分布不均衡,破坏了诸如西风带等一系列气压和风带系统的分布。海陆热力的差异,导致大陆增温快,散热也快,而海洋增温慢,散热也慢。上述热力差异会导致在同一时间里,大陆和海洋上的空气冷热程度不同。冬季，大陆空气比海洋冷，密度就比海洋上大，密度大的空气压力就大，就会像水往低处流一样，空气也从高压区向低压区流动。夏季，大陆上的空气比海洋上要热，因而海洋空气压力大，形成高压，空气就从海洋向大陆流动。

我国位于整个欧亚大陆的东南部，濒临太平洋和印度洋两大洋。冬季，西伯利亚和蒙古高原干燥寒冷，形成强大的蒙古高压中心，而此时我国东部和南部海面比较温和，形成低压中心，于是空气便从蒙古高压中心向东南部海面上的低压区流动，因而在我国冬季大多盛行强劲的北风或者西北风。到了夏季，大陆上的空气比海洋上要热，因而海洋空气压力大，形成高压，空气就从海洋向大陆流动，所以我国夏季大部分地区盛行来自太平洋的东南风和来自印度洋的西南风（图1-21）。

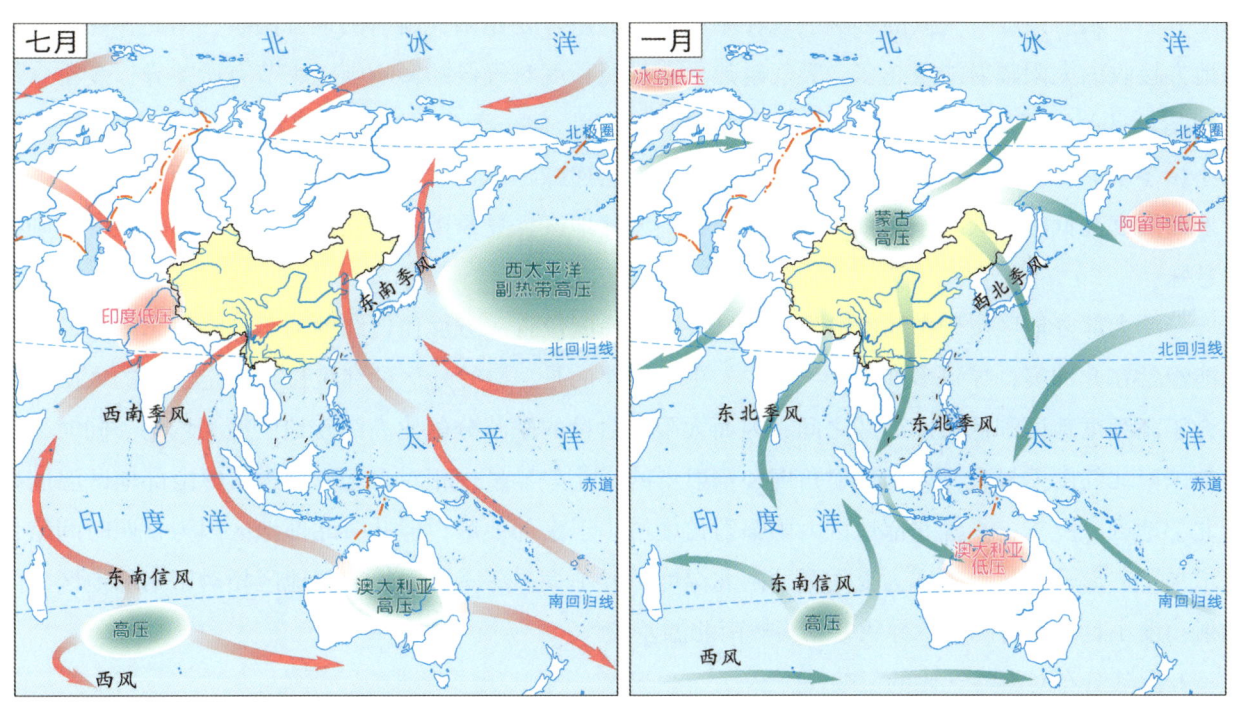

◆ 图 1-21　气压影响带

秦岭地处我国的中部，无论是冬季还是夏季，都是两大气流的必经之地。冬季，秦岭位于大陆高压中心的南边，当冷空气南下的过程中，虽被不断加热，但总体性质并未发生改变，致使秦岭这一时期的天气呈现出晴朗干燥、风强而寒冷的特点。而秦岭的冬季降水主要受到来自印度洋暖湿气流北上的影响。春季，虽然蒙古高压势力减弱，太平洋上的湿热空气逐渐向西发展，但冷空气在秦岭的活动仍相对较强。此时空气中水分不足，降水不多，且地面增暖迅速，导致秦岭地区风力强劲的同时，蒸发也愈发旺盛，这是秦岭及周边地区容易出现春旱的原因。由于两大气流的此消彼长并不稳定，冷空气迅速南下造成的"倒春寒"、大风、春雪、霜冻等现象，在秦岭的春季时常出现。夏季，秦岭位于太平洋副热带高压的西部或西北部，从太平洋吹来的海风携带大量湿热的空气，在向西北内陆推进的过程中逐渐形成降雨。海风能到达的最远区域恰好位于秦岭地区。因此，夏季秦岭地区出现的充沛雨

水和晴热酷旱等天气，均与源自太平洋的东南季风有关系。秋季，秦岭地区太平洋副热带高压开始减弱，蒙古高压逐步发展，夏季风日益衰退而冬季风逐渐转盛。同样由于两大气流此消彼长的不稳定，酷热晴旱的"秋老虎"天气及连绵不断的"秋雨"天气均可能在秦岭秋季出现。

二、地理环境对气候的影响

地理环境是影响秦岭气候的一大因素。所处纬度接收到太阳热量的多少、地理位置距离海洋的远近、地形起伏及周边高大山体的阻挡等，都将对秦岭地区的气候造成影响。

1. 纬度对秦岭气候的影响

地球上的热量主要来源于太阳辐射。太阳辐射对地面温度的影响主要体现在辐射角度和日照长度两个方面。辐射角度对气候的影响表现在阳光直射的地方要比阳光斜射的地方温暖，因此，纬度越低的地方接收的太阳辐射能量越多，天气越热。而日照长度对气候的影响则随季节有所差异：夏季，纬度越高，日照时间越长，虽然太阳辐射角度有所减少，但一天之内太阳辐射总量与低纬度地区差别较小；冬季，纬度越高，日照长度和太阳辐射角度均递减迅速，太阳辐射随纬度增高而迅速减少。由于地面温度高低主要取决于太阳辐射，所以在中低纬地区，夏季南北之间的温度差别不大，冬季则相差悬殊。

秦岭大部分地区位于中纬度的温带区域。这一纬度位置一方面使低纬度的热气团和高纬度的冷气团能经常在此冲突，导致多变的天气现象。更为重要的是，秦岭地区的纬度位置决定了它的太阳高度角介于高纬度地区和低纬度地区之间，因而太阳辐射量的季节分配比高纬度地区更为均匀。同时，秦岭地区南北纬度差异大，太阳辐射角度和辐射量的南北差异量也相对显著，导致秦岭南部地区温度高于北部地区。夏季，秦岭北部地区太阳辐射角度虽小于南部地区，但此时北部地区因为日照时间略长而增加了一部分热量，表现为夏季秦岭南北温度差异不大。冬季，秦岭北部地区相对于南部地区太阳辐射角度小且日照时间短，导致冬季秦岭南北温差较大。

2. 海陆分布对秦岭气候的影响

秦岭偏居内陆，距离海洋较远。这种海陆位置关系，使秦岭在气候上虽然仍受到来自海洋的气流影响，具有东亚季风气候的性质和特点，但大陆性气候对秦岭的影响更为深刻。因此，在距海洋较远这一因素的影响下，秦岭地区的气候与东部同纬度地区相比，一般表现为气候偏冷、偏旱，变化更为剧烈。例如，同一纬度的延安比青岛在冬季温度低6摄氏度左右，夏季平均气温低1摄氏度，但延安的极端最高温却略高于青岛，这也是海陆分布对两地气候影响的体现。

3. 地形对秦岭气候的影响

地形对气候的影响也十分重要。地形对气候的影响主要体现在高大山体对气流的阻碍和分流之上。在秦岭周边，对秦岭气候能够产生影响的高大山体除了秦岭本身，还有青藏高原。冬季，当西风气流经过青藏高原时，受到高原阻隔，在3000～4000米高度以下会分成南北两支气流绕过高原，而后这两支气流在四川、长江中下游一带汇合，会影响到秦岭南部地区，造成阴雨天气，有时还有暴雨发生；夏季，西风带北移，绕过青藏高原的南支气流消失，给海洋气流北上腾出了广阔的空间。秦岭地区也因此接收到了更多的暖湿气流，也会因此产生相对较多的降水。青藏高原相对于周边地区是一个巨大冷体，高原地面的物理性质与同高度四周空气性质不同，与海陆差异类似，会与周边地区形成高原季风。而高原季风会对秦岭地区的气候造成影响。据统计，陕西夏季暴雨有20%是受青藏高原的影响所造成的。

秦岭山地对我国南北气流的运行起着屏障作用，是我国中东部地区南北之间自然地理和气候上的分界。冬季，北方冷空气遇到秦岭受阻，不易直驱南下，秦岭南部地区处于背风位置，温度比秦岭北部高。秦岭以北的西安，1月平均气温就比秦岭以南的汉中低3摄氏度，正是因为北方来的冷空气被秦岭阻挡在关中平原上，即使强劲的寒流能够越过秦岭南下，因气流翻山后下沉增温，到汉中盆地也已经变得不那么寒冷了。夏季，秦岭拦截了东南风带来的暖湿气流，暖湿气流在沿秦岭爬坡的过程中，会在南坡形成降雨，使得气流中的水汽减少，导致秦岭北部地区的降水相对较少。秦岭南坡的佛坪县年降水量高达900毫米，而距离佛坪仅100多千米的西安，由于地处秦岭北坡，年降水量仅有600毫米。

第二节 秦岭的主要气候类型

由于秦岭面积巨大，且广义的秦岭地区地形复杂，存在多种小气候类型。这里仅介绍狭义的秦岭地区，即陕西段秦岭周边的主要气候类型。陕西段秦岭周边地区虽然面积不大，但是气候类型却复杂多样，有的地方温暖宜人，雨量适中；有的地方却冷热变化非常极端。

总体来说，秦岭由北向南气温逐渐升高，降雨量也逐渐增多。早春时节，秦岭北部还是寒风凛冽、冰雪未消；关中平原则已芳草嫩绿，垂柳鹅黄；而秦岭以南的汉中、安康盆地更是层林吐翠，处处生机盎然。唐代诗人张敬忠在《边词》中写道："五原春色旧来迟，二月垂杨未挂丝。即今河畔冰开日，正是长安花落时。"诗中记录了秦岭北部的五原地区（今陕北定边县附近）与关中长安在春季的景色差别，反映了两地的气候差异。清代叶世倬在《春日兴安舟中杂咏》中写道："自昔关南春独早，清明已煮紫阳茶。"记录了秦岭以南地区茶叶嫩芽在四月清明节前后采摘，证明了秦岭以南地区春季的气候要比关中地区更为温暖。秦岭降水量从南到北相差悬殊：大巴山地年降水量在1000毫米以上，陕西南郑区一带年降水量在1400毫米左右，到处泉水叮咚，山清水秀，林木葱郁；关中平原年降水量在600毫米左右。综上所述，陕西段秦岭的气候由北至南大致可以划分为如下三种主要类型（图1-19）。

一、陕北高原暖温带半干旱气候

秦岭以北的陕北黄土高原，平均温度低，湿度小，冬季长，霜期长，大风多，降水少。年平均气温低于10摄氏度，平均9月有初霜，1月份最低温度曾达到-32摄氏度。每年9月下旬开始下雪。夏季，极端最高气温达到40摄氏度以上，而年降水量不到400毫米，且多以暴雨形式集中于7—9月。秦岭北部的陕北黄土高原地区，除暴雨外，还频发多种极端天气现象。例如，在6—7月则多发冰雹等极端对流天气；在春季，多大风、沙尘天气，全年大风日数可达70天以上。对于这一地区气候的特点，陕北民谣"夏天似火烤，冬天风似刀。黄沙漫天起，有土不长苗"是最好的写照。

二、关中平原暖温带半湿润气候

关中地区,一年之中四季分明,年均温在 12~13 摄氏度。但由于关中平原在地形上南北狭窄,东西狭长,低空气流散失较慢,且由于位于秦岭北麓,夏季盛行干热风,是我国夏季午后常出现高温的地区之一。地理环境和城市热岛效应的叠加,使西安成为该地区的高温中心,每年 7—8 月酷热,有记录的极端高温曾达到 45 摄氏度。同时,东西延伸的渭河谷地,有利于沿青藏高原东缘南下冷空气向东推进,致使关中平原易受寒潮侵袭。关中地区的年降水量为 600 毫米左右,集中于每年的 7—9 月。

三、陕南亚热带湿润气候

秦岭以南的陕南地区是秦岭及周边区域中平均气温最高、降水最多、大风最少、湿度最大的区域。该区域年平均气温在 14 摄氏度,其中安康以南的巴山北坡在 16 摄氏度以上。由于汉江谷地和丹江谷地均为近似于东西走向,有利于东南湿热气流的伸进,导致该地区雨量充沛,年均降水超过 750 毫米,集中于夏秋两季,尤其秋季经常出现阴雨连绵的现象。大量的降水常引发山洪暴发和河水泛滥,导致该地区洪涝等灾害频发。

第三节 秦岭气候的主要特征

一、气候类型多样

由于秦岭横亘中国中部地区,面积广大,横跨多个经纬度,地形复杂,容易受到多种因素的影响。虽然上节列出了最为主要的三种气候类型,但实际上秦岭地区的气候类型是多种多样的。除了上节提到的南北差异,秦岭气候的垂直变化也十分显著。秦岭范围内,随着海拔的升高,我们可以看到亚热带、温带甚至亚寒带的不同气候类型的景观。盛夏,山麓酷热使得人汗流浃背,但当登顶太白山时,却需要穿上厚重的棉衣御寒。复杂多样的气候条件,孕育了种类丰富的物产。在长江以南生长的植物,也可能在秦岭以南的区域种植;在东北寒冷地区生长的林木,也可在秦岭山区中见到。水稻和小麦这两种我国主要的粮食作物,可以分别在秦岭北麓的关中平原和南麓的汉中盆地种植,并获得很好的产量和品质。总体来说,秦岭地区的气候,除了不适于热带和部分亚热带作物生长以外,其他地区的农作物大都可以在秦岭及周边地区进行种植。

二、冷热变化大

秦岭地区在夏、冬季节昼夜之间的温差很大。秦岭地处欧亚大陆内部,气候的大陆性特点强,秦岭以南地区夏季炎热,北部地区虽然温度稍低,但因为云量和降水少,太阳辐射强烈,室外在夏天仍会感到炎热。冬季,秦岭地区与同纬度的南欧及北美中部地区相比要寒冷得多;秦岭大部分地区的日最高气温与日最低气温的差值多在 10 摄氏度,也说明冷热变化大。秦岭地区气候的冷热变化,还表现在春、夏的骤然回寒和秋、冬的回暖上。正常情况下,从春到夏,太阳辐射一天天增强,气温逐渐升高,从秋到冬则正好相反。可是,秦岭地区春秋季节常有北方冷空气侵袭和南方海洋暖湿空气登陆,导致出现突然降温的情况。冬季,可能会长时间没有冷空气活动,出现异常暖冬的现象。

三、降雨集中

秦岭地区冬季降水相对较少，一般不足 20 毫米。这样少的降水对农业的作用不大，只有较大的雨雪才能滋润作物和土壤，而较大的雨雪在秦岭地区并不是每年冬季都有。秦岭地区的降水集中在夏季和初秋，基本上是雨热同季。冬季降水少，温度也很低，对农作物生长影响很小；夏季降水多，温度高，对农作物生长十分有利。这与同纬度的地中海气候的冬季多雨有着明显的区别。秋季，秦岭地区上空仍有西南暖湿气流，常常会出现阴雨连绵的天气情况。据统计，关中、陕南 9 月降水量与 7 月相当，降水集中在 7—9 月，占全年降水总量的 46%～51%。这样的降水集中的情况，对农作物的种植存在不利的影响。一方面，在 9—10 月，农作物大都已经成熟、收获，但这一时期降水偏多，导致降水利用率偏低；另一方面，在春季及初夏，温度已经足够高，满足农作物的生长，但雨季未来，降雨偏少，农作物普遍缺水，可能影响到农作物的生长。

四、气候资源与气象灾害并存

秦岭地区冬冷夏热的大陆性主导气候的特点，使该区域夏季普遍高温，适宜种植喜温高产的粮棉等农作物。同时夏季雨水较多，日照时间又长，使得农作物在旺盛的生长季节能获得充分的光、热和水分。即使秦岭北部地区有些干旱，但只要建设好水利灌溉设施，仍然可以取得较好的收成。秦岭地区大部分地区一年一熟或一年两熟，秦岭南部部分地区一年可以三熟。由于秦岭各地区气候差别很大，在不同的气候条件下，生长着不同的动植物，因而动植物种类繁多、资源丰富。但同时，由于冷热变化大、气候类型多样、地形复杂等原因，秦岭地区在农业生产上也存在着旱、涝、雹、霜、干热风等多种类型的气象灾害。据历史文献记载，从秦朝至中华人民共和国成立前这 2100 多年间，仅陕西一处有记载的灾害天气就多达 2800 多次。因此，秦岭是一个气候资源与气象灾害并存的地区。

第四节 秦岭对当前全球气候变化的响应

当前，全球都在经历着以气候变暖为主要特征的全球气候变化。作为我国南北气候的重要分界线，秦岭对当前全球气候变化的影响应意义重大且受人瞩目。

一、温度升高显著

过去 50 年以来，秦岭气温出现了显著的升高，平均升温速率约为每 10 年 0.2 摄氏度左右，尤其在 20 世纪 90 年代末以后，升温速率明显增大。

秦岭四季的气温总体均有升高，但冬、春季节的增温幅度远大于夏、秋季节，说明秦岭地区气候变暖的主要表现为冬、春季节温度明显升高，而夏、秋季节温度变化不明显。

秦岭区域总体呈现出温度升高的趋势，但北坡增温幅度及速率明显大于南坡，秦岭气温增长的东西差异不大，秦岭西部地区的增温幅度及速率略高于东部地区。

极端气温方面，秦岭极端高温和极端低温均呈现出上升的趋势。但总体来看，秦岭地区的极端低温的上升幅度要大于极端高温，即秦岭地区的年最低温度上升明显，而年最高温度上升趋势相对较弱。

二、降水量略有降低

过去 50 年，秦岭降水量表现出不显著的减少趋势，平均速率约为每 10 年 7.5 毫米左右。由于减少量并不明显，秦岭地区降水量的减少速率也相对稳定，并未出现某一时间点前后的突变。

受大气环流、地理位置和全球气候变化的共同影响，秦岭降水量的季节差异相对明显。除夏季降水量略有增加的趋势外，春、秋、冬等季节降水量均有减少的趋势。其中，春、秋两季降水量减少相对较多，而冬季降水量减少的趋势相对较小。

秦岭地区降水量的减少存在一定的空间差异。秦岭北部地区年降水量减少速率明显大于南部地区，而秦岭东部地区和西部地区的降水量差异很小，西部地区降水量的减少相对较多。秦岭地区西部受南亚季风活动影响大，表现为降水相对集中于秋季，未来全球气候变化对南亚季风活动盛衰的影响，将在秦岭西部显现。而秦岭东部地区受东亚季风影响更大，表现为降水量相对集中于夏季，未来全球气候变化对东亚季风的影响，将在秦岭东部地区的降水量上有所体现。

三、秦岭动、植物对全球气候变化的响应

林线是山地森林上限连续不断的森林分布界限。超过此界限，高山植被以灌木丛和草甸为主。因此，林线高度的上升和下降是反映气候变化的敏感指标之一。过去 50 年，秦岭地区林线呈现上升趋势，林线平均上升速率为每 10 年 5 米。

物候是受环境影响而出现的以年为周期的自然现象。植物的萌芽、展叶、开花、结果、落叶、休眠，动物的始见、始鸣、终见、终鸣，河流、霜冻、降雪等的初次及末次出现，均为物候现象。物候现象不仅能反映自然季节的变化，还是全球气候变化的敏感指示器。过去 50 年，秦岭春季物候呈现提前的趋势，平均提前速率为每 10 年 1.2 天左右，且秦岭北坡提前速率大于南坡；秋季物候期呈现推迟的趋势，推迟速率平均为每 10 年 3.5 天左右，且南坡推迟速率大于北坡。

在秦岭气候暖干的背景下，秦岭地区的生物多样性，尤其是濒危物种的生存环境将遭受剧烈冲击。以暖干化为主要特征的秦岭气候变化，会导致大熊猫、川金丝猴、羚牛、黑熊等濒危物种的适宜生存环境范围进一步缩小。

秦岭气候的变化，还会对区域内农作物的种植规模和结构造成影响。已有研究表明，当前全球变化会导致秦岭地区苹果、华中五味子等经济作物的适合生长区域减少或作物品质降低，从而对现有相关产业的布局造成影响。

第四章
长江黄河分水岭——秦岭的水系

中国拥有两条世界顶级大河——长江是世界第三大河,黄河是世界第五大河。长江、黄河,皆是中华民族的母亲河。这两条母亲河一同从青藏高原出发,都流经大秦岭,最后东行入海。秦岭地区兼跨长江和黄河两大流域,河流水文特征,既具有明显的过渡性色彩,又兼有"南方"和"北方"的两重性质。同时,也具有它的独特性,即径流量丰富、河流动态以秋水和夏秋水型为主。长江和黄河两大流域的主要支流水文特征表现出明显的差异性。陕西段秦岭区域水系图,见图1-22。

秦岭是一座巨型绿色水库,其水资源利用有悠久的历史。而现阶段,秦岭地区水资源利用更是蓬勃发展。两大流域的支流上各类供水工程、引水工程、提水工程陆续在修建,使得秦岭地区供水结构日趋合理,供水水平不断改善,在满足本地区农田灌溉、工业、农业、城镇等用水需求的同时,还向其他地区输送了大量水资源,从而为这些地区社会经济的快速发展奠定了坚实的基础。在"生态文明"理念的引导下,合理分配水资源,统筹秦岭南北坡供水方式,并注重几大流域的生态建设,为秦岭树立了"人水和谐"的治水理念。

第一节 南北水系特征

一、秦岭南北水系特征

1. 秦岭南北水系的脉络

据资料统计,秦岭地区长度在40千米以上的河流共有86条,流域面积在100平方千米以上的河

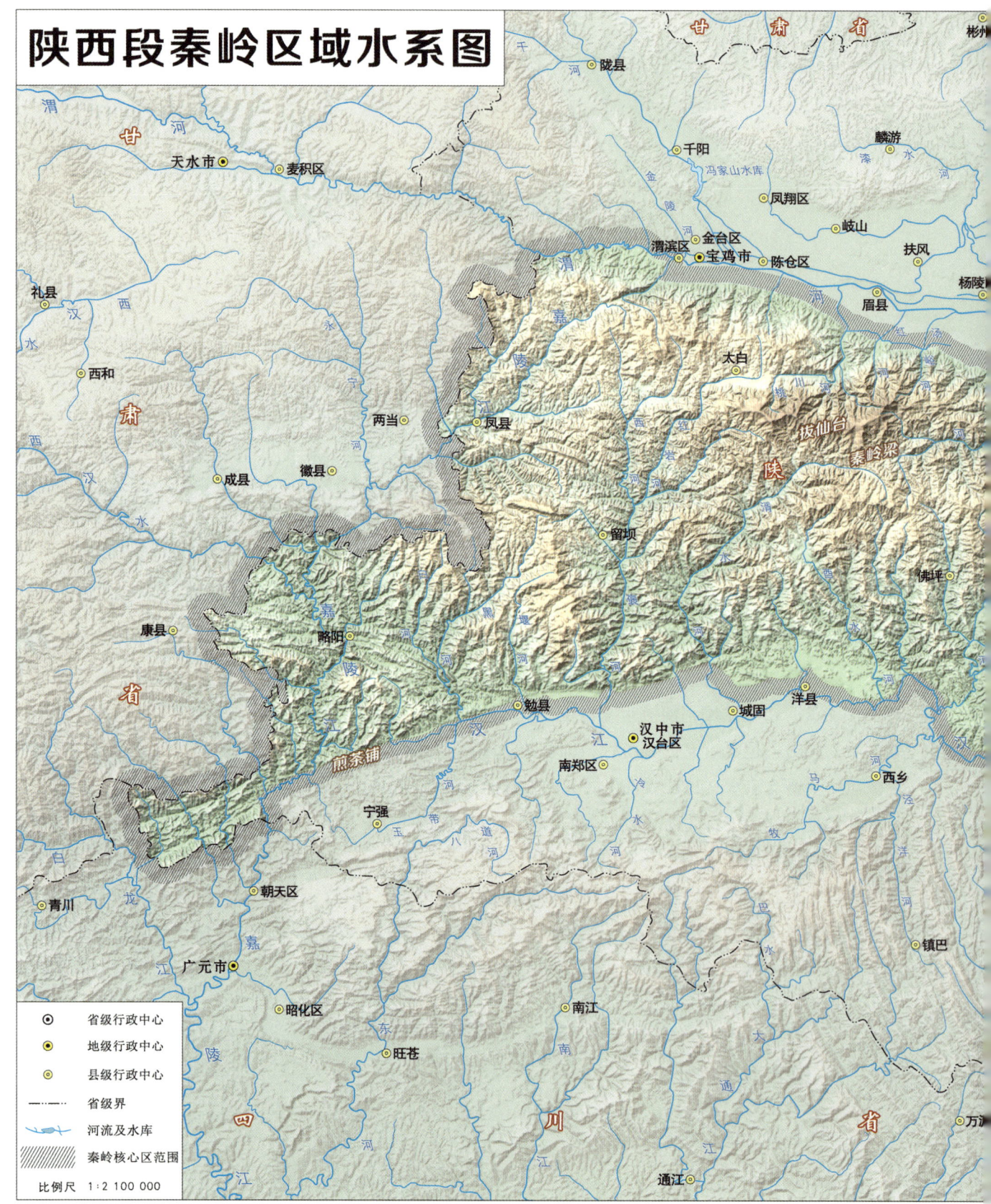

第一篇 举世无双的自然地理

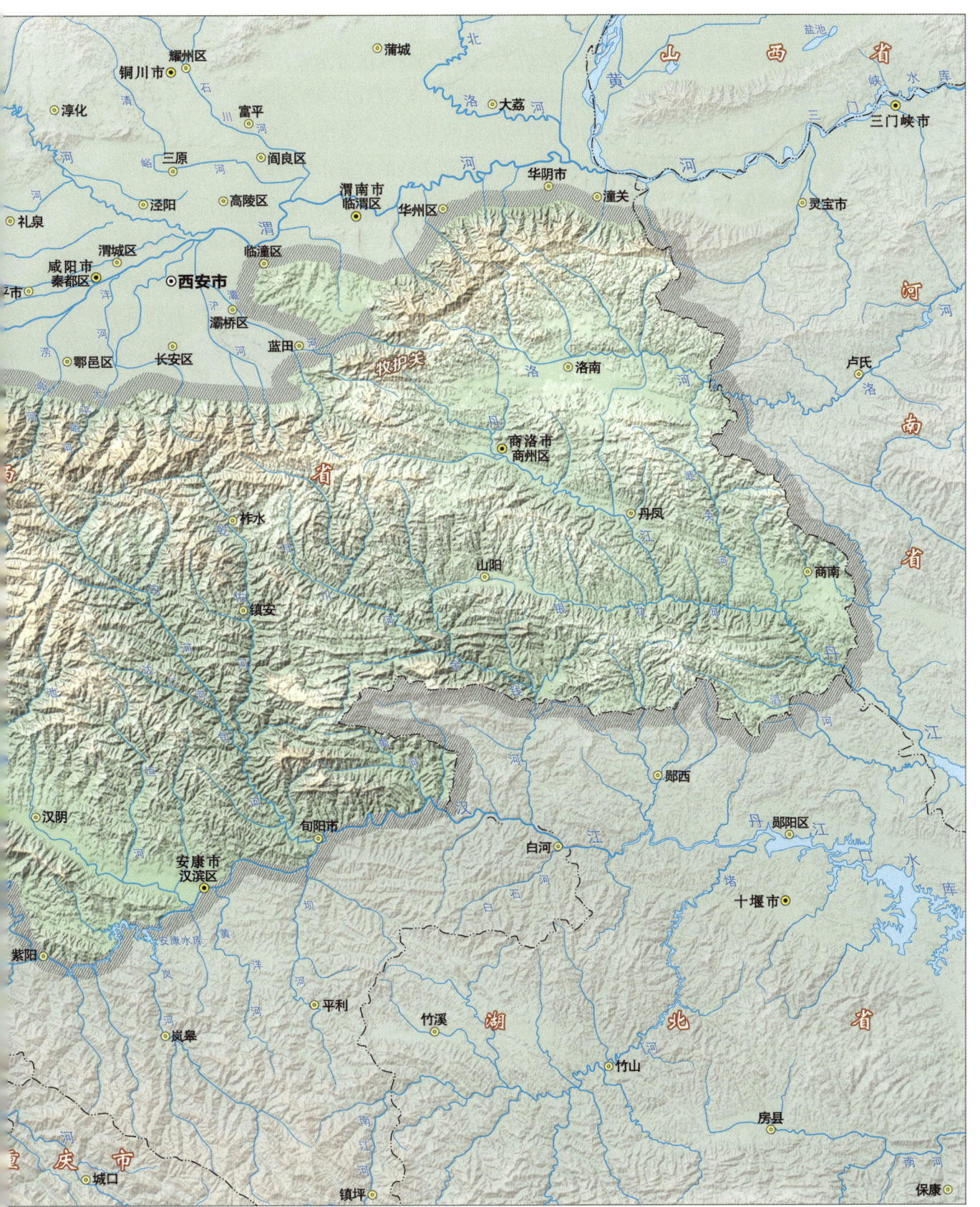

◆ 图1-22 陕西段秦岭区域水系图

流共有195条（图1-22）。这些河流的分布都是受着秦岭分水脊的影响。

秦岭的分水脊特别清晰，由东向西有4处：牧护关（灞河与丹江的分水岭，海拔约1200米）；秦岭梁（西安南面的大峪河与乾佑河的分水岭，海拔约2300米）；太白山主峰——拔仙台（石头河与褒河的分水岭，海拔约3771.2米）；煎茶坪（清姜河与东河的分水岭，海拔约1430米）。上述分水岭的地点如果相连，就构成一条东西向的分水脊线，这就是陕西秦岭的总分水岭脊线。

秦岭总分水岭的格局，对于河流的分布有着重要的影响，主要表现在河流的流向方面。以秦岭总分水岭为界，大部分的河流呈南北向奔流，分别属于长江和黄河两大流域的汉江、嘉陵江和渭河、南洛河四个水系。在这四个水系中，除了嘉陵江向南流，进入四川盆地，南洛河因受断陷盆地影响，由西向东流，进入豫西山地以外，其余各河分别流入汉江和渭河。汉江上游穿越于山间峡谷，奔腾流急，渭河中、下游蜿蜒曲折，水流平缓，汉江、渭河呈玉带状沿秦岭地区的南、北边缘蜿蜒向东流，分别注入长江和黄河，最后归宿于东海和渤海。

表1-1 秦岭地区水系概况（陕西省境内）

流域	水系	流域面积/平方千米	占总面积的百分比/%	长度在40千米以上的河流/条	流域面积在100平方千米以上的河流/条
长江	汉江（左岸支流）	32436	55.4	53	117
	嘉陵江	6162	10.5	9	15
	丹江	7552	12.9	11	20
黄河	渭河（右岸支流）	9333	16	19	48
	南洛河	3064	5.2	5	15
总计		58547	100	97	215

从表1-1看出，秦岭有78.8%的面积属于长江流域，有21.2%的面积属于黄河流域，其中以汉江水系的范围最广，占秦岭总面积的55.4%；渭河水系的范围次之，占秦岭总面积的16%；南洛河水系的范围很小，仅占秦岭地区总面积的5.2%。从河流数量上看，也是汉江最多，渭河次之，南洛河最少。

2. 秦岭水系呈明显的不对称结构

山地水系网络的形态、组成和河谷特征，直接受区域地质基础和地貌形态的影响。因秦岭山体呈现北仰南俯，南北坡极不对称，因而发育其上的水系亦呈现明显的不对称性。

（1）北坡河流短而直

秦岭北坡从秦岭主脊到渭河平原，最宽处不足40千米。山势陡峻，峭壁林立。河流以短、直为主要特征，多瀑布、急流和险滩。流程多在50千米以内，河流比降10‰以上，水流湍急。沟谷形态为"V""U"

形复式重叠，下部多为"V"形，中间常呈"U"形，上部则较为宽敞。沿流成宽谷与曲流交替，峪口一般狭窄。谷深坡陡，两岸崩塌、滑坡严重。峪道中大小石块充斥，峪口山麓多形成洪积、冲积扇裙。渭南地区华州和华阴的石堤河、方山峪、仙峪等峪道颇为典型。

（2）南坡河流曲长

秦岭南坡河流较为曲长，从分水岭到汉江谷地长约100～150千米，发育其上的河道长度多在100千米以上，最长可达200千米。河流比降一般小于10‰。支流众多，河网结构复杂，格状水系、树状水系、不对称水系等形态均有分布。河流常深切于基岩之中，谷窄坡陡，曲流发育。岩体风化强烈，崩塌、滑坡较为频繁和剧烈。

二、长江水系特征

长江水系包括汉江上游左岸的一级支流，嘉陵江上游。河道发育和水系结构具有以下四个特征：

（一）河流纵坡稍缓、流程较长

发育在秦岭南坡的长江水系河流，除了次一级支流和来自坡底的一些短小河流外，主要河流的流程都在100千米左右，最长的可达200千米以上，而相比于秦岭北坡河流的流程要长几倍；而且比降也较小，主要河流的比降都在10‰以下，最小的是旬河，比降只有2.96‰，其次是丹江，比降为3.67‰。虽然秦岭南坡河流的比降比秦岭北坡河流的比降要小，但从实质上看，仍然是较大的，总体表现出了河流源头和上游的纵剖面特征。

长江水系的主要河流之所以其流程要长些，是由于这些河流在其发育的过程中，切割了山体大断块分裂所成的许多小的北仰南俯的断块，河流切割的速度超过了这些断块翘起的速度，河流堆积的速度也超过了这些断块俯倾沉降的速度，因而在上升地带或下降地带，都能维持它们的流程，在上升地带形成深切的曲流，而在下降地带形成冲积平原，从而形成秦岭南坡源远流长的河流。

（二）河网结构复杂、形态多样

长江水系，河网的平面形态结构是比较复杂的，概括地讲有格状、不对称和树枝状等几种水系形态。

1. 嘉陵江上游凸显为格状水系（图1-23）

格状水系是指主流和支流成直角相交成格子状的水系。它的形成主要是由于地质构造控制的缘故。秦岭的地层走向一般也是北西西向，而顺地层走向发育的次成河谷也近东西

◆ 图1-23 嘉陵江

向，在较小的断块南侧又会形成一些较小的顺向河，北侧形成一些顺断崖流下的反向河。这些较小的顺向河及反向河又有一些更小的次成河，与其相交近于直角。因而，形成由顺向河、先成河、次成河和反向河等纵向谷与横向谷相交错的典型的格状水系，这在嘉陵江上游等处表现得比较明显。

2. 秦岭南坡东段为不对称水系

在秦岭南坡的东段，是岭谷相间的地区。由于这些山岭的南、北坡是不对称的，一般都是南坡较长而倾斜缓和，北坡较短而倾斜陡急。因此，山岭之间的河流，多发育成不对称水系。以南洛河和丹江及其支流——银花河等最为典型，大致都是左岸（北岸）的支流源远流长，有的甚至切过了分水岭，而右岸（南岸）的支流则较为短小，而且比降大、流量小。

3. 中段和西段为树枝状水系

在秦岭南坡的中段和西段，河流还发育着树枝状水系。以湑水河、褒河和旬河表现最突出。褒河两岸支流均做对称分布，流域范围呈上宽下窄的条带状；湑水河的流域面积为2307.3平方千米，其中左岸为1100.30平方千米，右岸为1207平方千米，左、右岸流域面积相当，其5千米以上的支流共45条，在左、右两岸基本做相应的对称分布；旬河大致呈条带状，沿河两岸流入的支流、干沟较多，虽然长而大的支流比较少，但也都做相应的对称状延伸着。

河流水网的结构对河流的水文特征和水情有着重要的影响，在同样的气候条件下，不同河网结构的水系可以产生完全两样的水情，尤其是对暴雨和洪水的反应更为突出。例如，扇状水系，由于支流几乎同时汇入到干流，当整个水系普降大雨时，就极易造成干流的特大洪水。而羽状水系因支流洪水是先后汇入干流的，因此，各支流汇入的水量先后排出，因而不易形成水灾。

（三）峡谷多、峡谷与宽谷（坝）相间出现

1. 峡谷多

长江水系河流的横断面以多而深邃的峡谷为特点。典型的峡谷河段有：褒河（图1-24）在江口至褒城（今勉县县城东）段，嘉陵江在十里墩至白水江段，沮水河在张家坝至河源段，乾佑河在鱼洞峡

◆ 图1-24 褒河（石门段）

◆ 图1-25 乾佑河的鱼洞峡

至小河口段，金钱河在户家垣以上，湭水河在皂角湾至高庄子段，丹江在程家坡至河源和日月滩至竹林关段等。秦岭南坡由此形成的著名峡谷有丹江的流岭峡，乾佑河的鱼洞峡（图1-25）和青铜峡，嘉陵江的老鸦峡和白崖峡等。在峡谷段还会出现较多的滩险，如丹江在丹凤至竹林关一段，横切流岭，形成流岭峡谷，峡谷中重滩叠濑，险峻多石，有大小险滩共计32处。其中，以蛤蟆口滩最险，两岸岩石壁立如门。

2. 峡谷与宽谷（坝子）交替出现

峡谷与宽谷（俗称坝子）交替出现，也是秦岭南坡河流横断面的特征，如丹江在商洛市商州区二龙山以上的河源段是峡谷，在二龙山至丹凤的日月滩一段是商—丹盆地，在日月滩至丹凤的竹林关一段是峡谷，在竹林关至商南县湘河街一段是宽谷；南洛河在保安以上为峡谷，在保安至庙湾段是洛南川塬宽谷，在庙湾以下是峡谷；嘉陵江在白水江以上至河源段，金钱河从河源至漫川关，乾佑河从河源至鱼洞峡，湭水河从都督门至大箭沟口等，都是峡谷与宽谷（坝子）交替出现的典型河段。

峡谷是河流横切构造线或流经坚硬岩石区形成的；宽谷（坝子）是河流流经断陷盆地或松软岩石区形成的。峡谷多，是筑坝修库最理想的地方，比如褒河石门水库就是一座河道型水库，大坝就修建在褒河峡谷出口以上2千米处；险滩多而水流急，为水力发电提供了有利的条件；宽谷（坝子）一般水土资源丰富，土层深厚而肥沃，引水灌溉条件优越，水利工程发达，成为山区最为重要的工、农业生产基地。

（四）曲流多、弯曲系数较大

长江水系河流是多曲流河段。因此，河流的弯曲系数都比较大。河流的弯曲系数，是指某河流河段的实际长度与该河段直线距离之比值。河流的弯曲系数越大，河段越弯曲，对航运和排洪就越不利。秦岭南坡主要河流的弯曲系数是相当大的，一般在1.2～2.5，最大的是武关河，弯曲系数高达2.46，其次是沮水河，弯曲系数为2.0（图1-26）。

长江水系不仅河流的弯曲系数大，而且还出现了明显的河流曲流段。发育典型的曲流段有：旬阳

◆ 图1-26 沮水河

◆ 图1-27 旬河

县城所在的地方就是旬河流入汉江处形成的典型曲流段，是即将断颈的离堆山之一（图1-27）；金钱河在山阳县境的薄岭子，乾佑河在镇安县的龙脖子、回龙和鸡上架一带，丹江在丹凤县的马鞍岭，嘉

陵江在略阳县的宝山岭和金捎弯一带，子午河的关口镇至汤平河和八庙至两河口段，褒河在褒姒铺、八里关、江口和碾子坝等处。

由于河流曲流很发育，河流自然裁弯取直所形成的离堆山和废弃河道也较多。例如，湑水河上游的盘龙、柳林坝，褒河上的道铁金和酉水河上的罗曲院等，都是建立在古河床之上的村庄；南洛河从县河口以下不到60千米，就出现了四处离堆山和废弃河道，即峰陵山、天平、黄坪和庙弯，黄坪的主要耕地就是在南洛河的废弃河床上开拓出来的。因此，河流曲流段的存在，为人工裁弯取直、变河滩为良田提供了很好的自然条件。

三、黄河水系特征

黄河水系的河流都是属于渭河中下游右岸的一、二级支流和南洛河上游的干流、支流，其中在峪口以上流域面积在20平方千米以上的河流共有74条。其河道发育具有以下三个特征：

（一）河流纵坡陡峭、流程短小

黄河水系河流的流程在山区基本上都是在50千米以内，大部分是在30～40千米，如测站设在平原的沣河、灞河和零河，只有黑河和浐河超过了50千米，而测站以上还包括了部分平原河段，流程也只有40～60千米，因此基本显示出河流流程短小的特征。

这些短小的山涧溪流，自南向北奔流。由于受到长期的侵蚀作用，已经在秦岭北坡切成许多大小的溪谷，俗称"峪"。这种山涧溪谷为数众多，就有了"秦岭七十二峪"之说。其实，还远不止这个数目。峪与平原相遇之处曰峪口，重要而著名的峪口有田峪口、大峪口、小峪口、子午口（图1-28）、沣峪口（图1-29）、涝峪口、黑峪口，斜峪口等，尤以子午口、沣峪口与斜峪口最为著名，是向南越过秦岭的重要通道。

由于秦岭北坡坡度大，同时又有大断层的存在，导致河流的纵坡比降都相当大，基本上都达到10‰以上，最大的是汤峪河、罗敷河和潼河，比降介于45‰～52‰，最小的是零河和浐河，比降稍微低于10‰。这些谷短坡陡的急流，当流出峪口以后，骤然进入坦荡的平原，河流纵坡比降大大减小，

◆ 图1-28 石羊关　　　　　　　　　　　　　　　　◆ 图1-29 沣裕口

水流平缓，河床迂回曲折。因此，黄河水系河流的上、下游的坡降表现是截然不同的，即上游陡、下游缓，峪口就是这种明显差异的转折点。

（二）峡谷和曲流较多，宽谷与曲流交替出现

黄河水系河流的峡谷和曲流虽然不及长江水系多，但是，河道横断面和平面形态上的主要表现特点仍然是峡谷和曲流，表现为宽谷与曲流交替出现。

峪口和稍宽的直谷——深切曲流交替出现，为封沟打坝、建库蓄水提供了有利条件。如修建的石砭峪、石头河、西骆峪等水库（图1-30、图1-31），以及渭南、华州区、华阴、潼关四县（区）境内南山四条支流上，从西向东分别修建箭峪、桥峪、蒲峪和太峪四座水库，都是利用这种峪的地形修建的。但是，由于河道比降大，一般库坝相应地都要修建得高些，加之，河床上覆盖着的砾石、砂卵石层较厚，容易渗水而造成潜流，在一定程度上就增大了建坝修库的工程量和投资。

由于秦岭北坡的新构造运动强烈，因此，河谷的横断面结构比较复杂，从谷底向上显示出三种谷形重叠的特色，即上边是宽谷，中间是"U"形谷，下边是狭窄的"V"形谷，但它们所处的高度，在不同的地段也不一样。河谷横断面结构呈三种谷形重叠的现象，这就充分说明了秦岭各个断块是在经常地、分阶段地做不平衡的上升运动。

（三）河网结构为多钓钩型水系

所谓钓钩型水系，就是河流的流路转折很像一个钓钩。黄河水系的一些河流，它们往往发源于北仰南俯的次一级断块南侧的老剥蚀面上，先由北向南流，当遇到南面断块阻挡时，便转折沿着断层谷向东或向西流，最后切穿断块翘起的山梁，向北蜿蜒出山流入渭河。典型的钓钩状水系的河流有黑河、石头河及其上游的桃川河，以及敷峪和灞河等。

◆ 图1-30 石砭峪水库

例如黑河，它的上游红水河是发源于太白山主峰——拔仙台的东边，开始大致顺着东南缓倾斜的太白期老剥蚀面流入大蟒河，大蟒河又顺着太白山南坡的一个断层谷向东流，经过厚畛子（始称黑河）后渐向东北转折，穿过太白山东支脉——老君岭与终南山之间的深峡，最后转折向北流，出山口以后流入渭河。

◆ 图1-31 西骆峪水库

第二节 四大流域水文特征

秦岭是我国长江和黄河流域的分水岭，在地形上成为我国南北之间的天然屏障。秦岭水系，分属黄河和长江两大水系，秦岭区域流域面积大于10平方千米的河流有1401条。其中，黄河水系266条，长江水系1135条。秦岭以北为黄河水系，包括渭河流域和南洛河流域，有河流2524条，流域面积占全省总面积的64.8%。秦岭以南为长江水系，包括汉江流域和嘉陵江流域，有河流1772条，流域面积占总面积的35.2%。因此，狭义上的秦岭介于关中平原和南面的汉江谷地之间，是嘉陵江、南洛河、渭河、汉江、丹江五条河流的分水岭。

一、渭河流域

渭河，古称渭水，是黄河最大的一级支流，发源于今甘肃省定西市渭源县鸟鼠山。它流经今甘肃省天水、陕西省宝鸡、咸阳、西安、渭南等市，至渭南市潼关县汇入黄河。渭河两岸北有六盘山屏障，南有东西走向的秦岭横亘。主要流域分东西两部分，西为黄土丘陵沟壑区，东为关中平原区。

渭河干流，横跨甘肃东部和陕西中部，全长818千米，流域总面积134766平方千米。渭河干流在陕西境内全长502.4千米，流域面积67108平方千米，占陕境黄河流域总面积的50%。渭河干流从天水出甘肃省，东流至陕西省宝鸡，经宝鸡市的陈仓、渭滨、金台、岐山、眉县、扶风，咸阳市的杨陵、武功、兴平、秦都、渭城，西安市的周至、鄠邑、长安、未央、灞桥、高陵、临潼，渭南市的临渭、大荔、华州、华阴等22个县（市、区），至潼关县汇入黄河（图1-32）。

（一）流域自然地理概况

1. 南北两侧差异性地貌特征

渭河流域的地形特点是西高东低，自西向东，地势逐渐变缓，河谷也逐渐变宽，入黄口海拔与最高处海拔相差3000米以上。流域北部为黄土高原，南部为秦岭山区，主要山脉北有六盘山、陇山、子午岭、黄龙山；南有秦岭。其中，有最高峰太白山，海拔3771.2米。形成的地貌主要有黄土丘陵区、黄土塬区、土石山区、黄土阶地区、河谷冲积平原区等。

渭河上游主要是黄土丘陵区，占该区面积的70%以上；河谷川地区面积约占10%，海拔900～1700米。渭河中下游北部为陕北黄土高原，海拔在900～2000米；中部为关中盆地——经黄土沉积和渭河干支流冲积而成的河谷冲积平原区；南部为秦岭土石山区，多为海拔2000米以上的高山。其间，北岸加入泾河和北洛河两大支流。其中，泾河北部为黄土丘陵沟壑区，中部为黄土高原沟壑区，东部子午岭为泾河、北洛河的分水岭，有茂密的次生天然林，西部和西南部为六盘山、关山地区，植被良好；北洛河上游为黄土丘陵沟壑区，中游两侧分水岭为子午岭林区和黄龙山林区，中部为黄土塬区，下游进入关中地区，为黄土阶地与冲积平原区。

2. 大陆性季风气候

渭河流域处于干旱地区和湿润地区的过渡地带，多年平均年降水量572毫米。降水量总的变化趋势是南多北少，山区多而盆地河谷少。秦岭山区降水量达到800毫米以上，西部太白山、东部华山山区达到900毫米以上，而渭北地区平均为541毫米，局部地区不足400毫米。流域内多年平均陆地蒸发量500毫米，高山区小于平原区，秦岭山区一般小于400毫米，而关中平原大于500毫米。

渭河流域属于大陆性季风气候，冬季是受蒙古高压控制，气候干燥寒冷，降水稀少；而夏季是受西太平洋副热带高压影响，夏热多雨。渭河流域多年平均气温10～13摄氏度，气温差一般介于26～28摄氏度。

（二）陕西的母亲河

渭河俗称陕西的母亲河、三秦儿女的生命河，集中了陕西省61%的人口、56%的耕地、72%的灌溉面积、68%的粮食产量和80%以上的国内生产总值，在陕西乃至西部社会经济发展中，都具有十分重要的战略地位。

关中渭河形成于早更新世，距今约200万年，流域内人类活动踪迹达80～100万年以上，有80万年前的蓝田猿人遗址，六七千年前的母系氏族群落半坡遗址，以及大量的仰韶文化、龙山文化遗址等。关中又是中华民族实现国家大统一的奠基地，人文初祖炎、黄二帝在此统领先民，征战耕织；周、秦、汉、唐等10多个朝代凭借渭、泾、浐、灞、沣、滈、涝、潏八水之利，在此建都达千年之久，世界八大奇迹之一的兵马俑、五岳中以险著称的西岳华山、中华第一陵的黄帝陵、全国迄今保存最完整的古城墙、世界四大古都之一的西安等，都坐落在渭河两岸，丝绸之路从这里走向西方，使中国名列世界四大文明古国之一。

渭河流域南岸处于南北分界的秦岭北麓，是全国交通大枢纽之一，由于其处在西部大开发的桥头堡，承东连西，接北续南，是通往西北和西南的咽喉要道。陕西省防汛的重点"一江两河一库区"，渭河流域就占到一半，2007年结束的F1世界摩托艇锦标赛就是在渭河岸边的浐灞生态区水面上举行。

渭河流域在中华文明史上也是一个文化悠远的重要区域，是中华民族古代政治中心的京畿之地。从传说中的舜、尧、大禹、华胥氏、伏羲氏、炎帝神农氏和黄帝，到战国时期的秦国，无不在渭河流域留下印记。

由于渭河流域的特殊地位和作用，已引起国家的高度重视和全社会的广泛关注。近年来，随着流域社会经济的快速发展，渭河水量锐减、水质污染严重、下游洪灾频发、部分河道堤防支离破碎等问题日益突出。2011年初，陕西省委省政府作出实施渭河陕西段综合整治的重要决定，陕西省人大常委会、省政府及时启动了陕西省渭河流域管理立法工作。2012年11月29日，《陕西省渭河流域管理条例》（以下简称《条例》）经陕西省第十一届人民代表大会常务委员会第三十二次会议表决通过，并于2013年1月1日起开始实施。《条例》是我国第一部内容涵盖水资源管理、水污染防治、防汛抗洪、河道管理、生态环境保护的流域管理综合性地方性法规。它为渭河流域统一管理，合理利用渭河水资源，防治洪涝灾害和水污染，改善流域生态环境提供了法制保障，对巩固渭河陕西段综合整治成果，还陕西人民一个水清堤固、岸绿景美的新渭河，促进地区经济、社会发展，具有重要的意义和作用。

（三）不对称水系结构

渭河水系主要分布在秦岭以北、北山以南之间的关中盆地之中，由南北两侧向渭河汇集。以宝鸡峡东口为界，以西属于山地深切的曲流河段，两岸支流除通关河外，大都源短流急，在干流两侧形成比较典型的对称型羽状水系；而在宝鸡峡口以东，渭河进入平坦开阔的渭河盆地，主河道河床加宽，

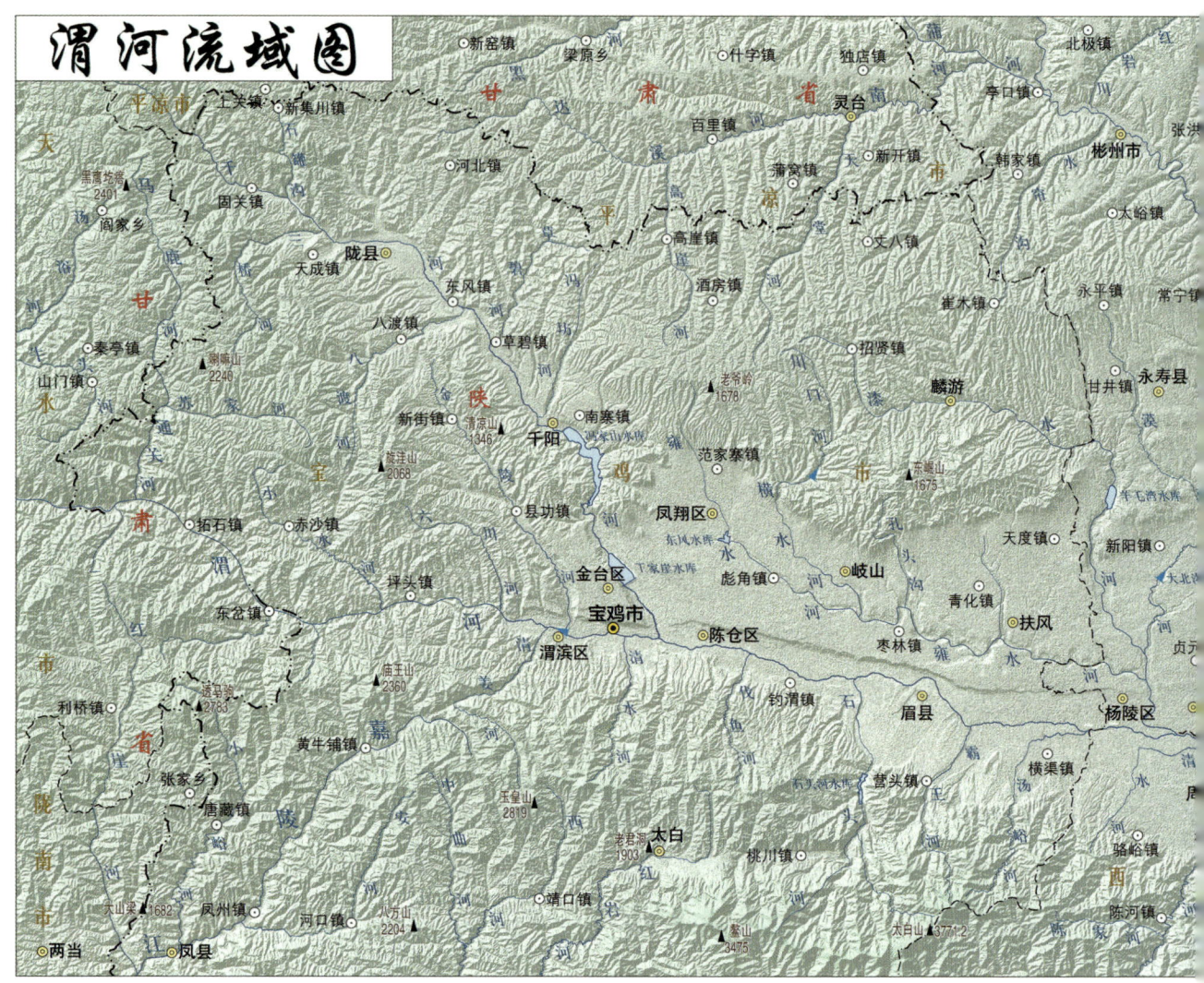

比降骤减,形成典型的平原型曲流河段。由于两岸支流是来自不同的地貌单元,河相的特征就表现出很大的差异,南岸支流源于陡峻的秦岭北坡,流程短,比降大,多急流险滩,带有强烈的土石山地的河流特征;北岸支流来自深厚的黄土台塬区,比降小,含泥沙量大,大都源远流长,具有明显的黄土高原河流特征。

(四)主要支流

组成渭河水系的支流流域面积在 100 平方千米以上的有 45 条,10 平方千米以上的有 300 多条,2 平方千米以上的支毛细沟多达 5300 余条。渭河流域右岸支流较多,从西到东有清姜河、清水河、伐鱼河、石头河、汤峪河、黑河、涝峪河、沣河、灞河、零河、沈河、赤水河、石堤河、罗敷河等,这些支流大部分都水清、源短、流急,较长的是黑河 125 千米、灞河 104 千米,其余皆不足百公里(1 公里 =1 千米)。右岸支流均发源于秦岭山区,源短流急,谷狭坡陡,径流较丰,含沙量小。由于两岸支流的不对称结构特点,使渭河河槽有着向右岸偏靠的趋势。

第一篇　举世无双的自然地理

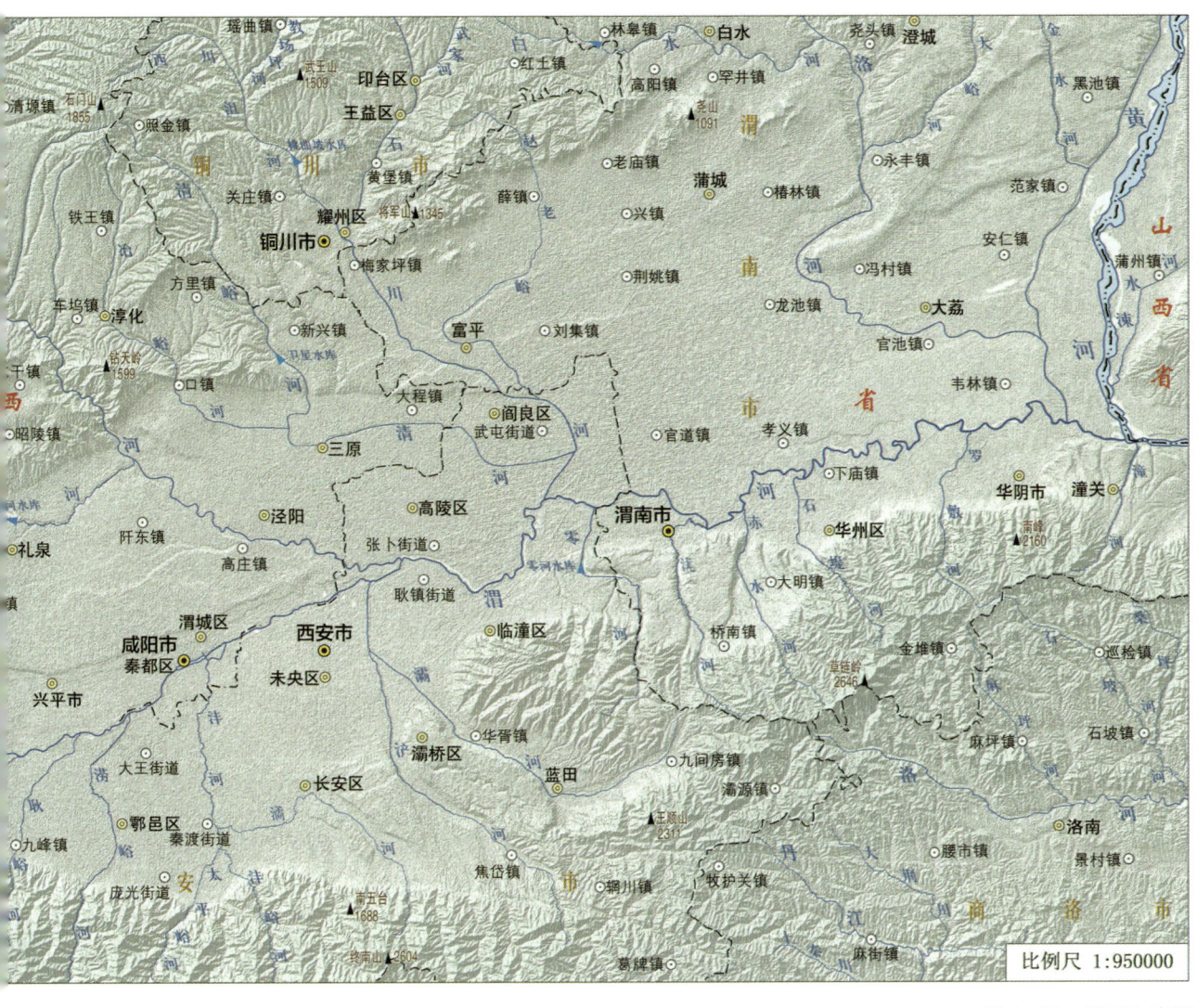

◆ 图 1-32　渭河流域图

二、伊洛河流域

洛河，古称雒水，黄河右岸的重要支流。因河南境内的伊河为重要支流，所以又称为伊洛河，即上古时期河洛地区的洛水。洛河在水文上的名称为南洛河。洛河源出陕西蓝田县东北与渭南华州区交界的箭峪岭侧木岔沟（秦岭海拔 2028.4 米的龙凤山东南侧），即洛南县洛源镇的龙潭泉，流经陕西省东北部及河南省西部，在河南省巩义市注入黄河。河道全长 447 千米，陕西境内河长 129.8 千米，流域总面积 18881 平方千米。

洛河顺着东南流入洛南县，横穿其中南部，经洛源、眉底、尖角（县城正北）、柏峪寺、灵口及庙湾等乡镇，在沙河口附近流入河南省卢氏县境，经洛宁县、洛阳、偃师等县（市），由巩义市东北注入黄河。

洛河在陕西洛南县境内，流经张坪、保安、眉底、白洛、祖师、尖角、官桥河、柏峪寺、黄坪、灵口、庙湾等村镇，于三要镇兰草河口进入河南卢氏县后在河南巩义市北流入黄河。洛南县境内流程 129 千

051

米，流域面积 2681.7 平方千米，是县境内主要的河流，其比降 7.04‰，多年平均径流量 $8.19×10^8$ 立方米（图 1-33）。

（一）流域自然地理概况

1. 地势西北高、东南低

伊洛河流域地处两个褶皱系的交界带，即商渭台缘褶皱带与秦祁地槽的东秦岭褶皱系，多灰岩、页岩地层，河道以砾石质结构为主。地势为北缘秦岭（草链岭海拔 2646 米）、华山（海拔 2165 米），南顺蟒岭（最高处 1744 米），中间为洛河河谷，总趋势西北高、东南低，大致形成了 3 个小区：一是干流以北的广大山地区，山高坡陡，沟深流急，仅有一些较大支流，沿岸有少量的川地。二是干流两岸及永丰、景村、古城、三要等乡镇一带的浅山川原区，有较完整的三级阶地构成的大片川原，拥有"四十里梁原"和古城川，土层深厚肥沃，为洛南县的主要产粮区。20 世纪 50 年代至 70 年代修建的南洛惠渠，以及星罗棋布的库塘，为川原耕地提供了很好的灌溉条件，有"小关中"之称。三是面积较小的南部

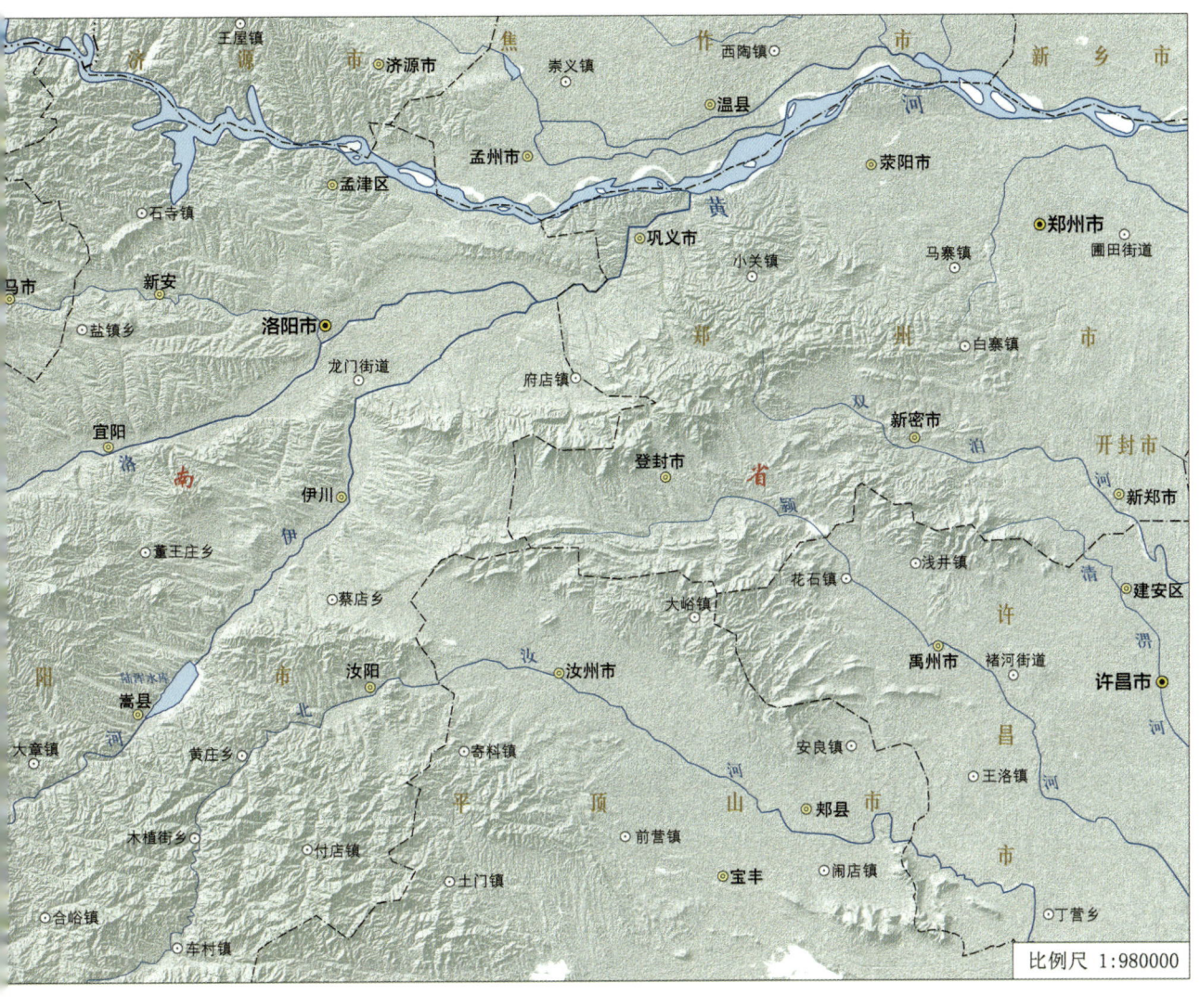

◆ 图 1-33 伊洛河流域图

崤岭花岗岩流沙丘陵区，为水土流失严重的地带。干流文峪河口以上为山溪性河流，比降达 12.5‰，全河平均比降为 3.7‰，官桥河以下曲流发育，形成许多"驼胫""驼背"河道。

2. 暖温带山地季风气候

伊洛河流域属暖温带山地季风气候。由于洛河地处我国南北雨区的分界线上，春季干旱多风，夏季炎热多雨，秋季阴雨连绵，冬季寒冷少雪。年平均气温由北向南，由西向东递增。多年平均气温 14 摄氏度，最高 42 摄氏度，最低 -20 摄氏度。山地气候表现在：河谷和丘陵区年平均气温为 12～15 摄氏度，西部高山区则只有 4 摄氏度左右。平均年降水量由东北部的 500 毫米增至西南部的 1100 毫米，且年内分配不均，有 60% 的降水集中在 7—10 月的汛期，且多以暴雨形式降落，往往出现较大洪水；而在 3—6 月，只有 30% 的降水，常有干旱发生。

（二）河洛文化发祥地

洛河流域，是华夏文明的发源地之一。黄河、洛河交汇处的广大地区，被称为河洛地区，而孕育、发展、繁荣、传承于河洛地区的地域文化被称为河洛文化。这一地区是"中国"名称的来源。

伏羲是上古时代首领，中国人文始祖，其长期在河洛一带活动，受"河图"启发画出了八卦，就是后来《周易》一书的来源。

河洛地区长期是奴隶制国家、封建制国家的都城所在地，中国古代的国家制度和都城制度，基本都是在河洛地区发轫和完成的。河洛地区是中国古代文学艺术发展的发祥地，汉代辞赋、建安文学、汉魏文章、唐诗宋词，都成就了河洛文学的辉煌。河洛地区在中国古代史官文化及史学的建立中，起到了平台和载体的作用，如西汉司马迁在洛阳受命写《史记》，东汉班氏兄妹在洛阳著《汉书》，三国西晋时史学家陈寿在洛阳撰《三国志》，北宋司马光在洛阳完成《资治通鉴》。同时，河洛地区的科学技术发明荟萃，教育也很发达。因此河洛地区产生的对历史社会有影响的名人很多。

另外，河洛民俗文化、河洛姓氏文化、河洛园林文化、洛阳牡丹文化等，都是河洛文化的重要组成部分。

（三）水系呈南北不对称叶脉状结构

陕西省境内直接入洛河的支流24条。其中，流域面积在100平方千米以上支流有10条，主要有文峪河、石门河、石坡河、县河、东沙河等，河系呈南北不对称叶脉状。

北岸河流系指洛河以北的秦岭地区河流，其主要支流有蒿坪河、文峪河、麻坪河、石门河、石坡河、周湾河、桑坪河、西峪河、龙河等。该区内山高坡陡，水深流急。除支流沿岸有少量平地外，多数河沟滩地少。但各河流比降、流量都较大，利于小型水利工程的发展。

南岸支流系指洛河以南，源于蟒岭的河流，其主要支流有县河、西沙河、中沙河、东沙河、姬家河、兰草河等。

（四）主要支流

洛河的支流较多，流域面积在100平方千米以上的一级支流和二级支流共有15条。其中，比较重要的，北岸有蒿坪河、文峪河、石门河、石坡河、西峪河、灵河6条，这些支流都发源于秦岭的主脊——太华山的南坡，河床比降都大，泥沙较少，水量丰富，有灌溉、发电等条件；南岸有县河、景村沙河（西沙河），古城沙河（中沙河）、李垣沙河（东沙河）、兰草河等五条。这些支流大都是发源于蟒岭一带，水量一般都小，由于发源地——蟒岭主要是花岗岩山地，易于风化，因此，含沙量大，河床淤积的沙石较多，危害沿河两岸的农田，也给筑坝建库蓄水带来了一定的困难。

三、汉江流域

汉江，又称汉水、汉江河，为长江最大的支流（图1-34），现代水文研究认为，汉江有三个源头：北源沮水、中源漾水、南源玉带河，都是在秦岭南麓陕西省宁强县境内，流经沔县（今汉中市勉县）称沔水，东流至汉中始称汉水；自安康至丹江口段古称沧浪水，襄阳以下别名襄江、襄水。

汉江是长江最长的支流，在历史上占据着重要地位，常与长江、淮河、黄河并列，合称"江淮河汉"。

汉江流经陕西、湖北两省，在武汉市汉口龙王庙汇入长江。河长1577千米，流域面积在1959年前为17.43×10^4平方千米，位居长江水系各流域之首；1959年后，减少至15.9×10^4平方千米。干流上游：湖北省丹江口以上为上游，河谷狭窄，长约925千米。中游：丹江口至钟祥，河谷较宽，沙滩多，长约 270 千米。下游：钟祥至汉口，长约 382 千米，流经江汉平原，河道蜿蜒曲折逐步缩小。

（一）流域自然地理概况

1. 地势西北高东南低、山地面积大

汉江流域流经地区绝大部分是山地，山地面积约占全流域面积的 70%，丘陵地面积约占 13%，平原面积约占 16%，湖泊面积约仅占 1%。山地的分布是在老河口以上，主要平原则分布在钟祥以下，之间是丘陵地区。当然，在上游山地区内亦有局部平坝与丘陵地貌，在下游平原上亦有个别丘陵。

汉江流域虽然山地面积大，但海拔都不高，地面海拔在 1000 米以下的面积占 70% 多，2000 米以上的面积仅占 4%。汉江流域有四处较大的平原，即汉中平原、襄阳—宜城平原、唐白河平原、下游平原。四处平原之中，汉中平原、襄阳—宜城平原与下游平原三处都是泛滥平原，地势平坦，只有唐白河平原大部分为古冲积平原，俗称岗地，现在已略受到分割，泛滥平原则占地面积较小。

汉江流域湖泊较多，较大的 200 多个，其中大部分为洼地积水，旱年与丰年湖泊面积的变化较大。但各类湖泊不论它们的成因如何，都在逐渐分裂与消失之中。

2. 北亚热带季风气候

汉江流域北以秦岭、外方山与黄河流域为界，东北靠伏牛山、桐柏山与淮河流域毗邻，西南依大巴山与嘉陵江流域相邻，东南为江汉平原。整个地形呈现西北高东南低，形成一东南向敞开的喇叭形，使东南季风可长驱直入本流域，加之北界的秦岭山脉，一般海拔介于 2500～3000 米，它不仅有抬升气流的作用，而且阻滞北方冷空气侵入，因而这里就成为我国南北气候交界地带，流域内气候较温和、湿润。

本流域的风向受冬夏季风的影响，冬季多东北与西北风，夏季多东南与西南风，春秋两季为过渡时期，风向变化较多，但仍以偏北方向为多。就地域而论，大致自白河以上在夏季仍以偏北风为主，南风或东南风不占重要地位；白河以下汉江河谷内春夏多东南风与南风，冬季多北风与西北风。

（二）南北文化融合

汉江流域地处我国中部，介于黄河、长江两大水系之间，是我国自然地理南北差异的过渡带，秦岭耸立于北，巴山绵亘于南，汉江横贯其中，形成两山夹一川的壮美地形。汉江既是我国南北两大文化板块的接合部，又是南北文化交融、转换的轴心，汉水河谷自古以来就是沟通中国东西的走廊；流域内的汉中盆地、南阳盆地和襄樊盆地，又是我国西部和中部地区南北交往的通道，在它们的周围是我国古代最著名的几个政治、经济和文化中心，西北——以长安为中心的关中平原，东北——以洛阳为中心的伊洛平原，东南——以武汉为中心的江汉平原，西南——以成都为中心的成都平原。历史上南北对立时期，南北双方的征伐攻守主要在黄河、长江之间的汉水、淮河流域进行，争夺的焦点是汉中、襄樊、寿春、徐州。这四座城市分别位于古代中国北方与南方相互联系的 4 条主要交通干线上，是所谓的"天关""地机""九州咽喉"。

汉江是一部壮丽的史诗，记录着中华民族的先哲在此奋斗跋涉的足迹。这里有屈原的魂牵梦绕，李白的"蜀道之难"，陆游的"铁马秋风"，米芾的"光家山水"，张之洞的"中体西用"。这里更是两汉、三国文化的发祥地。

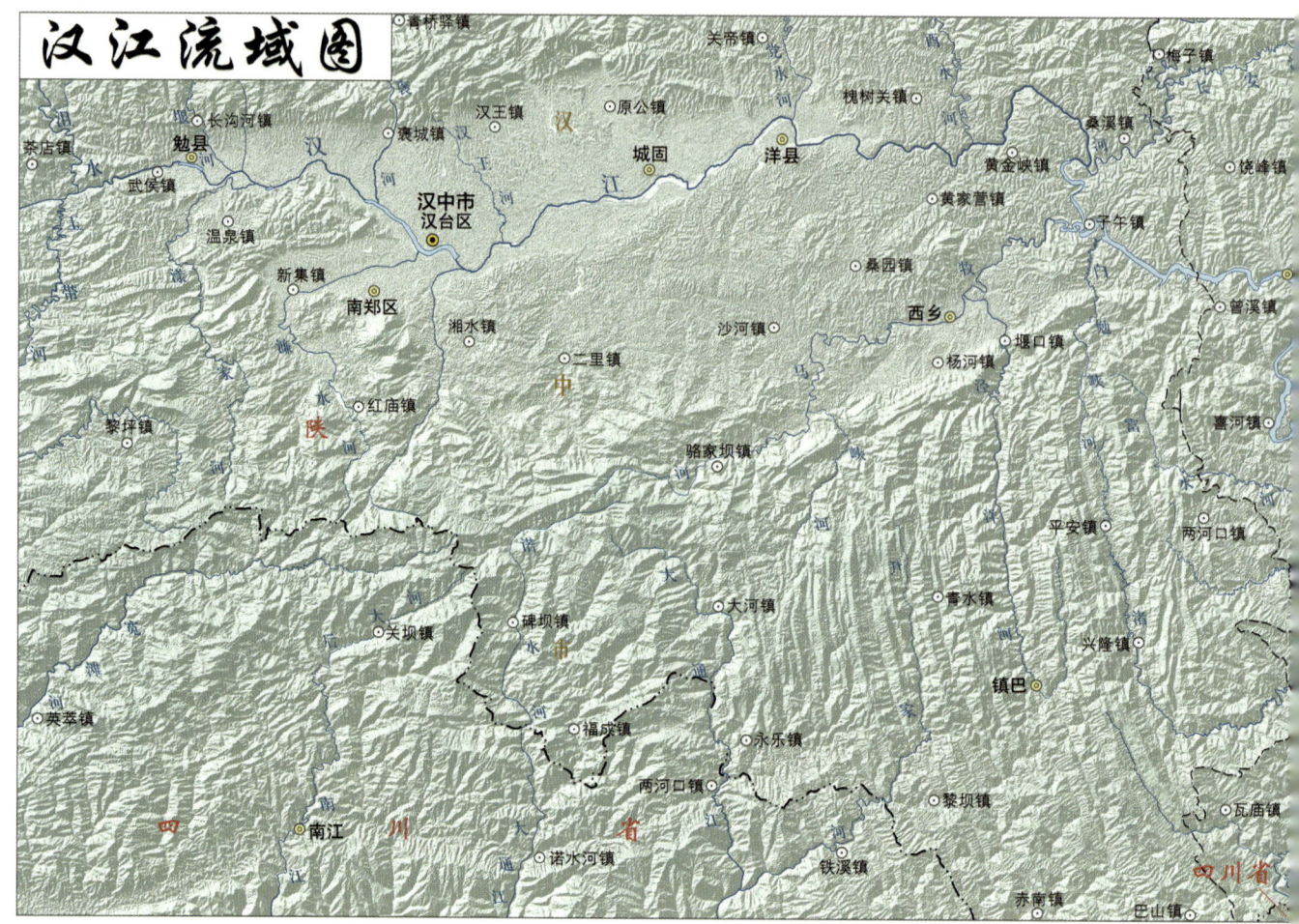

汉江流域特殊的战略地位，使其成为中国历史分裂时期活动最为频繁的政治舞台。从春秋战国、三国时期到南北朝、宋金对峙时期，各路英雄、仁人志士在此施展其政治、军事和外交才能，特别是三国时期对汉江流域的争夺最为精彩。汉江流域在中国由分裂走向统一的历史进程中，有着特别重要的战略地位，对中国历史大统一和中华民族大融合作出了独特贡献。

汉江流域内既有北方旱作农业，又有南方稻作农业，具有承东启西的区位优势，使古代农业文明自西北向东南推移。同时，在近代资本主义工业文明由东南向西北的推进过程中，汉江流域发挥了极为重要的作用。

汉江流域从源头的宁强县到长入江口的特大城市武汉，大中小城市俱全，形成历史名城与新兴城市的并存，同时，又是重要的贸易集散地，如南郑、洋县、城固、安康、商州龙驹寨、襄阳等，都分布在汉江及丹江两岸，形成了沟通全流域的重要商路。在中国现代两大铁路——京汉和陇海修通之前，汉江及其支流一直是西北地区与东南沿海、华北与长江中下游地区经济往来的交通干道。武汉是中国内陆最大的货物集散地和贸易中心。

（三）干流概况

汉江，全长1577千米，其中，陕西境内干流长657千米，湖北境内长920千米，总落差1964米。

第一篇 举世无双的自然地理

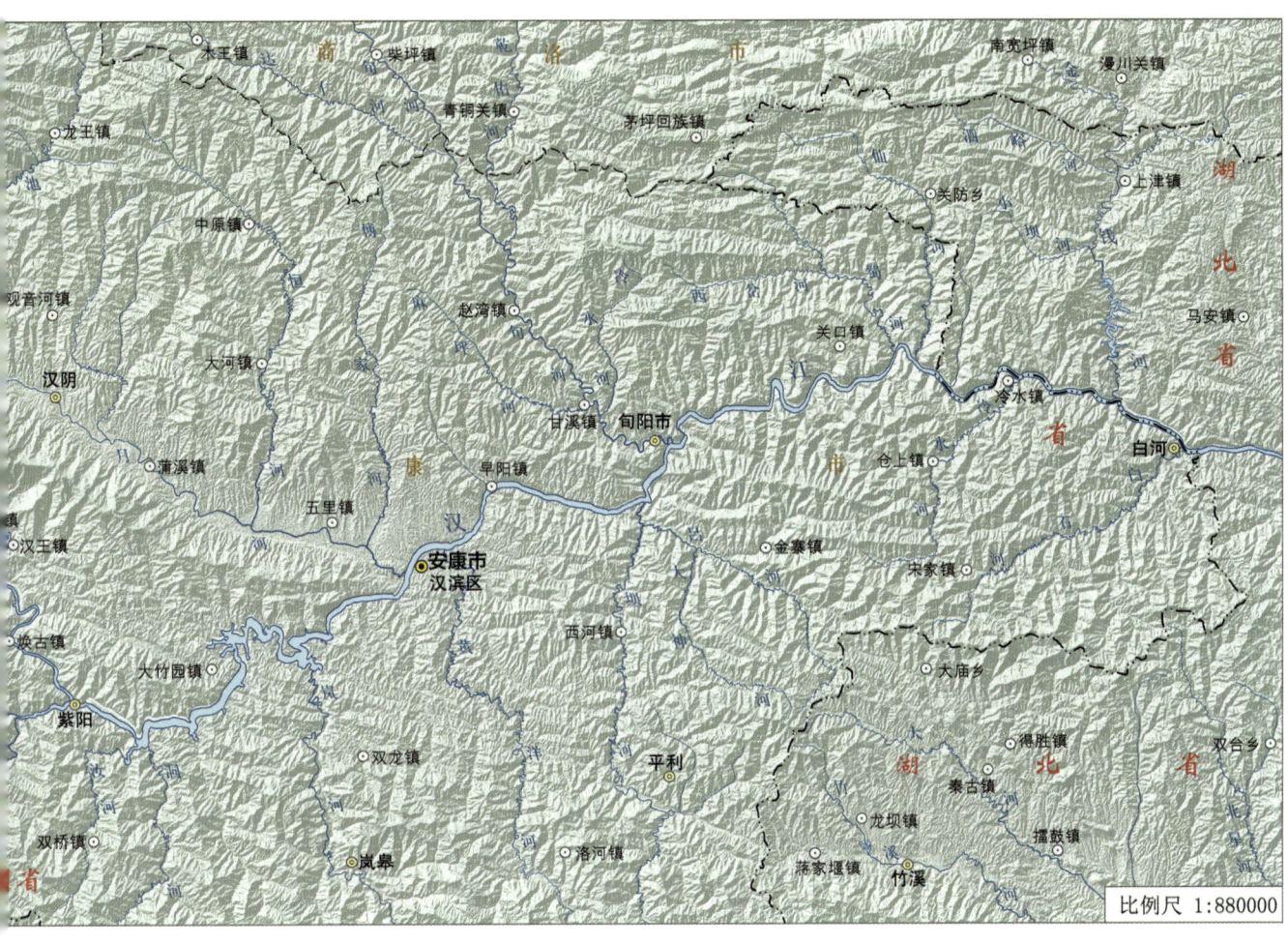

◆ 图1-34 汉江流域图

1. 河源段

汉江干流发源于秦岭南麓，有北、中、南三源：漾水为中源、沮水为北源、玉带河为南源。

中源——漾水，源出陕西省宁强县北嶓冢山，又称东汉水。东经勉县为沔水，经褒城纳褒水始为汉水。

北源——沮水，发源于黄花坪——位于陕西省留坝县与凤县交界处的紫柏山（海拔2610米）南麓，向西南流入勉县张家河，纳入八庙河和冷峪河后入略阳县两河口，继续南流至黑河坝流入白河。白河汇入后转东南再次入勉县境，至沮水新铺坝始称汉水。沮水全长130千米，沮水流域面积1747平方千米，年径流量5.2亿立方米。沮水在漾水北，历史上称其汉水古北源。

南源——玉带河，发源于宁强县阳平关镇曹家坝村，于勉县铜钱坝汇入汉江，河流流经宁强县城。远眺河流玉绕如带，故名玉带河。1949年前后，一度把宁强县城所在地称为玉带镇。玉带河处在大巴山腹地，干流长101.1千米，流域面积831平方千米，多年平均径流量4.8亿立方米，河道平均比降为8.17‰。

2. 干流走向

在陕西省境内，河流基本上自西向东流，汉江干流发源于陕西宁强县的嶓冢山，自西而东流经勉县、汉中市汉台区、城固县、洋县、石泉县、汉阴县、紫阳县、安康市汉滨区、安康市旬阳市，于白河县

进入湖北省。

在湖北省境内，汉江干流经白河县后，自郧西县进入湖北。丹江口以下，干流折向东南，沿途经老河口市、襄阳市、宜城市、钟祥市、天门市、潜江市、仙桃市、汉川市等县市，最后由武汉市汉口龙王庙汇入长江。

干流丹江口以上为上游，河谷狭窄，长约925千米；丹江口至钟祥为中游，河谷较宽，沙滩多，长约270千米；钟祥至汉口为下游，长约382千米，流经江汉平原，两岸修筑有堤防，河道蜿蜒曲折且逐步缩小，泄洪能力越来越小。

（四）羽毛状水系结构

陕西省境内的汉江为上游段，位于秦岭南麓，山地河流发育，支流众多，长度在50千米以上的河流有68条，在100千米以上的有18条。水系分布左、右岸很不对称，左岸支流发源于秦岭南坡，主要支流有沮水、褒河、酉水河、子午河、月河、旬河、蜀河及金钱河等，左岸支流源远流长，河网密度较大，为1.69千米/千米^2；右岸支流源于大巴山北坡，主要支流有玉带河、漾家河、濂水河、南沙河、牧马河、富水河、任河、汝河、岚河及坝河。右岸河网密度较小，只有1.52千米/千米^2。

各支流分布大都呈羽毛状或近似羽毛状，个别为平行状和扇状。各支流流域面积在50~100平方千米的河流有130余条；100~500平方千米的河流有126条；500~1000平方千米的有21条，1000~5000平方千米的有14条；大于5000平方千米的有2条；50平方千米以下的小河和支毛沟达数千条，河网纵横，水系发达。

四、嘉陵江流域

嘉陵江是长江上游——川江段最大的一条支流（图1-35）。它在陕西秦岭的河段属于河流上游段，长210千米，约占总河长的30%，在陕西省内的流域面积为4908平方千米，多年平均径流量为4.1×10^9立方米。

嘉陵江上源有二：一是西汉水，源于甘肃省天水以南；一是东峪河，源于陕西省凤县。东峪河发源于秦岭主脊——海拔2598米的代王山南侧的大凤沟，上源称大南沟，由东南向西北流，与发源于秦岭主脊以北的清姜河上源平行，到煎茶坪以后，东峪河与清姜河分别转折成近南和近北向，相背而流。根据《凤县志》记载，嘉陵江在陕西省内的河段称为"古道河"，流入四川盆地才称为嘉陵江。现在所称的嘉陵江，是泛指从凤县东河桥以下的所有河段。

（一）流域自然地理概况

流域东北以秦岭、大巴山与汉水为界，东南以华蓥山与长江相隔，西北有龙门山与岷江接壤，西及西南为一低矮的分水岭与沱江毗连，大致介于东经102°30′~109°，北纬29°40′~34°30′间，在四川盆地东北部，河流的绝大部分流经四川盆地。

1. 上中下游地形各异

上游：昭化以上。河流曲折，穿行于秦岭、米仓山、摩天岭等山谷之间，河谷切割很深，属于山区河流，河谷狭窄，水流湍急，支流众多，水量丰富，自然比降达3.8‰，水能开发量大，但水流急，多险滩礁石，不便航行。

中游：昭化至合川。河道逐渐开阔，宽度介于70~400米，地形从盆地北部深丘逐渐过渡到浅丘

第一篇 举世无双的自然地理

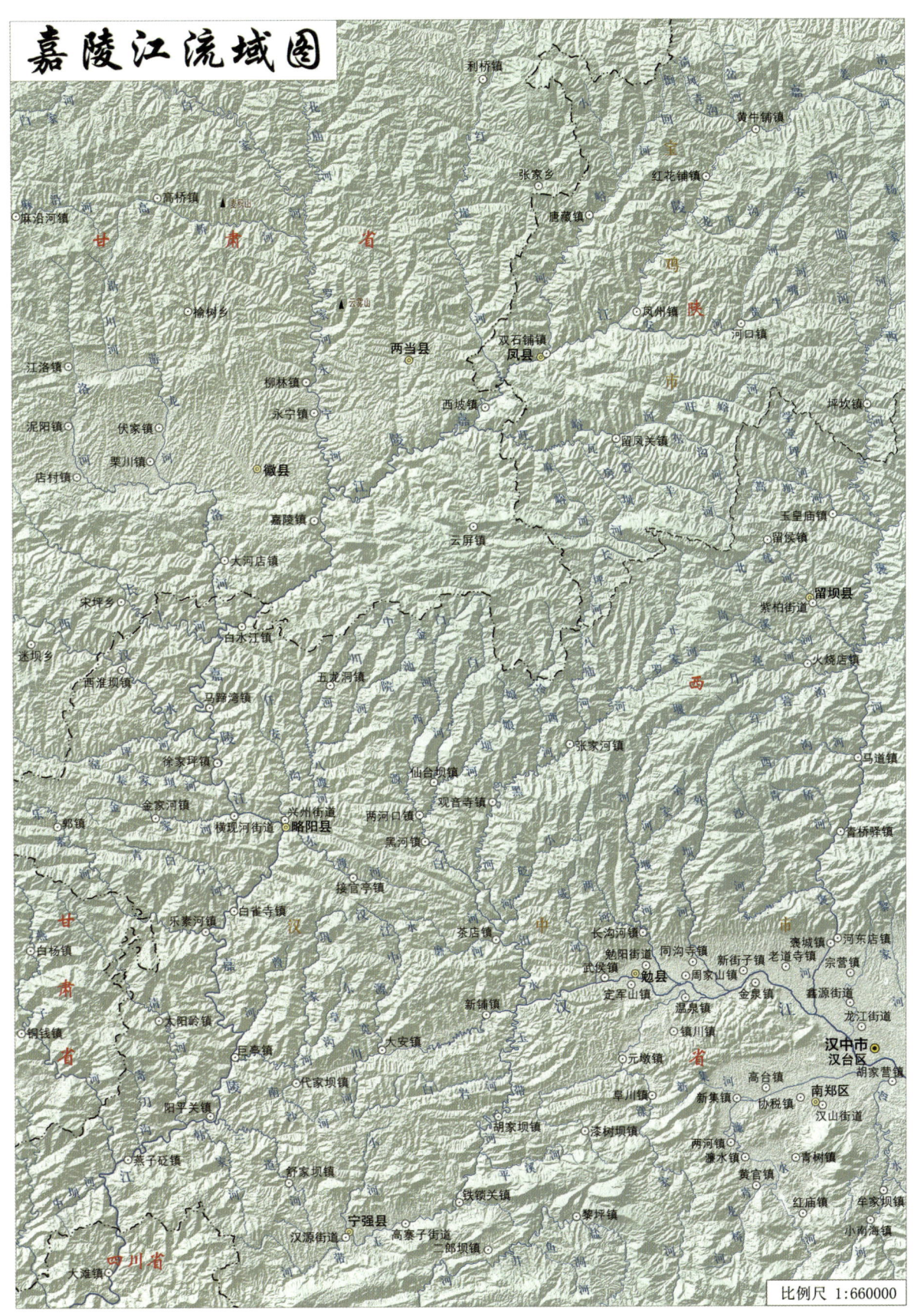

◇ 图1-35 嘉陵江流域图

区，曲流、阶地和冲沟十分发育。比降变缓，自然比降0.28‰，与涪江、渠江的中下游构成川中盆地，高程仅200～400米，是为中游盆地区，有航运之利。

下游：合川至重庆段，河道经过盆东平行岭谷区，形成峡谷河段，地势又上升为山区地形，谷宽约400～600米，水面宽150～400米，其间著名的嘉陵江"小三峡"即为河流横切华蓥山南延支脉九峰山、缙云山、中梁山后，形成的风光绮丽的沥鼻、温塘、观音三峡谷。三峡谷山高崖陡，峭拔幽深，形势险要，宛如长江三峡之缩影，故称之为嘉陵江小三峡。沥鼻峡居于北部，长而宽，在石灰岩构成的岩壁上，有多级溶洞发育，形如鼻孔，有暗河水从洞孔中流出，长年不断；温塘峡又名温泉峡，位于中部，因峡中有三股温泉而得名，峡长2.5千米，峡谷深邃，江水平静，风光妩媚多姿；观音峡坐落在南部，因古有观音庙而得名。

2. 亚热带湿润季风气候

嘉陵江流域大部分属亚热带湿润季风气候，在中下游段的盆地区，冬季温暖多雾，霜雪少见。上游段山区则冬季寒冷，霜雪较多，又多风暴，往往一雨成灾。年降水量大多在1000毫米以上，50%集中在7—9月。自然植被保存较好，森林覆盖率达51.3%。植被垂直地带性变化明显，一般500～1100米以下为常绿阔叶林，1100～1900米为落叶阔叶和常绿阔叶混交林，1900～2400米是以冷杉为主，云杉次之的山地暗针叶林，2400～3300米是以冷杉为主的暗针叶林，3300米以上为亚高山草甸植被。

（二）嘉陵江文化

嘉陵江流域是江、河文明的交流区，是秦、蜀、巴、楚和西南夷文化的交汇点，是南、北两条丝绸之路的交换站，是四川盆地与关中地区的交通通道。这里既受三秦文化、中原文化、羌氐文化的影响，又深藏巴蜀文化、荆楚文化的基因，经过数千年融合、积淀，逐渐形成了璀璨的嘉陵江文化。而在华夏民族的演化进程中，这一独特的流域文化，汇入了中华文明的滔滔洪流，成为中华文明的一支源脉。与嘉陵江有关的伏羲、女娲、神农、黄帝、嫘祖和舜等，都是中华民族的祖先，也都是汉民族的祖先。从一定意义上可以说，正是嘉陵江孕育了汉民族、发祥了汉文化。在这特定的历史区位里，风气兼南北，言语杂秦蜀，成为嘉陵江文化最基本的特征，其大一统的文化特质构成了凝聚力的核心，形成了自己的风格。

（三）干流及河源

嘉陵江干流，发源于秦岭，起凤县，经陕西省、甘肃省、四川省、重庆市，注入长江。干流全长1120千米，干流流域面积3.92×10^4平方千米。四川省广元市昭化区以上为上游，昭化区至重庆市合川区为中游，合川区至重庆市河口村为下游。

传统上，嘉陵江有两源：东源陕西省凤县代王山的东峪河和发源于甘肃省天水市秦州区齐寿镇齐寿山的西汉水。还有专家认为，发源于甘肃省甘南藏族自治州碌曲县郎木寺镇若尔盖草原的白龙江。2011年10月长江水利委员会确认，东源陕西省凤县秦岭代王山为正源。

（四）不对称水系结构

在陕西省境，嘉陵江主要支流有21条，较大的支流有旺峪河、八渡河等。左岸支流长而多，右岸多短小干沟，麻峪河、瓦房坝河等主要支流，皆来自左岸即紫柏山的北坡。由于紫柏山向北延伸的近西北—东南向的平行支脉,分别构成了它们的次一级支流的分水岭,因而其支流流向也为西北—东南向。

（五）主要支流

嘉陵江支流众多,主要支流有21条。其中,一级支流共有12条,如八渡河、西汉水、白龙江、渠江、涪江等。

八渡河：八渡河是嘉陵江上游左岸主要的支流之一,发源于紫柏山西延部分的南侧,上游称为大川河,向南流经九股村,先后接纳中川河、金池院河和东渡河等,在路家山以下始称八渡河。在白石沟至吴家营段,流向转折为东西向,吴家营以下又转折为南北向,于略阳县城附近注入嘉陵江。八渡河干流、支流的河谷相当狭窄,纵坡比降很大,显示出山溪性河流的特征,仅白石沟以下河谷稍微开阔,沿河有狭窄的河滩地。

西汉水（又名犀牛江、浊水）：因位于汉江之西,故名。相传古时沿江有犀牛,故名犀牛江。全长286.3千米,流域面积9657平方千米,省内长186千米,年径流量$16.7×10^8$立方米,上游流经黄土丘陵区,水土流失严重,河流最大含沙量可达578千克/立方米,为陇南山区河流之冠。年输沙量$2191×10^4$吨,是嘉陵江泥沙的主要来源。

白龙江：嘉陵江支流,曾名桓水、羌水、白水、垫江。位于甘肃省东南部,四川省北部,源于甘肃省碌曲县西的郭尔莽梁北麓。全长576千米,流域面积$3.18×10^4$平方千米,年径流量$108×10^8$立方米。流域面积$2.72×10^4$平方千米,年径流量$93.8×10^8$立方米,年输沙量$1840×10^4$吨。流经陇南山区,森林茂密,河谷狭窄,比降大,水利资源丰富。

第三节　南北水系及水资源

秦岭是一座巨型绿色水库,其地表水资源量近$192.5×10^8$立方米,约占陕西省地表水资源总量的50%,也相当于黄河年均径流量$580×10^8$立方米的三分之一。秦岭南坡地表水资源量约$151×10^8$立方米,滋养了"嘉、沮、褒、酉、子、旬、南洛河"等河流,秦岭北坡有石头河、汤峪河、黑河、涝峪河、沣河、灞河等63条河流汇入渭河,约有水资源量$42×10^8$立方米。秦岭成为长江、黄河两大水系重要的水源地,我国南水北调的中线工程枢纽——丹江口水库就位于秦岭境内,其集水面积有66%分布在汉江左岸的秦岭南坡,地表水资源量$159×10^8$立方米,占丹江口水库入库水量的50%。

一、流域分区水资源概况

（一）流域分区

秦岭地区兼跨长江和黄河两大流域,河流水文特征既具有明显的过渡性色彩,又兼有"南方"和"北方"的两重性质。同时,也具有它的独特性,即径流量丰富、河流动态以秋水和夏秋水型为主。根据这种独特性和过渡性综合反映的水文特征,从两大流域的完整性出发,考虑河流在夏半年径流量变化的情况,划分出2个水资源一级区,即黄河流域（秦岭北坡）、长江流域（秦岭南坡）；5个水资源二级分区,分别是渭河流域、伊洛河流域、汉江流域、丹江流域、嘉陵江流域。秦岭地区各流域分区面积见表1-2。

表1-2 秦岭地区各流域分区面积

一级区	二级区	面积/平方千米
黄河流域	渭河流域	9327
	洛河流域	3064
长江流域	汉江流域	32436
	丹江流域	7552
	嘉陵江流域	6126

（二）分区降水资源

根据秦岭地区雨量站点1956—2000年同步年降水系列评价结果，秦岭地区多年平均降水总量为$480.3×10^8$立方米，折合径流深820.9毫米。其中，秦岭北坡多年平均降水总量$100.1×10^8$立方米，折合径流深807.5毫米，占全区降水总量的20.8%；秦岭南坡多年平均降水总量为$380.2×10^8$立方米，折合径流深824.5毫米。占全区降水总量的79.2%，年降水量总的变化规律是，南坡大于北坡，山区大于平原。秦岭地区各分区多年平均降雨量，详见图1-36。

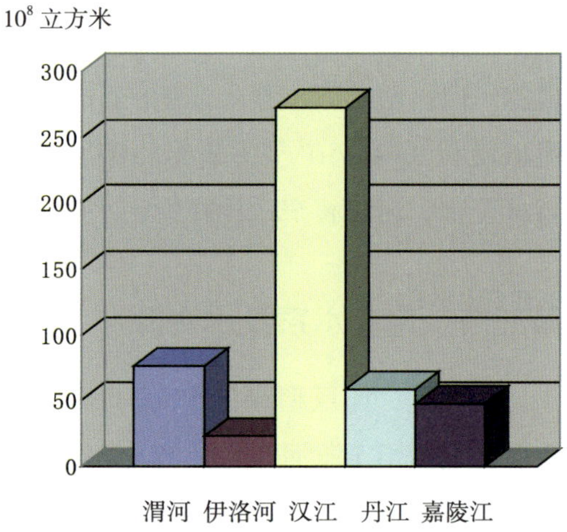

从流域分区来看，多年平均降水量最大的是汉江区，为$273.2×10^8$立方米，占全区降水总量的56.9%；多年平均降水量最小的是伊洛河区，仅为$23.3×10^8$立方米，占全区降水总量的4.8%。

◆ 图1-36 秦岭地区各流域多年平均降水量

（三）地表水资源

根据分区水资源量计算成果，秦岭地区多年平均地表水资源量为$192.5×10^8$立方米，折合径流深329.0毫米。其中，黄河流域$42.0×10^8$立方米，折合径流深338.5毫米，占全区的21.8%；长江流域$150.5×10^8$立方米，折合径流深326.2毫米，占全区的78.2%，为秦岭地区主要产水区。秦岭地区多年平均径流深最高在渭河区，其值达372.0毫米，最低在丹江区，多年平均径流深仅为218.0毫米。各流域分区地表水资源量见表1-3。

（四）地下水资源量

秦岭地区多年平均地下水资源量为$50.3×10^8$立方米。其中，黄河流域$11.8×10^8$立方米，占全区的23.4%；长江流域$38.5×10^8$立方米，占全区的76.6%。二级流域分区中，地下水资源量最大的为汉江，高达$29.8×10^8$立方米，其后依次为渭河、丹江、嘉陵江，最小的为南洛河，仅为$3.2×10^8$立方米。各流域分区地下水资源量，见表1-4。

表1-3　秦岭流域分区地表水资源量

水资源分区	计算面积/平方千米	多年平均径流量		不同频率年河川径流量/10^8立方米			
		均值/10^8立方米	径流深/毫米	20%	50%	75%	95%
渭河	9333	34.7	372.0	45.5	32.4	24.3	16.1
南洛河	3064	7.3	236.8	10.1	6.0	4.1	2.8
丹江	7552	16.5	218.0	22.6	13.9	9.7	6.6
嘉陵江	6126	20.5	334.4	28.3	17.1	11.8	8.0
汉江	32436	113.5	349.8	150.2	102.2	75.7	53.2
合计	58511	192.5	1511	256.7	171.6	125.6	86.7

表1-4　秦岭地区流域分区地下水资源量

流域	水系	面积/平方千米	河川基流量/10^8立方米	多年平均开采量/10^8立方米	地下水资源量/10^8立方米	占全区百分比/%
黄河流域	渭河	9333	8.6	0	8.6	17.1
	南洛河	3064	3.1	0.082	3.2	6.3
	小计	12397	11.7	0.082	11.8	23.4
长江流域	丹江	7552	4.4	0.16	4.5	9.0
	嘉陵江	6126	4.2	0	4.2	8.4
	汉江	32436	29.6	0.16	29.8	59.2
	小计	46114	38.2	0.32	38.5	76.6
合计		58511	49.9	0.40	50.3	100

二、水资源总量及可利用总量

（一）水资源总量

水资源总量是指当地降水形成的地表水和地下水，并扣除二者重复计算量之和，也称区域产水量。

秦岭地区多年平均水资源总量为192.5×10^8立方米，折合径流深328.7毫米。其中，渭河区水资源总量为34.7×10^8立方米，南洛河区为7.3×10^8立方米，丹江区为16.5×10^8立方米，嘉陵江区20.5×10^8立方米，汉江区为113.5×10^8立方米，分别占秦岭地区水资源总量的18.0%、3.8%、8.6%、

10.6%、59.0%。黄河流域水资源总量 42.0×10^8 立方米，长江流域 150.5×10^8 立方米，分别占全区的 21.8% 和 78.2%。秦岭地区流域分区水资源总量见表 1-5。

表1-5 秦岭地区流域分区水资源总量

流域	水系	面积/平方千米	年降水量/10^8立方米	地表水资源量/10^8立方米	地下水资源量/10^8立方米	水资源总量/10^8立方米	产水系数
黄河流域	渭河	9333	76.8	34.7	8.6	34.7	0.45
	南洛河	3064	23.3	7.3	3.2	7.3	0.31
	小计	12397	100.1	42.0	11.8	42.0	0.76
长江流域	丹江	7552	58.7	16.5	4.5	16.5	0.28
	嘉陵江	6126	48.3	20.5	4.2	20.5	0.42
	汉江	32436	273.2	113.5	29.8	113.5	0.42
	小计	46114	380.2	150.5	38.5	150.5	1.12
合计		58511	480.3	192.5	50.3	192.5	1.88

（二）水资源可利用总量

水资源可利用总量是指在可预见的时期内，在统筹考虑生活、生产和生态环境用水的基础上，通过经济合理、技术可行的措施在当地水资源中可资一次性利用的最大水量。

秦岭地区水资源可利用总量为 41.339×10^8 立方米，其中，渭河区 7.789×10^8 立方米，南洛河区 1.2×10^8 立方米，嘉陵江区 10.5×10^8 立方米，丹江区 3.1×10^8 立方米，汉江区 18.75×10^8 立方米。秦岭地区流域分区水资源可利用总量，见表 1-6。

表1-6 秦岭地区流域分区水资源可利用总量

流域	水系	地表水可利用量/10^8立方米	地下水可开采量/10^8立方米	地表水可利用量与地下水可利用量的重复计算/10^8立方米	可利用总量/10^8立方米
黄河流域	渭河	7.789	0	0	7.789
	南洛河	1.20	0.31	0.31	1.20
	小计	8.989	0.31	0.31	8.989
长江流域	丹江	3.1	0.21	0.21	3.1
	嘉陵江	10.5	0.022	0.022	10.5
	汉江	18.75	0.25	0.25	18.75
	小计	32.35	0.482	0.482	32.35
秦岭地区		41.339	0.792	0.792	41.339

三、水资源质量与水资源保护

（一）主要河流水质

1. 河流天然水质

区域各河流离子总量介于 100～300 毫克/升，属重碳酸盐钙组，总硬度小于 200 毫克/升，多年平均 pH 介于 7.0～8.5，多为弱碱性，pH 由北向南递减。

2. 河流现状水质

依据秦岭生态区 50 个水质断面的监测资料，主要河流评价总河长 2584.4 千米。

枯水期：Ⅲ类以下水质河长 2253.7 千米，占评价总河长的 87.2%，5 个流域区均有分布；Ⅳ以上类水质河长 331.2 千米，占总评价河长的 12.8%，主要分布在嘉陵江、汉江及丹江区。

丰水期：Ⅲ类水质河长 2386.2 千米占 92.4%，5 个流域区均有分布；Ⅳ类以上水质河长 197.7 千米，占 7.7%，主要分布在嘉陵江、汉江及丹江区。

年平均：Ⅲ类以下水质河长 2253.02 千米，占 87.2%，5 个流域区上均有分布；Ⅳ类以上水质河长 331.2 千米，占 12.8%，主要分布在嘉陵江、汉江及丹江区。

区域主要河流总体水质较好，主要污染河段为嘉陵江的略阳段、汉江安康段、丹江的商州段，主要污染物为氨氮、挥发酚等，其余河段水质未受污染。

3. 城市饮用水水质

秦岭北麓（陕西段）渭河以南 28 座城市饮用水源地中，大部分河流型水源地水质达到《地表水环境质量标准》Ⅲ级标准要求。西安市沣河田家湾水源地水质污染超过Ⅲ级标准，超标项目主要为石油类、总磷和总氮。水库型水源地总体水质较好，西安市黑河、石砭峪水源地个别时段水质中总氮、总磷超过Ⅲ级标准，黑河金盆水库存在公路交通运输事故污染影响等问题。地下水水源地水质基本达到《地下水质量标准》Ⅲ级标准要求，总体水质较好，西安市段村水源地水质污染超标，超标项目为总大肠菌群数。

（二）水资源保护

秦岭作为我国中部地区重要的水生态保护区，其水文生态功能对我国水资源保护与利用、水生态安全，都具有非常重要的作用。因此，秦岭水资源保护，直接决定了我国中部地区局部气候变化、水文特征，以及森林植被物种多样性等多个层面的生态问题。因此，秦岭是我国中部地区水生态环境的重要基石。

陕西省高度重视秦岭的水环境保护，陕西省科技厅已设立重点产业创新链项目。针对秦岭北麓渭河流域水资源短缺、河道断流、河床淤积、生态用水短缺、生态环境脆弱等问题，将围绕"山水林田湖草"一体化，开展综合治理关键技术研究，构建流域生态安全和生态景观多维临界标识指标体系，制定系统的监测评估与管控预警指南；针对秦岭南麓的汉江流域湖库面源污染问题，将重点开展流域大气中典型污染物解析及其与地表径流污染相关性研究，流域不同土壤类型、土地利用与植被条件下污染物种类与污染负荷研究，典型流域地表产流、产污与径流污染强度的相关性研究，径流过程中污染物迁移转化数学模型构建与面源污染控制对策研究，以及湖库水质污染与富营养化控制关键技术研究；针对秦岭汉江流域生态环境保护、水源区涵养及水文循环等方面问题，将建立水文、气象、植被等多要素全面自动观测体系，调查研究人类活动对生态系统的影响效应，在流域和区域尺度定量评估水源涵养相关生态参量的时空变化特征，系统分析水循环过程水量演变及水源涵养能力变化规律，提出改善秦岭水源涵养能力的管理措施及技术体系。

第五章
秦岭的生物资源

秦岭以其独特的气候条件和地理位置成就了我国少有的山脉植物资源,其丰富的植物物种基因库是中国许多山脉所无法比拟的,素有"南北植物荟萃、南北生物物种库"之美誉,自古就有"天然药库"之称。复杂的地貌气候条件和广袤的森林植被,为野生动物提供了赖以生存的家园,也成为珍稀动物的庇护所。其兼顾南北型动物,种类繁多,组成结构复杂,是构成秦岭生物多样性的重要组成部分。

秦岭是我国南北自然分界线,处于暖温带与亚热带的过渡地带,独特的地理位置使得秦岭的植物区系组成具备许多成分。

第一节 植物资源

一、植物资源概述

现已知秦岭地区共有苔藓植物70科182属440种4亚种21变种1变型,其中苔类植物26科37属105种1亚种2变种,藓类植物44科145属335种3亚种19变种1变型。种子植物3839种,隶属164科1052属,约占全国科数的69.2%,属数的33.8%,其物种数量在我国著名山脉中仅次于横断山脉。蕨类及石松类植物33科83属312种20变种8变型,约占全国蕨类总数的12%。按秦岭植物区系所包含的物种数,较东北、华北及西北等地区均居于前列。由此可见,秦岭植物资源十分丰富,且在全国植物区系中占有相当重要的地位(图1-37)。

据统计秦岭地区已知药用植物多达1612种,占秦岭种子植物总数的42%,它们分属于148科,760属。

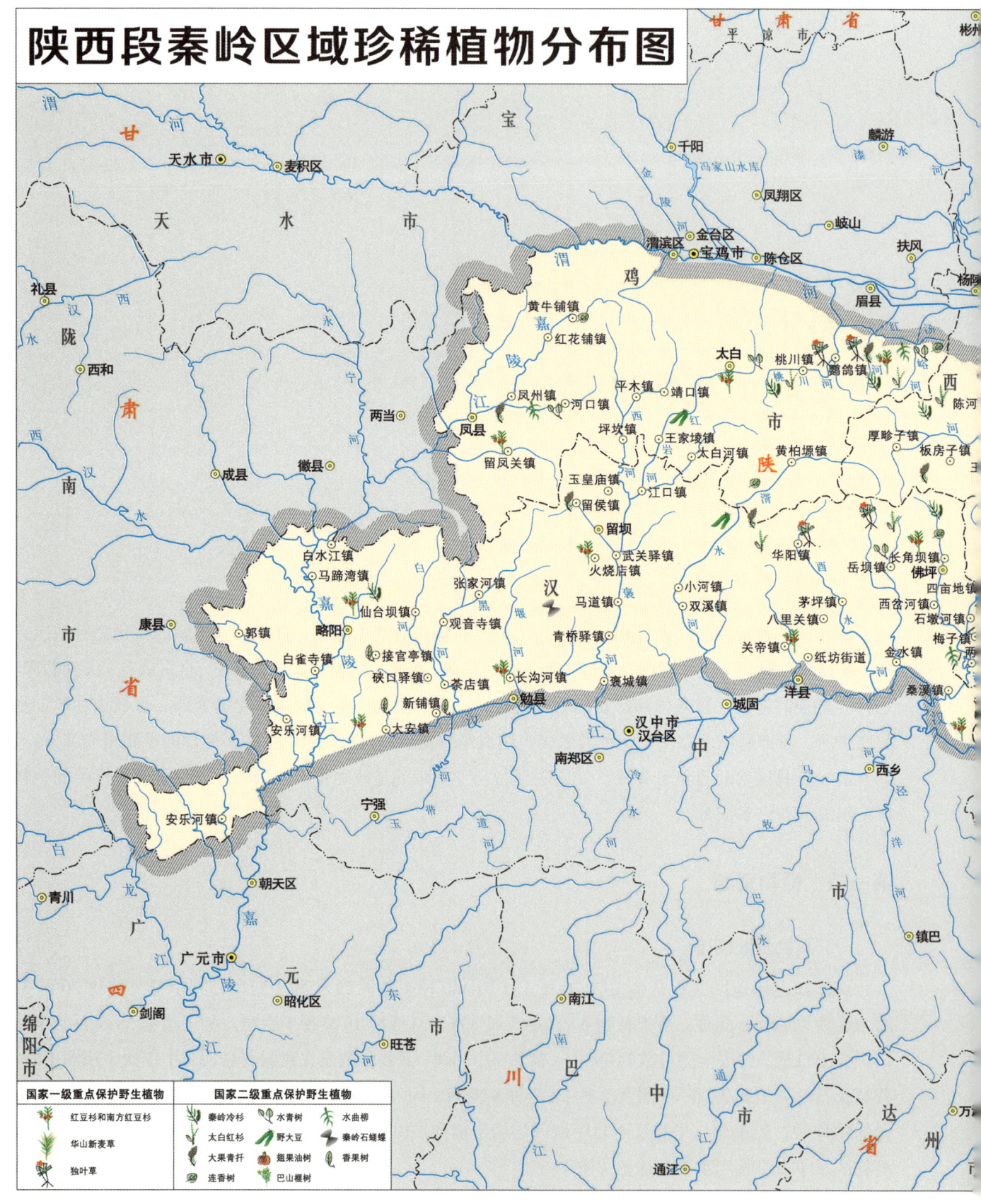

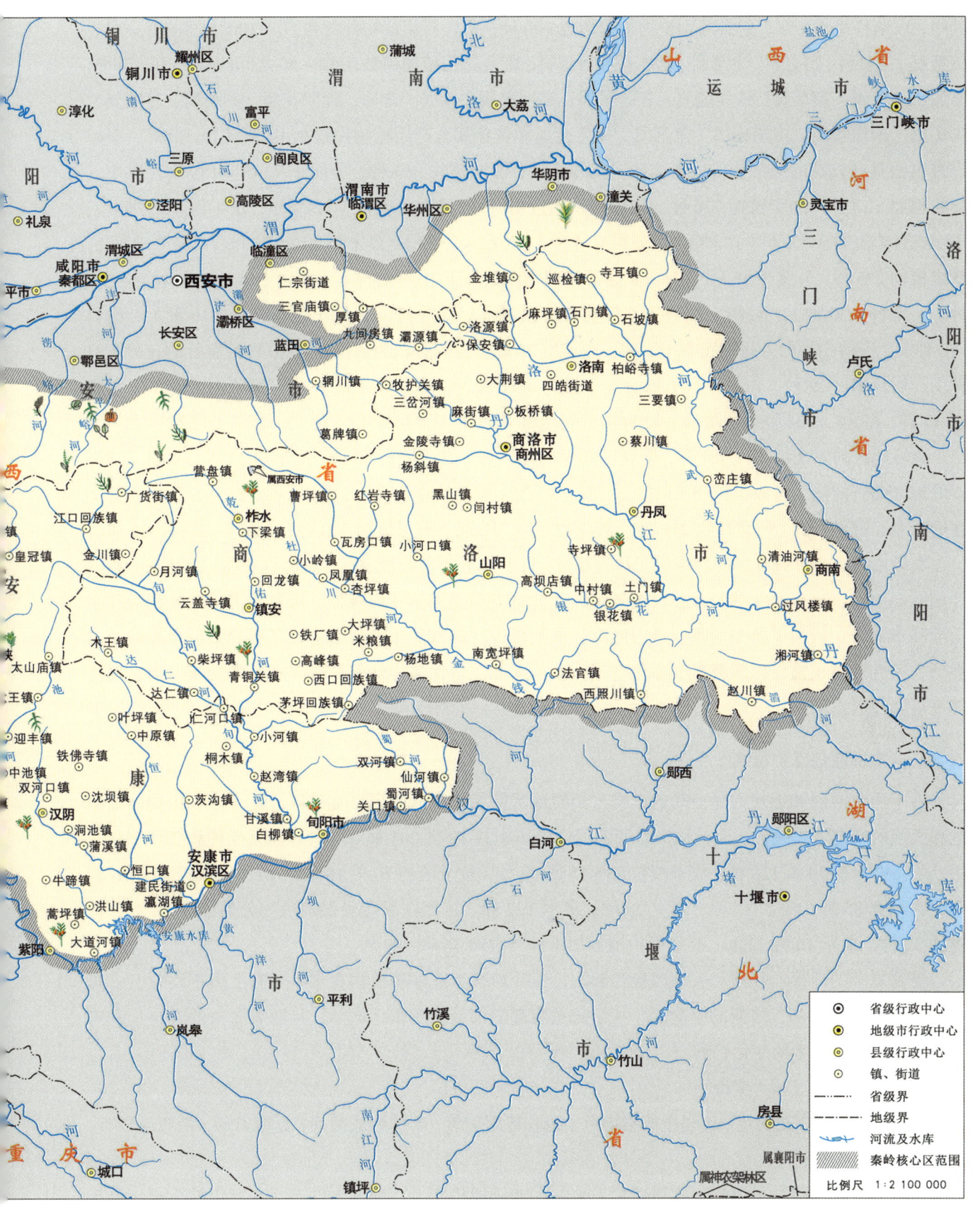

◆ 图1-37 陕西段秦岭区域珍稀植物分布图

其中，以菊科植物居多，包含药用植物种数超过100种；所含药用植物种数在50～100之间的有豆科、蔷薇科、毛茛科、百合科、伞形科、禾本科和唇形科；所含药用植物种数在10～50之间的有35科。其中，蓼属、小檗属、堇菜属、铁线莲属、悬钩子属、鹅绒藤属、蒿属、李属、杜鹃花属、柴胡属、蔷薇属、乌头属、珍珠菜属、山胡椒属、葱蒜属、凤毛菊属和荚蒾属含药用植物种数在10种以上。此外，秦岭许多植物具有较高的经济价值。据统计，秦岭地区有能源植物363种，分属于73科，189属。其中，淀粉植物137种，油脂植物226种。能源植物超过10种的科为蔷薇科（71种）、壳斗科（23种）、十字花科（19种）、豆科（18种）、大戟科（14种）、樟科（12种）、桦木科（12种）和唇形科（10种）。纤维植物255种，分属于48科，142属。含纤维植物种数大于10种的科有禾本科（44种）、杨柳科（31种）、桑科（20种）、豆科（17种）、锦葵科（17种）、瑞香科（11种）、荨麻科（10种）、榆科（10种）。秦岭山地的芳香植物有178种，32科，78属，含茴香植物数量超过10种的有杜鹃花科（31种），唇形科（29种），木犀科（22种），菊科（17种），百合科（13种）。秦岭地区的单宁植物有39科，69属，164种，蔷薇科（42种），壳斗科（23种），松科（11种），蓼科（11种）尤为突出。秦岭地区的农药植物计181种，分属于63科，145属，其中菊科20种，唇形科12种，豆科11种。秦岭地区还有树脂、树胶类植物13科，21属，37种。橡胶植物5科，5属，8种。此外，秦岭还有丰富的野菜、野果资源。野菜植物279种，来自81科，216属。野果植物200种，分属于18科，35属。

秦岭南坡以落叶阔叶林和常绿混交林为基带，自下而上分布着常绿落叶阔叶混交林、落叶阔叶林、针阔叶混交林，呈现北亚热带森林植被景观；北坡自下而上的落叶栎林带、桦木林带、针叶林带和高山灌丛草甸带，构成了典型的暖温带山地森林植被景观。丰富的植物种类构成了秦岭多种多样的植被类型，这些森林植被在固碳释氧、净化空气、涵养水源、生物多样性保护等生态服务功能方面，发挥着不可替代的作用。

二、珍稀濒危保护植物

由于历史原因和近代人为活动的影响，秦岭地区的植物资源受到严重破坏，使得许多植物面临濒危和灭绝的状态。据统计，秦岭地区珍稀濒危保护植物共78科201属337种（包括变种和亚种）。其中，兰科植物有49属128种，裸子植物8科15属23种，被子植物70科186属314种。根据其生活型，可分为乔木85种，灌木27种，藤本26种，草本199种。按照国家珍稀保护植物分类标准，Ⅰ级保护植物33种，隶属10科13属；Ⅱ级保护植物201种，隶属46科109属。

受到复杂的地形、气候和人为因素的影响，秦岭珍稀濒危保护植物在水平分布上极不均匀，多集中分布在河南的西部、陕西的中南部、甘肃的东南部的部分县（市、区），且随着海拔的升高物种丰富度呈先增加后减小的变化趋势。

（一）南方红豆杉（变种）

常绿乔木，树皮灰褐色、红褐色或暗褐色，裂成条片脱落；叶排列成两列，近镰刀形，微弯或较直，我国一级重点保护植物。

南方红豆杉是经过了第四纪冰川遗留下来的古老孑遗植物，在地球上已有250万年的历史，分布于长江流域以南各省区，以及河南省和陕西省，是我国亚热带至暖温带特有树种之一，常分布于阔叶林中，喜温暖湿润的气候，多生于海拔 1000~1500 米以内的山谷、溪边缓坡腐殖质丰富的酸性土壤中。耐干旱瘠薄，生长较缓慢，少虫害，寿命长。材质坚硬，刀斧难入，有"千枞万杉，当不得红桤一枝桠"之称。

（二）华山新麦草

多年生草本植物，具延长根茎；秆散生，高 40~60 毫米，径 2~3 毫米；叶片扁平或边缘稍内卷，宽 2~4 毫米，分蘖者长 10~20 毫米；穗状花序长 4~8 毫米，宽约 1 毫米；花、果期 5—7 月。我国特有品种，分布在陕西华山的华山峪、黄甫峪和仙峪。多生长在海拔 450~1800 米的中低山区石间路旁、墟缝中的残积土和峭壁的岩石空隙中，现已被列入国家首批一类珍稀保护植物和急需保护的农作物野生新缘种（图1-38）。

◆ 图 1-38 华山新麦草

（三）春兰

春兰为兰科兰属地生植物，又名朵兰、扑地兰、幽兰，是我国兰花中栽培历史最为悠久、人们最为喜欢的种类之一。植株一般较小，假鳞茎较小，卵球形。叶带形，边缘无齿或具细齿。花多单朵或两朵，花色以绿色、淡褐黄色居多，花幽香。蒴果狭椭圆形，花期每年 1—3 月。自古以来，春兰就以高洁、清雅、幽香而著称。多分布于陕西南部、甘肃南部、江苏、安徽、浙江、江西、福建、台湾、河南南部、湖北、湖南、广东、广西、四川、贵州、云南。生于多石山坡、林缘、林中透光处，春兰对海拔要求较低，在海拔 300~2200 米均可生长，在台湾可上升到 3000 米。日本与朝鲜半岛南端也有分布；据报道，印度东北部也曾发现，尚有待于进一步证实。

（四）独叶草

多年生小草本，无毛。根状茎细长，叶基生，有长柄，叶片心状圆形，宽 3.5~7 厘米，中、侧全裂片三浅裂，最下面的全裂片不等二深裂，叶柄长 5~11 厘米，叶脉呈二叉分枝状，与银杏叶相似；花葶高 7~12 厘米，花直径约 8 毫米；5—6 月开花（图1-39）。

在秦岭，独叶草零星分布在太白县、眉县、甘肃迭部、舟曲等地，生于海拔 2200~3975 米地带的亚高山至高山针叶林、

◆ 图 1-39 独叶草

针阔混交林和杜鹃灌木丛下。因该种天然更新能力差，加之森林的破坏采挖，植株数量逐渐减少，自然分布日益缩减，为国家一级保护稀有品种，对研究被子植物的进化和该科的系统发育有科学意义，但迁地保护较困难，应加强原生地的保护。

第二节　动物资源

一、动物资源概述

现已知秦岭地区有脊椎动物722种。其中，鱼类7目16科162种，两栖动物2目8科26种，爬行动物2目8科44种，占全国两栖、爬行动物总数的11.7%和15.2%。秦岭鸟类有338种，占中国鸟类总数的30%，兽类7目27科117种。在秦岭众多的野生动物中，尤以大熊猫、朱鹮、金丝猴、羚牛"秦岭四宝"而举世瞩目，其种群数量之多，分布范围之广，是全国同类山系之最。

秦岭南北的动物也有较大差别。就两栖动物来说，秦岭以北有13种，占总数的50%，秦岭以南分布24种，占总数的92.3%。爬行动物秦岭北坡分布28种，占总数的63.63%，南坡分布37种，占总数的84.0%。

二、珍稀保护动物

秦岭地区共有国家Ⅰ级野生保护动物12种，隶属6目9科；国家Ⅱ级野生保护动物57种，隶属15目22科。除此之外，秦岭还藏匿着秦岭细鳞鲑、红腹锦鸡、大鲵、鬣羚、斑羚、野猪、黑熊、林麝、小麂、刺猬、竹鼠、鼯鼠、松鼠等数不清的珍稀动物，以及堪称世界上最为丰富的雉鸡类族群（图1-43）。

（一）秦岭大熊猫

别名猫熊、竹熊、银狗、杜洞尕、执夷、貊、猛豹、食铁兽等。大熊猫为我国特有种，曾是第四纪大熊猫——剑齿象动物群的重要组成成分之一，被誉为"活化石"。体型肥硕，头圆尾短，尾很短。体重通常80~120千克，最重可达180千克，饲养的熊猫略重，一般雄性个体稍大于雌性。头部和身体毛色仅黑白两色，且相间分明，通常黑中透褐，白中带黄。秦岭地区的大熊猫主要分布于佛坪、洋县、太白、周至、宁陕、留坝、城固、宁强、凤县。个体偏大，体毛粗糙，胸斑为暗棕色，腹毛略呈棕色。大熊猫皮肤较厚，平均厚度在5毫米，最厚处可达10毫米，体背部皮厚于腹侧，体外侧厚于体内侧（图1-40）。

◆ 图1-40　秦岭大熊猫

大熊猫每天有一半时间在寻找食物和进食，平均进食间隔在2~4小时，食性较单一，基本以竹子为生，竹类占到其全年食物量的99%，尤喜欢取食大箭竹、华西箭竹等。由于竹子营养较差，能量贮存较少，导致大熊猫喜欢在平缓地带活动且嗜睡，以避免太多的能量消耗。当然，大熊猫也具备食肉的潜力，但却很少捕食其他动物。大熊猫善于攀爬，喜嬉戏，发达的四肢和锋利的爪子利于快速爬上高大的乔木，黑白相间的皮毛便于其在隐蔽的密林和树上藏匿。长期生活在密林中，使得大熊猫的视觉严重退化。一般情况下，大熊猫通过尿液的气味标记方式来宣示领地以及与同伴交流。

（二）朱鹮

别名朱鹭、红朱鹭、红鹤等。

朱鹮是秦岭鸟类中最为耀眼的明星，被誉为"东方宝石"，主要分布在陕西洋县、城固、西乡、南郑、佛坪等县（区）（图1-41）。朱鹮在非繁殖期全身白色，头、羽冠、背和两翅及尾缀有粉红色。翅下和尾下亦缀有粉红色，最外侧飞羽全为暗褐色，仅基部的内外缘以及羽干是白色。头后枕部羽毛延长成矛状，形成松散的羽冠。在繁殖期，头、上背和颈缀有灰色，两翅粉红色较浅淡，第1~5枚初级飞羽具灰褐色端斑；脚朱红色，幼鸟体色为灰色，成鸟体长约78厘米，体重1.2~1.9千克。

◆ 图1-41 朱鹮

朱鹮常单独或成对或呈小群体活动，极少与别的鸟合群。喜安静，通常只在起飞时鸣叫，白天活动觅食，晚上栖息于高大树上。食性较广，时常以小鱼、泥鳅、蛙、蟹、虾、蜗牛、蟋蟀、蚯蚓、甲虫、半翅目昆虫、甲壳类，以及其他昆虫的和昆虫幼虫等无脊椎动物和小型脊椎动物为食。通常在水边浅水处或水稻田中觅食，少见在烂泥中和地上觅食。分布于我国陕西洋县的朱鹮种群不迁徙，为留鸟，繁殖期后向四周游荡。

（三）秦岭川金丝猴

秦岭川金丝猴是我国特有种，有"猴中之王"的美誉，人称仰鼻猴，"丛林中的金色精灵"，主要分布在陕西境内秦岭山区的周至、太白、宁陕、佛坪、洋县等。秦岭山中的川金丝猴主要生活在海拔1400~3000米的落叶阔叶林、针阔混交林和针叶林中。体长53~77厘米，雌雄体重差异较大，雄猴略大，一般可达15~20千克；雌猴体重8~10千克。吻部浑圆突出、脸部天蓝色，头圆耳短，鼻孔大且上翘，极易识别。毛色为金黄色，肩背具长毛，可达40~80厘米，尾与体等长或更长。幼猴全身淡黄色，有金属光泽（图1-42）。

川金丝猴喜家庭生活方式，成员之间相互关照，一起觅食，一起玩耍休息。在金丝猴的家中，小公猴成年后就会被赶出家门，只能自己到野外独立生活。金丝猴群栖于高山密林中。常生活于树上，

◆ 图1-42 秦岭川金丝猴

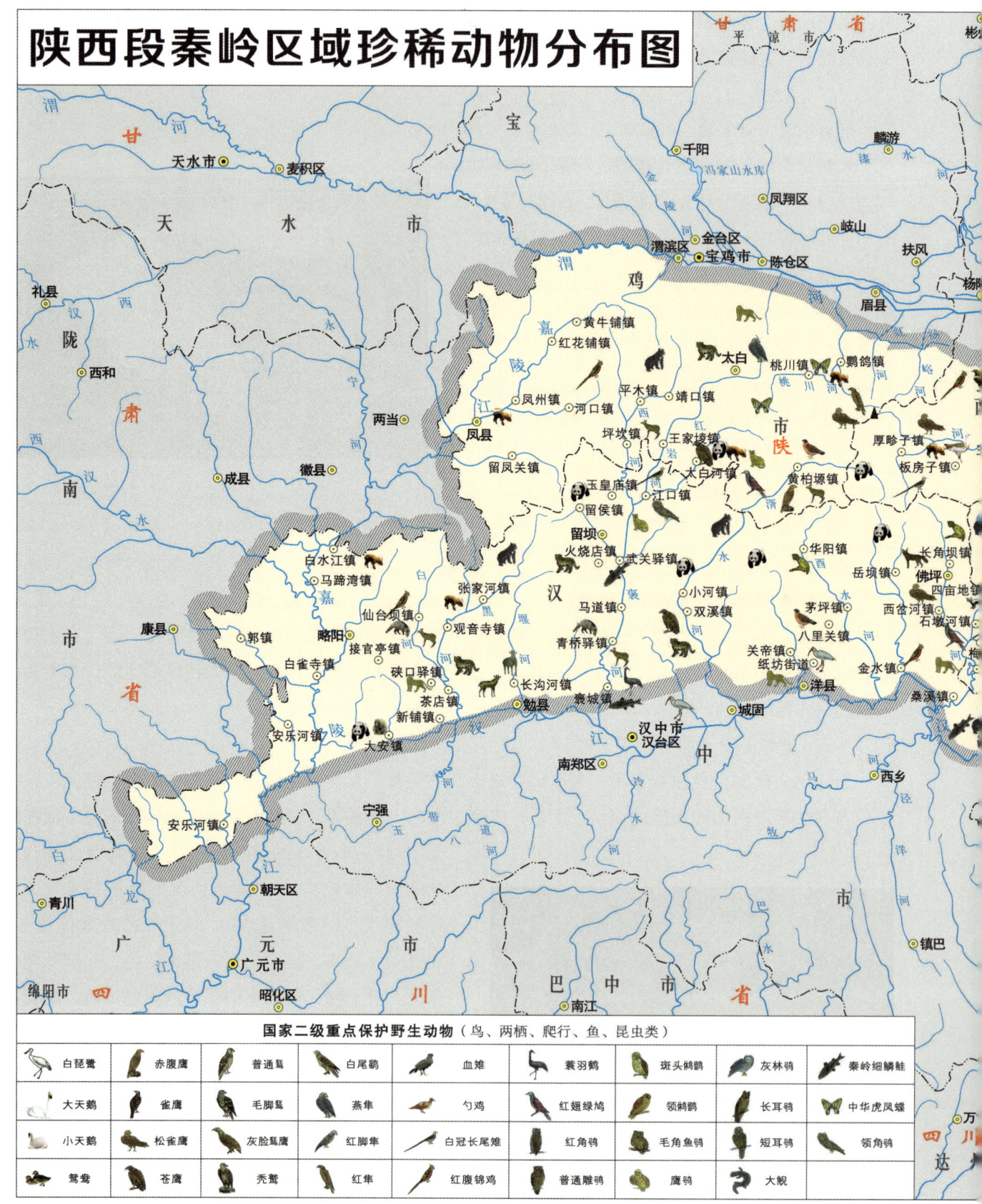

第一篇 举世无双的自然地理

◆ 图 1-43 陕西段秦岭区域珍稀动物分布图

也在地面找东西吃，以野果、嫩芽、竹笋、苔藓植物为食。主食有树叶、嫩树枝、花、果，也吃树皮和树根，爱吃昆虫、鸟和鸟蛋。川金丝猴社会行为多样，通常有互相理毛行为、攻击行为和性行为等。互相理毛是家庭成员感情交流的主要方式；攻击行为多发生在两个家庭之间，常由于食物和领地的矛盾而引起。

（四）秦岭羚牛

秦岭羚牛俗称牛羚、秦岭金毛扭角羚、白羊，是亚洲的特有种，目前数量达上千头。主要分布在陕西太白、佛坪、周至、洋县、宁强、留坝、宁陕、柞水、城固、镇安、鄠邑、眉县、蓝田、长安等县（区）。体形粗大，肩高130~150厘米；尾长30~40厘米；重量250~400千克；体长约200厘米。雄性和雌性均具较短的角，一般长约20厘米，角呈扭曲状，因此叫"扭角羚"。头如马、角似鹿、蹄如牛、尾似驴其体型介于牛和羊之间，但在牙齿、角、蹄子等更接近羊，是一种大型牛科食草动物。体色一般为白金色，成年为白色，老年雄性体格呈金黄色（图1-44）。

◆ 图1-44　秦岭羚牛

羚牛集群性强，常十多只一起活动，多至二三十只，甚至多达百只以上的大群，冬季还会出现数量更多的集群。群牛不会主动攻击人，危险性要低很多。但"独牛"的性情跟生活在群体中的羚牛则大不一样。平时成年雄兽喜欢独自生活，故称之为"独牛"；偶尔也会有2~3头同栖的，称为"对牛"，通常见到"独牛"时应及时躲避或避免惊扰。羚牛食性较广，通常可食植物多达上百种，春季多喜食禾本科、百合科青草、竹笋与竹叶，以及灌丛的一些嫩枝幼叶，夏季以维生素和淀粉含量较高的草本植物为主，秋季采食各类野果，冬季主食箭竹和一些乔灌木树皮。食岩盐、硝盐或喝盐水以满足自身的需要。因此，牛群多聚集在林中含盐较多的地方。

（五）秦岭细鳞鲑

秦岭细鳞鲑为中国特有种，中国国家Ⅱ级保护野生动物。别名细鳞鱼、细鳞鲑、花鱼、梅花鱼、金板鱼、间花鱼、五色鱼、间鱼等。常见个体体长多为15厘米左右，最长可达45厘米，体重0.5~1.5千克。体长纺锤形，稍侧扁。头钝，头背部宽坦，中央微凸。眼和塞孔较大，体背部暗褐色，体侧至腹部渐呈白色，体背及两侧散布有长椭圆形黑斑。

秦岭细鳞鲑为冰期自北方南移的残留种，仅分布于渭河上游及其支流和汉水北侧支流湑水河、子午河的上游的溪流中。生存环境受到破坏，致使在海拔1200米以下人口较多的地区，资源量急剧减少，所能见到的也多为2~3龄的未成熟个体，在海拔1200~2300米人口稀少地区尚有一定数量。属肉食性鱼类，幼鱼主要以水里的一些无脊椎动物为食，成鱼不仅以小鱼为食，还会吃一些水中的昆虫，多在早晚进食，喜欢在阴天取食，因此在阴天全天均可看到其活动的踪迹。

第三节　昆虫

昆虫作为自然界中一个特殊的生物类群,虽然其大部分个体都十分不起眼,甚至还有许多现在还不被人们所认识,但其庞大的群体在生物界中却很难被忽视。据杨星科等调研统计,秦岭昆虫达到421科、4171属、9905种,分为低等昆虫及直翅类、半翅目、缨翅目、广翅目、脉翅目、毛翅目、长翅目、鞘翅目、鳞翅目、双翅目、膜翅目等。其中包括1个新属、27个新种、12个中国新纪录属、34个中国新纪录种、42个陕西新纪录属、260个陕西新纪录种。

一、稀有蝶种

在秦岭地区诸多昆虫种类中有许多种是国家重点保护种。属于国家Ⅱ级保护野生昆虫有2种,分别是三尾褐凤蝶和中华虎凤蝶。陕西省省级重点保护野生昆虫有5种:枯叶蛱蝶、金裳凤蝶、中华宽尾凤蝶、金凤蝶、玉带凤蝶。

(一)三尾褐凤蝶

三尾褐凤蝶是我国特产蝶类,又名华西褐凤蝶、三尾凤蝶,凤蝶科,凤尾蝶属的昆虫,体中型,前翅长42~48毫米,后翅具尾状突起3个,故称为三尾褐凤蝶。雌雄外形一致,雌虫较雄虫略大。前翅翅表由8条自前缘至内缘的横线划为9个青铜黑色宽横带区。后翅长,外缘呈扇形。前翅翅表的浅黑色宽带呈条纹和点纹伸至后翅翅表;翅表端部有一大红斑、4个橙黄色月形斑及3个浅蓝色盘域中点。后翅有许多黄色宽线和小淡黄色斑。多生活在海拔2000米以上的高山地区,在我国陕西、西藏、云南、四川等地均有分布。寄主为木香马兜铃,具有很高的科学研究价值和观赏价值,是世界珍稀物种,目前已为濒危物种,濒危原因不明(图1-45)。

◆ 图1-45　三尾褐凤蝶

(二)中华虎凤蝶

中华虎凤蝶是我国独有的一种野生蝶,颜色独特且珍贵,被昆虫学家誉为"国宝"。中华虎凤蝶雌雄同型,体、翅黑色,斑纹为黄色,翅展达55~65毫米,胸背面和腹部、前翅基部及后翅内缘密生有黄色软毛。在我国有两个亚种,秦岭地区主要分布的为华山亚种,在华山、太白山均可见其美丽的身姿。中华虎凤蝶喜欢生活在光线较强而湿度不太大的林缘地带,飞翔能力不强,也没有其他凤蝶所有的那种沿着山坡飞越山顶的习性,因此多在特定狭小的地域内活动,其寄主为杜衡和华细辛(图1-46)。

◆ 图1-46　中华虎凤蝶

(三)枯叶蛱蝶

枯叶蛱蝶是昆虫界著名的"伪装"大师,由于其外形酷似将要掉落的枯叶而得名(图1-47)。这种拟态的特点在军事科学上

◆ 图1-47　枯叶蛱蝶

具有重要的研究意义和应用。枯叶蛱蝶翅的腹面呈枯叶色，静息时从前翅顶角到后翅臀角处有一条深褐色的横线，加上几条斜线，酷似叶脉；其色彩变化多，黄褐色、褐色、红褐色会随季节的不同而轮流出现。常栖息在湿润繁茂雨林里的灌木丛中和河床两岸，也会栖息在潮湿的阔叶林中。以腐烂水果、阔叶树干虫蛀伤口流出的树液和动物粪便为食，是典型的食腐蝶类。枯叶蛱蝶不仅善于伪装自己，而且还是一个飞行高手，其飞行高度高而敏捷快速，在湿度较大和强降雨时均可飞行。这些特征使其具备了较强的生存能力来躲避天敌。寄主为狗肝菜、台湾鳞花草、圆苞金足草、爵床等。

（四）金裳凤蝶

金裳凤蝶属于大型凤蝶，在飞行的时候姿态优美，前翅黑色，后翅金黄色和黑色交融的斑纹在阳光照射下金光灿灿，显得十分美丽。雄性翅展约为110毫米，雌性翅展可达120～150毫米，雌雄蝴蝶的区别在于雄性的后翅大面积泛金黄色，而雌性一旦展翅，就能看到翅膀上5个标志性的金色"A"字，这也是十分明显的识别特征（图1-48）。常见于低海拔平地及丘陵地，飞翔时间可长达数小时，偶尔会攻击其他蝶类，喜欢取食花粉、花蜜和植物汁液，寄主多为马兜铃科的植物。

◆ 图1-48 金裳凤蝶

（五）中华宽尾凤蝶

中华宽尾凤蝶，别名宽尾凤蝶、中国宽尾凤蝶、大陆宽尾凤蝶等，是我国大陆特有的大型凤蝶。由于宽尾凤蝶非常不容易发现，故被称为"梦幻之蝶"（图1-49）。由于具有特别宽大的尾状凸起，同时因两支翅脉贯穿其间，乃其他凤蝶所没有的特征，因此举世闻名。中华宽尾凤蝶翅展可达100～110毫米，飞行时十分平稳，显得格外神奇。成虫多出现于春、夏两季，生活在中、北部中海拔山区。喜好访花吸蜜，雄虫会在湿地吸水。寄主主要有樟科的檫木、木兰科的马褂木和凹叶厚朴。

◆ 图1-49 中华宽尾凤蝶

（六）金凤蝶

金凤蝶，又名黄凤蝶、茴香凤蝶、胡萝卜凤蝶，因其体态华贵，花色艳丽而得名，有"能飞的花朵""昆虫美术家"的雅号。金凤蝶是一种大型蝶（图1-50）。双翅展开宽有8～9厘米，体黑色或黑褐色，胸背有两条八字形黑带，体翅金黄色，有光泽，具有极高的观赏价值。广布于我国陕西、甘肃、云南等地。寄主为伞形花科植物茴香、胡萝卜、芹菜等。

◆ 图1-50 金凤蝶

（七）玉带凤蝶

玉带凤蝶，又名白带凤蝶、黑凤蝶、稿凤蝶（图1-51）。玉带凤蝶翅展77～95毫米，雌雄异型，雌蝶有多个形态，斑纹变化很大，翅黑色。雄蝶横贯全翅似玉带，故得名。玉带凤蝶喜爱访花，尤其马缨丹、龙船花、茉莉等植物,在农业上属有害昆虫。寄主植物多为木兰科植物和芸香科植物。

二、发现的新属新种——十脉叶蜂属

该新属中仅有两个种,分别是叶蝇和寄生蜂。

(一)叶蝇

叶蝇为全变态昆虫,一类是捕食性,一类吃植物,隶属于膜翅目的它们进化得最为高端。一般两性生殖,但孤雌生殖并不少见。成虫一般不照顾后代,但少数种类成虫有护卵或护幼行为。成虫喜欢在植物花上活动,有一定传粉能力。部分种类成虫有用上颚打斗的行为。少数种类成虫有繁殖型和护卫型分化,护卫型的成虫头部发达,上颚十分粗大,擅长扭斗。仅叶蝇科就发现了8个新种,因为此前对该物种研究较少,此次在考察中发现,很多叶蝇的幼虫其实是寄生在蚂蚁的巢穴内,幼虫孵化出来后,直接以蚂蚁的幼虫为食。而它们的成虫吃花粉,是植物间授粉的媒介,虽然它们都很小,只有1~3毫米,但因数量巨大,对生物多样性的保护不容小觑。

◆ 图1-51　玉带凤蝶

(二)寄生蜂

所谓寄生蜂,就是从植食性蜂类进化到筑巢性期间的一群肉食性蜂类。它们的寄生方式很多,被寄生对象从卵到成虫的各个阶段,都可能被寄生。分成外寄生和内寄生两大类。前者是指把卵产在寄主体表,让孵化的幼虫从体表取食寄主身体;后者是把卵产在寄主体内,让孵化的幼虫取食害虫体内的组织。内寄生形式者,被认为较为进化。

三、其他昆虫

(一)"杀人蜂"——胡蜂

胡蜂常被人叫作"杀人蜂"。据统计,陕西仅2013年,就有1689人被胡蜂蜇伤,其中42人死亡。人被三只胡蜂蜇伤就会导致昏迷。胡蜂分布于全世界,世界上已知有5000多种,中国有200余种。《秦岭昆虫志》此次共收录胡蜂19个属,69种。胡蜂窝是纸做的,而不是蜜蜂窝的蜂蜡,由蜂王收集的木浆制成。雌、雄蜂主要差别为雄蜂腹节和触角均较雌性多1节,雌蜂腹部末端有能伸缩的蜇针,可排出毒液,故仅雌蜂蜇人。其实,只要人类不惊扰到它们,它们是不会主动攻击人类的,如果不小心惊扰到它们,最好的防御就是快速跑开,如果被蜇伤,最简单的自救方法,就是用自己的尿液涂抹伤口,中和毒素。

(二)高山传粉能手——熊蜂

大家都知道,植物传粉的几种形式有风、昆虫、鸟甚至水。其中,昆虫传播占大部分。而在昆虫授粉中,尤以熊蜂效率最高。因为它的体型大、飞行能力强,不但飞得远,而且飞得高,秦岭的熊蜂能飞到海拔3000米以上,是高山植物最重要的传粉媒介。秦岭目前共有31种熊蜂,是非常重要的可利用自然资源。人工驯化后的熊蜂对现今设施农业提高产量,有着举足轻重的价值。

（三）最大的昆虫——长尾大蚕蛾

被誉为世界上尾突最长的蛾，长宽均超过12厘米，翅展90～120毫米。雌与雄色泽完全不同，雄蛾体橘红色，翅杏黄色为主，外缘有很宽的粉红色带；雌蛾体青白色，翅粉绿色为主。触角黄褐色，前胸前缘紫红色，肩板后缘淡黄色；前翅粉绿色，外缘黄色；中室有1个眼纹，中央粉红色，内侧有较宽的波形黑纹，间杂有白色鳞毛，外侧有黄褐色轮廓；外线黄褐不明显。后翅后角的尾突延长成飘带状，长达85毫米；尾突橙红色，近端部黄绿色，外缘黄色，中室眼纹粉红色，不甚明显，外线不显著。一年发生两代，成虫4月及7月间出现，以蛹在附着于枝条上的茧中过冬。

（四）最重的昆虫——阳彩臂金龟

属于鞘翅目金龟总科臂金龟科。1982年，中国宣布阳彩臂金龟灭绝。但近几年又相继发现关于该虫的报道。现在，阳彩臂金龟种群数量恢复明显，成虫体重可以达到40多克。形态长椭圆形，背面强度弧拱；头面、前胸背板、小盾片呈光亮的金绿色，前足、鞘翅大部为暗铜绿色，鞘翅肩部与缘折内侧有栗色斑点；体腹面密被绒毛；前胸背板甚隆拱，有明显中纵沟，密布刻点，侧缘锯齿形，基部内凹；前足特别长大，超过体躯长度。

（五）最长的昆虫——竹节虫

属直翅总目下的有翅亚纲，因身体修长而得名，有翅或无翅。秦岭共有4属6种，最长的能达到30多厘米。其前胸节短，中胸节和后胸节长，无翅种类尤其如此。当竹节虫6足紧靠身体时，更像竹节，喜爱灌木和乔木的叶片。有翅种类的翅多为两对，前翅革质，狭长，横脉众多，脉序成细密的网状。多数竹节虫的体色呈深褐色，少数为绿色或暗绿色。

第四节 菌类（微生物）

微生物是地球上最早出现的生命形式，是生物中重要的分解代谢类群。微生物多样性的丰富与否，直接关系到生物多样性，对于维持生物圈和提供未知资源等方面至关重要。秦岭以其特殊的地理位置与其山地地表系统的复杂性，为秦岭地区微生物资源奠定了良好的基础，秦岭独特的气候、地形、土壤及植物多样性，同样为微生物的生存提供了天然的温床。现阶段资料记录，秦岭地区共有微生物337种。其中，已查明的秦岭大型真菌207种，隶属于2亚门4纲14目47科112属，子囊菌亚门29种，担子菌亚门167种，地衣类1种，食用和药用菌92种，毒菌52种，林木分解菌43种，其他菌种18种。

大型真菌在秦岭南北坡的分布也有所不同。秦岭北坡的大型真菌中主要以温带种类为主，常见的有乳菇属、红菇属、蘑菇属、侧耳属等。而秦岭南坡乳菇属、牛肝菌属的种类与数量比北坡多。同时，因为秦岭南坡低山地区以常绿栎林和马尾松林为代表树种，牛肝菌、猪苓、各种伞菌，以及与天麻共生的蜜环菌极为丰富，南坡还多分布于长江以南的亚热带、热带地区的滇肉棒和鸡菌，秦岭是它们在中国分布的最北限，因此在北坡则踪影全无。

秦岭地区的大型真菌以多孔菌科、白蘑科、红菇科、侧耳科、牛肝菌科和鹅膏菌科为主。多孔菌科中有19属27种；白蘑科包含11属28种；红菇科包含2属16种；侧耳科包含5属8种；牛肝菌科包含2属6种；鹅膏菌科包含2属2种。

常见的秦岭大型真菌有如下几种:

(一)灵芝

别称赤芝、红芝、丹芝、瑞草、木灵芝、菌灵芝、万年蕈、灵芝草等(图1-52)。

野生灵芝多生长于深山树林中已枯死的树干上,其形多种多样,变化较大,且色泽各异,不同于人工种植的灵芝,其大小、色泽基本相同。大型个体的菌盖为20厘米×10厘米,厚约2厘米,一般个体为4厘米×3厘米,厚0.5~1厘米,下面有无数小孔,管口呈白色或淡褐色,每毫米内有4~5个,内壁为籽实层,孢子产生于担子顶端。菌柄侧生,极少偏生,长于菌盖直径,紫褐色至黑色,有漆样光泽,坚硬。孢子卵圆形,8厘米×

◆ 图1-52 灵芝

7厘米~11厘米×7厘米,壁两层,内壁褐色,表面有小疣,外壁透明无色。

灵芝属高温性菌类,对水热条件要求较高,适生温度为25~30摄氏度,主要生长在较湿润的林内,阔叶林中较多,少见生于针叶树上。其生长过程也需要较高的温度,昼夜温差较大的情况下,其菌丝生长的速度会减缓。同时对光照也十分敏感,长时间的光照对灵芝菌丝的生长存在明显的抑制作用,黑暗条件下发育最快。灵芝属于好气性真菌,在生长阶段对空气质量的要求也较高,子实体对二氧化碳极为敏感,不同浓度的二氧化碳会严重影响到子实体的发育过程,严重时甚至会形成畸形。

野生灵芝有十分高的药用价值,是滋补强壮、扶正固本的稀世珍品,我国有2000多年的灵芝药用史。灵芝粉末呈浅棕色、棕褐色至紫褐色,菌丝散在或黏结成团,无色或淡棕色。主要成分为氨基酸、多肽、蛋白质、真菌溶菌酶,以及糖类、麦角甾醇、三萜类、香豆精甙、挥发油、硬脂酸、苯甲酸、生物碱、维生素等;孢子含有甘露醇、海藻糖。灵芝对于治疗神经衰弱、高脂血症、冠心病、心绞痛、心律失常、克山病、高原不适症、肝炎、出血热、消化不良、气管炎等疾病存在不同程度的疗效。现阶段,对灵芝的应用主要用于预防、治疗疾病,以及保健等方面。

(二)猪苓

俗称豕苓、粉猪苓、野猪粪、地乌桃、猪茯苓、猪灵芝、猳猪矢、豕橐(图1-53)。

猪苓菌核体形状多不规则或块状,表面为棕黑色或黑褐色,多褶皱及瘤状突起。断面类白色或黄白色,气微、味淡,干燥后变硬,整个菌核体由多数白色菌丝交织而成;菌丝中空,直径约3毫米,极细而短。子实体生于菌核上,伞形或伞状半圆形,常多数合生,半木质化,直径5~15厘米或更大,表面深褐色,有细小鳞片,中部凹陷,有

◆ 图1-53 猪苓

细纹，呈放射状，孔口微细，近圆形；担孢子广卵圆形至卵圆形。

猪苓为多年生真菌，常见于栎类、槭类、榆类等阔叶次生林林下较厚的腐殖质中，喜冷凉、阴郁、湿润，怕干旱。多生长于海拔 1000～2000 米的向阳山地，适生地温为 5～25 摄氏度。西北、华北地区均可生长，一般两个生长季后可采。腐殖质土、砂壤土为宜，土壤含水量在 30%～50%，pH 5～7。

猪苓为名贵中药，味甘、淡，是我国常用的菌类药材。一般取色黑质硬的菌核为药用材料，主要成分有含粗蛋白、醚溶性浸出物、粗纤维、可溶性糖分等，还含游离及结合型生物素、糖类、蛋白质等。主要功效有利尿、增强免疫力、抗肿瘤等，具有较高的药用价值。

（三）珊瑚菌

俗称扫帚菌、扫把菌、老鼠脚（图 1-54）。

珊瑚菌形似"扫帚"，单生，群生或丛生，呈珊瑚状，颜色多种多样，常见有红、黄、白等。其子实体由基部生出多回分枝，基柄粗大，圆柱状或柱状团块，光滑，基部白色，具粉状斑点，受压后变褐色；菌肉白色，有蚕豆香味；由基部向上分叉，中上部呈多次分枝，成丛，淡粉色、肉桂红色，顶端呈指状丛集，蔷薇红色，老时肉褐色，孢子狭长，脐突一侧压扁，有斜长的斑马纹状平行脊突。部分珊瑚菌品种有毒，食用后可致死，一般白色不宜食用。

◆ 图 1-54　珊瑚菌

珊瑚菌多生于夏季和秋季两季，常生于林内，阔叶林中较多，少数腐生于树木或其他植物残体上，广布于我国西南、华北和东北等地区，是我国野生食菌资源不可忽视的重要组成。

珊瑚菌具有较高的营养价值，可做成许多美味佳肴，鲜甜爽口，含有亮氨酸、异亮氨酸、苯丙氨酸、缬氨酸、酪氨酸等 15 种氨基酸，其中 6 种为人体必需氨基酸。除此之外还具有较高的药用和保健价值，具有和胃现气、祛风、破血缓中等作用，对防治手脚抽筋、颤抖、促进肌体健康、延缓衰老有较好的效果，还具有美容养颜、提高机体免疫力等功效。

（四）竹荪

俗称长裙竹荪、竹参、面纱菌、网纱菌、竹姑娘、僧笠蕈、雪裙仙子（图 1-55）。

竹荪幼时卵状球形，后伸长，菌盖钟形，柄白色，中空，壁海绵状，孢子椭圆形。完整的竹荪子实体由菌盖、菌裙、菌柄、菌托

◆ 图 1-55　竹荪

四部分组成，一般高 10~20 厘米，最高的可达 30 厘米以上。菌盖形如吊钟，高 3 厘米左右，下端宽 5 厘米左右，具有明显的网状结构，上面一般生有青褐色的孢体，孢体味道微臭，用手触摸，有黏滑感。菌盖顶端较平，并有穿孔。菌裙大多为黄白色，菌裙的长度是分类学上区别长裙竹荪和短裙竹荪的重要标志。

竹荪适于生长在有大量竹子残体和腐殖质的竹林地里。野生竹荪自然生长季为初夏到中秋，多生于老竹和腐竹的根部以及腐竹叶上，多数单生，少量群生。竹荪属喜湿性菌类，菌裙在湿度达到 95% 以上后才会完全撑开。菌丝、子实体及菌蕾对温度有不同的要求，一般在 4~25 摄氏度均可发育。菌丝的生长对光照的要求十分低，光照对其生长具有抑制作用，多处于竹林、草丛等隐蔽环境下。

竹荪多供观赏，菌体亦可食用，是名贵的食用菌。食用前须去掉菌盖和菌托，味道鲜美，菌煮沸液可防菜肴变质，防肉变腐。具有药用和保健价值，对于治疗痢疾、细菌性肠炎等疾病有很好的功效，并有止痛、补气的作用。竹荪属于生理碱性食品，长期服用能调整中老年人体内血酸和脂肪酸的含量，有降低高血压的作用。另外，竹荪还有降低体内胆固醇，减少腹壁脂肪贮积的作用。

第二篇
源远流长的人文历史

DI-ERPIAN YUANYUANLIUCHANG DE RENWEN LISHI

第一章
秦岭古文明

秦岭，位于中国内陆腹地，是一个横贯东西、气势磅礴的山系。它西起昆仑，中经陇南、陕南，东至鄂豫皖，以其丰富的自然环境资源与源远流长的人文历史而著称。

纵观人类文明的发祥，都离不开得天独厚的自然环境。而在秦岭发现的蓝田猿人、洛南猿人、半坡人等遗址，让人们知道早在远古时期，在秦岭就有人类生活的遗迹，还有上古时期的伏羲、炎帝等中华人文始祖，也都生活在秦岭。

第一节 孕育古文明

秦岭的古人类文明起源很早，这从诸多的古文化遗址可以窥见一斑。秦岭的许多遗址年代都非常久远，考古发现表明，秦岭的诸流域有着适合人类起源与发展的良好条件，可以充分地证明，秦岭是中国人类社会起源与演化的最为重要的地域。这些遗址不但分布在渭河流域，而且在汉江上游、丹江流域都有发现。渭河流域古人类文化遗址也最密集，汉江上游的古人类文化遗址，则以新石器时代为主，数量也相当多。

一、公王岭与蓝田猿人

1963—1964年，考古工作者在灞河沿岸陈家窝及源头——公王岭（图2-1）挖掘出各种动物化石，如虎头化石、龟核化石、纳玛象牙等。其中的野牛头化石犄角有一米多长，考古学家初步分析：化石年代当在远古，时为亚热带，化石特点呈聚居性。最重要的发现是：一老年女性下颌骨化石，经鉴定确定为蓝田猿人（图2-2），距今85万年。

蓝田人是中国的直立人，学名直立人蓝田亚种，1963年发现于蓝田县东南17千米处的公王岭，一般被称作蓝田猿人。生活的时代是更新世中期、旧石器时代早期，距今约115万年到70万年。蓝田公王岭动物群，其中包括大熊猫、东方剑齿象、华南巨貘、中国貘、毛冠鹿和秦岭苏门羚等，具有强烈的南方色彩。公王岭有着这么多的南方森林性动物，表明当时蓝田灞河一带气候温暖、湿润，植被繁茂，林木丛生，也正是由于当时的温暖湿润气候，才孕育了蓝田猿人。

遗址中发现了用简单而粗糙的方法打制出来的石器，其中包括大尖状器、砍砸器、刮削器和石球等。这些石器多半由石英岩砾石和脉石英碎块打制而成，少有经过二次加工的痕迹。这些石器的用途各有不同，如刮削器主要用来剥取兽皮，石球主要用来抛投，大尖状器主要用来刺等。从这些生产工具来看，蓝田猿人还是属于旧石器时代，主要通过捕猎野兽、采集种子、果实等来维持生活。

 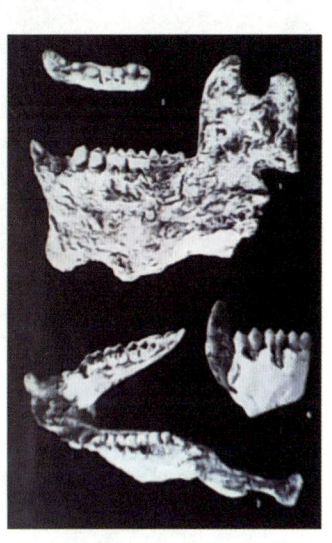

◆ 图2-1 公王岭　　◆ 图2-2 蓝田猿人化石

二、浐河与半坡遗址

半坡遗址是黄河流域一处典型的新石器时代仰韶文化母系氏族聚落遗址，位于浐河下游（图2-3），今西安东郊的半坡村北，临水而居，资源丰富，土壤肥沃，自然条件优越，属新石器时代仰韶文化的聚落遗址，总面积约5万平方米。1954—1957年，中国社会科学院考古研究所先后进行了5次考古发掘，揭露面积1万多平方米。

半坡遗址总体呈现出南北长、东西窄的不规则圆形（图2-4）。遗址中不仅有开垦耕地、砍劈用的石斧、石锛、石铲，收割禾穗的石刀、陶刀，加工谷物的石磨盘、石磨棒，遗址中还发现了粟、菜籽的碳化物，说明半坡时代这里已经具有相当成熟的农业文明。在这种农业文明之下，渔猎生活并没有被完全取代。遗址中还出土许多石骨镞、石网坠、带倒钩的鱼叉、鱼钩、石矛以及一种制成颗粒状麻面的陶锉（可能是鞣制皮革的工具）等渔猎场所用具。在这种稳定的农业文明之下，装饰品也逐渐出现，有用石、骨、陶、蚌磨制成的环、璜、珠、坠、耳饰、发饰，以及镶嵌饰等。从以上情况来看，半坡文明属于新石器时代的母系氏族繁荣期。

◆ 图 2-3　浐河

◆ 图 2-4　半坡遗址

三、仰韶文化

（一）渭河与福临堡遗址

福临堡遗址位于宝鸡市（图2-5）西郊渭河左岸一级台地上的福临堡村，属新石器时代仰韶文化遗址（图2-6）。20世纪50年代中国社会科学院考古研究所曾试掘。1984年，宝鸡考古队在陕西省考古研究所的支持配合下，对工程进行再发掘。遗址东西长600米，南北宽300余米。关中地区在仰韶时期，第四纪全新世以来气候第一次进入温暖湿润时期，降雨充沛，使得土地条件良好，为谷物的生长提供了适宜的条件，从而为这一时期的人类活动提供了物质保障。

图2-5　渭河宝鸡段

图2-6　福临堡遗址

由于生产能力的不断提高，以及人类用火文明历程的不断发展，福临堡遗址在各期中都以陶器（泥质红陶、泥质灰陶、泥质红褐陶、夹砂红褐陶、夹砂红陶、夹砂灰陶）的出土为主，只有小部分石器的出土，而且这些石器大都是经过精心打磨而成。在生产方面主要有陶刀、锛、网坠、纺轮、骨铲、骨锥、镞等工具出土；在生活方面主要有瓶、罐、盆、缸、钵、瓮、灶、漏斗、甑、釜等器皿出土。这些生产用具中，农业生产用具已经占主导地位，渔狩用具基本消失；在这些生活器皿上，已经出现了具有装饰作用的纹饰，纹饰多为波浪式旋涡纹、圆圈、三角纹和宽带纹，大大增加了这些器皿的美学感受。从这些生产、生活用具来看，福临堡文明已经逐渐脱离了狩猎文明，进入快速发展的农业文明时代。

（二）泾洋河与何家湾遗址

何家湾遗址位于陕西省西乡县板桥乡何家湾村的泾洋河（图2-7）右岸，属新石器时代李家村文化和仰韶文化。遗址东西约150米、南北约300米，总面积45000平方米。该遗址同样开始于冰雪消融、乍暖还寒时候的李家村文化时期，延续到温暖湿润的仰韶文化时期、龙山文化时期。正是这样一个发展过程，它提供了汉江上游新石器时代文化发展序列：李家村文化—仰韶文化—龙山文化的发展关系。

何家湾遗址的发掘物，大部分系仰韶文化遗存，距今约6000余年，其器物的制作工艺，较之早期的李家村文化大有改观，说明我们的祖先为社会发展和人类进化也在进行着不断的变革。石制工具有斧、铲、锄、锛、凿、盘状砍砸器、磨盘、棒、石球、石饼、弹丸、矛、镞、网坠，以及石片刮削器等，

◆ 图 2-7　泾洋河

以磨制为主，打制次之，也有琢制的；骨器有铲、锥、匕、两端尖状器、骨镞和针等。其中，骨针长的 9.5 厘米，短的仅 3 厘米。陶器主要为生活用品，以泥质红陶最多，夹砂红陶次之，多见绳纹、弦纹，多绘黑彩，少数红彩。主要器形有钵、碗、盂、盆、瓮、缸、罐、尖底瓶和壶等。装饰物品有绿松石佩饰、石龟、骨等其他物品。另外，发现有一骨雕人头像和骨管线雕三人面相，是两件弥足珍贵的艺术品。从这些装饰品可以看出，在仰韶文化时期，何家湾人的生活水平较之其他地区的同时期人类已经有了很大的提高。

四、龙山文化（客省庄二期文化）

客省庄遗址位于西安市西南 20 余千米处的沣河西岸，属新石器时代龙山文化，亦称"客省庄二期文化"。1955 年，由中国社会科学院考古研究所进行发掘。该文化时期约为前 2300—前 2000 年，关中地区气候温暖、湿润，农业已经有了长时间的发展，也为龙山文化的出现奠定了物质基础。

在客省庄遗址中有 10 座半地穴式房址，其中以"吕"字形的双间房子最具特色。双间房屋分为前后两间，中间以通道连接。前室也就是外室，呈长方形，在室内挖有瓮形"壁炉"和小窖穴，分别用来炊爨取暖和贮藏粮食存放物体，并有斜坡道出口通向屋外。文物多见饰篮纹的灰色陶器，器形有宽肩小平底瓮和鬲、盂、鼎等三足器，还有盆、盘、碗、豆等器形。由此来看，客省庄时期人们生活水平有很大的提高。还发现有不少狗、水牛、黄牛、羊等家畜骨骼。石质工具多见长方形石刀，穿孔多接近刃部。从以上发掘来看，客省庄时期，还是以农业为主，狩猎、打鱼、畜养牲畜为辅。此外还有羊肩胛骨做的卜骨被发现，可以看出，在龙山文化时期，人们已经具有了占卜的信仰。

五、古代农业畜牧的发祥之地

中国是世界上农业的发祥地之一。距今 170 万至 1 万年的中国大地上，已经脱离动物界的人类虽未产生农业，但已经依靠采集和渔猎为主，而后饲养家畜，再发展到种植业，就进入农牧业时代。而关中则是中国农牧业的发祥之地。

周族的始祖后稷，名弃，出生于稷山（今山西省稷山县），为姜嫄所生，发明种植，教民稼穑，尧舜之相，司农之神。后来在周部落首领公刘的带领下，经过十三代的经营，至周太王，当地的农业已有很高的水平，种植业已经和农牧业相结合。《诗经·大雅·公刘》篇载："既景乃冈，相其阴阳，观其流泉，其军三单，度其隰原，彻田为粮。度其夕阳，豳居允荒。"记载了公刘在农业方面做出的功绩。公刘全面发展农业，他开辟农田，兴修水利，种植粮食，促进了农业的发展。

第二节　发扬华夏文明

通常所说的"华夏"，是指"中国"而言，也是中华民族的代称。早在黄帝时代，人们就把华山当作神山，黄帝、舜去那里求神祈雨。但这个"华"字追根溯源，不仅来自华山，早之根源是来自华胥氏。"华胥"本来"花蕊"之意，"花"字同"华"字。华胥氏起源于蓝田县华胥镇，以后便有了华山、华阴、华阳等地名，都分布在陕西关中，形成华胥氏部落。古华胥氏也称"华族"，传说华胥氏生伏羲、女娲，是少典氏之祖族、黄帝的祖族。可以说，华胥氏是华夏氏族的老祖宗、圣母。由此可见，"华"字的根源来自华胥氏。

一、人文始祖与渭河流域

（一）伏羲与渭河流域

伏羲，华夏民族的人文先祖，亦是与女娲同为福佑社稷之正神。《楚帛书》记载其为创世神，是中国最早的有文献记载的创世神。他根据天地万物的变化，发明创造了占卜八卦，创造文字结束了"结绳记事"的历史。他又结绳为网，用来捕鸟打猎，并教会了人们渔猎的方法，发明了瑟，创作了曲子。由此后世留下了大量关于伏羲的神话传说。

《帝王世纪》云："太昊帝庖牺氏，风姓也，母曰华胥。燧人之世，有大人之迹出于雷泽之中，华胥履之，生庖牺于成纪。"《水经注》《补史记·三皇本纪》《遁甲开山图》等史籍也都说伏羲"生于成纪"。成纪，即今天水。后经考古发现，在今天的天水地区发掘的秦安县大地湾遗址，距今已有8000多年的历史，是截至目前渭河流域的天水地区发掘出的规模最大、时间最早（6万年以前）、延续时间最长、文物珍藏量最丰富、文明程度最高的原始社会人类聚居村落遗址。它在时空内涵上与口传史、史书记载所说伏羲生于成纪（天水）的时代相重合。这一历史现象，不能简单地理解为历史的巧合，它是有一定因果关系的。因此有论者认为："伏羲、女娲文化是大地湾文化的先驱，大地湾文化是伏羲、女娲文化的继承和发展。"传说这里还是女娲氏的出生地，有关伏羲、女娲遗迹在此处亦有多见。在天水市麦积区三阳川至今还留存伏羲画卦之卦台山、"龙马负图"的龙马洞、规模宏大的伏羲庙、凤凰山古代的娲皇寺等。如今，每年在天水、秦安等地都有祭祀伏羲、女娲的典礼活动。

通过口传伏羲史、民俗材料并结合天水大地湾遗址，以及天水目前已经探明的500多处史前考古资料的综

◆ 图2-8　渭河天水段

合分析，就能够寻找到伏羲和承袭"伏羲号"的氏族活动的历史痕迹。伏羲氏族首先发祥于如今天水（图2-8）的渭水流域，并在天水发展壮大，随着人口的繁衍增多，逐步迁向四方。而后世记载说明，伏羲氏族是一支由众多氏族组成的较大的部落，并以龙为氏族图腾。经考古发掘证明，我国远古社会的确存在着以龙为图腾的伏羲氏族部落，而且同天水原始氏族的活动有着密切的联系。

（二）炎帝（神农）与渭河流域

炎帝，是中国上古时期姜姓部落的首领尊称，号神农氏，又称赤帝、烈山氏，传说姜姓部落的首领由于懂得用火而得到王位，所以称为炎帝。相传炎帝牛首人身，他亲尝百草，用草药治病；他创造了两种翻土农具，教民垦荒种植粮食作物；他还领导部落人民制造出了饮食用的陶器和炊具。

《国语·晋语四》："炎帝以姜水成。"最早记载了炎帝是从宝鸡渭河流域起源的。郦道元在《水经·渭水注》里说："岐水

◆ 图2-9 渭河宝鸡段

又东迳姜氏城南，为姜水。"是说姜水在今岐山、扶风的交界处，为渭河北的一条支流。与文献资料相印证的，宝鸡渭河流域（图2-9）有关桃园、北首岭、福临堡、石嘴头等数百处前仰韶文化、仰韶文化和龙山文化遗址，其时代与炎帝所处时代是大体吻合的；并且有大量出土的生产、生活用具，与炎帝"刀耕火种""斫木为耜，揉木为耒""教民生谷"等发明创造基本一致。此外，秦灵公三年（前422）设吴阳下畤祭炎帝，姜姓裔族姜螈、姜太公遗迹及大量流传的有关炎帝的民间故事等，为炎帝诞生于宝鸡渭河流域亦提供了佐证。因此，自古以来，宝鸡地区就有多处神农庙、炎帝祠，来祭祀这位伟大的人文始祖。

关于"姜"的来源，大多数学者认为，与"羌"有关。邹衡先生说："住在甘肃的羌人一直称羌，而住在陕西（可能包括甘肃东部）的羌人，则别称为姜了。"关于羌人的地望，邹衡先生认为："从地望上说，据《后汉书·西羌传》的记载，辛店文化和寺洼文化的中心分布地区，今天的甘肃南部一带正是羌人的大本营。"李伯谦先生认为："现已知羌的中心活动地域大体在今陕、甘交界地区。"而发现于扶风、宝鸡一带的刘家文化遗存，即被学者们命名的"姜戎文化"（姜炎文化），其"来源于齐家文化，而刘家文化又与辛店文化有一些相似之处，学术界普遍认为，齐家文化、刘家文化为古羌人文化"。从以上所述得知，今天水地区亦是姜炎族即炎帝的活动地之一。

炎帝部落作为早期华夏族的主干，在其从弱到强，从小到大的发展过程中，其迁移和活动空间过程是从点到面不断扩展扩大的，已有多处地方留下有关炎帝生平、发祥地及其活动区域的传说与历史遗迹。其中，有陕西、湖北、湖南、山西、甘肃、山东、河南、河北等省。因此，陕西宝鸡、山西长治、河南淮阳、山西高平、山东曲阜、湖北随州、湖南株洲等地，都遗留有炎帝（实为炎帝文化）的遗迹，

也就出现了祭祀炎帝的典礼活动。

（三）黄帝与渭河流域

黄帝，古华夏部落联盟首领，中国远古时代华夏民族的共主。历史记载，黄帝因有土德之瑞，故号黄帝。黄帝以统一华夏部落与征服东夷、九黎族而统一中华的伟绩载入史册。黄帝在位期间，播百谷草木，大力发展生产，始制衣冠、建舟车、制音律、创医学等。

根据文献传说，黄帝的起源主要与渭河流域的三处地域有关：一是宝鸡渭河流域。《国语》载："黄帝以姬水成。"这是黄帝诞生于宝鸡渭河流域的最早文献记录。关于"姬水"地望，文献上没有记载。今人研究，主要有两种说法：一种认为是今"岐山县南横水河"。另一种认为是"发源于今麟游西偏北的杜林，于今武功入渭的古漆水"。在今陕西省杨凌区姜嫄村立有陕西省人民政府公布的"姜嫄遗址"碑。因此，不论是岐山横水，还是武功漆水（武功县原属宝鸡，现划入咸阳市），都是宝鸡渭河流域的一条支流。那么，宝鸡地区是黄帝故里就不成问题。

◆ 图2-10 黄帝亲手植柏碑

二是北洛水（渭河一条支流）中上游，即今延安黄陵地区。有学者认为，姬水即黄陵县境内的沮水河。意思是说，黄帝诞生于此。《史记·五帝本纪》载："黄帝崩，葬桥山。"桥山就在今黄陵县（该地有黄帝手植柏碑一通，见图2-10）。这已被史学界所公认。为此，有学者从考古学文化方面加以考证，认为若以黄帝时代的年代框架对应仰韶文化的中晚期，那么，按照公布的仰韶文化调查数据看，陕西发现的仰韶文化遗址最多，达2040余处，大多在渭河及其支流泾河、北洛河流域，即关中和陕北南部的延安地区，这两个地区就是仰韶文化的主要分布区和中心所在区域。调查表明，黄帝陵（图2-11）所在的陕北南部延安地区，是仰韶文化的重要分布区之一，已发现遗址545处。其中，面积超过100万平方米的特大型遗址3处，面积在30万平方米以上的大型遗址也近30处。这些遗址，最早的属于仰韶文化早期，而大部分则属于所谓黄帝文化的仰韶文化中晚期。这些遗址的年代与黄帝时代基本吻合。

三是天水渭河流域。还有文献记载，黄帝的发祥地在今天水。《水经·渭水注》说："南安姚瞻以为黄帝生于天水，在上邽城东七十里轩辕谷。"《山海经·海外西经》："轩辕之国，在穷山之际。"穷山，是神话地名，今按地理方位，似应指六盘山一带。轩辕国在穷山南，应指天水、秦安之间。《帝王世纪》说："黄帝生于寿丘，在鲁城东门之北。"在《清一统志》卷二百十"秦州"条目中记载：寿山，

◆ 图2-11 黄帝陵

在州北一里,下有鲁谷水。寿山不高,与土丘相似。鲁谷下在秦州城之北。秦州在秦末西迁至此之前,乃为黄帝之裔、十二姓中的姞姓鲁人所居,并因而得名。鲁水所在地叫鲁城,其北门有寿丘,则为此寿山无疑。州东有轩辕谷,水出南山轩辕溪。这些轩辕谷、轩辕溪、寿山都是在一起的,正是黄帝轩辕氏的最早居住地。而不远处就有姜水、姬水。北邻清水县有羌水,出羌谷,传说是神农氏的居住地。这也正好符合姬(黄帝)姜(炎帝)二族互通婚姻的居住情况。

二、西周王朝

周是陕西关中一个古老的部族,始祖名弃,善种植,尧舜时被封为"后稷",封于邰(今陕西武功县及杨陵区一带)。公刘时由邰迁到豳(今彬州市、旬邑县之间),到古公亶父时迁到岐山之阳的"周原"(今扶风县与岐山县交界处)。周人在这里兴建城邑、整理田地、设置官吏、建立军队,商代晚期已成为渭水中游的强盛诸侯国。周文王迁都丰(今西安市长安区马王村一带)。文王死,其子姬发(武王)即位,在沣河的东岸营建镐京(今西安市斗门街道一带)并修文王绪业,前1046年,经牧野之战,灭商建立周朝,史称西周。

西周时期,农业经济有了很大的发展。《诗经》中有对当时农田劳作的描绘:土地之上众人耦耕,丰收的谷子堆积如山。青铜器制作有了新的发展和创造,所铸器物凝重典雅大方,同类器物成组配套。而且铭文字数增多,如出土于陕西岐山的毛公鼎,铭文长达497字,记载毛公向周宣王为国献策之事。

周王朝建都于秦岭脚下,除了是周人源于此地,更为重要的是秦岭的优越环境与地理位置。秦岭的天堑不可逾越，而关中地区东有函谷关，西有陇山，东南有武关，北有渭河，占尽了地利。西周以关中为据点，向外伸出自己的军事触角，一是东出函谷关，向河洛、达东都，经营黄河下游，如武王伐殷、周公东征；二是越秦岭南出武关，向江汉，经营南阳、南郡一带，以及淮河流域；三是周穆王西征。西周三百年来征伐经营，在抵御东南方向的敌人时，而秦岭永远是它牢固的靠山。

从西周起，渭河流域的历史发展到一个新高峰，迎来了渭河流域继炎黄文明之后出现的第一个中华文明发展新阶段。发迹于泾、渭流域的周人，经过数百年的奋斗，到古公亶父迁居周原（今扶风县与岐山县交界处），又经过三代周人不懈努力、艰苦创业，通过大力发展农业，大大促进了周人的经济和社会发展，人丁兴旺，交通发达，军力增强，

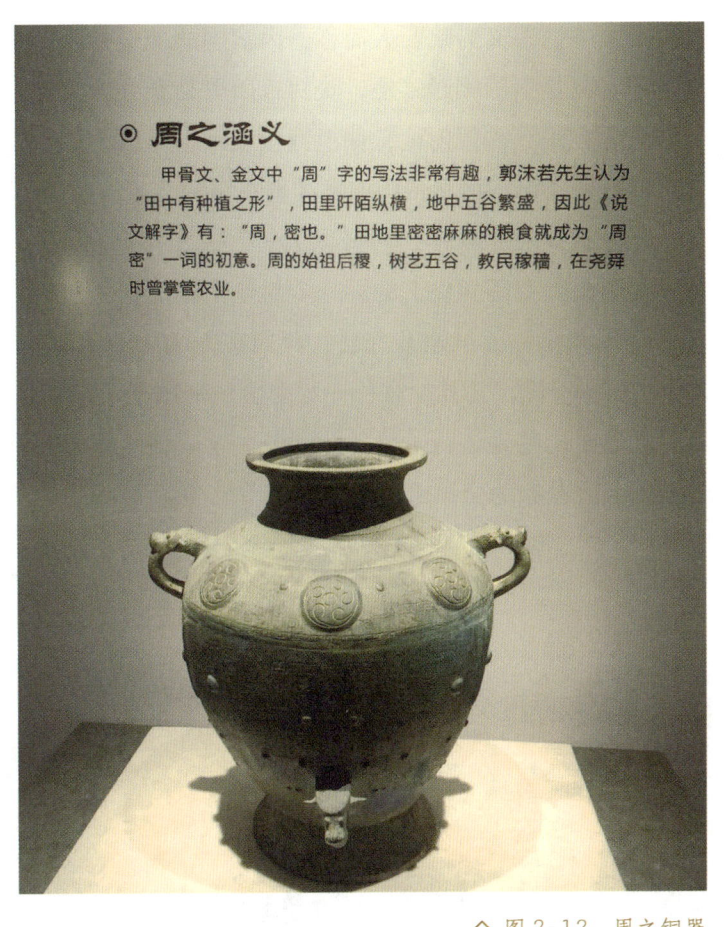

◆ 图 2-12　周之铜器

周之涵义

甲骨文、金文中"周"字的写法非常有趣。郭沫若先生认为"田中有种植之形"，田里阡陌纵横，地中五谷繁盛，因此《说文解字》有："周，密也。"田地里密密麻麻的粮食就成为"周密"一词的初意。周的始祖后稷，树艺五谷，教民稼穑，在尧舜时曾掌管农业。

先后征服了西北方的犬戎、密须，扩大了地盘，解除了周人西北的后顾之忧。

周朝的建立，是继夏商之后的第三个王朝，是中国早期国家发展的鼎盛时期。不仅统一了黄河中下游地区，而且将土地推进至长江流域，进一步加强了华夏、东夷、苗蛮等部族的融合。西周王朝在渭河流域经过300多年的发展，政治、经济、文化、科技、军事等各个方面，都达到了奴隶社会的最高峰。国家制度的完善，礼乐制度的创立，甲骨文、金文的成熟，《诗经》《尚书》的产生，以及以青铜器为标志的手工业的繁荣，建筑技术的先进等等，将西周整个社会引入文明之门（图2-12）。西周产生的各类文化、文明，不仅影响了中国社会两千多年，而且所创立的礼乐文明、道德伦理至今还有其生命力，成为中华优秀传统文化的重要组成部分。

三、秦人与秦帝国

秦穆公时，任贤使能，虚心纳谏，灭国十二，开地千里，国力日盛。前361年，秦孝公继位，重用商鞅两次变法，使秦国的经济得到发展，军队战斗力不断加强，发展成为战国后期最富强的诸侯国。秦王嬴政先后灭韩、赵、魏、楚、燕、齐，完成统一大业。前221年，嬴政称帝，史称"秦始皇"。秦朝在中央设三公九卿，管理国家大事；地方上废除分封制，代以郡县制；实行书同文、车同轨、统一度量衡。对外北击匈奴，南征百越，筑长城以拒外敌，凿灵渠以通水系。中央集权制度的建立，奠定中国2000余年政治制度的基本格局，对中国历史产生了深远影响。

秦人一词狭义为陕西人简称，因秦国故地包括陕西关中，以及甘肃天水、平凉、庆阳、陇南和宁夏南部，更是秦国崛起之地，陕西咸阳更是秦朝的都城。当时，秦始皇筑长城的一个最重要原因是为了防止北方民族入侵内地，保卫都城咸阳。可以说，整个陕西是一个充满着浓郁秦人、秦韵、秦文化气息的魅力省份，而秦帝国的发祥就在秦岭北麓。

（一）秦人发祥地

秦帝国是我国历史上的第一个封建王朝。据《史记·秦本纪》记载，秦人的先祖大骆久子非子所居的"西犬丘"及早期秦都邑、西周秦人的中心活动区域，就在今甘肃东南部的陇南及天水一带。20世纪20年代，礼县盐官——罗家堡一带出土了著名的"秦公簋"；1994年，甘肃省文物考古研究所对大堡子山墓地进行了抢救性发掘，确认该墓地为秦公西陲陵墓区；2001年，礼县大堡子山秦公墓地被国务院公布为全国重点文物保护单位（图2-13）。

◆ 图2-13 大堡子山遗址及墓葬

大堡子山遗址及墓群位于甘肃省礼县城东13千米处的永兴乡、永坪乡境内，境内嘉陵江一级支流西汉水环绕而过，其西、南、北三面群山相拥，奇峻而清幽。礼县，古之"西垂、西犬丘"，秦人最早的都邑所在地。据《史记·秦本纪》记载：秦人先祖"在西戎、保西垂""非子居大丘""庄公居其西犬丘""秦仲、庄公、襄公葬西垂"。西垂即西犬丘，成为秦人走向中原成就霸业的摇篮。

大堡子山见证了秦人筚路蓝缕初创基业的历程，为秦国后来的强盛和统一奠定了基础，成为中国秦文化的重要发祥地。

（二）秦帝国建立

在秦建立统一的帝国后，终南山从此改名为"秦岭"了。"秦为天下之脊，南山则秦之脊也。"秦始皇生前选定的坟墓，就位于秦岭东段的骊山脚下（位于今西安市临潼区），那应该是秦王朝基业兴旺的起点。由此可见，秦始皇对龙脉

◆ 图2-14 秦始皇陵

秦岭的爱护。后人称秦始皇为"祖龙",又谓"人祖",故骊山上的始皇祠又称"人祖庙"(图2-14)。

秦国始于秦嬴,建邑于秦(今甘肃省天水市清水县秦亭镇),秦庄公破西戎后居西犬丘,秦襄公时建都于汧城(今陕西省宝鸡市千阳县、陇县),秦文公后迁都于汧渭之会(今陕西省宝鸡市金台区),秦宪公建都于平阳(今陕西省宝鸡市眉县西),秦德公建都于雍城(今陕西省宝鸡市凤翔区),秦灵公建都于泾阳(今陕西省咸阳市泾阳县),秦献公建都于栎阳(今陕西省西安市临潼区),秦孝公建都于咸阳。秦始皇统一中国后,建立了第一个封建王朝,还是定都咸阳。秦人的崛起,起源于天水,逐渐东进,定都于咸阳,都在渭河流域(图2-15)。

◆ 图2-15 秦人迁都图

秦人自秦襄公进入渭河流域的宝鸡建立秦国,先后在关中渭河流域立国立朝达五百余年。秦人在此设"畤"祭"四帝(白帝、青帝、炎帝、黄帝)"、修筑雍城、伐戎扩地、变法强国、设立郡县、横扫六合、统一天下。秦人所制作的石鼓文、创作的《诗经·秦风》和吕不韦与其门客集体编撰的《吕氏春秋》等在中国文学、书法、学术史上占有重要地位,至今被人们津津乐道和查阅临摹。秦王朝建立后,终结了五百余年中国社会的分裂割据,使中国第一次走上多民族统一的国家历史。而这种统一就是在渭河流域完成的。虽然秦王朝在中国历史长河中非常短暂,仅仅只有15年。但是,它对中国历史的影响却是深远的,尤其是"大一统"的中央集权专制的政治制度,对后世的封建政治制度产生了重大影响,为中国国家统一奠定了基础。秦朝所制定的车同轨,书同文,统一货币、度量衡等改革,修建驰道、直道,不仅促进了经济、社会的发展,而且对加强、稳固国家统一也起到了重要作用。为防御外敌入侵而修建的万里长城,现已成为中华民族团结奋进、自强不息精神的一种象征。不仅如此,秦王朝又南征百越,北击匈奴,使秦的疆土"东至海暨朝鲜,西至临洮、羌中,南至北向户,北据河为塞,并阴山至辽东"(《史记·始皇本纪》),成为当时最大的东方国家。总之,秦王朝为统一国家而推行的一系列改革和措施,不仅对当时社会,而且对以后两千年的封建社会的发展都有着重大意义。至今,有些制度还在我们的政治生活和社会生活中产生影响。

四、汉唐文明

（一）汉朝的建立

汉朝（前202—220）是继秦朝之后的大一统王朝，分为西汉、东汉时期，共历29帝，享国407年。

前207年，刘邦和项羽结盟推翻秦王朝，其攻克武关，沿秦楚古道，乘势北上，从蓝田翻越秦岭，抢在项羽之前，攻入秦国的都城咸阳，将秦二世赶下王位，拉开了建立西汉帝国的序幕。之后，刘邦在手下萧何、韩信、张良、彭越等人的辅佐下，在垓下之战打败了项羽，结束了四年楚汉战争，于前202年在定陶正式称帝，确立国号时，想起被贬为汉中王的艰难岁月，他毅然决定，把刚刚建立的江山称之为"汉"。3个月后，他又力排众议，把都城从洛阳迁至紧靠秦岭的长安（今陕西省西安市）（图2-16）。由此，中国历史上，一个开疆拓土、威仪天下的王朝从此建立。刘邦统一天下后，汉文帝、汉景帝推行休养生息国策，开创"文景之治"；汉武帝即位后开通丝路、攘夷拓土成就"汉武盛世"；至汉宣帝时期国力达到极盛。8年，王莽废西汉末帝，定都长安，史称新朝，西汉灭亡。

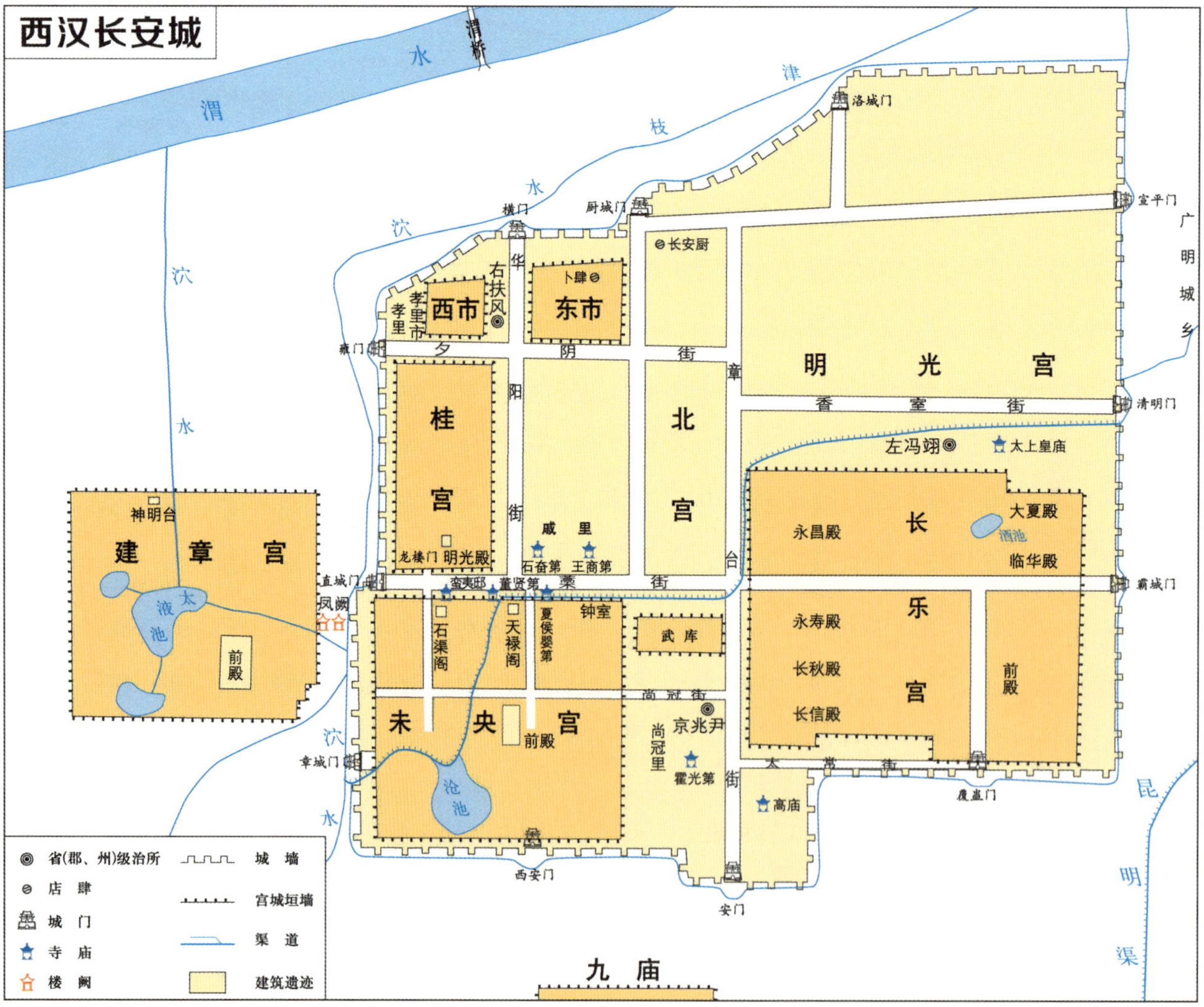

◆ 图2-16 西汉长安城

前141年，西汉第六位皇帝，汉武帝刘彻继位。这位年轻气盛，胸怀宏图大略的皇帝，把西域带进了一个开疆拓土、盛极一时的崭新时代。

最初汉武帝开通通往西域各国的道路，只是为了征讨匈奴，开拓大汉的疆域。但战争结束了，被张骞带到西方的中国丝绸却源源不断地走向世界，西方的珍宝黄金也沿着这条闪烁着丝绸光芒的道路，涌进西汉都城——长安，由此开启了古代丝绸之路。

汉王朝是继秦王朝后在渭河之滨建立的又一个"大一统"封建专制政权。它继承秦人郡县制，使国家政治制度在秦的基础上更为完善和成熟。汉初以"黄老"无为而治作为国策，休养生息。经过几代人的努力，出现"文景之治"的盛世，使经济、社会、文化等方面复苏而走向繁荣，成为中国历史上继西周后又一个繁荣时代。雄才大略的汉武帝即位，"罢黜百家，独尊儒术"，采用"霸王道杂之"的政治策略，在内以"尊儒"为旗号，对外展现出拓疆开土之勃勃雄心，数征匈奴，"凿空"西域，以"丝绸之路"沟通东西两大文明。为中西文化交流、多民族融合、"大一统"国家巩固，作出了重要贡献。其创立的"霸王道"汉政为后世所沿用。在文学、史学、艺术等方面所产生的汉赋、乐府诗至今脍炙人口，"究天人之际，通古今之变，成一家之言"的《史记》，开纪传体通史之先河；汉服成为今天重大礼仪场合的服饰。今天，我们常说的汉族、汉人、汉字、汉语等，也都因汉帝国而得其名。

秦岭的自然资源丰富，为西汉的国运昌隆奠定了重要的物质基础。秦岭山中出产竹林、玉石、金、银、铜、铁等富饶的物产，那时就有万物皆出的"陆海"之称，是百工所取给，万民所仰足。皇家更在南山脚下建上林苑，苑中养百兽，秋冬时供天子射猎取之，群臣从各地献来的名果异卉，也栽植在苑中。在上林苑中，汉武帝还修建昆明池，操练水军，为征伐古滇国备战。汉武帝确立五岳祭祀制度，将秦岭群山中的华山册封为西岳，专门祭祀黄帝之子少昊，后世帝王沿袭汉制，对华山祭祀、册封不断。而秦岭之南，西以汉中为都会，东以商州为都会。而商州之南有丹江，汉中之南有汉江，转运通漕，尤称便利。西汉王朝正是利用地缘优势，将自己统治的触角伸向了四面八方。

（二）大唐盛世

唐朝是当时世界上最强盛的国家之一，声誉远播，与亚欧国家均有往来。唐以后海外华人多自称为唐人，世界各地更有"唐人街"。唐朝起于7世纪上半期，终于8世纪中叶，被后世誉为"大唐盛世"，是中华民族悠久历史中最为辉煌的篇章。大唐政治开明，思想解放，人才济济，疆域辽阔，国防巩固，民族和睦，在当时世界上是无比繁荣昌盛的形象。

唐朝建都于长安，放弃了原西汉的长安故城，把都城建在了灞河和沣河之间的平原上，真正实现了"八水绕长安"的格局。盛唐开创了贞观之治、开元盛世，长安城不仅是中国的政治中心，而且成为世界上最大的国际都会（今有唐长安城大明宫遗址，见图2-17）。

◆ 图2-17　唐长安城大明宫遗址

立都于渭河流域之畔（今西安）的大唐帝国，将中国封建社会推向巅峰，三百多年的唐人历史，书写了中华民族、中华文化、中华文明的黄金史。无论是在物质文明方面，还是在精神文明、制度文明等方面，都取得了令人瞩目的成就。在外交上，唐人奉行修文德以交远方的外交政策，曾经先后与世界上370多个番国来往，吸收外来文化，传播唐文化。不仅促进了唐文化不断创新，大放异彩，而且推进了世界文明的发展。在国家制度上，推行三省六部制，奠定了宋以后的封建政治制度。在土地制度上，进行赋税和财政制度改革，实行"两税法"。在用人制度上，唐延用隋创立的科举制，使一大批文学之士脱颖而出，为官吏队伍注入了活力。这一制度为后世所遵行，成为主要的选官途径。

唐代更为推崇的是"四方取则"的京师之地——长安城。其城不仅规模宏大，气势恢宏，而且格局严谨，白居易曾说，"百千家似围棋局，十二街如种菜畦"。长安城在唐代发挥了重大作用：这里是政治家的乐园，曾有多少帝王将相在此出将入相，施展宏图；这里是外来文明的天堂，以长安城为中心，不仅建成国内交通网络，而且开辟了多条对外通道，如沙漠、草原、西南、海上等多条丝绸之路；这里是艺术家的舞台，阎立本、吴道子、虞世南、张旭等均在此挥毫作画、飞笔留墨。正如北宋苏轼所说："君子之于学，百工之于技……至唐而备矣。"这里更是滋养诗歌文学的沃土，杨炯、陈子昂、杜甫、李白、刘禹锡、杜牧、李商隐、韩愈、柳宗元、元稹、白居易等，他们推陈出新，为后代留下了数万首脍炙人口的千古绝唱。

那里北邻长安的终南山，曾是士人心中的乐土，也是帝王眼中的仙乡。唐大明宫与终南山的对望，仿佛是尘世与仙界、现实与理想的反差。万人之上的帝王也被终南景致所吸引，唐太宗说："对此恬千虑，无劳访九仙。"对于熙熙攘攘的长安，幽静的终南山犹如仙境。秦岭北坡的峪口连绵不绝，峪中都有溪涧流下，汇而成川，故长安城南多水。居民引水成渠，遍于田野，水色与天光连成一片，园林稍加修葺，便成人间胜景。曲江（位于今西安市曲江新区），唐长安城最著名的胜地。据记载，唐玄宗时引浐水，经黄渠自城外南来注入曲江，且为芙蓉园增建楼阁。芙蓉园占据城东南角一坊的地段，并突出城外，周围有围墙，园内总面积约2.4平方千米。曲江池位于芙蓉园的西部，水面约0.7平方千米。全园以水景为主体，一片自然风光，岸线曲折，可以荡舟。池中种植荷花、菖蒲等水生植物。亭楼殿阁隐现于花木之间。几乎所有的唐代诗人，都曾经在那里留下他们的身影。而在秦岭的崇山峻岭中，历代隐士们在那里玄思冥想，思想的光芒辉耀古今。

第三节 开启古丝绸之路

丝绸之路是一条东方与西方之间经济、政治、文化进行交流的主要道路，起始于古代中国，是连接亚洲、非洲和欧洲的古代商业贸易路线。从运输方式上，分为陆上丝绸之路和海上丝绸之路。陆上丝绸之路起于西汉都城长安（东汉延伸至洛阳）。它的最初作用是运输中国古代出产的丝绸。因此，当德国地理学家李希霍芬最早在19世纪70年代将之命名为"丝绸之路"后，即被广泛接受。

丝绸之路的基本走向，在两汉时期形成（图2-18）。它东起西汉的都城长安（今陕西省西安市）或东汉的都城洛阳，经陇西或固原西行至金城（今甘肃省兰州市），然后通过河西走廊的武威、张掖、酒泉、敦煌四郡，出玉门关或阳关，穿过白龙堆到罗布泊地区的楼兰。

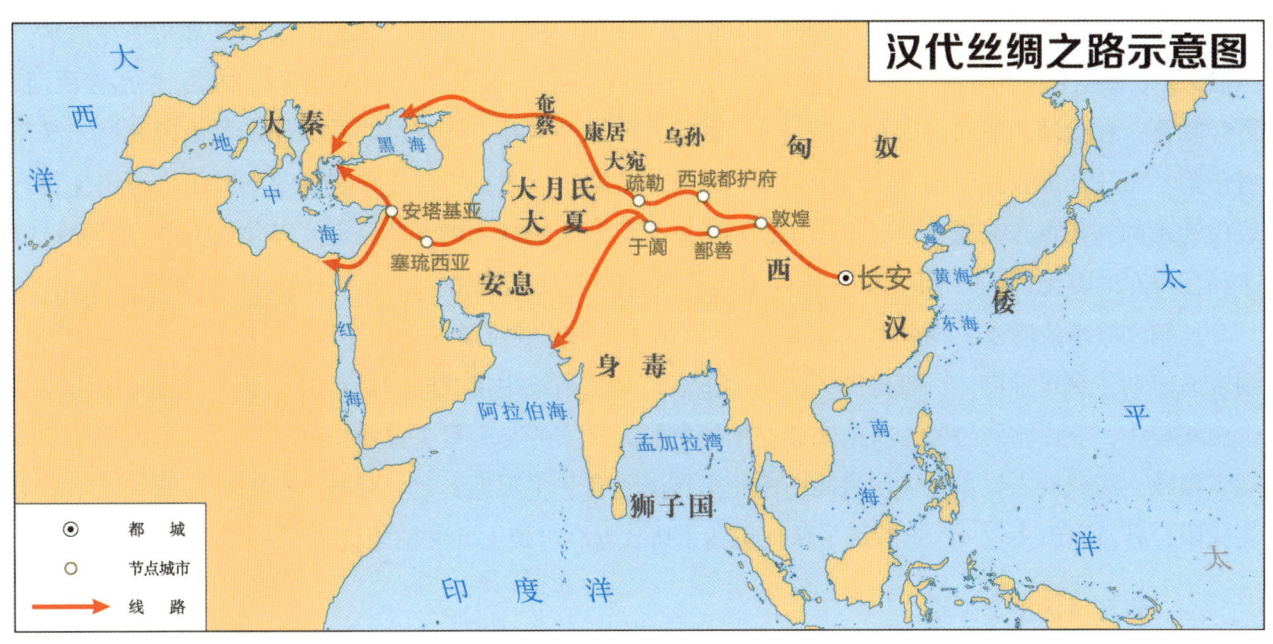

◆ 图 2-18 汉代丝绸之路示意图

汉代西域分南道、北道，其分岔点就在楼兰。北道西行至疏勒（今新疆喀什），南道西行可至大夏、康居（在今乌兹别克斯坦）、安息，最远到达大秦（罗马帝国东部）的犁靬（又作黎轩，在埃及的亚历山大城）。3世纪以前，天山以南北分为两道，以南道较为繁荣。3—5世纪两晋南北朝时期，以天山以北的通道最为昌盛。汉代还有第三条未见具体记载的天山以北的西行商道。这条通道是取天山以北准噶尔盆地至乌孙、大宛的道路。历史上的丝绸之路也不是一成不变的，它随着地理环境的变迁和政治、宗教形势的演变，不断有一些新的道路被开通，也有一些道路的走向有所变化，甚至废弃。

一、秦岭与古丝绸之路

中国是丝绸的故乡，在经由丝绸之路进行的贸易中，中国输出的商品以丝绸最具有代表性。出生在秦岭山下的张骞两次出使西域，开辟了中外交流的新纪元，并成功将东西方之间最后的隔离打破，推倒了矗立在各国边界上的藩篱，洞开了世界的大门，让中西方文明有了第一次交融。从此，丝绸之路被作为"国道"走了出来，各国使者、商人沿着张骞开通的道路，来往络绎不绝。从当初丝绸之路发展趋向看，秦岭是东西延绵、护佑其发展的中心环节。

以秦岭山下的长安为起点的陆上丝绸之路，越过陇山，穿越河西走廊，过玉门关和阳关抵达新疆，再沿绿洲和帕米尔高原通过中亚、西亚，最终抵达欧洲和非洲。

丝绸之路在中国的三条线路都是从长安出发。北线从泾川、固原、靖远至武威，路线最短，但沿途缺水，补给不易；中线从长安转往平凉、会宁、兰州到武威、张掖会合，再沿河西走廊至敦煌；南线从凤翔、天水、陇西、临洮、西宁至张掖，但路途漫长。三线中唯中线距离较近，且补给适中，但常又被战火阻断，人们就不得不另寻南北两线开拓前行。

丝绸之路南线在秦岭陇西段，从长安出发到陇县，出大震关翻越陇山，在张家川马鹿折南经清水，南过天水；或从长安出发到宝鸡，西达天水，沿渭河西行经甘谷、武山、陇西、渭源、临洮，然后渡洮河，再经临夏，在永靖渡黄河出积石山经乐都至西宁，然后经大斗谷到张掖。这条路的陇山段开通于汉，盛于隋、唐，标准较高，石板路至今尚存，是丝绸之路上宝贵的文化遗产，也是秦岭山中跨山越谷、跋山涉水的一条古今交通大动脉。这条道路避开了河西走廊胡人的干扰，而水草供给便利，沿途可以茶马互市互通有无，虽然迂回艰险，但人畜无生命危险，安全可靠。

丝绸之路南线逶迤于西秦岭，一直是汉代丝绸之路的关键路段，汉代的出使与归国都由此路行进，到宋元时期达到了鼎盛，一直延续到明清而不衰，是三条线中持续时间最长的。其关键是它在秦岭的崇山峻岭中，有山水的滋养，有南来北往的物资和人文交流与会聚，更是把茶马互市的商贸功用发挥到了极致。唐代诗人岑参在《初过陇山途中呈宇文判官》中写道，"一驿过一驿，驿骑如星流；平明发咸阳，暮及陇山头……"这首诗形象地记述了唐代丝绸古道上驿站的繁忙景象。

二、张骞两次出使西域

秦岭南麓城固县博望镇的博望村，共有120多户人家。这些人家都为张姓，这里就是西汉时期丝绸之路的开拓者——张骞的故里。

前138年，汉武帝招募使者出使大月氏，欲联合大月氏攻击匈奴，张骞应募任使者带着100多人，从长安出发过宝鸡，经天水，穿越西秦岭山间谷地的丝绸之路南线达临洮，浩浩荡荡向西域进发。而途中张骞被匈奴扣留了11年，但他不忘使命，设法逃脱，辗转到达与匈奴有仇的大月氏（图2-19）。这一去历经13年，最后只剩下他和甘父两个人回来了。他向汉武帝报告了在西域的见闻及西域诸国想

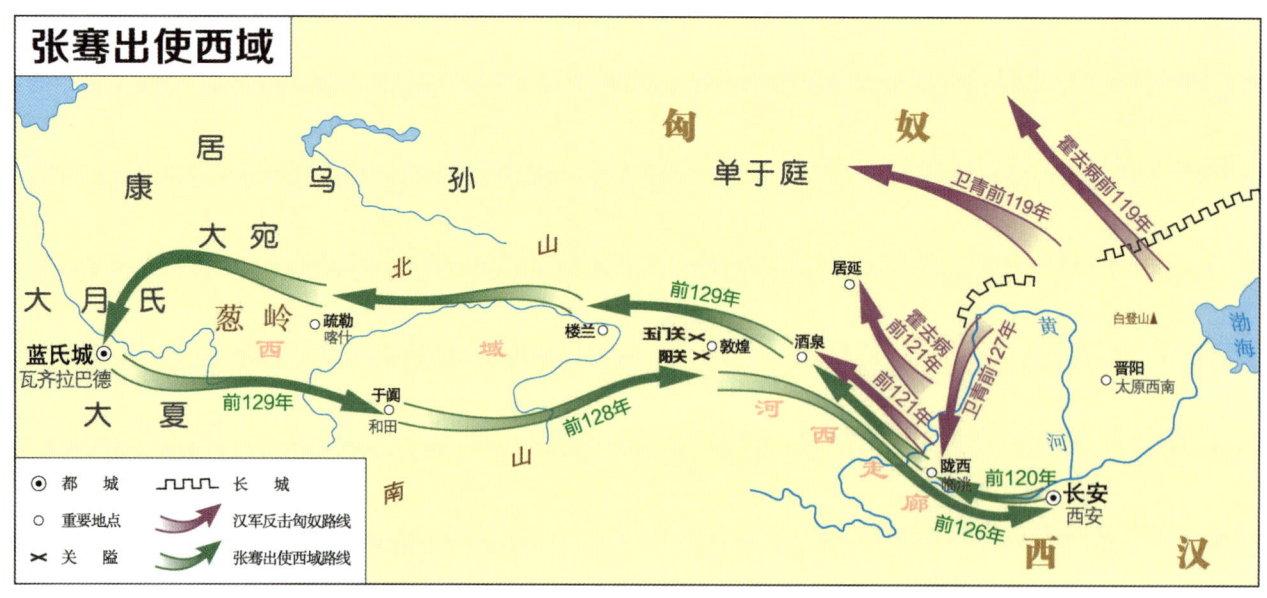

图2-19 张骞出使西域

和汉朝往来的愿望。张骞出使西域本为贯彻汉武帝联合大月氏抗击匈奴之战略意图，但出使西域后汉夷文化交往频繁，中原文明通过"丝绸之路"迅速向四周传播。因而，张骞出使西域这一历史事件便具有特殊的历史意义。张骞对开辟从中国通往西域的丝绸之路有卓越贡献，至今举世称道。

前119年，汉王朝再次派张骞带领300多人出使西域。这次，张骞顺利地到达了乌孙（今新疆伊犁州昭苏县一带），并派副使访问了康居、大宛、大月氏、大夏（今阿富汗）、安息（今伊朗）、身毒（今印度）等国家，但都未能达到与这些国家结盟的目的。此次张骞的西行却促使了汉朝出兵。汉武帝派一代名将霍去病带领重兵，一举消灭了盘踞在河西走廊和漠北的匈奴，建立了武威、张掖、酒泉、敦煌四郡和阳关、玉门关两关。打通了河西走廊后，汉朝继续派兵远征葱岭以西的大宛。到了前60年，汉朝在西域设置了西域都护府，控制了塔里木盆地。

张骞的两次出使西域，意义深远，不仅开启了西域与内地的交通要道，还打破了游牧民族对丝路贸易的垄断，汉朝与西域诸国由此正式开启了友好往来，在中亚、南亚、西亚诸王国间建立了直接贸易关系，促进了东西方经济文化的广泛交流。

三、班超出使西域

真正打通丝绸之路的班超，是秦岭以北的扶风人。班超，东汉时期著名的军事家、外交家，史学家班彪的幼子。

当时，西域诸国因各种原因与中央王朝没有联系，被北匈奴所控制。北匈奴得到西域的人力、物力后，实力大增，屡次进犯河西诸郡，使得边地人民不堪其苦。

73年，奉车都尉窦固等人出兵攻打北匈奴，班超随从北征，在军中任假司马（代理司马）之职。班超一到军旅中，就显示了与众不同的才能。他率兵进攻伊吾（今新疆哈密市西四堡乡），在蒲类海（今新疆巴里坤湖）与北匈奴交战，斩获甚多。窦固很赏识他的才干，于是派他和从事郭恂一起出使西域。经过准备之后，班超和郭恂率领部下向西域进发，先到达了鄯善国（今新疆若羌县），经过与鄯善王周旋后，鄯善王表示愿意归附朝廷，并把自己的王子送到汉朝作为人质。班超完成使命后率众回师，并把情况向窦固作汇报。窦固非常高兴，上表奏明班超出使经过和所取得的成就，并请明帝再选派使者出使西域。班超受命再次出使西域，凭借智勇，先后使鄯善、于阗、疏勒3个王国恢复了与汉朝的臣属关系（图2-20）。

班超出使西域，帮助西域各国摆脱了匈奴的控制，被任命为西域都护。他在西域经营30年，加强了西域与内地的联系，对巩固我国西部疆域，促进多民族国家的发展作出了卓越贡献。79年，大量的丝绸需求造成了西方巨大的贸易逆差，中国的丝绸终于撬动了罗马帝国，后来罗马派使臣沿丝绸之路来到洛阳，向东汉皇帝送来了精美的象牙、龟板等礼物，这才使东西方文明真正实现了第一次交流与握手。由此，东汉恢复对西域的统治，保卫了"丝绸之路"，促进了中国和中西亚各国之间的经济文化交流。

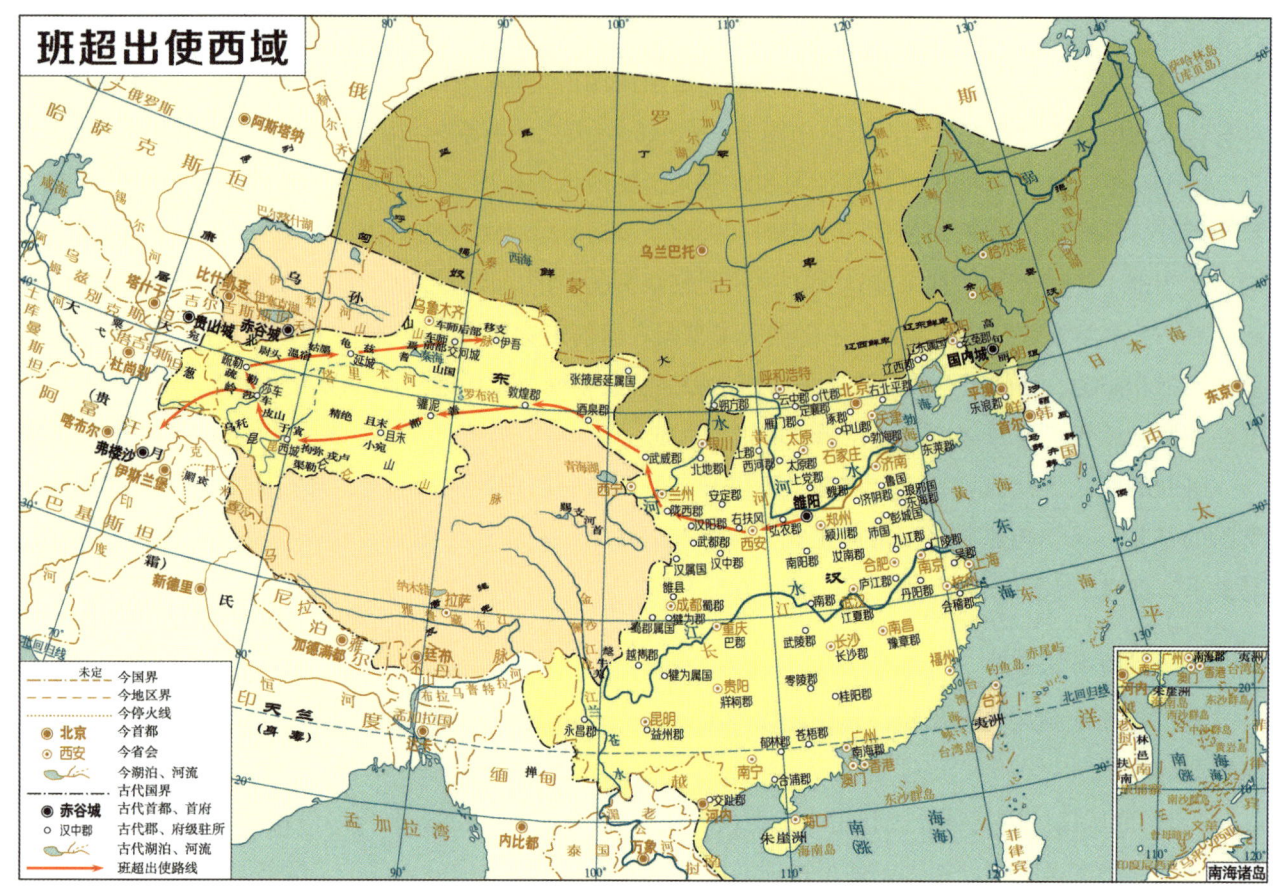

◆ 图 2-20 班超出使西域

四、甘英的西行

在丝绸之路历史上,甘英的西行堪称是又一壮举。97年,班超被任命为西域都护,他在西域经营30年。为帮助西域各国摆脱匈奴的控制,加强西域与内地的联系,班超派甘英出使大秦(罗马帝国)。甘英不辱使命,一直走到了波斯湾头的幼发拉底河和底格里斯河入海处的条支(西亚古国名,在今伊拉克境内),并准备渡海西行,但安息人为垄断东方与罗马的贸易,向甘英夸大了阿拉伯海航行的艰险,阻止了他进一步西行而自条支返回。甘英虽然没有到达原定的目的地,但仍是中国第一位走得最远的使臣;他亲自走过了丝绸之路的大半段路程,还了解到从条支南出波斯湾,绕阿拉伯半岛到罗马帝国的航线情况,是一位令人崇敬的时代英雄。

第二章 秦岭水文化

秦岭，中国的父亲山，不仅仅是长江、黄河的分水岭，也为这两条中国大地上最重要的河流提供着源源不断的水源，其茂密的森林成为南水北调水源供给的大水库。所以，早从古代起，人们就在这里兴修水利、灌溉农田、发展水运，时至今日，这里也成为中国最重要的水源涵养地，成为中国"南水北调"的中线所在地，正所谓"一江清水送北京"。

第一节 古代农田水利

秦岭作为华夏古文明的发源地，这里的古人类发明了原始农业，最早进入到农业社会。农田水利是传统农业发展的基石。所以秦岭两侧著名的水利工程设施很多，为这一地区农业发展提供了重要保证。秦岭两侧由于水源条件的差异，造就了秦岭南、北两侧农田水利的不同：秦岭北侧的农田水利以渠为主，秦岭南侧的农田水利以堰为主。

一、"南山"渠堰

在渭河以南沿秦岭北麓一带，东起潼关，西到宝鸡，利用秦岭北侧的河溪之水进行灌溉，自唐代以来就有，分布较广。

（一）库峪渠

唐武德元年（618），宁民（今陕西省西安市蓝田县一带）县令颜昶率民开修库峪渠，从终南山库峪口引水，渠长百余里，灌溉蓝田、长安两县（区）农田。

（二）二华三渠

华县、华阴两地的敷水、利峪、罗文三渠，均由同州（今大荔县）刺史姜师度于唐开元二年（714）、四年所修，引乔峪、小敷峪之水，一泄水害，二灌农田，并在渭河南岸建堤，防渭倒溢。

（三）井田渠

北宋熙宁年间（1068—1077），哲学家张载因主张恢复"井田制"遭反对而归乡眉县。隐居期间，在横渠镇按"井田制"的办法置田分井，并把修建的灌溉渠道命名为"井田渠"。井田渠分东、西两渠，东渠导引大镇谷筒瓦沟的4处泉水合流，西渠导引汤峪口的4处泉水合流，于横渠镇两渠汇流，向北3里入渭（1里=0.5千米），渠宽5尺（1尺=0.333米），深3尺，灌溉农田百余顷。横渠百姓为张载修祠纪念。元、明、清各代都对"井田渠"做过整修，清末湮废。

（四）梅公渠

清康熙六年（1667），眉县县令梅遇率士民在斜峪关峪口鸡冠石西边修渠，引石头河水至石龙庙，分建东、西、中三条渠道，灌溉眉县、岐山两县农田千余顷。因由梅遇创修，故名"梅公渠"。

（五）长安等县（区）渠堰

秦岭北麓一带修渠建堰，引水灌溉，以长安区最多，临潼、蓝田、鄠邑、周至等县（区）次之。据《长安·咸宁两县续志》及《陕西通志》等记载，清宣统三年（1911），长安共有水渠209条，灌溉面积43885亩（1亩=666.67平方米米）。其中，滈水两岸水渠48条，灌地17548亩；潏水两岸水渠108条，灌地10733亩；浐河两岸水渠34条，灌地5024亩；皂河两岸水渠6条，灌地1280亩；沣河两岸水渠8条，灌地5700亩；高冠河两岸水渠4条，灌地2600亩；太平河水渠1条，灌地1000亩。临潼有韩峪河渠、水碓河渠、温泉渠等8条，灌溉面积9400余亩。蓝田共有渠堰75条，灌溉面积6539亩。

二、引渭诸渠

渭河横贯秦岭北侧的关中平原，接纳秦岭北麓河溪及渭北千、漆、泾、洛等河之水，灌溉历史悠久。远在先周时期，今宝鸡、西安一带就有引泉、修池等生产活动。从秦、汉到清末，在渭河两岸及其支流兴建水利工程延绵不断，渭河南岸较为久远的有成国渠、漕渠等。

（一）成国渠

成国渠始建于西汉武帝刘彻元光年间（前134—前129）。据考证，成国渠自眉县杜家村以南东门渡口处引渭水东行，灌溉眉县等六县（区）的农田。成国渠自汉经魏、晋、隋、延续到唐、宋都屡有修治，直到宋神宗以后逐渐湮废，总共历经达1200余年。成国渠第一次大的整修是在三国魏明帝曹叡青龙元年（233），史载："青龙元年开成国渠，自陈仓至槐里，引千水溉乌卤之地。"唐代对成国渠又进行过多次重大整修，把六门堰视为中枢，屡加修治。到了宋神宗赵顼熙宁五年（1072），提举沈披上奏复修六门堰。成国渠在运行中的兴衰变化以至湮废以后，修渠之举时有所见。其中，较著名的有普济渠、通济渠等。

（二）漕渠

漕渠，又名漕渭渠。始建于汉武帝元光六年（前129），大司农郑当时向朝廷呈奏请，汉武帝令齐人水工徐伯规划定线，发兵卒数万人进行施工，历三年而成。建成后的漕渠，自长安西南昆明池起，沿途接纳浐、灞等水，经渭南临渭、华州、华阴，至潼关入黄河，长300余里。既可以引水灌溉农田，又可以进行漕运。《中国水利史稿》称：在漕渠有长1丈至7丈可装载500斛至700斛的大船行驶，给京都的年运粮量由汉初的数十万石增加到元封年间（前110—前105）的600万石。

隋代对漕渠进行恢复性的整修，使得渭南临渭、华州、华阴等渠经过地方的农田得以灌溉。唐代对漕渠进行多次整修。据史志记载，唐开元五年（717），陕州刺史樊忱修敷水渠，补给漕渠水量。安史之乱以后，漕渠逐渐湮废。

三、汉中堰渠

陕南秦巴山区，雨量丰沛，河溪密布，引水灌溉历史悠久，尤以汉中地区最多，水兴民富，素称"鱼米之乡"。

（一）山河堰

山河堰又称萧曹堰，因褒水又名山河水而得名。宋代《山河堰赋》碑载："山河堰盖汉相国鄼侯（即萧何）、懿侯（即曹参）之所肇创。"历代修复扩建，史不绝书。三国时诸葛亮屯兵汉中，曾对此堰做过整修。后经北宋大中祥符年间（1008—1016）、南宋高宗时期（1136、1140—1157、1166、1171）均进行过修缮。其中，乾道七年（1171），《宋史·河渠书》记载：吴拱"发卒万人助役，尽修六堰，浚大小渠六十五，复见古迹，并用

◆ 图2-21 古山河堰

水工准法修定，凡溉南郑、褒城田二十三万余亩。昔之瘠薄，今为膏腴"。这是一次规模最大的整修，开创了山河堰灌溉历史上的鼎盛时期。明、清以来，又多次修复加固。民国三十一年（1942）褒惠渠建成后，山河诸堰尽纳入褒惠渠灌区。

山河堰渠首位于今汉中市河东店褒河谷口。沿河自北而南共有4堰（图2-21）。根据史志资料及民国以来的实地考察，第一堰在褒城北1千米处，又名铁桩堰，于鸡头关下筑堰截水，东西分流，堰废已久，地面遗址无存。第二堰名柳边堰，亦称官堰。据1939年《陕西水利》载：该堰位于褒城县东门外，堰长320米，底部贯以木桩，卵石垒砌。第三堰在第二堰下游约1千米处，左岸引水，渠长近10千米，1941年灌田1.5万亩。第四堰在第三堰下游1.5千米处，1932年修建，聚石作堰，右岸引水，渠长15千米，灌田3100亩。

（二）五门堰

五门堰，古代低坝拦河灌溉工程，位于汉中市城固县城北15千米处的汉江的支流湑水河右岸。自东北而来的湑水河流经这里，拐了一个"L"形弯，转向东南逝去，五门堰就卡在这个弯曲处，大致呈东北至西南走向。因渠首并列五洞进水，故称五门堰（图2-22）。"五门堰创于西汉居摄二年（7）"，有着两千多年的历史，一直保存完好，仍发挥效益。

这是一座低坝拦河引水灌溉设施，汛时不阻碍泄洪，旱时能够蓄水灌溉。其建筑雄伟，拦河坝长374米，坝高1.2米，坝顶平台宽2.5米，坝坡宽15米。渠首五洞，东二西三，形似五门，可以启闭，下500处，设有进水龙门2孔，退水龙门4孔，可控制水量，设计科学合理，颇有四川都江堰建筑之风。干渠长8.9千米，引水量2.5立方米每秒，现灌溉农田7300余亩。五门堰的历史悠久，工程建筑科学合理，功效显著，所以备受历代官府及民众的重视与保护，因而经久不衰。中华人民共和国成立后，古堰古建筑得到妥善保护。

（三）杨填堰

杨填堰，是古代引水水利工程。位于陕西省城固县北约10千米处的湑水河中游段左岸，相传是汉代的萧何、曹参所修。后因宋代洋州知州杨从义做较大整修改造，灌溉洋州（今陕西省汉中市洋县）、城固2县农田5000亩，故名杨填堰（图2-23）。后经元、明、清各代不断整修，灌溉面积有所扩大。1948年，杨填堰纳入湑惠渠灌区。而因供水不足，城固、洋县两县又于1952年联合从旧堰引水，灌溉马畅镇以西水田3183亩，1991年至1995年期间，汉中盆地丘陵开发建设工程中，将引水枢纽均改建为固定堰坝，加固衬砌干渠11千米，配套建筑物15座。至1995年，灌溉面积1.15万亩。

◆ 图2-22 五门堰

◆ 图2-23 杨填堰

堰头堰坝，系南宋所筑，原系土石修筑，后经历代维修全部改为石头垒成。其堰坝通长120米，通宽5米，通高2米。堰头通长25米，通宽6米，高5米。

（四）小型堰池

汉中地区小型古堰见于明清《通志》《府志》记载的尚有8县138处，灌溉面积8.36万亩。其中汉中南郑30处3.22万亩，城固22处1.76万亩，洋县13处0.59万亩，西乡42处0.77万亩，勉县15处1.8万亩，镇巴、宁强各千余亩。较为有名的有冷水班公堰6900亩，观沟河黄土堰3060亩，老溪水复润堰2000亩，濂水流珠、鹿头、石梯、杨村诸堰14570亩，湑水百丈堰、高堰等5610亩，南沙河上盘、下盘堰 2400 亩，溢水堰并三郎堰 2430 亩，土门堰 3100 亩，泾洋河金洋堰 4600 亩，旧州河山河东、西堰 6900 亩，黄沙河天分东、天分西堰 5170 亩，养家河琵琶、马家、麻柳诸堰 6320 亩。还有王道、南江诸古池 12 口，一碗泉、金泉、淤泥涧泉、双象泉等泉水多处。

第二节　古代水运

西安半坡仰韶文化遗址出土了形如船的器物，说明远在五六千年以前，在居住于渭水支流浐水之畔的先民已有了水上交通工具——船，渭水及其支流已经有了航运的萌芽。

远古时期，陆地上森林密布，加上山岭丘壑，先民们在陆地上来往，远没有利用天然水道容易。所以，远古时期人类活动常在有河流经过的地方。因为有河流的地方，冲积土壤肥沃；水产鱼虾可吸引以渔猎为生的人群；而河流交通的便利，更是重要的因素。

一、渭水及漕渠运输

（一）渭水航运萌芽

据史念海先生研究，夏、商、周三代常常迁都，都没有离开黄河沿岸。周人最初居住在泾、渭两水之间，后来他们由泾水附近迁到渭水附近，更沿着渭水向东迁徙，就是泾、渭两水愈往东愈能行船。

春秋时，晋都于绛（在今山西翼城县东南），靠近汾水。秦都于雍（在今陕西凤翔区南），距渭水不远。由渭水入黄河（时称河水），再由黄河溯入汾水，是一条水上交通路线。

到战国初年，中国境内可以通行舟楫的水道都已被人们所利用。《禹贡》里提到：涉及渭水水道的是梁州的交通系统，说今日的汉江和嘉陵江上游有一条潜水可以互相沟通，梁州的贡赋可以利用这条潜水运入汉水，再由汉水转褒、斜二水的谷道水运陆转入渭，由渭而入河。《禹贡》九州贡道皆归于黄河。

（二）秦汉漕运

1. 秦代漕运

秦始皇统一全国后，建都于渭水之滨的咸阳，而经济中心却是在济水流域的陶，两地相隔遥远。咸阳所在地的关中，古代虽被誉为"陆海"和"天府之国"，但这个平原毕竟狭小，能容纳的人口有限。咸阳立为全国的都城后，人口急剧增加，易发生粮食不足的恐慌。战国时秦国依赖巴、蜀的接济。但巴、蜀栈道艰险，运粮不易。秦始皇灭六国后，利用渭水、黄河、济水或鸿沟这条水路，在政治、军事上有了保障，便转由关东向关中漕运粮食。秦王朝对各地，特别是山东地区，进行大规模的财赋征调，陆路运输无法完成，漕运因之应运而生。《史记·郦生陆贾列传》记载，秦王朝通过渭水——黄河，以及黄河下游相通的济水、鸿沟等河道，将远在山东各地的粮食、物资，千里迢迢漕运至咸阳，并在鸿沟和济水由黄河分流处设置敖仓。

2. 汉代漕运

西汉对于渭水航运的利用，开始于楚汉战争时期，刘邦军事集团充分利用渭水——黄河水道航运的便利，在萧何的主持下，兵员和物资得到源源不断地补充，终于在垓下击败项羽。

西汉在长安建都初期，漕运数量尚不算大。至汉武帝元鼎中期（前113年左右）迅速增长，因除了中都官在迅速增加外，还蓄养了大量的狗马禽兽和众多的官奴婢。漕运最高额的600万石粟，按照汉代运车"一车载二十五斛"计，陆运需用车24万辆；以一船承载大约相当于20车算，仍需用船1.2万只，形成"水行满河""大船万艘，转漕相过"的航运规模。杜笃《论都赋》中的"东综沧海，西纲流沙"两句，肯定了渭水航运对于加强各地区之间的联系，贯通东西的重要作用。

汉武帝后，常年漕运在400万石左右。汉武帝时期采取了"告缗"，令吏入谷补官等一系列搜刮民财的措施，使漕运粮食数额很快由原来每年几十万石增加到400万石；元封年间（前110—前105）更一度高达600万石。漕粮除漕渠初开时大量漕船经由漕渠外，更多的则是依赖渭水。

渭水航运受流域内水文气象条件及径流季节性变化的影响，有很强的季节性，渭水70%以上的径流量集中在夏、秋两季，其余时间流量不丰，无法通行漕船。汉武帝时大司农郑当时说，每年漕运要耗费6个月左右时间，实际上，这是渭水在可通航时期内不间断地在进行漕运。数百万石的漕运量，集中在6个月时间内完成，渭水或漕渠航道承受不了，便将一部分漕粮储存于渭水口的京师仓，再改用陆转办法运至长安。

在汉代，由于河、渭漕运数量巨大，事关国家的兴衰存亡，所以，在渭水入黄河口处设船司空县（今陕西省渭南市华阴市东北）。

（三）隋、唐漕运

1. 隋代漕运

隋文帝统一中国后，亦建都长安，长期停滞的渭水漕运，又逐渐兴盛。

隋朝初期，隋文帝即注意到东方漕运的恢复。开皇三年（583），隋文帝下诏在水次十三州置募水丁，又于卫州（今卫辉市）设置黎阳仓，洛州（今洛阳）置河阴仓，陕州（今三门峡市陕州区）置常平仓，华州（今华州区）置广通仓，互相灌注，漕运谷粟，供应长安。陕州以西利用河、渭航道运输粮食。不过，隋初的渭水水道已成问题，书中写道，"渭水多沙，流有深浅"。加上洪水期与枯水期水量悬殊，"水力大小无常"，造成阻阂。所以，到开皇四年（584）下诏开凿广通渠（后改称永通渠）。隋开皇四年九月，漕渠通水。

广通渠开成以后，在漕运上发挥很大效能，也解决了隋王朝京师一带缺粮的威胁。开皇六年关中大旱，各州大水，百姓饥馑，文帝命开仓赈饥，关中的广通仓能发粟三百多万石赈济关中灾民，说明广通渠每年漕运量至少在百万石。

隋炀帝即位后，迁都洛阳，不再向长安漕运粮食。所以，隋代的永通渠使用期限，最多不超过22年。

2. 唐代漕运

（1）初唐漕运

唐朝建都长安以后，开始没有从关东各地大量漕运粮食，到唐高宗咸亨三年（672），关中遭饥荒，粮食严重匮乏，才通过渭水、黄河漕运河东的粮食以救关中饥馑。但此次漕运并未成为经常之制。

此后，关中粮食经常供应不足，唐朝政府为暂时解决缺粮困难，皇帝常率百官就食洛阳。当时漕运有两大困难：一是三门峡险阻，从洛口到陕州须用陆运；二是渭水水量不足，水浅沙多，漕船难进。

开元二十一年（733）当玄宗又要到洛阳就食时，宰相裴耀卿请求建节级转运法：分漕程为三段，河口（洛口）一段，三门峡附近一段，三门峡以西一段。洛口以东为水运，置仓河口，东南漕舟至此输粟于仓，另由官家雇换舟船分入河、洛。三门峡东、西侧也分别置仓，中间采取陆运。自河口至此，先将谷粟输到东仓，然后凿山路18里，再陆运西仓，以避三门之险。三门以西采取船运。这个节级转运法切实可行。玄宗采纳这个建议后，下诏自洛阳西返，以后就长期住在长安，不再为吃的问题而奔波于东、西两都间。虽然恢复了渭水漕运，可是并没有解决渭水本身水浅沙深的困难，直到天宝元年（742）才有人建议凿汉、隋的漕渠，解决了渭水水浅沙深的问题，每年运粟四百万石，开创了隋、唐以来漕运的最高纪录。

（2）中唐漕运

唐代宗广德二年（764），"安史叛乱"平定后，由于运道艰涩，粮运困难，常常缓不济急，唐代宗任命刘晏出掌漕政，扭转了当时的危急情势。刘晏建立了一套科学的管理办法，选用了一批干练的管理官员。刘晏"隋江淮河渭所宜"，使各种船只行驶于不同河段："江船不入汴，汴船不入河，河船不入渭"。为此，实行分段仓储、转运办法："江南之运积扬州，汴河之运积河阴，河船之运积渭口，渭船之运积太仓，岁转粟百一十万石，无升斗溺者。"他十分重视选用人才，部署得力，管理得法，加上刘晏本人的全力以赴，使过去混乱的漕运，迅即走上了轨道。刘晏掌管漕运，其效率之高，纪律之严，为古代封建社会中历代王朝所罕见。刘晏罢职被害后，他的影响仍长期存在。

刘晏主持漕政时，动乱初定，财粮匮乏，没有时间也没有力量修治漕渠，渭水是天然河道，立即可以利用，故漕船由渭水而未利用漕渠。

（3）晚唐漕运

中唐时期，刘晏为漕政树立了一个成功的范例。唐代宗大历末年（779），江淮一带军阀割据，水道不通，漕渠也因淤塞失修而被废弃，重又改用渭水水道。由于漕运十分艰难，京师缺粮情况相当严重。特别是唐德宗贞元初年（785），驻京军队所需军粮数额庞大。由于粮食短缺，米价暴涨，每斗千钱；太仓中供应皇宫使用的粮食常不够十天支用，宫禁中不敢再用粮食酿酒。这时紧急从华阴永丰仓陆运粮食入京，结果驾车的耕牛大部分累死。唐德宗只好再一次整顿漕运。

这次漕运的整顿工作是由节度使韩滉和杜亚负责。他们不仅疏浚了黄河三门峡附近险段，而且还改进了渭水运输船只，以适应其水浅沙深的特点。经过船只的改良和航道的治理，使漕运至东渭桥仓的粮食又年达130万石。然而时间不长，由于航道出现障碍，每年漕运数额又降至40万石。

在渭水漕运不畅时，只得又用牛车转运漕粟入京。到唐文宗太和初年（827），因岁旱河涸，在李石、韩辽的建议下，开凿汉、隋的漕渠。但使用时间不长，到唐宣宗大中五年（851）已不再使用漕渠，仍改由渭水运道。

唐末混乱，河渭运道失去作用，唐昭宗天复四年（904）迁都洛阳，毁长安宫室百司及民间庐舍，其材浮渭沿河而下，长安自此为墟。经过五代数十年的混战，渭水不再进行漕运，关中的航道失修，没法利用，以致宋太祖统一天下后，把国都定于开封府。

二、汉江干流航运

（一）秦汉航运

战国时期汉水已通行舟楫。《战国策》记述汉中的军队，在夏天水涨时乘船顺汉水（汉江）而下，四天可以到达五渚（汉江下游）。这段记载说明远在战国时期，从汉中沿汉水东下长江，船艘可通行无阻。《史记·河渠书》和《汉书·沟洫志》记载，汉武帝刘彻在位时，由于从都城长安通向关中的黄河水道有三门砥柱之险，通往蜀汉的故道非常艰险，因而有人建议整修褒斜道。通过汉江及其支流褒水和渭水及其支流斜水（即今石头河），水陆联运，把关东及巴蜀的粮食及物资运往长安。整修褒斜道的立足点是以汉江干支流可以通行船舶为基础的。整修好褒斜谷中的水陆两途，便可以确保粮食供应。

（二）三国、魏、晋、南北朝军运

三国时期，汉中地区属蜀国管辖，安康地区归曹魏统治，蜀、魏两国曾多次利用汉江水运进行战争。南北朝时期，现在的汉中、安康地区成为南北各割据政权争夺的要地。汉江在战争和军事运输上仍然发挥着相当重要的作用。郦道元《水经注》的《沔水》篇曾说："汉水又东，历敖头（约在今石泉马池镇以西），旧立仓储之所，旁山通道，水陆险凑，魏兴安康县治，有戍统领杂流。"便是说敖头为重要的军事据点，驻有重兵防守，并用以统领附近的流民和少数民族武装集团，并且这里曾是重要的军事补给基地。

（三）唐代漕运

唐建都长安，所需数量巨大的粮食和各种物资，均依靠渭水、汉水、汴水、江北运河、江南运河这一水道，运到关中长安。每当中原发生战事，运河被阻之时，就不得不由长江西上，然后由汉水转入其支流丹水，沿蓝田武关道越秦岭入关中。而当长安失陷或发生变乱，或南阳一带出现战乱，形势不稳，东南地区的粮食和物资运到襄阳后，只有再溯汉水西上，经安康到汉中，然后转由陆路运往关中。

（四）宋、元军运

宋代汉水航运仍然畅通。北宋时，梁州（今汉中市）、洋州、均州等地的财物，都可以利用漕运送到南阳，然后利用武关道或丹水运往长安。南宋初年，宰相张浚为减轻金朝对迁都临安（今浙江省杭州市）的南宋王朝的军事威胁，准备以汉中为基地，北据关陇，东出潼关以争中原，因而高度评价汉中的地理位置和地理形势的重要，说它可以利用江汉水道船运，取得湖北荆州、襄阳长江中游及汉水下游一带的物资供应。而秦陇之马，不仅可以供应汉中一带的军用，而且每年还要输送相当数量到长江下游以至临安。这些马匹的运输称"马纲"，有时由陆路，有时也取水路。水路或取嘉陵江入长江东下，或沿汉水而东南。

另外，《元史·世祖本纪》记载，元世祖忽必烈至元十年（1273）三月，"刘整请教练水军五六万，及于兴元、金、洋州、汴梁等处造船二千艘。从之"。说明当时汉江上下，水师可船行无阻。

（五）明、清商运

由于战乱的影响，汉江航运在元末明初曾一度阻滞。到明代中后期，汉江航行畅通无阻。《天下路程图引》卷二记载：由江汉一带运"往四川货物，秋冬由荆州雇船装货（到）各府去卖，春夏防川河（长江）水大难行，由樊城雇小船，至沔县起旱，雇骡脚，一百二十里驮至阳平关下船，转装往各府去卖"。当时樊城至沔县（今陕西省汉中市勉县）一段汉江是通行商船的。据《安康县志》卷十八《人物·李登科》记载：崇祯年间（1628—1644），安康遭灾，人民"大饥，斗米千钱，（李）登科自楚贩米归，倾舟散之"。光绪年间《洵阳县志》卷十三《艺文》记载，明人杨一清《由金州泊舟洵阳》一诗，说明当时汉江的洵阳—金州—汉中间有载人船舶通行。

在明中后期及清初80年间，陕南汉江水运事业十分落后。乾隆六年（1741），陕西对陕南垦殖政策做出重大调整；其后，有数以百万计的楚、皖、赣、川等省流民拥入陕南和鄂西。道光初年，陕南人口由康熙初年的49万增至384万，人口密度达到了每平方千米54.7人。同时，农业生产和工场手工业均蓬勃发展起来，并由此促使汉江水运事业趋于兴盛。

三、嘉陵江航运

（一）秦、汉开发

秦、汉时嘉陵江称故道水。当时，由秦入蜀多经故道。故道是沿故道水岸侧布设的一条道路，某些路段也是行船的纤路。根据故道水沿侧的山岩观察，在秦昭王的宰相范雎没有修建秦蜀栈道以前，多处的悬崖绝壁，阻断人们通行，必须利用船只与陆路续接，秦、蜀两地人民往来之始，嘉陵江航运应即得到开发。

《禹贡》在列述梁州贡道时，即提到嘉陵江（潜水）、汉江（沔水）、渭水、黄河的一条水陆联运路线，反映了战国时期嘉陵江已为航运所利用，而且成为域内主干内河航道之一。

秦末汉初，汉高祖刘邦以汉中、巴蜀为基地，发动北伐三秦王的战争时，萧何"发蜀米万船而助给军粮"，即利用嘉陵江转运，对战争的胜利起了重要作用。

（二）唐、五代漕运

唐德宗贞元年间（785—805），为解决成州（在汉代武都郡西成谷县）边防驻军的粮食问题而疏浚嘉陵江航道。当时，濒临嘉陵江的兴州（今陕西省汉中市略阳县）和长举县（今陕西省汉中市略阳县北境），均为粮食的储存地，无论是由长举县西运或由兴州北运，均需利用嘉陵江一段水路，再转入通向成州的青泥河水陆运道，这一运输路线，唐时记为运程200里。这200里是指兴州、长举县间嘉陵江的船行水程及青泥河口至成州间的一段路程，即当时山南西道节度使严砺所疏通的嘉陵江运道。

唐末五代十国时期，后唐灭前蜀的战争中，后唐的军队先后在威武城（今陕西省宝鸡市凤县东北）、凤州、兴州（今略阳县）和三泉县（今陕西省汉中市宁强县阳平关镇西）缴获前蜀的军粮70多万斛。这些军粮的很大一部分是利用嘉陵江水运由四川运来的。

（三）宋、元军粮运输

北宋初年在灭后蜀的战争中，王全斌等先攻下兴州，获军粮40万石。再攻下三泉，获军粮30万石。又攻下利州（今四川省广元市），获军粮80万石。这三地均临嘉陵江，所积存的军粮，都是后蜀利用嘉陵江水路运去的。

在建都杭州的南宋与金朝对峙的一百多年间，深知四川和嘉陵江、汉江上游的甘南、陕西等地区对保障长江中下游安全的重要性，任命大将吴玠、吴璘兄弟，统率10多万精兵，为固守秦岭大散关一带宋金分界线而屯驻于被称为蜀口的五州三关之地。从川西平原、长江沿岸和嘉陵江中下游各地传输大批粮食和其他军事物资支援前线，就成为南宋的艰巨任务。

至元十四年（1277），南宋合州守将投降，元朝占据四川、统一全国的近40年间，一直把嘉陵江的航运作为主要供应线，为此曾先后设置"关西兴利军储大使""渔关沔州官军水陆转运都元帅"等官职，分任重臣、名将赛典赤瞻斯丁、吕嗣庆、汪良臣、武思信等负责粮饷供给。因此，曾多次疏浚嘉陵江上游航道，修整道路，制造车船，把从关中、陇西各地筹措的粮食从渔关（又名鱼关、虞关）装船，运往四川，嘉陵江"漕运流通，粮运不绝"，蒙古军前"储蓄充牣""士无饥馁之色，民宽飞挽之劳"。因而当时就有"取蜀之本，基于此矣"之说。

（四）明、清商运

明代嘉陵江水运仍持续不停。《肇域志》陕西部分记载，濒临嘉陵江上游右侧的徽州，乃"辐辏之地，水陆之衢也"。自四川北运的货物，装船溯嘉陵江而上，"欲东者皆自阳平关出凤翔，欲西者皆自置口出临（洮）巩（昌）"。长江中游运往四川的货物，在春夏季节为防长江水大难行，转由樊城雇船沿汉江上行，到沔县（今陕西省汉中市勉县）起陆，至阳平关装船下运至四川。

崇祯年间（1628—1644），汉中的瑞藩王府所用食盐，是由四川保宁府装船上运，到阳平关起旱，驮至沔县，再船运或陆运至汉中。明代嘉陵江上游的终点码头是渔关。

清朝顺治年间与农民军争夺四川及康熙年间平定三藩之乱的过程中，均利用嘉陵江转运军需物品。

第三节　现代水利建设

纵观古今中外，水利活动始终贯穿着人类历史。人类离不开水，因此认识自然和改造自然的过程，也是不断认识、掌握和运用水的各种规律的过程。水资源利用由最初的满足人类生存的农业发展，到现代社会的水利、水电、航运等综合利用，可以说，是励精图治、竭尽全力，取得了巨大的成就。

秦岭水源地的保护，不仅仅是对秦岭水资源的保护，更关系全陕西省乃至京津唐地区、华北地区的用水安全；因此秦岭的流域治理，是中国中东部地区区域发展的"生命线"。渭河的水资源，为陕西关中地区的社会发展提供了巨大的水资源，而丹江口水库作为秦岭南坡汉江流域的重要组成部分，肩负着水资源保护和我国南水北调中线工程的核心任务。同时，秦岭地区也为我国水资源保护和南水北调工程作出了巨大的贡献。由此看来，秦岭南北坡的流域治理是陕西关中和陕南地区区域发展的基础。同时也是我国水资源空间调控的主要生命线。

一、水工程

（一）渭河流域水工程

1. 小型水库

（1）三门峡库区南山四库

为减轻三门峡水库回水顶托，南山支流洪水下泄不畅造成的洪涝灾害，于1969年冬动工，在渭南临渭、华州、华阴、潼关四县（区、市）境内南山四条支流上，从西向东分别修建箭峪（图2-24）、桥峪（图2-25）、蒲峪（图2-26）和太峪（图2-27）四座水库，共控制流域面积150平方千米，年径流量 5400 万立方米。四库总库容 1264 万立方米，有效库容 920 万立方米，有效灌溉面积 8.5 万亩，养鱼面积 584 亩。其中，桥峪水库最大，蓄水 654 万立方米，蒲峪解决孟原旱塬缺水效益最好。工程运用以来，在一定程度上减轻了三门峡库区四县（区、市）的洪涝灾害，改善了群众的生产生活条件。

◆ 图 2-24　箭峪

◆ 图 2-25　桥峪

◆ 图 2-26　蒲峪

◆ 图 2-27　太峪

（2）钓鱼台水库

钓鱼台水库是陕西省宝鸡境内的一座水库，位于渭河支流伐鱼河上，因坝址靠近传说中的姜子牙钓鱼台而得名，为砌石双曲拱坝（图 2-28）。水库正常库容为 6590 万立方米，集雨面积为 120 平方千米，海拔为 90 米。坝顶建有高低泄洪溢流堰，溢流段长 70 米，最大泄洪量 646 米^3/秒。放水设施为坝内埋管，后接 4 个放水闸阀，最大放水量 27 米^3/秒。灌溉天王、磻溪两乡 15 个村的 2.93 万亩耕地。水库水量充足，水质良好，群众深得其利。

◆ 图 2-28　钓鱼台水库

2. 中型水库

石砭峪水库位于长安区境内秦岭北麓沣河支流的石砭峪河上，距西安市35公里。坝址以上流域面积132平方千米，多年平均径流量9700万立方米，实测最大洪水流量314立方米每秒（1957年7月16日），最大历史洪水流量650米^3/秒（1908年）。

石砭峪水库坝高85米，坝顶长265米、宽7.5米，总库容2810万立方米。其中，调洪库容375万立方米，已淤积25万立方米。输水洞建于左岸，为局部钢筋混凝土衬砌的圆形压力洞，直径4米，全长4745米，比降6‰，最大流量192米^3/秒，具有导流、灌溉、城市供水、泄洪和发电输水多种功能。泄洪洞位于右岸，为马蹄形无压洞，宽7~8米，高10~12米，比降9.5%~14.3%，出口采用窄缝式挑流消能，最大流量707米^3/秒。

3. 大型水库

石头河水库位于秦岭北麓，眉县斜峪关以上1.5公里处（图2-29）。坝址以上控制流域面积673平方千米，多年平均径流量4.48亿立方米。水库以灌溉为主，兼有发电、防洪、城市供水等功能。

水库建筑物包括拦河土石坝、输水洞、泄洪洞、溢洪道和电站。输水洞位于右岸，出口分成灌溉和发电两支洞，泄洪洞位于左岸，溢洪道位于右岸。

坝体结构设计分为河床段主坝和左右岸台地副坝。主坝为黏土心墙土石混合坝，副坝为均质土坝。坝顶高程808米，最大坝高为114米，坝顶宽10米，长590米，是当时国内建成的最高土石坝。防浪墙高为1.1米。总库容为1.47亿立方米，有效库容1.2亿立方米。

◆ 图2-29 石头河水库

坝后电站，拟装机4台2.15万千瓦。1988年11月—1990年11月建成总装机3台1.65万千瓦，年发电量4000万千瓦时。

（二）汉江流域水工程

1. 小型水库

（1）白兔岭水库

白兔岭水库位于南郑区连山乡石门村境内的沙河支流，工程于1953年1月13日开工，清基0.5米，采取人工挑土夯实修筑土坝，用旧有的砖石砌筑放水涵洞，在放水涵洞顶部开凿8个高低不同的天井放水。于1954年夏季水稻插秧时基本建成。坝高12米，库容20万立方米，可灌溉石门堰灌区三官庙、协税、徐家坡水田2622亩。

1956年对白兔岭水库进行改建，11月开工，第二年7月完成。坝体加高到15.4米，库容增加到38.3万立方米，灌溉面积扩大到2925亩，天井放水改为卧管放水，溢洪道加宽到13.9米，长达173米，分三级跌水，最大泄洪量为61.3立方米每秒。改建工程共投资6.25万元，其中国家补助5.55万元，用工日13.93万个，完成土方46550立方米，石方1762立方米，水库至今运行良好。

（2）强家湾水库

强家湾水库位于南郑区西南7公里的连山乡强家湾村濂水河支流沙子河上，是陕西省第一座示范性水库。水库拦河坝为黏土心墙坝，高16米，库容210万立方米。

水库投入运行后，做了大量的改建、扩建、配套、绿化和经营管理工作。现大坝高26米，坝顶长86米，总库容877万立方米，设施灌溉面积3.35万亩，有效灌溉面积3.3万亩。坝后建有装机200千瓦水电站一座，年发电量60万千瓦时，水库养鱼年产1.5万公斤。库区4.5平方千米的7沟8梁68座山头已全部绿化，栽植马尾松和各种果树525万株，如今已是山清水秀，景色迷人。

2. 中型水库

（1）红寺坝水库

红寺坝水库位于南郑区红庙镇境内的濂水河上，坝址以上控制流域面积121.3平方千米，总库容3381万立方米，有效库容2065万立方米，以保灌濂水河各渠堰灌区为主，结合发电、养鱼。形成可串联濂水河系22条堰渠、21座小型水库、1588口陂塘和36处抽水站、蓄引提相结合的灌溉系统。

水库枢纽由主坝、副坝、输水洞和溢洪道组成。主坝为黏土心墙坝，高27米（包括1米高防浪墙），顶长140.5米，防浪墙加东面弧线段总长245米。副坝4座：一号坝高9米，顶长45米；二号坝高19.2米，顶长147米；三号坝高18米，顶长57.7米；四号坝高5米，顶长37米。

（2）二龙山水库

二龙山水库位于商州区西北5公里处的丹江干流上（图2-30）。坝址以上控制流域面积965平方千米，多年平均径流量2.46亿立方米。总库容8100万立方米，有效库容5700万立方米，具有发电、灌溉和养鱼等功能。

水库枢纽由拦河坝、输水洞、坝及电站组成。大坝为砌石重力坝，坝顶高程771.7米，最大坝高63.7米，坝顶长152米，宽7米；坝基长80米，宽56.2米；基础采用帷幕灌浆防渗，坝后以排水孔排水。

泄洪采用坝顶溢洪形式，堰顶高程765米，总长58米，分为4孔，以挑流鼻坎消能，最大泄洪量1390立方米每秒。泄洪洞进口高程723.75米，断面2米×2.8米，配备平板钢闸门，以1台125吨的启闭机控制，最大泄洪量133立方米每秒。

图2-30 二龙山水库

输水洞为圆形压力隧洞，进口高程 740 米，直径 4 米，用钢筋混凝土衬砌，配备有钢筋混凝土平板闸门，用 2 台 32 吨的斜拉式卷扬机启闭，最大输水 14.7 米³/秒。

（3）观音河水库

观音河水库（图 2-31）位于汉阴县八庙村月河支流观音河上，坝址以上控制流域面积 80 平方千米，多年平均径流量 3444 万立方米。

水库枢纽由拦河坝、溢洪道和输水洞等组成。大坝为黏土心墙坝，坝高 34.2 米，顶宽 4.7 米，总库容 1552 万立方米，有效库容 1256 万立方米。溢洪道位于右岸，侧槽式，溢流堰宽 250 米，堰顶高程 463.33 米，最大泄洪能力 480 米³/秒。输水洞位于右岸，进口有底孔平板闸的滚筒闸门，坝轴线前 80 米用钢筋混凝土衬砌，断面高 1.55 米，宽 0.7 米；后 60 米未做衬砌，断面高 1.85 米，宽 1 米；最大过水流量 2.3 米³/秒。

◆ 图 2-31　观音河水库

3. 大型水库

石门水库（图 2-32）位于汉江支流褒河峡谷口段的七盘山麓，距汉中市区 25 千米，坝址以上控制流域面积 3861 平方千米，多年平均径流量 13.8×10^8 立方米。水库具有灌溉、发电、养殖、防洪等多种功能。枢纽工程由混凝土双曲拱坝、河床电站、东西干渠渠首和反调节池组成。

拦河坝为变圆心变半径混凝土双曲拱坝。坝基最低高程 532 米，坝顶高程 620 米，坝高 88 米，最大坝宽 27.26 米，总库容 1.098×10^8 立方米，相应水位 619.5 米，正常库容 1.05×10^8 立方米，正常高水位 618 米，校核洪水位 619.5 米，坝体 596 米高程处设 6 个 7 米 ×8 米的泄洪孔，正常高水位和校核洪水位时泄洪流量分别为 4290 米³/秒和 5590 立方米

◆ 图 2-32　石门水库

/秒。东干渠渠首工程由进水塔、灌溉发电引水洞、电站厂房和灌溉输水建筑物组成。灌溉输水建筑物由灌溉管、闸室、消力池和明渠四部分组成，与东干渠相接，最大引水流量32米^3/秒。西干渠渠首引水量6米^3/秒，电站装机为1台500千瓦机组。

渠道工程分为东、西干渠和南干渠。东干渠为石门水库主渠道，全长40.59千米，下设支渠9条，分支渠4条，斗渠134条。西干渠全长14.35千米，下设支渠2条，斗渠21条。南干渠即原褒惠渠。工程建成以后，年出库水量约17×10^8立方米，灌溉供水约3×10^8立方米，设施灌溉面积51.5万亩，每年实际灌溉41万亩左右。发电供水约7.6×10^8立方米，年发电约6200万千瓦时，年捕捞成鱼1.5万千克。

（三）重点水源配置工程

1. 黑河引水工程

黑河引水工程通过建设黑河金盆水库、供水管道工程等（图2-33），将金盆水库、眉县石头河水库两个主水源和长安区石砭峪水库、周至县田峪河、鄠邑区甘峪水库、就峪河地表径流和长安沣峪地表径流5个调节水源的水输向西安。一年可向西安供水4×10^8立方米，日平均供水110×10^4立方米，使西安市目前供水量可达175万立方米。黑河引水工程供水量占西安城市总供水量的70%。该工程于1987年12月破土动工，2000年12月黑河水库开始蓄水。

◆ 图2-33 黑河引水工程

2001年6月泄洪洞工程建成，2001年12月黑河大坝完工。

2. 引乾济石工程

引乾济石工程将柞水县乾佑河上游三条支流老林河、太峪河、龙潭河的水引至汇流池，经秦岭输水隧洞送至石砭峪水库，作为西安城市的供水水源。

"引乾济石"调水工程，是西安市继黑河重点水利建设项目之后又一重点工程，是西安城区规划的六大供水水源工程之一，也是陕西省政府规划的南水北调第一工程（图2-34）。乾佑河每年可向石砭峪水库供水3000万~5000万吨，再加上石砭峪流域每年5000万吨的供水能力，每年可向西安供水1亿吨，占西安市用水量的1/3。

3. 石头河水库工程

石头河水库被誉为"关中水塔"，位于渭河南岸支流石头河上的斜峪关上游1.5千米处，北距蔡家坡20千米，水库控制流域面积673平方千米，多年平均径流量4.48×10^8立方米，多年平均输沙量1.637×10^5吨。该工程1957年勘察设计，1969年筹建，1976年施工并截流，1980年蓄水，1981年东干渠10千米通水灌溉，1982年枢纽工程建成，1990年坝后电站建成，历时33年。

◆ 图 2-34 "引乾济石"工程路线图

4. 引红济石工程

引红济石调水工程位于太白县境内,是陕西省南水北调的西线工程(图 2-35)。将水量丰沛的长江流域汉江支流褒河上游的红岩河水跨流域调入渭河支流石头河。多年平均调水量 $0.92×10^8$ 立方米,连同石头河本流域自产径流,经石头河水库调蓄后,水库年供水量 $2.66×10^8$ 立方米,除保持向西安城市供水 $0.95×10^8$ 立方米、向原岐眉灌区 2.47 公顷农田灌溉补水 $0.45×10^8$ 立方米外,新增向咸阳、杨凌等城市供水 $1.26×10^8$ 立方米。历时 12 年建设、总投资 10 亿多元的"引红济石"工程在太白县正式通水。这是陕西省目前建成投入使用的规模最大、引水量最多的南水北调工程,每年可向西安、宝鸡、咸阳、杨凌等地提供 9240 万立方米的水源,有效地缓解关中地区严重缺水局面,改善渭河生态环境。

5. 李家河水库工程

西安市辋川河引水——李家河水库工程是国家立项的重点项目,是西安市水资源优化配置的重大供水水源工程(图 2-36)。

李家河水库引水来自灞河的一级支流——辋川河,坝址位于辋川河中游,距蓝田县城 23 千米,是解决西安市浐河以东地区城镇生活和工业用水的骨干性水源工程。水库建设既是生态工程,也是民生工程,以城镇供水为主,兼有防洪、发电功能。工程概算总投资 20.86 亿元。其中,李家河水库总投资 15.03 亿元,输水工程总投资 5.83 亿元,水库总库容 5500 万立方米,调节库容 4400 万立方米。2009 年 11 月开始工程建设,2010 年 11 月 28 日大坝截流后,大坝枢纽工程建设全面拉开,先后完成了 98.5 米高的碾轧混凝土双曲拱坝、970 米引水洞、55 米高的放水塔、13.4 千米的总干渠及引岱干渠

图 2-35 "引红济石"工程路线图

图 2-36 李家河水库

旧渠改造、74 千米暗涵压力管线和管理房、坝后电站等工程的建设任务。2015 年 5 月 8 日，随着李家河水库通水阀门开关的开启，来自辋川河的清澈山泉正式流向东郊白鹿原水厂，经过一系列净水处理后进入千家万户。这标志着历经 5 年多时间建设的西安第二大水源工程李家河水库正式向城市供水，惠及西安市民。

6. 引汉济渭工程

引汉济渭工程规划在汉江干流修建黄金峡水库和汉江北岸支流——子午河修建三河口水库，从汉江岸边向北开凿隧洞连接两座水库并穿越秦岭，隧洞出口于秦岭北麓黑河东侧的黄池沟（图 2-37）。引汉济渭工程主要由黄金峡水库枢纽、黄金峡水源泵站、黄金峡至三河口输水工程、三河口水库和秦岭隧洞等五部分组成。

引汉济渭工程估算静态总投资 146 亿元，首期先建设三河口水库和越岭段 81.6 千米隧洞，实现

◆ 图2-37 "引汉济渭"工程路线图

2020年调水 $5×10^8$ 立方米，之后再根据关中需水及汉江水资源情况，相继建设黄金峡水库、黄金峡泵站和黄（金峡）三（河口）段隧洞，逐步达到最终 $15×10^8$ 立方米调水规模。

2011年12月8日全线开工，预计2020年调水 $5×10^8$ 立方米的供水任务，2015年引水10亿，2030年实现最终调水 $15×10^8$ 立方米。

引汉济渭工程受水区范围为西安、咸阳、宝鸡、渭南四个市级行政区，长安、鄠邑、临潼、周至、兴平、武功、泾阳、三原、高陵、阎良、华州等13个易于受水的地区，以及高陵泾河工业园区、泾阳产业密集区、扶风绛帐食品工业园区及眉县常兴纺织工业园区等8个工业园区的近期用水需要，同时可增加渭河生态水量，改善渭河流域生态环境。

7. 丹江口水库

丹江口水库是中国南水北调中线工程的水源地，国家一级水源保护区，曾经是亚洲最大的人工淡水湖。丹江口水库位于汉江中上游（属长江流域），总面积846平方千米，有"亚洲天池"之美誉，是汉江的天然水位调节器（图2-38）。

丹江口水库多年平均入库水量为 $394.8×10^8$ 立方米，水库来水量大部分来自汉江和汉江的支流丹江。丹江口大坝加高之后，水库正常蓄水位将从 157 米提高至 170 米，库容将从 $174.5×10^8$ 立方米增加到 290.5 亿立方米，水域面积将达 1022.75 平方千米。南水北调中线工程将向河南、河北、北京、天津等四个省市的二十多座大中城市供水，一期工程年均调水 $95×10^8$ 立方米，中远期规划每年调水量将达 $130×10^8$ 立方米，将有效缓解中国北方的水资源严重短缺的局面。

◆ 图 2-38　丹江口水库

二、水生态

由于秦岭地区历史上过度开发而引发的洪涝灾害，对几大流域居民造成了严重的危害；而传统的流域治理理念都是不断加高防护堤坝。秦岭渭河、汉江流域深受水土流失的侵害，河道中泥沙含量较高，导致河床逐步抬升，河道淤积现象严重。这就使得秦岭地区的防洪堤坝高度逐步升高，甚至出现"地上河"的危险情况。一旦受到特大暴雨袭击，防洪堤坝出现漏洞，就会造成秦岭各流域极大的洪涝灾害，直接威胁秦岭周边区域人民的生命财产安全。自中华人民共和国成立以来，我国开始注重对秦岭地区流域的治理，加大现代化水利工程的建设，每年对河道进行一定程度的清淤。同时，加固防洪堤坝。在提倡节约用水理念的同时，合理分配水资源，统筹秦岭南北坡供水方式，并注重几大流域的生态建设，为秦岭树立"人水和谐"的治水理念。

（一）渭河治理与生态建设

1. 渭河治理

历史上的渭河流域气候温润，水草丰茂、沃野千里。渭河支流充沛，大河泱泱，鸟飞鱼翔，充满田园牧歌式的诗意情怀。但 1401—2010 年，渭河生态环境却是逐渐恶化，平均 2.6 年发生大洪水一次，是典型的洪水灾害多发区。随着关中地区城市经济的发展，渭河接纳

◆ 图 2-39　岐山县渭河治理一角

了陕西省78%的工业废水和86%的生活污水。现在渭河水质仍然以重度污染的劣V类水质为主。为此，在2011年2月17日，陕西省委、省政府在渭河西安市灞河口段召开了"渭河陕西段综合整治开工动员大会"，全线治理渭河的行动开始（图2-39）。

渭河全线整治工程是通过堤防建设、河道疏浚、河滩整治、绿化治污等措施，渭河的防洪形势得到改善，生态和水污染治理成效显著。截至2016年4月，渭河堤顶道路硬化完成60千米，堤防绿化完成84千米，完成支流口堤防建设12.6千米，渭河支流入渭口堤防交通桥完成九座。渭河滩区整治绿化及亲水景观完成绿化、亲水面积及建设人工湖、湿地及亲水平台约3.5万亩。2017年，陕西省渭河生态区共计完成投资16.3亿元，完成滩面整治55604亩，水生态修复及水面景观完成10756亩；加固支流堤防36.42千米。

2. 秦岭北麓水生态治理规划

秦岭北麓是中国发展最重要的区域之一，也是承载中国历史文化最厚重的地方，还是中国和陕西的生态屏障，是渭河——中华民族母亲河长子在陕西水量的主要来源地。陕西省依据水利部《关于加快推进水生态文明建设工作的意见》，陕西省水利厅《"十三五"水利发展规划》《关中水系规划》《水利追赶超越意见》，提出了《秦岭北麓水生态治理规划》。

规划内容：全面规划，突出重点。构建三横（沿环山南路为一横，沿310国道、108省道为二横，力争汉漕渠恢复为第三横）百纵的以库、河、渠、湖、池、塘、湿相连的水网络体系。以多点、小型、分散、自然、多样为主要滞留（洪）水措施构建防洪、防主要河流断流、主要湖泊干涸的生态水安全体系，以截、治点污染，防、控、减面源污染为主要措施构建健康水生态体系。以雨洪利用、工农业节水、中水回用，实现引汉济渭多点调蓄、蓄电结合为主要措施的水生态资源保障体系。以引水上塬、塬边节水灌溉、天瀑下川、城有水系、镇有湖泊、村有池塘的水生态景观体系。围绕高效节水示范、水科普、水景观，以承古、亮今、展未来构建高品质的水生态文化体系。以协同、整体、系统理念为核心构建水生态的治理制度体系。以安全为先，互联网思维与互联网+技术构建智能的水生态全域、全面、全程的调控管体系。

3、陕西省渭河生态区建设总体规划

渭河横贯关中腹地，沿渭河建设一条长512千米，宽1~6千米的渭河生态区，形成一个涵养水源、改善气候、消减雾霾的绿肺，是筑牢渭河生态安全屏障、加快推进生态文明建设的重大举措，是支持关中协同创新发展、推进区域产业转型升级的必要条件，是促进渭河沿岸新型城镇化建设、实现统筹城乡发展的重要载体。

规划范围：渭河生态区西起陕甘省界，东至潼关渭河入黄口，沿渭河主河道长512千米，横向边界依渭河两岸堤防向外侧按城市核心区200米、城区段1000米、农村段1500米控制，规划总面积约1000平方千米。

规划内容：渭河生态区以"一河、两堤、两带、六区"的总体布局，统筹兼顾左右岸、上下游关系，实施滩面整治、河道疏浚、水污染治理、生态修复及湿地建设、水量保障、水生物保护、河湖连通、综合开发利用、建设管护等工程项目，推进沿河地区在特色优势产业和重点领域加快发展，形成流域协调联动发展的新格局,把渭河打造成"安澜河、生态河、景观河、文化河、致富河",实现渭河沿岸"生态环境优美、历史文化相连、产业集群发展、基础设施完备"的特色生态区目标。

（二）南洛河治理

1. 伊洛河综合治理

伊洛河是黄河重要的一级支流,也是黄河下游洪水的主要来源区之一,在黄河下游防洪体系、水资源配置和水沙调控体系中具有重要作用。近年来,经济社会的发展对流域防洪,水资源开发、利用和保护提出了新的要求。目前伊洛河流域存在防洪形势依然严峻、水资源开发利用难度大、局部城市河段水污染严重、水生态系统日益恶化等问题。为协调好伊洛河流域经济社会发展与黄河治理开发的关系,做好伊洛河流域的治理开发与保护工作,2010年2月,水利部批复了黄河水利委员会提交的伊洛河流域综合规划任务书。2013年12月、2014年4月,黄河水利委员会组织相关部门分别编制完成了《伊洛河流域综合规划》《伊洛河流域综合规划环境影响报告书》并上报水利部。

《伊洛河流域综合规划》结合伊洛河流域治理开发中存在的主要问题,提出了总体目标、布局和主要控制指标,拟定了防洪、水资源开发利用、灌溉、水资源保护、水生态保护、水土保持、流域综合管理等的规划方案和意见。环评报告书从环境角度审视规划方案的可行性和合理性,提出规划方案的优化调整建议和环境保护对策,以促进流域经济、社会、环境的协调发展。

2. 洛河水系综合整治工程示范段规划

2014年8月,《洛河水系综合整治工程示范段规划设计方案》提出,把洛河市区段32千米水系打造成为"华夏文明第一河",将沿洛河由西向东依次打造郊野生态段、创意产业段、城市活力段、历史文化段等四大主题公园。其中,历史文化段作为示范段项目先期实施,包括洛阳桥至李城桥段5.5公里的洛河示范段、310国道至洛河口段5.2千米的瀍河示范段。

（三）汉江综合整治规划

规划工期5年（2011—2015）,其中,2011年已经先期组织实施了汉江汉中平川段防洪工程、安康东坝防洪、白河县城防洪,以及中小河流治理、病险水库除险加固、水土保持等项目,完成投资5.7亿元,规划静态总投资188亿元。其中,防洪工程132.7亿元,水土保持工程36.7亿元,水生态与水资源保护工程18.6亿元（不含污水处理厂、垃圾处理站及工业污染源治理）。

规划涉及陕西省汉江干流勉县武侯祠到白河出陕口长约470千米以及37条重要支流入汇口河段,包括汉中、安康两市十四个县区,综合整治的重点是,沿汉江干流的汉中、安康两市城区和勉县、城固、南郑、洋县、石泉、紫阳、旬阳和白河等8个县区。

主要建设内容包括三大工程体系。一是防洪保安体系,新建加固干流堤防249千米,干流护岸73千米,支流汇入口河段堤防193千米,新修加固护基坝445座,实施病险水库除险加固193座,综合治理褒河等重要支流5条,实施中小河流治理40条,治理山洪沟24条。实施山洪灾害防治县级非工程措施建设20个县（区）,改造新建水文水位站57处,新建配套雨量站635处。二是水保生态和水资源保护体系,实施水保小流域综合治理257条,治理水土流失面积5925平方千米,控制水土流失和面源污染。在汉江主要支流汇入口和干流有条件的河滩地区,设置生态湿地18处；建设汉江特有鱼类增殖保护站9处，鱼类种质资源保护区1处。三是沿江水景观体系，建设蓄水水面景观、滨河生态公园、河口湿地、堤岸景观等水生态景观区，与沿江七级电站库区共同构成汉江干流475千米和支流河口9千米的水景观长廊、200千米城市河段滨江生态公园、2.4万亩生态湿地。

治理成效：陕西省持续开展汉江流域重点综合治理，推进水污染防治工作，提出了全面推行"河长制"的要求。作为南水北调中线工程水源涵养地，安康市从2014年开始，将水质保护工作纳入各县区、部门年度目标责任，实行"一票否决"制。强化水资源监测，完成了流域入河排污口普查和主要河流纳污能力核定工作，关闭了在水源地保护区内的造纸厂、油漆厂、果酒厂、电器厂等企业，同时实行严格准入制度，劝退多家前来投资但环评不达标的企业，确保"一江清水送北京"。

（四）嘉陵江流域综合治理

1. 嘉陵江重点防治区

长江上游日益严重的水土流失和生态环境的恶化，广泛引起了中央和广大科技人员的重视和关注。1988年1月5日国务院以国函〔1988〕1号文将长江上游金沙江下游毕节地区、嘉陵江中下游、川东鄂西的三峡库区等地区列为全国水土保持重点防治区的第一批治理重点。而陕西省的嘉陵江上游涉及汉中、宝鸡两地区的1万多平方千米却未被列入。为此，1988年8月4日陕西省人民政府以〔1988〕168号文专题呈报国务院，要求将陕西省嘉陵江流域增列为全国水土保持重点防治区第一批治理重点。水利部遵照国务院批办意见，于1989年1月28日以〔1989〕4号文正式批复，同意将陕西省内嘉陵江流域所属镇巴、宁强、略阳增列为第一批（1989—1993年）防治区重点，并将陕西省增补为长江上游水土保持委员会成员单位。陕西省水利水保厅根据上级批复和要求，立即组织地、县有关单位进行7条小流域（略阳2条，宁强3条，镇巴2条）规划，在规划的同时，按照"以防为主，防治结合；因地制宜，综合治理；重点突破，积极推进"的方针积极开展治理。

由于重点防治工作效益显著，1990年长江水土保持局在甘肃武都召开第二次长江上游重点防治区工作会议，决定进一步增加防治区投资、扩大防治区范围。陕西省重点防治区就由3县扩大到4县（增列宝鸡地区凤县），流域条数由7条增列为46条（原3县增加39条），1990年国家投资达到282万元，是陕南流域条数最多，投资最大的一个时段。1995年8月，嘉陵江流域治理又增加了南郑、西乡两县（区），即由4个县增加到6个县。

嘉陵江首批二期所列的39条小流域，涉及2地4县的21个乡（其中与第一期重复的5个乡），116个村，16761户，农业人口76393人，农业劳动力32139个，每平方千米人口密度58.5人。流域面积1272.92平方千米，占4县嘉陵江流域总面积的14.7%，其中水土流失面积740.3平方千米，占流域面积的57.9%。在此期间，除新列入的凤县外，增加面积最多的是略阳县，达395.54平方千米。1990年，长江水土保持局在甘肃武都会议上，对每条流域治理规模提出了明确要求：二期选点流域面积应控制在30～50平方千米范围。经落实39条流域平均每条面积32.63平方千米，其中34条在50平方千米以下，占到总条数的87.2%。宝鸡地区凤县由于地形所限，有5条超出上述要求。嘉陵江防治区首批两期重点小流域的总条数达到46条，流域面积为3143.60平方千米。

2. 嘉陵江南充段绿色生态走廊建设总体规划

据《伊洛河流域综合规划》，嘉陵江流域（南充段）总体规划结构布局为"一廊四带四区多点"。嘉陵江风光为生态画轴，打造绿色生态廊道；在嘉陵江最低水位线上形成蓝带，以嘉陵江两岸生态恢复为主，打造绿带；在绿带打底基础上，打造沿线景区、公园、革命遗迹，形成风光带；结合地区产业特色、产业林，开发沿江特色产业基地的产业带。

据了解，嘉陵江南充段生态走廊总体规划的发展目标包括绿化建设、生态保护、景观打造、产业发展四大类，将对沿江目力所及范围内的两岸宜林荒山、荒滩等两旁进行绿化栽植，提高项目区森林覆盖率20个百分点以上；对森林公园、自然保护区、湿地公园、滨江重要节点进行专项建设，以及生物多样性保护，做好全线生态环境修复与保护，以水养绿，以绿保水。同时，还将根据城市、乡村、自然风光不同的地域特质，空间—时间差异塑造，提炼城市及主要节点滨河带的特色景点，形成特色、标志性景观，打造沿江景观生态走廊。

三、八水润西安

（一）"八水绕长安"由来

西汉文学家司马相如在著名的辞赋《上林赋》中有云："君未睹夫巨丽也，独不闻天子之上林乎？左苍梧，右西极。丹水更其南，紫渊径其北。终始灞浐，出入泾渭；酆镐潦潏，纡徐委蛇，经营乎其内。荡荡乎八川分流，相背而异态。"描写了汉代上林苑的巨丽之美，以后就有了"八水绕长安"的描述。

八水指的是渭河、泾河、沣河、涝河、潏河、滈河、浐河、灞河。它们在西安城的四周绕流，南面潏河、滈河自东向西流动，西面的沣河、涝河和东面的浐河、灞河均自南向北流动，北面的渭河、泾河是由西向东流动。八水之中，渭河汇入黄河，其他七水均曾经为渭河的一级支流，直接汇入渭河。然而由于时代变迁，沧海桑田，河床的移动，浐河成为灞河的支流，滈河成为潏河的支流，潏河又与沣河交汇。八水之水流均汇集于渭河，渭河又成为黄河最大的支流。

（二）"八水润西安"提出

2012年，西安市提出了"八水润西安"的建设目标，即将西安建成"城在水中，水在城中，水润西安"的现代化生态型大都市（图2-40）。最终形成市区与河流廊道间隔布局的结构，将城市人口与经济能量有机分散，同时，还能充分发挥城市水网的连通作用，将八水与城区水面（如兴庆湖、汉城湖、未央湖）连通后形成一个完整的河湖水系。

（三）"八水润西安"框架

"八水润西安"的脉络框架为"一心、二环、三横、四纵、多点元"（一心——昆明湖；二环——明护城河、汉护城河；三横——泾渭河、潏滈河、引汉济渭输配水管网；四纵——黑河、涝河、沣河、浐灞河；多点元——"八水"旁支河流、湿地、湖池、水景观、涝池、喷泉）。它构成了西安城市的水系框架，是西安城市中重要的生态景观通道，古语道"城有水则秀，居有水增灵"。

西安市将在"八水绕长安"的基础上，保护、改造、提升和新建5引水、7湿地、10河系、28湖池，将城外的水引进城内，让原本缺水的西安"生动"起来，实现西安山、水、城灵动的新貌。规划总面积10108平方千米。以实施"保水、引水、治水"方略为重点，规划建设"5引水、7湿地、10河系、

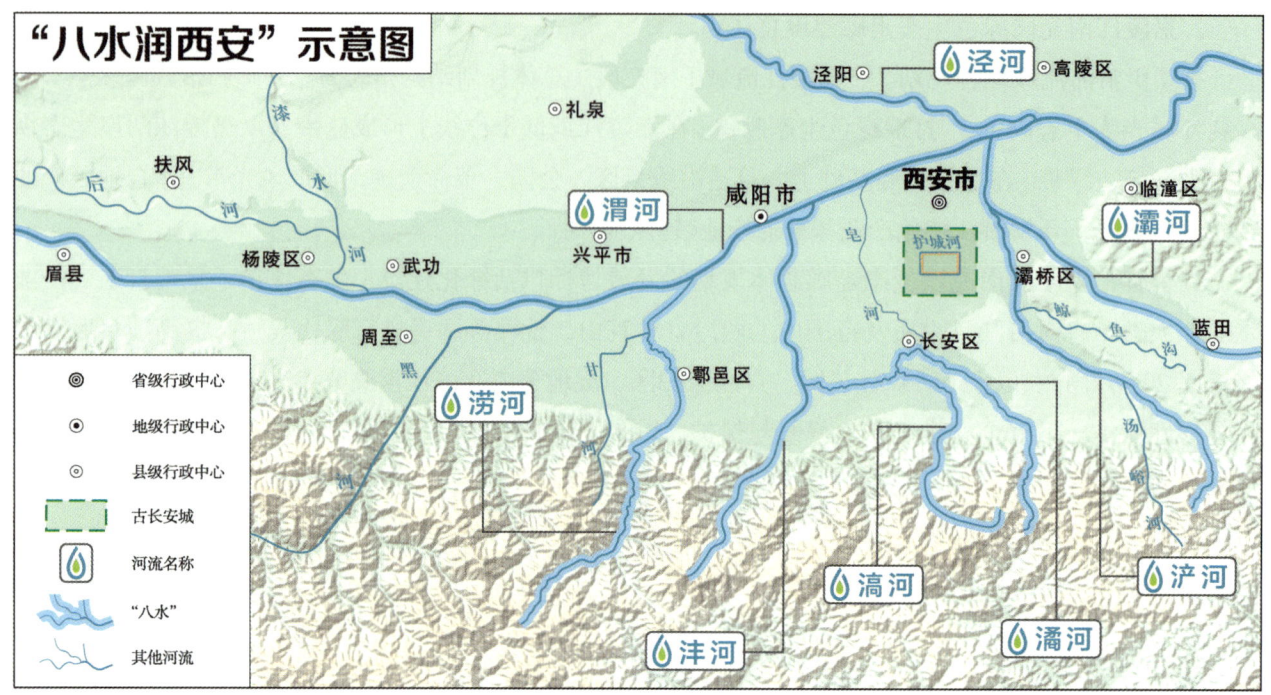

▲ 图 2-40 "八水润西安"示意图

28湖池",建设周期为2012年8月到2020年12月,规划估算总投资285.43亿元。

5条生态引水:灞(浐)河引水、荆峪沟引水、大峪水库引水、皂河引水、沣河引水。这5条生态引水主要为28湖池提供水资源。

7片湿地:灞河城市段湿地、灞渭河口湿地、泾渭交汇湿地、沣渭河口湿地、黑渭河口湿地、涝渭河口湿地、引汉济渭黑河口湿地。

10条河系:长安八水(浐河、灞河、泾河、渭河、沣河、涝河、潏河、滈河),加上黑河水系、引汉济渭水系。

28座湖池:建成的有13座,即汉城湖、护城河、未央湖、丰庆湖、雁鸣湖、广运潭、曲江南湖、芙蓉湖、兴庆湖、太液池、美陂湖、渭水湖、阿房湖;规划的有15座,即昆明池、汉护城河、仪祉湖、三星湖、沧池、航天湖、天桥湖、太平湖、鲸鱼湖、常宁湖、樊川湖、杜陵湖、高新湖、幸福河、南三环河。

四、水利景观

研究区秦岭南北坡河系众多,气象万千,山色空蒙,绿意盎然,景观多样,依托水体建立风景区,既可展现秦岭丰富的自然景观,气势雄伟的水利工程,又可推动当地经济社会的发展,还为群众创建了亲水休闲娱乐的好去处。秦岭南北坡现已开发的国家级水利风景区9处,省级风景区6处,均成为附近群众消闲的首选。

(一)灞柳生态园国家水利风景区

灞柳生态园,2003年灞桥区"大水大绿工程"时建设两座拦河坝,形成了6000亩水面、两座岛屿及 3000 亩城市森林，是西安市利用改造河流形成的最早、最大的城市景观水域。2005 年 8 月，水利部批准为国家级水利风景区。以"灞柳风雪"为其亮点。

它位于西安城区东北部的"灞渭三角洲"地段，北依渭水，西偎灞河，自然景观风光秀丽，湖畔低垂的绿柳，纷飞的柳絮，仿佛飞雪漫天。人文底蕴丰厚。据史籍记载，早在明清之际就有"灞柳风雪"之说。新建水域景观锦绣湖，融绿色、运动、生态，以及具有独特色彩的户外游乐项目于一体。锦绣湖最大的特点在于水之"活"，湖水水源来源于灞河，最终又回到了灞河之中。长安码头景区是西安市民休闲、度假、运动的最佳选择，设有两座河心岛屿、6 座固定观景码头、3 座船舶码头；游乐设施有水上飞机、水上快艇、水上演艺平台、手划船、大型机动游船、儿童戏水池、碰碰船、人工沙滩等；环境优美，设施完善。2011 年举办了西安世界园艺博览会，世园会园区面积 418 公顷，水域面积 188 公顷，创历届之最。集时尚、绿色、现代化为一体的世园会景区，有四大标志性建筑和三大服务区。

（二）西安汉城湖国家水利风景区

汉城湖位于西安市西北，原名团结水库，属于国家水利风景区（图 2-41）。右邻北二环、朱宏路，左靠汉长安城遗址。汉城湖蓄满水的水面最宽处可达 80 米，最窄处有 30 米，水深 4~6 米，总库容有 137 万立方米，湖面有 830 亩。水库周围以汉文化和水文化为主题的园林景观面积达 1031 亩。

汉城湖景区有 7 个功能分区，即霸城溢彩、封禅天下、角楼叠翠、御景覆盎、汉桥水镇、安门盛世，以及流光伴晚。位于封禅天下景区的湖面音乐喷泉，南北长 100 米，主喷泉高度可达 60 米。未启动时，喷头平时隐没在湖面下，启动后，水从湖面喷涌而出，通过电脑操控可以展示多种极为壮观的水幕造型。位于角楼叠翠景区的天汉雄风浮雕，长达 200 米，目前是西安规模最大的浮雕。通过一系列经典典故，如文景之治、班超安边、张骞出使、苏武牧羊、昭君出塞等，展示了两汉 400 年政治、文化、经济、科技等方面的璀璨成就。

◆ 图 2-41　汉城湖

汉城湖国家水利风景区集文物保护、防洪保安、水域生态、园林景观，以及都市农业灌溉于一体，是以汉文化、水文化主题展示为观光亮点。景区的园林景观，使您享受水带来的愉悦，感受水的惠顾。景区的雕塑、汉代建筑群，以及文化广场等汉文化的展示，做到处处皆历史，处处皆故事，使人亲身感受汉文化的强大与震撼。

（三）宝鸡渭水之央国家水利风景区

渭水之央属于国家水利风景区，位于渭河中游的宝鸡市区，西起宝鸡峡水库，东至陈仓区底店村的千渭交会处，全长30千米，已规划面积28.5平方千米。2011年12月，被批准为国家水利风景区。

宝鸡作为渭河进入陕西段的第一座城市，对于渭河的利用可谓是"惜水如金"。建设大量的河坝，用于对河水的拦截形成湖泊；植树造林，用于对水的涵养；修整河坝，进一步改造利用河流，促进了渭河宝鸡城市段面貌的变化。在宝鸡市沿渭河建立了滨河公园、金渭湖、龙山湖、金陵湖、炎帝湖、千渭湿地、石嘴头湿地等一系列水上、滨水公园。

渭水之央水利风景区，以清姜河、渭河、金陵河、龙山河、六川河等水资源为依托，形成"一带五区"的景观布局（图2-42）。在这个景观带中，自西向东分别为宝鸡的西湖景区，金渭湖、金陵湖等组成的四湖景区，市区的滨河公园、植物园、炎帝园等组成的滨河景区，中华石鼓园、宝鸡青铜器博物馆等组成的周秦文化人文景区，规划建设的湿地景区。五个景区相互映衬，景观秀美而和谐，基础设施齐全，交通便利，造就了具有地域特色的水利风景区。

◆ 图2-42 渭水夕照

（四）石门国家水利风景区

石门国家水利风景区，以石门水库为依托，风景秀美，古迹荟萃，是一个人文历史景观与自然景观俱佳的城郊型风景区。景区位于汉中市城北15千米的褒谷口，是国务院1961年公布的第一批全国重点文物保护单位，褒斜栈道、石门及石门摩崖石刻在景区内。2002年，被确定为国家水利风景区，2009年创建为国家AAA级旅游景区，每年接待大量的国内外游客。

石门水库作为景区的核心，1975年建成，属于双曲拱坝，坝高88米，顶部长264米，库容量1.098亿立方米，水库以灌溉为主，灌溉农田面积51.5多万亩。景区不仅具有造型优美雄伟壮观的大坝，更有独特的自然风光，怪石嶙峋，青峰林立。石门水库的建成，更增添了景区的吸引力。水库上游，溪流潺潺，清澈见底，悬泉瀑布，叮当作响，空中时而白鹭飞过，水中生长着大鲵、甲鱼等水生物；库中高峡平湖，水波荡漾，游船、快艇穿梭于 17 千米的水上廊道，可尽情观赏两岸的风光，成为西北风光旅游胜地。

石门景区被称为自然立体文博馆，山上水下各种文物古迹丰富。新建的仿古栈道别具一格，飞架于悬崖峭壁之上，成为古褒斜道的缩影。石门历史积淀丰富，"一笑千金"的美女褒姒故乡就在此，历史典故"明修栈道，暗度陈仓""萧何月下追韩信"均出于此，诸葛亮出汉中进中原，吴玠、吴璘阻击金兵，均取道于此。景区古褒国、古褒斜栈道、古连云栈道、古石门、古山河堰、新石门遗迹交相辉映，是研究我国古代战争、道路、交通、科技、经济、书法、水利等的综合天然史料博物馆。

（五）安康瀛湖国家水利风景区

瀛湖也称"安康水库"，属于国家水利风景区，位于距离安康市区西南 18 千米处的天柱山脚下，是西北地区内最大的绿色人工淡水湖，全长 540 千米，水域面积 77.8 平方千米。雄踞火石岩峡谷中的电站大坝气势雄伟，十分壮观，坝顶长 541.5 米，坝高 128 米，因此有"陕西第一坝之称"。当泄洪时，飞流直下，捣珠崩玉，声似雷鸣，令人叹为观止。

有"陕西千岛湖"美称的瀛湖（图 2-43），四面被群山环绕，山势低且平缓，植被繁茂，山峰奇特而壮观，是消暑纳凉、休闲度假不可多得的好去处。诗人杨礼元《永遇乐·瀛湖颂》就描绘了瀛湖之美，曰："极目瀛湖，云横天际，帆鼓江浪。漫岸葱茏，花燃绝壁，绿岛莺啼爽。纵艇腾雪，溅珠溅玉，一片鹭飞霞漾。凭游处，风光旖旎，万顷碧红摇荡。"

湖面广阔而秀美，微风轻拂，水光潋滟，湖中岛屿棋布，广阔洁净的水域，也有曲折蜿蜒的水境，交相辉映，妙不可言。荡舟湖上，四周美景，尽收眼底，何其美哉！

图 2-43　安康瀛湖

（六）商洛仙娥湖国家水利风景区

商洛仙娥湖国家水利风景区北起二龙山水库，沿丹江延伸至"商州八景"之一的"龙山双塔"，纵贯商洛市区，全长10.91千米，总面积538.6公顷，绿化面积63万平方米（图2-44）。2006年被水利部评为"国家水利风景区"。

景区以二龙山水库、丹江城防工程为主要依托。二龙山水库是丹江上游的一座集防洪、灌溉、发电为一体水库，总库容8100万立方米；丹江城防工程治理河道长度9.5千米，修筑标准化和生态化河堤20千米。景区还包括龙山双塔、工程大坝等，形成"一湖、一带、七苑、五广场"等特色景区。

◆ 图2-44　商洛仙娥湖国家水利风景区

"一湖"即"仙娥湖"，位于商洛市商州区西北五公里丹江上游，湖面面积400多公顷，本名仙娥溪，1973年二龙山水库建成，蓄水成湖，湖面呈"丫"形。四周有山，起伏如龙，湖中有岛，龙山昂首与心岛相向，状如四龙戏珠，别具一格。两岸悬崖峭壁，峰峦峭峙，怪石嶙峋，溪流潺潺，湖岸林木葱郁，百花争艳，鸟语传情，山野桃花隔湖相望，有一种幽清明净的自然美。"一带"即贯穿全段的河堤路和五座橡胶坝形成的丹江水面，再现"丹水绕城"的美景；"七苑"即华阳苑、镇安苑、柞水苑、商州苑、山阳苑、丹凤苑、商南苑，展示了所辖七县区的地域特色。"五广场"即商鞅广场、船形广场、健身广场、丹鹤楼广场、喷泉广场。五广场各具特色，商鞅广场突出人文历史景观，矗立着历史故事浮雕和著名历史人物商鞅的大型雕塑。船形广场突出的是"扬帆远航的桅杆造型"，展示丹江之魂。

（七）商南金丝峡国家水利风景区

金丝峡位于陕西省东南的商南县境内（图2-45）。这里的气候属北亚热带典型山地气候，总体呈现日照充足，降水充沛，冬季温暖，夏季凉爽，空气清新，湿润温和的气候特征，称其"一日历三季，十里兰花香"再合适不过。

金丝峡国家水利风景区山体雄伟陡峭，河谷深邃曲折，森林浓密茂盛，水景绚丽，花草繁盛；又有内涵深刻的道教文化和许多流传甚

◆ 图2-45　金丝峡

广的故事、传说,集自然景观、人文景观、消暑避夏、休闲度假、科普教育、寻觅探险、森林旅游于一体。

峡谷有白龙峡、黑龙峡、青龙峡。白龙峡,又称七里峡,其处怪石嶙峋,自然景观妙趣横生。青龙峡,又名东峡谷,两侧有万仞峭壁,险峻异常,峭壁两侧更有珍稀的乔木,值得一观。位于大峡谷西的黑龙峡奇险、神秘。可以说,独特的金丝峡集窄、长、秀、奇、险、幽为一体。除此之外,又有石、峰、洞、林、禽、兽、泉、潭、瀑等如画风景,简直是步移景异,景象万千,有"峡谷奇观,生态王国"之美称。

传说真武祖师张三丰看破红尘,外出修道,得赐倚天剑后到石燕寨隐居潜心修炼,领悟到"前山练功,后山修道"后南下移居武当山,修道成仙。修道成仙之前,张三丰就常到石燕寨练功习武,接济百姓,有祖师庙为证。自然风光旖旎,气候宜人,人文景观宝贵,是休闲度假、探险寻幽的好地方。

(八)丹凤龙驹寨国家水利风景区

丹凤地处南北分界线的秦岭腹地,有"天然生物博物馆"和"天然氧吧"的美誉,资源丰富,森林广泛分布,山岭连绵不断,河谷纵横交错,形成独特的山水、林木、洞穴自然生态景观。丹凤景色"如喜春色净如秋,五月商山是胜游",龙驹寨景区就身处其间。

龙驹寨风景区是集地理、天象、人文、水文、生物、工程、文化等景观于一体的综合性旅游风景区(图2-46)。它以丹江为中轴,以龙驹古寨为中心,西临丹凤县棣花镇收费站,东至竹林关镇竹林关村,包括棣花镇、商镇、竹林关镇等6个镇,总面积150平方千米。风景区内312国道、陕沪高速、西合铁路、丹凤公路网状分布,交通便利。2009年8月被正式批准为国家水利风景区。

景区以龙驹寨为中心,向西、向南两条旅游线路为依托,形成景区的旅游布局。中心点包括以人文景观为主体的水旱码头龙驹寨(今丹凤县城)、船帮、盐帮、马帮、青器帮等会馆、紫阳宫、城隍庙、商鞅邑城博物馆,和以自然景观为主的冠山自然风景区、滨河公园等众多景点。城西旅游线路主要是人文景观,包括商山森林公园、金宋代二郎庙、贾平凹文学艺术苑、商山四皓林园等。城南旅游线路河网密布,植被丰茂,水上漂流有丹江漂流码头到日月滩的生态漂流段、丹江峡谷探险漂流段,登山赏景有龙头山景区、竹林关翠竹公园等。

(九)凤县嘉陵江源头国家水利风景区

凤县嘉陵江源头国家水利风景区依托嘉陵江源头水系而建,属自然河湖型水利风景区,集自然景观、人文景观于一体。景区以城区凤凰湖景区为中心,嘉陵江河流为主线,沿河分布,有景点40多处,距离宝鸡33千米,位于秦岭南麓,海拔1500~2800米的中高山区,属于森林气候,四季分明凉爽湿润,空气清新,水质甘甜,气候温和。

◆ 图2-46 丹凤龙驹寨风景区一景

景区因位于嘉陵江源头而得名。景区内316国道、212省道、宝成铁路穿境而过，交通线路网状分布，十分便利。2009年该景区经批准成为国家水利风景区。

嘉陵江源头风景区跨越秦岭南、北两坡，长江、黄河两大水系的分水岭和中国南北气候的分界线穿过景区，地理位置给景区创造了丰富而绝妙的风景资源。这里山势陡峻，潺潺溪流，草丰林密，四季景色迷人。既可春赏山花，夏避酷暑，又可秋看红叶，冬观瑞雪。

景区内怪石耸立，悬泉瀑布，自然景观奇特美妙，历史古迹星罗棋布。七女峰苍翠秀丽，飞来石、神农采药石惟妙惟肖，飞云瀑气势宏伟，黑龙潭水面清幽，罕见的冰挂、雾凇、云海更是美不胜收。

景区内留存历史人文古迹，有"工合"旧址、汉高祖入关时的煎茶坪、诸葛亮北上伐魏时的点将台、大散关、仰韶文化遗址和羌文化故里，还有代王岭、观日台等景点。景区将以山为景，以水为魂，逐步在嘉陵江流域形成一个长为72千米，宽20千米的水利旅游风景区。

秦岭地区除已建成的九处国家级水利风景区外，还有眉县红河谷、宝鸡钓鱼台、渭南涧峪水库、黄柏塬及丹凤桃花谷等5处省级水利风景区。

第三章
秦岭宗教文化

巍巍大秦岭，悠悠终南山，绵延数百里，神韵甲天下。横亘华夏大地中东部的秦岭不仅是中国南北方自然地理的分界线，也是代表黄河流域文明的秦陇文化与代表长江流域文明的巴蜀文化和荆楚文化的交会点。在冬季，秦岭阻挡西伯利亚寒流南下；在夏季，它又把温暖潮湿的东南季风拒之门外。这道巨大的分水岭造就了以黄河流域为中心的旱地农业和以长江流域为代表的水田农业。这种南稻北粟截然不同的农业文明进而塑造了中国南北方人们不同的生活方式，乃至大相径庭的性格特征。从这个意义上说，秦岭是我们泱泱华夏当之无愧的父亲山。

关中平原"四塞以为固"（《史记·刘敬叔孙通列传》），巍巍秦岭从东、南、西三面围绕土壤肥沃的关中平原，使这里易守难攻，成为九州咽喉，兵家必争之地。得关中者得天下。所以秦始皇从这里出发吞并六国，最终完成了统一中原的大业；周、秦、汉、唐等13个朝代先后在这里建都，谱写了中国封建社会的华彩篇章。从这个意义上说，秦岭是我们堂堂中华的国脉所在。

发源于秦岭的八水绕长安，为古都营造了山清水秀，人杰地灵的风土人情。地灵孕育人杰，远古的伏羲氏发明了阴阳八卦，试图解析天地万物，思索天人关系；西周王朝的周文王与周公旦撰写《周易》，探讨事物发展的规律，奠定了中国传统"天人合一"的哲学思想；汉武帝"罢黜百家，独尊儒术"，用四书五经教育知识分子，选拔官吏，令儒家思想和价值观深入人心；老子骑青牛入函谷关，在楼观台讲授《道德经》，创立道教；鸠摩罗什于草堂寺建立译经所，把佛经从梵文翻译成汉语，以便于广泛传播；阿罗本从大秦来到大唐传教基督教，得到唐太宗的支持，建立大秦寺传播景教。得天独厚的地理环境，雄浑多元的文化积淀，将秦岭造就成为传承中华文明的文化名山，播种宗教思想的神仙之山。

第二篇　源远流长的人文历史

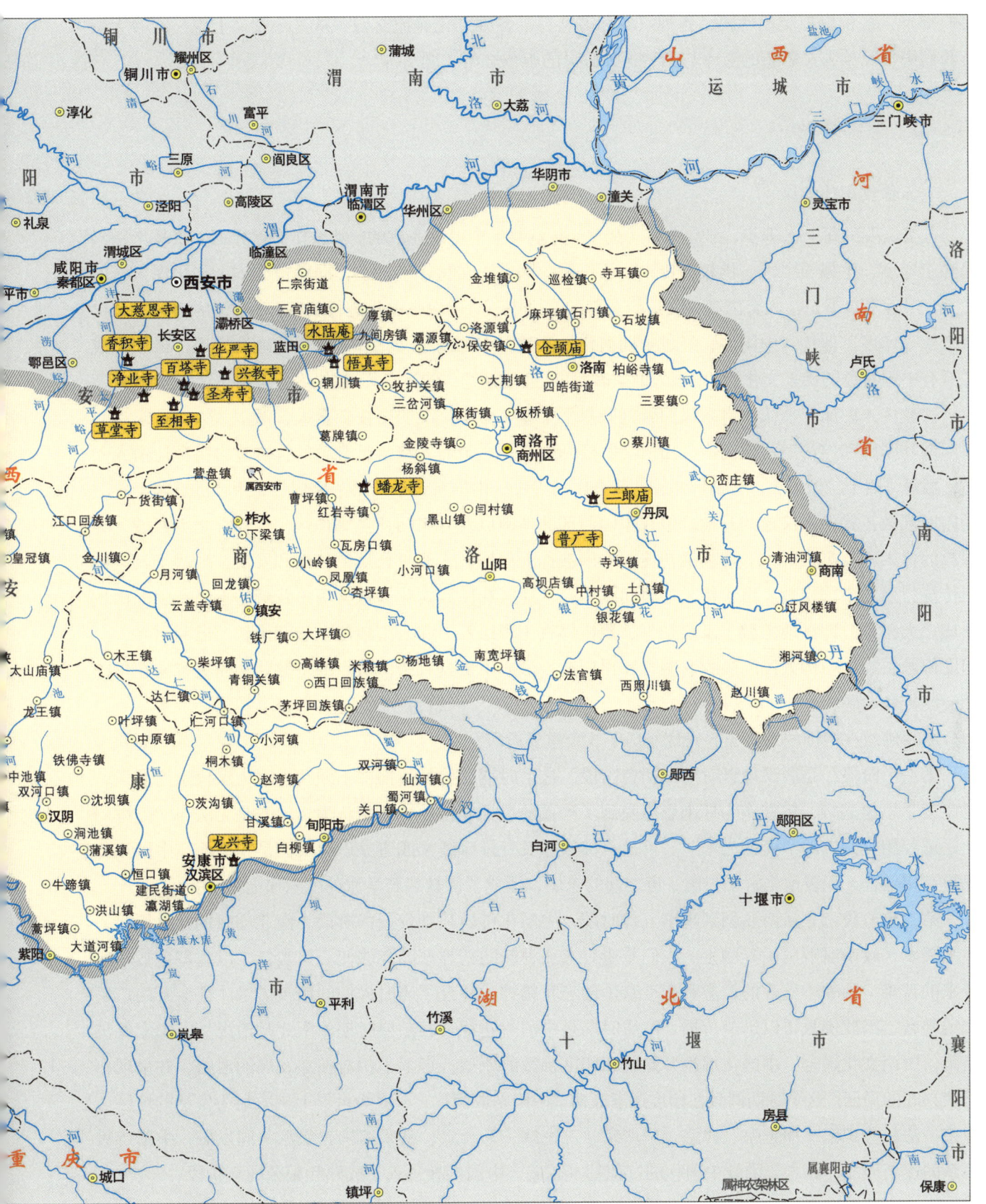

◆ 图2-47　陕西段秦岭寺庙分布图

秦岭脚下，各种思想交相辉映，各种宗教和谐共存，各种文化碰撞交融。从这个意义上说，秦岭无疑是我们中华民族人文思想的宝库与炎黄子孙心灵的皈依之所（图2-47）。

第一节　与佛结缘

一、佛教东传中原

人类文明的每一次进步，都是在相互交流、共享共生中得以完成的。佛教作为世界三大宗教之一，起源于印度，生根于中国。佛教的传入，不仅对中国本土文化带来冲击，同时也为本土文化注入新的活力。习近平总书记在联合国教科文组织总部的演讲中，对佛教中国化进行了精辟而深刻的阐述："佛教产生于印度，但传入中国后，经过长期演化，佛教同中国儒家文化和道家文化融合发展，最终形成了具有中国特色的佛教文化，给中国人的宗教信仰、哲学观念、文学艺术、礼仪习俗等留下了深刻影响。"

佛教传入中原，公认为自东汉明帝刘肇永平十年（67），汉明帝夜梦金人，派十八人西行求法，请回迦叶摩腾和竺法兰两位高僧，用白马驮经到中原。皇帝命人将自己避暑的行宫改为精舍让僧人入住，翻译《四十二章经》，弘扬佛法，这就是白马寺——中国有记录的第一座佛寺，距今已近两千年，是印度佛教正式传入汉地的开端。但在中国西部的新疆以及甘肃河西走廊地区（古代称之为西域），佛教的传入则要更早一些。佛教最初传入中国被称为浮屠教，经过长期的传播和发展，形成了具有中国传统特色的中国佛教。由于传入的时间、途径、地区和民族文化、社会历史背景的不同，中国佛教形成三大派系，即汉地佛教（汉语系）、藏传佛教（藏语系）和云南地区上座部佛教（巴利语系）。印度佛教，经过中国人民的吸收、融合和再创造，形成了更具有中国特点的宗教，从而更容易在中国社会流传和发展。

纵观佛教在中国的发展史，大致经历了3个重要阶段。

第一个阶段，是两汉魏晋时期的初传阶段。这个时期，佛教传播并不顺利，因为汉代崇尚儒学，老庄玄学思想盛行，佛教作为外来思想受到了严重的抗拒和排斥。儒家认为，佛教是无法与"尧舜周孔之道"相提并论的"夷狄之术"。可是，佛教并没有排斥儒家或道家思想，而是积极地与中国文化思想互相融合，积极地化解了与儒、道之间的矛盾，形成了佛教般若学派的"六家七宗"。

第二个阶段，是从南北朝到隋唐五代时期，中国化佛教独立发展的阶段。南北朝时期社会黑暗、战乱频发、政治腐败、民不聊生。人们希望寻求一种新的精神家园能够使心灵皈依，以此避免战争所带来的苦难。佛教中蕴含的智慧和普度众生的忘我精神，迎合了当时人们的精神需求。社会开始广泛接纳佛教，因此佛教得以迅速传播。隋唐时期是中国封建社会的鼎盛时期，南北政治统一，国家经济繁荣，中西文化融合，中国化佛教开始脱离印度佛教的原型，走上了相对独立发展的道路，并呈现出繁荣兴旺的局面。这个时期佛教在印度逐渐衰落，中国则取而代之，成为世界上佛教最为发达的地区。禅宗、法相唯识宗、净土宗、律宗、华严宗、三论宗、天台宗、密宗等佛教宗派共同发展，中国佛教体系的逐渐形成，标志着佛教中国化的过程基本完成，中国佛教进入了成熟和繁荣的新阶段。

第三个阶段，是宋代以后中国化佛教逐渐衰落的阶段。佛学一方面潜移默化地渗透到了中国思想文化的各个方面，成为传统思想文化的重要组成部分。另一方面，又随着自身理论精华被宋明理学所吸收而在理论上少有创新，陷入停滞不前的状态。由于禅宗和净土宗的盛行，佛学表现出了"禅净合一"的趋势。明清时期，居士在家修习佛学的风潮开始兴起，佛教研究团体也开始逐渐出现。到了近代，太虚大师提倡"人生佛教"的思想，为近现代佛学的发展注入了新的生机。

二、长安佛教今昔

古长安即今天陕西省的省会西安（以下简称长安），素有"秦中自古帝王都"之称，是闻名世界的历史文化古城。在中国历史一个较长的时期内（1000余年）曾是政治、经济和文化的中心。由于出现过佛经翻译最宏大、最集中、最重要的译经院，又成为中印文化交流的重要基地和向世界传播佛教文化的中心。

长安佛教，源远流长；显密兼备，各宗同兴；塔寺林立，高僧辈出；四大译师，五大译场；大小乘典，远播重洋。在翻译方面、文化方面，以及宗派源流、文学艺术、学术研究、国际交往等方面，都具有伟大的贡献。长安佛教在我国佛教的传播与发展史上占有十分重要的地位。

汉灵帝建宁元年（168），佛教传到长安。先于汉长安城南郊建立福应寺，即今卧龙寺之前身，这是佛教传入长安的开始。从晋武帝泰始二年至晋惠帝永康二年期间（266—301），有西域高僧竺法护来到长安，他是敦煌人，故有"敦煌菩萨"之称，后来于长安城青门（东一门）之外建立敦煌寺，他在寺内主持译经，译出正法华经、涅槃、宝积等经书共74部，177卷。跟随他学习的僧俗达千余人，"寺庙图像，崇于京邑"。至此，长安佛教已开始广为弘传。

晋怀帝永嘉四年（310），龟兹高僧佛图澄来到洛阳，他能背诵经书数十万字，善于理解经义，学识渊博，见识超群。道安大师于后赵石勒的邺都（今河北临漳）遇到佛图澄，师从于他，十余年间获益匪浅，到处弘扬法化。襄阳名流习凿齿听闻其高名，便写信敦请其南下弘法。东晋孝武帝太元四年（379）前秦苻坚发兵攻占襄阳，道安被请到长安传法。苻坚对其非常器重，迎往城内五重寺宣讲佛法，并赐其为国师，称"东方圣人"。道安则说："龟兹有鸠摩罗什，他才是圣人。"他在长安的七八年中，除了组织几千人的大道场经常讲经授法之外，最主要的是极力倡导译经事业：网罗学僧，创译印度初期佛教经律，这是中国有组织译经的开始。道安为加速佛法东传，曾一再向苻坚建议，迎请龟兹（今新疆库车境内）高僧鸠摩罗什来长安从事译经。苻坚于建元十八年（382）遣骁将吕光率兵七万讨伐龟兹，攻陷龟兹后挟持鸠摩罗什至凉州（今甘肃武威），后来吕光听说苻坚被姚苌所杀，即占领凉州，独立为王，并强留鸠摩罗什于此。18年后，后秦姚兴弘始三年（401）伐凉灭吕，才迎鸠摩罗什入关，姚兴待之以国师之礼。设立国家译场，请鸠摩罗什入逍遥园长安大寺中（今西安市鄠邑区草堂寺），集合著名僧侣如僧肇等800余人开始大规模译经。当时四方义学、沙门次第聚集在长安者多达三千人，有"三千弟子共翻经"之说。据《大唐内典录》载，鸠摩罗什在20年中译出经论94部，425卷。至此，长安佛教逐渐兴盛，佛教徒数以万计，闻名全国。最早西行求法的朱士行，和后来西行求法的法显，都是从长安出发的。可见，在佛教初传时期长安就处于相当重要的地位。

南北朝时期数代皇帝崇佛之风更胜一筹，建寺修塔，络绎不绝。长安城内主要佛寺共有13处。其中陟岵、陟屺两座寺庙建筑规模宏大，装饰富丽堂皇，堪比皇宫，长安佛教的发展又向前推进了一步。

但是，北魏太武帝拓跋焘和北周武帝宇文邕先后兴起灭佛运动，使佛教受到沉重打击。北魏太武帝灭佛是中国佛教史上"三武一宗"灭法之始，当时有沙门僧周率领数十人进入长安西南的寒山（今陕西省宝鸡市太白山）躲避，后来命令其弟子僧亮回到长安修复故寺，延请沙门，恢复佛教。北周武帝灭佛时，高僧普安隐居于终南山楩梓谷（今西安市长安区天子峪）。后来，又有京邑名僧静蔼法师等30余人逃避法难至终南山楩梓谷。之后，宣帝嗣位，诏令建寺，令沙门入寺行道。静帝继之，左丞相杨坚（即后来的隋文帝）辅政，下诏命全国佛教、道教重新树立佛像及天尊像，恢复传法。至此，佛教传播得以正式恢复。

隋唐时期，由于君主的崇奉和倡导，佛教得到迅速的发展和壮大。作为两朝帝都，长安也因此成为全国传播佛教的枢纽，而译经事业则发展得愈加完备。隋朝初年，隋文帝下诏设译经馆于大兴善寺，迎请早已来华，世称"开皇三大士"的天竺僧那连提黎耶舍、舍那崛多和达摩笈多，先后入住译馆，译出经论合计59部，262卷。当时有中国沙门彦琮德才兼备，且谙习梵文，隋文帝于是下诏命其主持译经，并确定翻译佛经的格式（有"十条八备"之说），这是中国本土创译佛经之始。

唐太宗贞观十九年（645），玄奘法师赴印度求法，历经艰险，终于携带梵文经论657卷回到长安。先后在弘福寺、大慈恩寺及玉华宫，对佛经进行了大量的整理与翻译，瑜伽、般若，大小毗昙面面俱到。玄奘法师在19年中译出经论25部，1335卷。这些译典纠正了之前以讹传讹的翻译错误，开阔了中国佛教徒的眼界，丰富了宗教学术文化的内容。唐中宗神龙二年（706）唐中宗在大荐福寺设立译经院，延请由印度求法回国的义净法师在此译经，共译出经论61部，260卷，其中涉及华严、唯识、律部和密部等经论。武周长安年间（701—704），三藏法师实叉难陀来华，于清禅寺设立译场译出华严部、宝积部、律部、密部经书共19部，107卷，后来又奉武则天之诏译出《华严经》80卷。唐玄宗开元四年（716），复于大兴善寺设立译场，先后有印度高僧善无畏、金刚智和不空在此译出大量密部要典。不空一人所译经文就有110部，143卷。中国高僧一行曾应唐玄宗之请，来到长安协助善无畏翻译《大日经》，并著有《大日经疏》20卷，使密宗教理日益系统化与合理化。

由晋武帝司马炎到唐玄宗李隆基的450年间，前后有46位印度大乘佛教的得道高僧来华译经，所译经论总数多达597部，3052卷，占全国译经总数的三分之二。他们所著的论、疏、录、集、传、注等佛教著作，居全国同类著作之首。中国的翻译事业是从翻译佛经开始的，佛经的翻译为中国文化输入了新的血液。隋唐时期的长安佛教如日中天，佛教文化丰富多彩，有"百花齐放，百家争鸣"之势，是中国佛教发展的黄金时代。

从晋初到唐末的六百年间，长安佛教曾涌现出高僧56人，被敕封国师者12人。由于这些大德高僧的呕心沥血，辛苦传译，隋唐时期先后形成了具有中国特色的佛教八大宗派。除天台宗依罗什在草堂寺译《妙法莲花经》后开创宗派于江南，禅宗也主要形成于江南外，其余六宗如三论宗、净土宗、律宗、法相宗、华严宗、密宗俱发祥和成长于长安，是中国佛教文化的中流砥柱。隋朝初期信行创立的三阶教，在长安也曾盛行一时。佛教各宗祖庭俱在长安，并各有传承，发展有序。如果说，印度是佛教的发源地，那么，长安就是佛教的再生地，声名远播，蜚声海外。日本、新罗等国的众多僧侣不顾途中风大浪急、危险重重，纷纷来到长安求学，钻研佛法，回国后各自创立宗派，继续传播佛教，将其吸收的中国佛教文化于当地落地开花，绵绵瓜瓞。

除了佛经的翻译和宗派的创立，寺院的建设也占据长安佛教发展的重要组成部分。隋文帝在当初移都大兴城时，便立寺庙匾额120方于朝堂之上，下诏有能修造者任便取之。至唐初，长安的寺院已达157座，其建筑群有6处，每处面积数百亩，殿宇、廊庑数千间，建筑宏伟，规模壮观。如隋文帝所建大兴善寺，"金碧辉煌、壮甲海内"；再如禅定寺，"驾塔七层，骇临云际，殿堂高耸，屋宇重深。周闾等宫阙，林圃如天苑，举国崇盛，莫能比者"；又如唐贞观年间，太子李治为其生母文德皇后祈福所建大慈恩寺，"红楼绀殿，飞阁穿廊"，共13院，总计房屋1897间；还如唐代宗为其生母章敬皇后追福建立章敬寺，"殿宇林立，穷极华丽"，共48院，总计房屋4139间，"天下名僧大德丛萃其中"。在富丽堂皇的殿堂内，由著名画家来绘制壁画，更是当时的风尚，如曹不兴、顾恺之、阎立本、吴道子、王维等，皆以擅长佛画闻名于世。据《唐两京城坊考》记载，当时长安城里的28个佛寺中就有48位著名画家的绘画，既展示了他们自身独特的艺术风采，又给佛寺增添了引人入胜的别样景色。就这样，佛教极大地推动了中国绘画艺术的发展。长安佛寺建设布局比较集中，据《唐两京城坊考》记载，长安外郭城108坊，就有僧寺126处、尼寺31处，其他史书所载有名而不知其寺址所在者50处。其中，长安樊川的八大寺院则闻名遐迩。终南山一带的名刹古寺星罗棋布，佛寺总计占全国五分之二，长安佛教发展至此已达顶峰。后来遭遇唐武宗李炎灭佛的厄运，长安城首当其冲，除庄严、西明、慈恩、荐福四寺保留外，其余尽被拆毁，长安佛教惨遭重创。不久唐宣帝即位，再阐真宗，其诏令恢复佛教传播，遂使法轮再转，佛日重辉。到了唐末战乱时期，寺院多毁于兵火，长安佛教元气大伤。五代时寺院有所恢复，但周世宗柴荣复有灭法之举，遂使长安佛教一蹶不振，自此没落。

宋代建立政权之后，一反北周禁佛的法令，对佛教采取保护政策以收买人心。太祖赵匡胤建隆元年（960）派遣150人去印度求法；派张从信往益州（今四川成都）雕刻大藏经版，这些措施使佛教的传播逐渐恢复和发展。但由于政治中心的转移，长安佛教已失去中心地位，只是对寺庙有所修复而已。自禅宗盛行以来，律寺多改为禅林，卧龙、草堂、兴善、荐福诸寺传临济宗，慈恩寺则传曹洞一宗。

金代在北方建立王朝以后，佛教信仰流行并具有一定的发展，长安地区也受其影响。元初对佛教大力保护，据草堂寺现存令旨之碑记载，皇太子阔端在大西北征战中曾四次领旨对草堂寺大加修葺和保护，可见一斑。

明清时代长安改称西安，佛教亦有所发展。明洪武年间（1368—1398），秦愍王朱樉亲自督工修建终南山普光寺。赵崡《游城南》载："自此南行，抵南山普光寺。寺有二：一在山下，一在山上。下寺金碧庄严，为长安诸寺之冠，即崇仁不及也。最胜者，寺门内莲花池，大数亩，中作藏经阁，环以廊百楹……"

民国以来，军阀割据，战争不断。长安佛教在天灾人祸之下，寺多被毁，面临绝境。民国后期稍有复苏之机，讲经、传戒相继举行。20世纪50年代，康寄遥老居士曾写道："近代以来，陕中佛教衰败已极。宗风不振，义学久荒，戒德消沉，僧才缺乏。诸祖塔寺，虽尚保存，但只抱残守缺。所谓绍隆佛种，弘宣正法，殊觉暗淡无光，不过令人偶瞻古塔，随时凭吊而已。回忆隋唐盛世，不胜今昔之感。"

中华人民共和国成立以后，党和政府实行宗教信仰自由政策，保护信教公民的合法权益。虽然在"左"的思潮影响下，特别是"文化大革命"中，佛教又惨遭打压，但党的十一届三中全会重申和贯彻了宗教信仰自由政策。政府不断平反冤假错案，收回被占寺院，并安排代表参政议政，开办佛学院培育人才。民间流通经像，弘扬佛法，寺庙举行传戒，后继有人。普遍实行以寺养寺，务农与修禅并重，僧侣们能够进行正常的宗教活动，长安佛教也焕发了新的生机。随着社会文化的发展和改革开放的推进，长安佛教界也积极组织和参与国际佛教文化交流活动，以扩大中国在世界上的文化影响，展示中华文化软实力。日本佛教三大宗派——净土宗、日莲宗、真言宗自1980年以来，多次组织大型访问团来到长安参拜祖庭，举行各种宗教活动，对振兴长安佛教也起着一定的促进作用。

长安佛教发展对中国佛教传播起着至关重要的作用，对中印文化交流具有伟大贡献，对发展中国文化产生了巨大的影响。千百年来，这些历史事实永不磨灭，充分说明当今世界佛教的中心在中国，而中国佛教的源头和重心在长安，只是有待于我们振兴和发扬。

三、高僧大德辈出

秦岭脚下的长安是中国佛教的发祥地，这里古寺名刹林立，高僧大德辈出。据不完全统计，见于《高僧传》《续高僧传》和《宋高僧传》的终南僧人有西域的鸠摩罗什、昙摩流支、含那崛多，僧肇、道生、道融、僧睿、慧观、昙（僧）影、善导等。此外，还有一批生前不曾涉足终南，死后却长眠于此的僧人，更是不计其数。他们或不远万里倾毕生之力东来长安传经说法；或千里迢迢，历尽九九八十一难，西去天竺求取真经；或潜心译经，皓首穷经，著作等身；或精通佛理，著书立说，开宗立派；或精通书法，挥毫泼墨，写就千秋名帖；或醉心创造壁画佛像，以佛教艺术魅力折服大众；或精修历法，专注测量，造福一方；抑或擅长音律，一曲琵琶声动天下……太白山的皑皑积雪见证了他们在中国历史上留下的浓墨重彩，曲江的潺潺流水记录了他们在宗教、地理、科学、艺术方面的伟大贡献。斯人已逝，却青史留名。

（一）鸠摩罗什

鸠摩罗什（344—413），意译"童寿"。祖籍天竺，出生于西域龟兹国（今新疆库车县），家世显赫。鸠摩罗什自幼天资超凡，曾游学天竺诸国，遍访名师大德。他年少精进，又博闻强记，既通梵语，又娴汉文，佛学造诣极深。博通大乘小乘；精通经藏、律藏、论藏三藏，并能熟练运用，掌控自如，乃三藏法师第一人。与玄奘、不空、真谛并称中国佛教四大译经家，并位列四大译经家之首，实乃翻译学鼻祖与语言学大师，其著名弟子有道生、僧肇、道融、僧睿，合称"什门四圣"。

来到长安后，鸠摩罗什备受后秦国主姚兴的优待与尊敬，以国师礼待。在逍遥园后，遥对秦岭诸峰，姚兴新建了"草堂寺"供鸠摩罗什居住；并组织了规模宏大的译场，请他主持译经事宜。鸠摩罗什主持译出了《妙法莲华经》《维摩诘经》《金刚经》《心经》《般若经》《阿弥陀经》《楞严经》《中论》《百论》《十二门论》《大智度论》《十诵律》等大乘经典。他翻译的佛教经典贴切自然，忠于原著，在一定意义上塑造了此后的中国佛教。北魏永兴五年（413），鸠摩罗什于长安逍遥园（今陕西省西安市鄠邑区草堂寺）圆寂，终年69岁。

鸠摩罗什赠友人的诗或许是他跌宕起伏一生的最佳写照："心山育明德，流薰万由延。哀鸾孤桐上，清音彻九天。"

（二）法显

法显（约337—422），东晋僧人、旅行家、翻译家。本姓龚，平阳郡（治今山西临汾市西南）人，是中国僧人到天竺（今印度）留学的先驱。

为了改善中国佛经的混乱状况，他决定西行求法，到印度寻求戒律和三藏（经、律、论）。在历尽艰辛后，法显终于到达北印度境内的陀历国。法显遍游了北、西、中、东印度和恒河流域诸地，居留五年，学习梵语梵文，研究佛教经典，广寻圣地佛迹。自长安出发14年后，东晋义熙九年（413），法显启程返乡。此行游历30余国，带回很多梵本佛经。415年，净土宗始祖慧远大师派人将法显迎到建康（今南京）道场寺。5年间，法显将自己从印度访求到的6部24卷达百万言佛教经典，全部译为中文，填补了中国佛教的一大空白。直接将梵文译为中文，法显是创始人，同时将他出国15年，经历31国的山川风物、社会民情等旅行考察，包括往返横渡太平洋的时间、气象、海况和全部航行日程记载下来，著为《历游天竺记传》，后人简称《法显传》，又名《佛国记》。这部书补充了印度古史、于阗、龟兹史书的不足，详细记载了印度佛教古迹和僧侣生活，成为一部集地理、历史、社会、宗教之大成的杰作，具有极高的科学价值，是我国历史上最早对远洋航线航程的明确记载。

（三）僧肇

僧肇（384—414），东晋僧人。俗姓张，鸠摩罗什的弟子，被鸠摩罗什誉为"中华解空第一人"。僧肇将《庄子》《老子》与《维摩经》互相联系，融为一体，推动了玄学的新思潮。

由于僧肇擅长般若学，曾讲习鸠摩罗什所译三论（中论、百论、十二门论），成为鸠摩罗什门下"四圣"和"十哲"之一，而被称为"法中龙象"。僧肇熟读大乘经典，兼通三藏，才思幽玄，精于谈论，被鸠摩罗什叹为奇才。后秦弘始六年（404）译出《大品般若经》后，著《般若无知论》，当时他才23岁。僧肇后来又著《不真空论》《物不迁论》及《涅槃无名论》，世称《肇论》。这些著作将《老子》《庄子》及《维摩经》融会贯通，融合道家玄学有无相生，动静结合的思想，以般若代道，以色空代有无，把般若性空学发展到深邃博大的水平，创立了具有中国特色的佛教唯心主义哲学体系，极大地推动了中国佛教理论的发展。后世的"三论宗"信徒非常推崇僧肇，常把他和罗什并称，素有"什、肇山门"之语，将僧肇的学说作为"三论宗"的正统理论，奉为经典。

后秦弘始十六年（414）僧肇圆寂，年仅31岁。

（四）智猛

智猛（4世纪前后—453），雍州新丰人（今陕西省西安市临潼区）。后秦弘始六年（404），他与同志沙门15人从长安出发，西行出阳关，经历鄯善、龟兹、于阗诸国，又越葱岭，达罽宾国，历访迦维罗卫国、摩揭陀国、华氏城之佛迹。其后，师从于华氏城访大智婆罗门罗阅宗，得《泥洹经》，又访得《摩诃僧祇律》的梵文版本。

刘宋元嘉十四年（437），他从天竺返回凉州（今甘肃省武威市），于凉州译出《大般泥洹经》20卷。元嘉十四年入蜀，十六年七月于钟山定林寺作《西行外国传》四卷，记述游历事迹（见隋唐《经籍志》）。元嘉末年（453）智猛圆寂于成都。智猛和尚在中国佛教史上拥有重要的地位，因为当时西行诸贤，在天竺停留最久的，莫过于智猛，竟达34年之久。

（五）法顺

法顺（557—640），俗姓杜，又称杜顺和尚，南北朝时名僧，雍州万年县（今陕西省西安市）人。18岁出家于因圣寺，在僧道珍禅师门下受持定业。后来到庆州、清河、骊山、三原、武功等地说法弘教。唐太宗很仰慕他的学识，称他为"帝心"，后世称为"帝心尊者"。他游历四方，劝人念阿弥陀佛，著有《五悔文》。唐太宗贞观十四年（640），法顺圆寂于长安南郊义善寺，终年84岁，葬于樊川北少陵原南坡的华严寺。

法顺是华严宗的奠基人，世称华严初祖。他著有《华严法界观门》《华严五教止观》各1卷。相传还著有《十门实相观》和《会诸宗别见颂》。智俨所撰《华严一乘十玄门》，也题作"承杜顺和尚说"。杜顺留世的著述不太多，但他在创立华严宗方面的贡献为后世称道。

（六）道宣

道宣（596—667），俗姓钱，字法遍，原籍吴兴长城（今浙江长兴），生于京兆长安（今陕西西安）。唐代高僧，佛教南山律宗开山之祖，又称南山律师、南山大师，世称"律祖"。

他15岁进入长安日严寺师从智颉律师，16岁落发，20岁在大禅定寺从智首律师受具足戒，并随之学习律法10年，奠定坚实的律学基础。唐武德七年（624）跟随智首律师居住在崇义寺，同年前往终南山仿掌谷修行禅定，同时整理他十余年研习律法的心得。武德九年（626）他撰写《四分律删繁补阙行事钞》3卷，阐述律学开宗的见解。贞观元年（627）他撰写《四分律拾昆尽可尼义钞》3卷。贞观四年（630）道宣外出参学，广求诸律导传，曾到魏郡访法砺律师，请决疑滞。贞观九年（635）他又撰写《四分律删补随机羯磨》1卷，疏2卷，后来又撰写《四分律比丘含注戒本》1卷，疏3卷。贞观十六年（642）道宣仍入终南山居丰德寺，与孙思邈结为林下之交。贞观十九年（645）他完成《经丘尼钞》3卷。他也曾为长巡西明寺上座，参加玄奘译场，负责润文。乾封二年（667）二月，在终南山麓清宫精舍创立戒坛，依他所制仪轨为诸州大德20余人受具足戒。他平生精持戒律，盛名远播西域，著作颇丰，据《宗高僧传》卷十四载，共有220余卷。唐、宋两代分别追加谥号澄照律师和法慧大师，其学说风靡整个佛教界，以后所有律宗，几乎都以他的著作为标准。

后世尊其为中国的律宗初祖。一生中大多数时间隐居终南山，故世称"南山律祖"，而中国的律宗也被称为"南山律宗"。他以《四分律》为基础，参考其他各部律典，综合各家之所长，会通大乘和小乘，形成自己独到的见解。

（七）玄奘

玄奘（602—664），唐代著名高僧，法相宗创始人，洛州缑氏（今河南省洛阳市偃师区）人，俗家姓名"陈祎"，法名"玄奘"，被尊称为"三藏法师"，后世俗称"唐僧"，与鸠摩罗什、真谛并称为中国佛教三大翻译家。

玄奘为探究佛教各派学说分歧，于唐太宗贞观二年（628）一人西行5万里，历经艰辛到达印度佛教中心——那烂陀寺求取真经。他悉心研习大乘和小乘经典与佛法，成果斐然。643年，玄奘载誉启程回国。贞观十九年（645）正月，玄奘到达长安，西行取经前后十七年，共带回佛舍利150粒、佛像

7 尊、经论 657 部。他请旨唐太宗于大慈恩寺内设计并监督修建了大雁塔，以保存带回的佛像和经书。贞观十九年（645），玄奘在长安设立译经院，参与译经的数百位优秀翻译人员来自全国以及东亚诸国。他于长安弘福寺组织译场，开始译经，其后在大慈恩寺，北阙弘法院、玉华宫等处进行译经。玄奘及其弟子共译出佛典 75 部、1335 卷，其翻译著作有《大般若经》《心经》《解深密经》《瑜伽师地论》和《成唯识论》等。玄奘还口授由弟子辩机执笔完成了著名的《大唐西域记》一书，记述他在西行途中亲身经历的 110 个国家及传闻的 28 个国家的山川、地邑、物产、习俗等。中国四大名著之一的《西游记》即以唐僧取经事迹为故事原型。此外，玄奘又奉敕将《老子》等中国道教经典译作梵文，传于天竺，致力于向世界推广中国传统文化。

唐麟德元年（664），玄奘圆寂，朝野达百万余人送葬，将其灵骨归葬白鹿原。唐总章二年（669），朝廷将其改葬"大唐护国兴教寺"，唐肃宗还为舍利塔亲自题写塔额"兴教"二字。

（八）法藏

法藏（643—712），唐朝佛学高僧，又称贤首国师，华严体系实际构建者，华严宗三祖。

据文献记载，他在十六岁时就曾经到岐州法门寺的阿育王舍利塔前燃烧了一根手指作为"法供"，誓悟佛乘。次年，他离家到太白山求法，学习道家"饵术"。回京之后不久，法藏知道智俨法师在云华寺宣讲《华严经》，即前往跟随学习，得其嫡传。唐高宗李治咸亨元年（670），法藏应敕于长安太原寺剃度。四年以后，唐高宗赐以《华严经》中"贤首菩萨"之名。法藏出家之后，便在太原寺讲《华严经》，这是他讲经弘法的起点。载初元年（690），太原寺改为崇福寺，武则天亲笔赐写寺额，命法藏为寺主。在法藏一生中，前后共讲了三十余次华严经，并曾经先后为高宗、武则天、中宗、睿宗、玄宗五人讲学，因此被称为"五帝门师"。

除了讲学以外，法藏也是名重一时的译经大德，他积极参与译经活动，特别是对《华严经》用心尤勤。此外，法藏协助译出的经书还有《密严》《金光明最胜王》《大宝积》等经书。他继承了华严二祖智俨的法界缘起思想，用缘起因分，性海果分二门解释宇宙万法的实相，因此是华严宗的实际创立者，被尊为华严宗三祖。主要著作有《华严经探玄记》20 卷、《华严经旨归》1 卷、《华严经文义纲目》1 卷、《密严经疏》4 卷、《般若心经略疏》1 卷、《入楞伽心玄义》1 卷、《华严经传记》5 卷等。法藏一生笃信华严宗，翻译并完善了其教义，大力进行佛教的宣传教育活动，对华严宗在唐代成为显宗，功不可没。

唐玄宗先天元年（712），法藏在大荐福寺去世，葬于神禾原华严寺南，敕谥贤首。阎朝隐作碑文记述法藏一生功德，即现存的"大唐大荐福寺故大德康藏法师之碑"。

（九）善导

善导（613—681），俗姓朱，临淄（今山东淄博）人。自幼从密州（今山东诸城）明胜出家，潜心研究佛学经典，为唐朝净土法门的一代高僧，净土宗第二代祖师，号终南大师。

善导年少出家，早年修习《法华经》《维摩诘经》。贞观十五年（641），29 岁时至西河石壁谷玄中寺，见道绰禅师，蒙其传授《观无量寿佛经》。善导后来到长安光明寺传净土法门，倡导专心念佛，正式创立净土宗。

善导大师年少时，偶见西方净土变相而引起愿生之心，推己及人，知晓艺术的感染力与渗透力甚大，故致力于净土宗佛教艺术的弘扬。敦煌千佛洞中《观无量寿佛经》的曼荼罗，即是善导大师亲自作画，流传于世。举世共仰的洛阳龙门石窟卢舍那大佛据考即为善导大师之所监造，为佛教东传以来最大的石佛之龛，留存至今，对中国佛教壁画与佛像艺术影响巨大。

善导大师遗著存世者共五部九卷，计为《观无量寿佛经疏》四卷、《往生礼赞》一卷、《观念法门》一卷、《净土法事赞》二卷、《般舟赞》一卷，甚受净土宗重视。

善导大师于唐高宗永隆二年（681）圆寂，享年六十九岁。他的弟子怀恽等葬其遗骸于长安终南山神禾原，立塔以为纪念，后于塔旁建香积寺。香积寺善导塔至今屹立，纪念他把净土宗融会贯通，发扬光大的佛学成就。

（十）义净

义净（635—713），唐代译经大师。河北涿县人（今河北省涿州市），俗姓张，字文明。幼年出家，天性颖慧，遍访名德，博览群籍。年十五即仰慕法显、玄奘之西游，二十岁受具足戒。于咸亨二年（671）经由广州，取道海路，经室利弗逝（后称"三佛齐王国"，位于苏门答腊东南部）至印度，往那烂陀寺勤学十年，后又至苏门答腊游学七年，游历过三十余国。返国时，携梵本经论约四百部、舍利三百粒至洛阳，武后亲至上东门外迎接。自圣历二年（699）到景云二年（711），历时12年，译经56部，共230卷。除了在佛学和翻译方面的贡献外，义净在地理、外交方面也很有功绩：著有《南海寄归内法传》四卷、《大唐西域求法高僧传》二卷；并首传印度拼音之法；著作中记载印度南海诸国僧人之生活、风俗、习惯等，是了解当时印度的重要资料。义净的记述成为流传至今的关于南海各地的最早历史地理资料，深受各国研究历史、地理和外交的学者所重视。

唐玄宗先天二年（713）正月卒于长安大荐福寺翻经院，享年七十九岁。后建舍利塔于洛阳龙门。在探险、求法、翻译、著述等诸方面，义净是继法显、玄奘之后最有贡献的代表人物，其西行和翻译佛经活动，对唐朝的佛学产生了很大影响。

（十一）一行

一行（683—727），唐代著名的天文学家和释学家，本名张遂，一说邢州巨鹿（今河北省邢台市巨鹿县）人，一说魏州昌乐人（今河南省濮阳市南乐县），唐高宗弘道元年（683）生于武功县。

张遂自幼刻苦学习历象和阴阳五行之学，青年时代即以学识渊博闻名于长安。为避开武则天之侄的纠缠，剃度为僧，取名一行。先后在嵩山、天台山、当阳山学习释教经典和天文数学。曾翻译过多种印度佛经，后成为佛教一派——密宗的代表人物。

开元九年（721），据李淳风的《麟德历》几次预报日食不准，唐玄宗命一行主持修编新历。一行一生中最主要的成就是编制《大衍历》，他在制造天文仪器、观测天象和主持天文大地测量方面，也颇多贡献。开元十一年（723）他完成黄道游仪，测量天体位置。后来，一行和梁令瓒等，又设计制造水运浑象，以水力推动而运转浑象，可以自动报时，称为"水运浑天"或"开元水运浑天俯视图"。一行还发起了大规模的天文大地测量工作，用实测数据彻底地否定了历史上的"日影一寸，地差千里"的错误理论，提供了相当精确的地球子午线一度弧的长度。玄宗开元十五年（727）圆寂于长安华严寺。

（十二）怀素

怀素（737—799），俗姓钱，字藏真，永州零陵（今湖南省永州市零陵区）人，唐代著名书法家。他以"狂草"著称于世，史称"草圣"，与张旭齐名，形成唐代书法双峰并峙的局面。在草书艺术史上，怀素和他的《自叙帖》，从唐代中叶开始，就一直被书法爱好者谈论了一千两百多年。

怀素十岁出家为僧，少时在经禅之暇，就爱好书法。他性情疏放，锐意草书，却无心修禅，更是饮酒吃肉，结交名士，与李白、颜真卿等都有交游。唐代文献中有关怀素的记载甚多："运笔迅速，如骤雨旋风，飞动圆转，随手万变，而法度具备。"王公名流也都爱结交这位狂僧。前人评其狂草继承张旭又有新的发展，谓"以狂继颠"，并称"颠张醉素"，对后世影响极大。怀素善以中锋笔纯任气势作大草，如"骤雨旋风，声势满堂"，到"忽然绝叫三五声，满壁纵横千万字"的境界。虽然如是疾速，但怀素却能于通篇飞草之中，极少失误，与众多书法家草法混乱缺漏相比，实在高明得多。须知怀素的狂草，虽率意颠逸，千变万化，终不离魏晋法度，这确实要归功他的极度苦修，认真钻研。

怀素传世的书迹较多，有《千字文》《清净经》《圣母帖》《藏真帖》《律公帖》《脚气帖》《自叙帖》《苦笋帖》《食鱼帖》《四十二章经》等。

（十三）惠果

惠果（746—805），唐代密宗著名高僧，密教第七祖。长安（今陕西西安）人，俗姓马。因住长安青龙寺，世称青龙阿阇黎，也称惠果阿阇黎。（阿阇梨是密宗对于学法者的尊称，相当于教授）。惠果九岁时，随不空的弟子昙贞在青龙寺圣佛院研习诸经，后来受到不空赏识器重，成为其传法弟子。唐代宗李豫大历元年（766），惠果满20岁，在慈恩寺受具足戒后，成为传法阿阇梨。惠果阿阇梨在22岁时，师从善无畏的弟子玄超受胎藏及苏悉地诸法，并融会二法，倡立"金胎不二"。后来又师从不空高僧，学习金刚大法。之后，敬不空高僧为师二十余年，尽得三密四曼秘奥。此后常应诏入内道场为代宗、公主等修法，奏对法要，为内道场护持僧。并继不空法席，为青龙寺东塔院灌顶国师，长住长安青龙寺东塔院，故又称青龙和尚。深受代宗、德宗、顺宗三代尊崇，世称三朝国师，备受崇敬。惠果法师精通显密内外群经，启迪后进不遗余力，四方从学之众常多达数千人。唐顺宗李诵永贞元年（805）圆寂，享年60岁。

（十四）空海

空海（774—835），俗名佐伯真鱼，号遍照金刚，谥号弘法大师，日本真言宗创始人。于延历二十三年（804），随遣唐使入唐学法。翌年三月，拜在青龙寺惠果法师门下，受其倾囊相授。同年十二月，惠果法师圆寂，空海于是四处参学。于次年（806）十月回国，留唐两年多，回国时带回佛教经典142部247卷，对此后的日本佛教产生了重大影响。

空海法师创立了真言宗宏大的体系，同时也是一位文艺理论家，其所著《文镜秘府论》博大精深，是日本汉诗学的第一部著作，对后世学者影响深远。在最澄和空海两位法师来到中国前后，还有不少僧侣同时来中国求学，所谓的"入唐八家"，就是指最澄、空海、宗睿、惠运、圆行、常晓、圆仁、圆珍等八人。他们所学的都与密宗有关，因此回国后所传的也都是密教化的佛教。由于教相判释的不同，便形成最澄一派的台密和空海一派的东密。开启天台宗的最澄和创立密宗的空海，他们最大的贡献就是将中国的佛教加以日本化，使之成为以皇室和国民为重点的国家佛教。

空海法师在中国曾向在印度那烂陀寺修行的般若三藏学习过梵文，归国后，将悉昙体梵文字母传至日本，使其完整地保存于日本。在梵文字母拼写原理的启发下，空海法师发明了日本字母平假名，随着时间的推移，片假名在平假名的基础上也逐渐形成。因此，空海法师为日本文化的发展作出了不可磨灭的贡献。此外，他还是有名的书法家，与嵯峨天皇、橘逸势共称三笔，无论是汉字书法还是梵文书法，空海法师都达到非常高的造诣。

（十五）段善本

段善本，长安庄严寺僧，法名善本。生卒年不详，只知晓他活动在唐朝德宗贞元年间（785—805）。琵琶技艺高超，人称"段师"，有弟子数十人，并作有《西凉州》《道调凉州》等曲。

唐代段安节所著的《乐府杂录》曾记录了一段逸事：长安大旱，东西两市赛乐祈雨，街东有康昆仑演奏琵琶曲《绿腰》。街西出现一位女郎，将此曲转移在枫香调中弹奏，"及下拨，声如雷，其妙入神"。康昆仑欲拜她为师，才知道这位女郎其实是庄严寺僧人段善本化妆而成。这个故事说明，段善本擅长即兴移调演奏，并有高超的琵琶演奏艺术。

段善本主张："使忘其本领，然后可教。"从基础技法改正了康昆仑的技艺，使其后来"尽段之艺"，有所成就。唐元稹《琵琶歌》："段师弟子数十人，李家管儿称上足。"也记载了段善本传授琵琶技艺的情况。宋郭茂倩《乐府诗集》卷七十九《凉州歌》引《幽闲鼓吹》："段和尚善琵琶，自制《西凉州》，后传康昆仑，即《道调凉州》也，亦谓之《新凉州》云。"这条记载，还说明段善本不但是琵琶演奏家，在作曲方面也有所涉猎。

四、名刹古寺林立

"终南"之称始于东周早期，历史上终南、中南、太乙、太一、太壹，都指的是秦岭。佛教自汉灵帝建宁元年（168）传入长安之后不久，终南山便开始建立寺庙，这就是其北麓鄠邑区境内庞村的罗汉寺。这里的佛寺比其他任何一处名山都多。《关中通志》记载，终南山不仅风光壮丽，且为佛教圣地，香火盛极一时，人谓"长安三千金世界，终南百万玉楼台"。另外，据志书记载，至明代仅户县（今陕西省西安市鄠邑区）一地便有佛寺千余所之多。终南山为佛教诸宗的发源地，佛教宗派祖庭众多。中国佛教的宗派，若将三阶教也包括在内，便共有九宗。其中，三阶教、三论宗、唯识宗、净土宗、律宗、华严宗、密宗的祖庭都在长安；七宗之中，又有六宗的祖庭或中心寺院是在终南山一带。唯识宗、三论宗、三阶教、净土宗、华严宗和律宗的祖庭大慈恩寺、草堂寺、百塔寺、香积寺、至相寺、净业寺都分布在终南山中。终南山是它们的发祥地。其中，以舍利崇拜文化为代表的法门寺和以长安佛教文化为代表的大慈恩寺最具有代表性。终南山在中国佛教史上的作用和贡献都超过其他名山。它不仅是中国的佛教名山，而且与朝鲜、日本的佛教均有密切的关系。发源于这里的佛教宗派，除了在中国传播与发展，还远播到日本、朝鲜、韩国及南亚的一些国家。

这些名刹古寺中所蕴藏的佛教文化丰富多彩，寺内的古石刻、雕塑、书法、绘画、建筑等久负盛名。

今逢盛世，佛教与佛教文化和其他文化事业一样，也得到了很大的恢复和发展。仅就长安区来说，大多数著名古刹，除天池寺、华严寺（修复二塔除外）没有大的变化外，其他如兴教寺、香积寺、净业寺、牛头寺、至相寺，以及南五台紫竹林等都发生了很大变化。兴教寺经过复修，扩建，呈现出"三殿"即大雄宝殿、后殿、卧佛殿，"四堂"即禅堂、客堂、斋堂、大遍觉堂，"五楼"即藏经楼、方丈楼、兴慈楼、钟鼓楼，以及僧舍100余间，其规模空前，欣欣向荣；香积寺由原来的三间旧殿扩至现今的山门、天王、大雄、法堂四重大殿，以及钟鼓楼、地藏殿、僧房百余间，寺前增修的青石牌楼高大雄伟，寺前广场3000多平方米，日本佛教界信徒至香积寺时，以为是唐时寺院；净业寺重修扩建后，《陕西·中国汉传佛教祖庭研究》这样评价："净业寺住持本如法师募款对寺院进行重修扩建，历时四年完成，这是净业寺千余年来最大规模的修缮。"牛头寺从1995—1998年进行了有创意的恢复工作，4年时间建起法堂、大雄宝殿、天王殿、寮房、钟楼等，建筑总面积1040平方米，花费人民币1000多万元，仅大雄宝殿金身佛像、庄严彩绘等，就用去160万元人民币，大殿内外造型庄严及摆饰，在长安独一无二。至相寺、南五台紫竹林的修复扩建也都非常宏伟。多年来，在文物部门的主持下，由西安市政府投资对华严寺的清凉国师塔、杜顺塔，以及二龙塔都进行了整修加固。

（一）大慈恩寺

大慈恩寺是世界闻名的佛教寺院（图2-48），唐代长安的四大译经场之一，也是中国佛教法相唯识宗的祖庭，迄今已历1350余年。地处长安城南、终南山北，创建于唐太宗贞观二十二年（648），是太子李治为了追念他的母亲文德皇后而建，因此而得名。大慈恩寺是唐长安城内最著名、最宏丽的佛寺，它是唐代皇室敕令修建的，也是闻名遐迩的大雁塔的所在地。玄奘法师曾担任这里的住持，管理佛经译场，创立佛教宗派法相唯识宗。

◆ 图2-48 大慈恩寺

（二）草堂寺

草堂寺位于西安市鄠邑区境内终南山北麓的圭峰山脚下，也是长安八景之一"草堂烟雾"所在地（图2-49）。始建于西晋，姚秦时称为"大寺"。弘始三年（401）至十三年（411），龟兹高僧鸠摩罗什应秦主姚兴之请，在逍遥园大寺建立中国第一个国立译经场。由于三论宗依"三论"而立宗，推鸠摩罗什为本宗初祖，大寺也便成了该宗的祖庭。魏周之际，大寺分为草堂、常住、京兆王、大乘等四寺，独草堂寺存留至今。

◆ 图2-49 草堂寺

（三）至相寺

至相寺又名国清寺，位于终南山天子峪，是我国佛教华严宗的发祥地之一（图2-50）。隋文帝开皇初年，由静渊法师始建，唐朝曾予重建。至相寺在隋唐时声名显赫，高僧辈出，华严宗的初祖法顺、二祖智俨、三祖贤首国师法藏大师，都曾在此研习传法，为弘扬《华严经》教义著书立说。唐后来渐渐没落，清代改称国清禅寺。

◆ 图2-50　至相寺

（四）净业寺

净业寺位于终南山北麓沣峪口内柳林坪（原名清官村）后山上，始建于隋末（图2-51）。唐初，道宣法师曾常住此寺，潜心研习弘扬律学。麟德二年（665），道宣法师奉诏于此寺内创设戒坛受戒。因为该寺地处南山，故道宣律师依《四分律》而创立的律宗亦称南山宗。道宣圆寂后，门徒于寺后山峰修建佛塔供养其舍利。今寺后石崖间仍可见道宣法师静修遗址，寺东南还有唐代著名诗人白居易的衣冠冢。

◆ 图2-51　净业寺

（五）百塔寺

百塔寺位于终南山天子峪（图2-52），隋代开皇十四年（594），"三阶教"创始人信行和尚圆寂后埋葬于此，建塔供奉，该寺也成为塔院。后代许多僧人慕其德行，死后亦多建塔埋葬于此，遂成塔林。唐大历六年（771），正式更名百塔寺，宋代以后称兴教院。三阶教在隋代长安城中的五所主要寺院——化度寺、光明寺、慈门寺、慧日寺和弘善寺，早已荡然无存，百塔寺因而更具有历史价值。

（六）香积寺

王维《过香积寺》云："不知香积寺，数里入云峰。古木无人径，深山何处钟？泉声咽危石，日色冷青松。薄雾空潭曲，安禅制毒龙。"香积寺位于终南山北坡午峪口外

◆ 图2-52　百塔寺

数里处，据《隆禅法师碑》记载，唐永隆二年（681），净土宗的创始人善导和尚圆寂，弟子怀恽为其建崇灵塔于神禾原。"其地前终（南山）峰之南镇，后帝城之北里"，环境清幽，寺宇雅致，不仅成了净土宗祖师的塔院，而且成了弘扬净土宗的中心道场。由于善导正式创立了净土宗，香积寺也因此成为该宗的祖庭（图2-53）。

（七）兴教寺

兴教寺，位于西安城南约20公里处的少陵原畔，为唐代樊川八大寺之首，又称"大唐护国兴教寺"，是中国佛教"法相宗"（又称唯识宗、慈恩宗）的祖庭之一（图2-54）。兴教寺是唐代著名翻译家、旅行家玄奘法师的长眠之地。唐高宗麟德元年（664），著名高僧玄奘法师圆寂后，葬于白鹿原，唐高宗总章二年（669）又改葬为樊川风栖塬，并修建了五层灵塔，次年因塔建寺，唐肃宗题"兴教"二字，从此取名兴教寺。后其弟子窥基法师和圆测法师也归灵于此，陪伴在玄奘灵塔左右。兴教寺由殿房、藏经楼和塔院三部分组成，现为全国重点文物保护单位。2014年，

◆ 图2-53 香积寺

◆ 图2-54 兴教寺

在联合国教科文组织第三十八届世界遗产委员会会议上，兴教寺内的兴教寺塔作为中国、哈萨克斯坦和吉尔吉斯斯坦三国联合申遗的"丝绸之路：长安—天山廊道的路网"的一处遗产点成功入选《世界文化遗产名录》。

（八）华严寺

华严寺位于陕西省西安市长安区少陵原，为唐代著名的樊川八大寺之一，是佛教"华严宗"的祖庭（图2-55）。据《长安志》所载：华严寺建于唐太宗贞观年间（627—649），是长安城南著名风景区，既是春秋宴乐、夏日避暑的胜地，又是文人墨

◆ 图2-55 华严寺

客驻足之处，留下了大量的诗文咏诵。华严寺内曾有东阁法堂、会圣院及初祖杜顺法师灵塔、二祖智俨法师灵塔、三祖贤首法师灵塔、四祖澄观法师灵塔、五祖宗密法师灵塔和真如塔等建筑，但现存仅有华严宗初祖杜顺法师灵塔和四祖澄观法师灵塔东西并峙。杜顺法师圆寂于唐贞观十四年（640），其灵塔已经在华严寺矗立了1370年，是极具价值的历史文物，是华严寺的镇寺宝塔。

（九）圣寿寺

圣寿寺位于西安市长安区南五台半山的塔寺沟内，距今1400余年，是隋朝开国皇帝杨坚母亲修行的地方，也是南五台最早修建的寺院（图2-56）。该寺建于隋仁寿年间（601—604），原为应身土寺塔院。据寺内收藏道光二十九年（1849）的"伏龙碑"记载：隋仁寿年间，有毒龙穴居此山中之窟，游长安市，以丹术惑众，饵其药者，辄自升天，龙获而食之。后一人食药升之不举，龙觉，逃去，其人亦不复见。然而，

◆ 图2-56 圣寿寺

雷电交作，雨血卒下，识者认为大士伏龙也。当事闻于朝，奉赦建塔，名为"观音大士应身塔"。唐代宗大历六年（771），改名为南五台圣寿寺。《陕西通志》载：宋太平兴国三年夏，前后六次现五色圆祥云瑞等，宋太宗敕额为五台山圆光之寺。寺门前有两棵唐代古槐，全国屈指可数，巍然挺拔。据说寺门口的唐槐就是李世民母亲亲手种植的。中国很多著名大师如道安、善导大师、道宣、牛头禅师、虚云禅师、来果法师等高僧，都曾往返于此。

（十）仙游寺

仙游寺位于周至县城南不远的黑水峪口，相传秦穆公之女弄玉与萧史的爱情故事就发生在这里，故得名仙游（图2-57）。始建于隋文帝开皇十八年（598），原名"仙游宫"，系隋文帝行宫。仁寿元年（601），隋文帝为了安置佛舍利，命大兴善寺的高僧童真送佛舍利至仙游宫，建舍利塔安置，易宫为寺，改称仙游寺。唐代声名鹊起，达到顶峰，明清多次修葺。仙游寺现存隋代"法王塔"、清代大殿及配殿。

◆ 图2-57 仙游寺

仙游寺法王塔是国内现存为数不多的隋塔之一，也是中国现存最早的方形砖塔。附近还有明、清喇嘛塔和舍利塔数座。

边塞诗人岑参曾在仙游寺赋诗："夜来闻清磬，月出苍山空。空山满清光，水树相玲珑。"描写唐玄宗、杨贵妃之间爱情故事的《长恨歌》就诞生于此：806年，白居易时任陕西周至县县尉，与友人陈鸿、王质夫同游仙游寺，有感而赋诗。

（十一）悟真寺

悟真寺在西安市东南约50千米的蓝田县境内，是闻名中外的净土宗祖庭（图2-58）。遗迹有晚唐至清末的9座灵塔和数通碑石，六朝至隋唐的4处像龛，神僧清虚熏香求祈的甘泉，唐明皇与高僧对弈的棋盘石，佛爷腰的北朝摩崖佛龛，碥梁的北宋苏舜钦刻石题名龛，以及灵龟石、定心石、车龙潭、黄龙潭等。至于史籍所载的上方北院和南院，至今仍有净土别院、观音堂、三宝堂、弥勒阁、画龙堂、法华堂、法华台、钟楼、南多宝塔与碥梁的进香阁遗址，可循迹考察。

◆ 图2-58 悟真寺

寺依终南山北麓，岩崖峻峭，曲水回环，茂林幽篁，流云飞瀑，自古即有"圣坊仙居"之称。悟真寺年代久远，其历史可追溯至西晋以前。隋开皇十四年（594），高僧净业奉诏兴建，正式称名"悟真寺"。隋唐之际，悟真寺高僧云集，名德会聚。可真正令悟真寺大放光彩、名传千古的是被尊为"弥陀化身"的净土宗二祖）——善导大师。善导大师正是在悟真寺开创了净土宗，所以这里是闻名中外的净土宗祖庭。悟真寺的文化底蕴十分深厚，题咏悟真寺的唐宋诗歌多达40余首，特别是白居易的长诗《游悟真寺》有130余行，堪称中国古代描写寺院长诗之最。

（十二）水陆庵

水陆庵位于陕西省西安市蓝田县城东10公里的普化镇王顺山下，周边既有青山耸立，又有河水环流，故称水陆庵，以古代精巧罕见的彩塑而闻名，是我国古代雕塑艺术的宝库，被誉为"中国的第二个敦煌"，为六朝名刹。水陆殿原是悟真寺的水陆殿，是当时举行"水陆大斋""水陆道场"的重要场所，大约在明嘉靖四十二年（1563）至明隆庆元年（1567）修建。殿内13面墙壁上精雕细塑着大量泥制彩绘塑像、壁塑、悬塑，总计3700余尊，素有"天下第一彩色连环壁塑"之称。泥塑有山水桥梁、园林瀑布、亭台楼阁和殿宇宝塔等建筑，有诸佛菩萨、二十四诸天、五百罗汉过海、千人听经图、释迦牟尼涅槃塑像，还有鸟、兽、麒麟等。其塑造的亭台楼阁与殿宇宝塔金碧辉煌；飞龙舞凤，奔骐跃虎，花竹虫鱼，跃然纷动，逼真细腻，是一座名副其实的东方雕塑陈列馆，是一个集绘画、建筑、音乐、雕塑为一体的艺术珍品宝库。整体布局严整，惟妙惟肖，充分显示了我国古代巨匠丰富的想象力和高超的雕塑水准。大殿匾额"水陆庵"三字为当代书法家赵朴初先生所题。

第二节 道弘长安

前516年，由于宫廷发生内乱，早已对周王室心灰意冷的老子于是骑上一头青牛，往函谷关以西的秦国而去，最终在函谷关停下脚步开始了《道德经》的写作。伴随着秦岭山中那飘忽不定的山岚雾气，昏暗的青灯之下，浩渺的宇宙之间，天地万物，相依相存，相克相生，无穷无尽的自然法则，在老子的胸中升腾奔涌。他铺开竹简，用黝黑闪亮的笔墨，书写下那足以令后人景仰与骄傲的第一行字："道可道，非常道；名可名，非常名。"前516年，位于秦岭脚下的函谷关，注定要成为世界文明史上，最值得记忆和回味的一个地方。因为在老子讲出"一生二，二生三，三生万物"之前，世界上还没有哪一个人能够用如此简洁明了的语言，深刻阐释出宇宙万物之间，这种相克相生的哲学关系。从这个意义上说，2500年前函谷关关楼上的那一盏光焰暗淡的青灯，却注定成为照亮人类文明进程的不灭光焰。

一、本土道教初创

巍巍终南，荡荡周原，孕育了华夏文明五千年历史，浩浩黄河，渺渺汉水，滋润了三秦大地几千里沃野。陕西是华夏民族灿烂文明的发祥地，也是中华悠久道教文化的发源地之一。三秦大地山川钟灵，人文毓秀，道家文化源远流长，昔黄帝传《阴符》，伏羲画八卦，文王演《周易》，太上出函谷而说《道德》，奠定了中华道教的千秋基业。汉末张道陵天师创正一道，广播陕南汉中等地，道民敬信；北魏寇谦之革新道教，拓跋氏尊为国教；大唐立国，追柱下为宗，定道在三教之首，斯时长安仙宫道观林立，终南修道蔚然成风；至北宋张伯端紫阳悟真，开创金丹南宗。金元王重阳终南遇仙，创立全真教，南北合宗衍派，延续了悠远的中华道脉传统，也开创了中国道教发展的新境界。由此可见，道教是根植于中国传统文化沃土的本土宗教，尊黄帝为始祖，尊老子（即太上老君）为教祖，奉老子《道德经》为根本经典，以老子所讲的"道"为其最高信仰。道教遵从"道"这一核心思想形成了庞大而独特的多神信仰体系，可以概括为："始源于黄帝，发扬于老子，成教于张道陵。"

纵观道教发展史，陕西乃道教重要的发祥地之一，这里是人文始祖黄帝的故里及其得道成真、骑龙飞升后之陵寝所在地，是道祖老子授经说经的重要圣地，是道教创教祖师张道陵之孙张鲁传播发展五斗米道的根据地，是睡仙陈抟老祖修道传法、创立老华山派的洞天福地，是吕祖遇仙得道、八仙崇拜的发源地，更是王重阳祖师创立全真教派、推动道教振兴的天下祖庭。中国道教重陕西，陕西道教看终南，于是便有了"自古终南出神仙"的美誉。道教倡导天人合一的修持理念，追求清净自然的生活方式。因此，青山碧水历来都是道教中人从事宗教活动、隐居修行的绝佳之处，故道教云"居山修炼之人谓之仙"。大秦岭终南山则自然成为历代道教徒向往的圣地，成为中国道教著名的仙山福地。终南山道教之始，一般被追溯到老子入关传经设教之时。终南山西段有楼观台，在周至县东南15千米的山麓中，相传周大夫函谷关令尹喜最先于此结草为楼，以观星气，故名草楼观，后来简称楼观。老子在楼观南筑台为尹喜授经讲经，故台称"**说经台**"，后因地处楼观而名"**楼观台**"。老子于楼观授经讲经、阐扬道德，形成了被后世道教奉为最核心的经典《道德经》，借此孕育并推动了中国道教思想的诞生和发展。数千年来，陕西作为道教文化之重地，中国道教的许多重大事件发生于斯，众多教派诞生于斯。自周秦道教诞生，至唐宋道教鼎盛，金元道教革新，乃至近代道教复兴，陕西道教界都担负着非凡的使命，见证着中国道教发展的每一段历史。这片山川之脉源自古老的神山昆仑，至此而孕育为八百里秦岭，自古就有神仙洞府、上真福地，华山洞天、太白洞天、西城洞天，更有终南仙都，为历代修道仙真所钟情。第一位道教改革家寇谦之、第一座城市道观玄都观、第一座道教大学崇玄馆、第一部官修道藏《一切道经》，都书写着陕西道教历史的辉煌篇章，天师道、缅匿道、楼观道、全真道、金丹南宗，乃至全真龙门派、华山派、隐仙派，都是在这片土地上诞生、发展至成熟。三秦山川大地，是名副其实的神山仙境、祖庭圣地。

"天下修道，终南为冠"，以终南山为中心的三秦大地，是中国道教文化的中心地带，两千多年陕西道教的辉煌历史，留下了许多珍贵的道教文化遗产，长安子午谷玄都坛、三原县天齐庙，是西汉时期留存至今的仙道遗迹，对于研究汉代皇家道教祭祀活动有着极为重要的价值。北朝尊崇佛道两教，民间造像极为兴盛，西安碑林、药王山、临潼博物馆是北朝道教造像保存最多的地区之一，是研究北朝道教历史重要的文物史料。唐代道教为国教，都城长安是全国道教文化的中心，唐玄宗时期雕刻的老子玉像保存至今，是不可多得的道教文化艺术珍品。其他如景云钟、回元观钟铭，以及数量众多的唐代道士墓志铭，都显示了大唐道教艺术之精湛和长安道教事业之繁荣。陕西作为中国道教文化艺术的宝库，还留下了大量精美的道教壁画和摩崖石刻，铜川药王山、华阴华山、佳县白云山和西安东岳庙，至今还保存着丰富的道教壁画和石刻艺术。全真正韵、陕西道情和西安鼓乐当为中国道教音乐的奇葩，皆源自唐代宫廷道曲。全真正韵为道教全真派十分重要的法事道场音乐，主要盛行于全真十方丛林，是道教音乐体系中的核心代表内容之一。千百年来，以西安八仙宫、周至楼观台等丛林宫观为代表的全真正韵，不仅带动并影响着陕西道教宫观音乐的流行，亦成为西北地区传播道乐文化和培养道乐人才，特别是高功（道教法师的专名）人才的重要基地。道情与民间戏曲相结合，具有不同的艺术风格，陕西道情戏按地区分为三种，陕南道情与四川竹琴具有相同的来源，具有浓郁的四川风味；关中道情受到秦腔影响，陕北道情则表现出黄土高原的粗犷风格，还与皮影结合，衍生了皮影道情等崭新的艺术形式。具有大唐遗韵的西安道教鼓乐，数百年来一直在民间和道教界传承，其独特的鼓乐谱是一种不同于传统记谱法的另类乐谱，对于研究道教音乐和记谱法有着重要价值。近代鼓乐大师安来绪道长自幼出家西安城隍庙，学习道教鼓乐艺术，演技精湛，民国时期曾组织音乐研究会和鼓乐社，开展道教鼓乐的研究和教育事业。20世纪60年代，著名音乐家吕骥到西安采访安来绪道长，并组织安来绪道长赴京演出，受到周恩来等党和国家领导人的接见。唐以降，虽然中国的政治中心逐渐东移，因独特的地理优势和道教传统，陕西作为道教文化中心的地位依然没有改变，依然保持着强大的生命力和创造力。源于周至楼观台的楼观道自六朝兴起，一直传承不息，成为中国独具特色的道教宗派之一。以汉代咸阳三茅君为主神的茅山上清派，成为唐代最有影响的道教宗派之一。唐末五代咸阳钟离权与吕洞宾师徒，开创了钟吕金丹道的道教内丹修炼传统，北宋时金丹南宗之祖张伯端于陕南紫阳堡潜心修炼，写下了《悟真篇》等内丹名篇，传承钟吕内丹道的金丹南宗自此诞生。金元之际咸阳王重阳于终南遇仙，创立了新道教全真教，再一次改变了中国道教的格局，开创了三教合一、性命双修的新道路。及至近代道教衰微之际，陕西仍为当时中国道教的重镇，楼观台、八仙宫、张良庙为全国著名的全真丛林，多次开坛传戒，延续龙门律宗法脉，华山、龙门洞、金台观、重阳宫、白云山、擂鼓台、天柱山，众多的道教名山宫观，高道辈出，载誉道林。在抗日战争和解放战争中，陕北佳县白云山和华阴华山等地的道长们，积极参与对敌斗争，作出了卓越的贡献。

中华人民共和国成立以后，百废待兴，陕西道教界积极投身新中国建设，改变旧时代雇佣佃农劳动的剥削生产关系，许多宫观通过开办工厂、服务社、农业合作社等，开展生产自养、服务社会。"文革"期间，陕西道教界同其他宗教界一样受到冲击，宗教场所遭受破坏，宗教活动被迫停止，道门一片萧瑟破败之象。在这种极端恶劣的环境下，不少道长仍然坚持信仰，默默持守，尽力保护宫观、神像和经书，在逆境中磨炼心性，在艰难中传承道脉不息，一代代仙真大德垂范道史。那些仙逝的大德们令我们无限敬仰和深切怀念，健在的尊宿们依然在为道门后学们做出模范和表率。1978年十一届三中全会以后，党和国家拨乱反正，推动宗教政策落实，道教建筑和房产相继归还，道士陆续回到宫观，道教事业也迎来了发展的春天。1983年，首批21座全国重点宫观确定，陕西省三处五座宫观名列其中，是全国重点宫观最多的省份，龙门洞、重阳宫、金台观、白云山等一大批宫观列入全国和省级重点文物保护单位名单。昔日破败不堪的宫观建筑也逐渐得到修复和重建。

1986年11月，陕西省道教协会的成立，是当代陕西省道教发展史上的一件大事件，掀开了陕西省道教事业的新篇章。在全省道教界同人的共同努力下，陕西道教事业，从荒废到繁荣，宫观数量和出家人数逐年增加，道风纯正，宗教活动规范有序。陕西道教界延续千年来的修学传统，宗教实修和学术研究并重，为当代道教界作出了模范和表率。自20世纪60年代起，陕西道教学术界积极开展道教研究工作，出版了一系列深有影响的道教著作，举办了一次次道门盛会和玄门讲经活动，塑造了陕西道教界的学术风范。1992年10月，《三秦道教》创刊，是当时最早创刊的省级道教刊物之一，已成功出刊24年。如今陕西省道教界创办的《三秦道教》《玄门道语》《咸阳道教》《闻道》等道教期刊，已成为开展道教研究、传播道教文化的重要平台。20世纪80年代以来，随着道教事业的复兴，陕西省道教界积极开展慈善公益事业，关注环境保护和生态道教建设，为构建和谐社会而贡献力量。近年来，陕西道教界通过各种形式，积极投身抗震、救灾、扶贫救困、养老、助学等社会慈善公益事业，以实际行动彰显道教的慈爱精神和救度使命。

二、得道高人本纪

终南自古为仙人修道圣地，被道教奉为洞天之冠，天下第一福地。长期以来，由于隐居在此修炼的得道高人辈出，道法道术日显，促进了各个道教门派的萌芽、诞生、发展与繁荣。

（一）老子

老子，姓李名耳，字聃，春秋末期人。中国古代思想家、哲学家、文学家和史学家，道家学派创始人和主要代表人物。今存世著作有《道德经》（又称《老子》），其作品的核心是朴素的辩证法，主张无为而治，与后世的庄子并称老庄。老子在道教中被尊为道祖，并将其《老子》一书改名为《道德真经》，作为宗教的主要经典。从《列仙传》开始，把老子列为神仙。东汉时期，成都人王阜撰《老子圣母碑》，把老子和道合而为一，视老子为化生天地的神灵。成为道教创世说的雏形。而在汉桓帝时，汉桓帝更是亲自祭祀老子，把老子作为仙道之祖。唐代皇帝曾尊封老子为太上玄元皇帝，宋代加封号称太上老君混元上德皇帝。其道教尊称名称为"太上老君"，亦被尊称为"混元皇帝"，也是道教三清道祖中的道德天尊。

（二）尹喜

尹喜，先秦时邽县（今甘肃天水市）人，又名尹子，古书中出现最多的记载为函谷关关令尹喜。

"尹喜少年时喜好读《易经》之类的玄学著作，有很强的洞察力，善于观察天文现象。他不遵从传统世俗礼仪，但多行善事，德行高尚。后来遍览山水，最终选择在终南山周至县神就乡闻仙里结庐为楼，专心修道。因为经常在楼上观星望气，所以将其命名为'楼观'。《历世真仙体道通鉴》记载：周康王在位时，尹喜官居巨大夫，后来成为东宫太子的朋友，结草为楼，观察天象。一天，看到紫气东来的祥瑞，他当下明白会有圣人过函谷关（今河南省灵宝市附近）而西行，于是请求出长安做函谷关令。不久老子驾青牛来到函谷关，尹喜把他迎入官舍，行敬师之礼。过了百余日，他托词患病辞官，又把老子接到自己的'楼观'老宅斋戒问道，并请老子写下了著名的《道德经》，泽被后世。"于是老子在函谷关前著五千言的《老子》一书，又名《道德经》。老子把此书授予尹喜后，老子遂去，不知所终。尹喜得到此书后，爱不释手，在书中他发现了大道的真谛。之后，尹喜乃弃绝人事，归隐深山，精修至道。三年后，悉臻其妙，乃著《关尹子》九篇，流传于世。

（三）金可记

金可记（？—858），新罗（韩国古代王国）人，将道教传入韩国的重要传播者。据《续仙传·金可记传》记载，他于唐开成、会昌、大中年间（即9世纪中叶）来到长安参加科举，考中"宾贡进士"后不求仕进，隐居终南山子午谷中修道，受道教仙祖钟离权传授内丹术，成为回到韩国传播道教的第一人。生前在玄都坛下的山谷中种植花果无数，"果峪"之名因此而得。他在山中静心修道三年，一天看着东边日出，思念故乡及航海所见所闻之景物，于是回到故土新罗传道。后来回归终南，于唐大中十二年（858）羽化于谷内。金可记仙逝后，有道教爱好者将他的传记同杜甫的诗一起刻写在巨石之上，成为珍贵的摩崖石刻。有学者断定为宋代，也有学者认为在唐末。现在此石刻已被切割移往长安区博物馆收藏。随着中韩文化交流的开展，越来越多的韩国道教界人士到位于子午谷的"金仙观"遗址寻根问祖，并根据历史记载重修了"金仙观"。

（四）王重阳

王重阳（1112—1170），全真道开创者，被尊为"北五祖"之一。陕西咸阳人，原名中孚，字允卿，入道后改名嚞（或喆），字知明，号重阳子，以"害风"（疯子）为自称。他的一生正值北宋沦亡，金人入侵，民族灾难深重的时代。王重阳出身于世家大族，文武双全，曾经得中文、武双举人，有志于拯救民族危难，但由于南宋政权屡弱，苟且偏安，他的抱负没有能够施展。抗金失败后，王重阳于金大定元年（1161）前往终南山南时村掘地为隧，题为"活死人墓"，开始了离家弃俗的修道生涯。并以纸牌写上"王害风灵位"立于墓中。7年后，王重阳走出活死人墓，前往山东传道。其间，度化了刘通微、丘处机、谭处端、马钰、王处一、郝大通和刘处玄7位弟子，即道教历史上有名的"全真七子",全真教由此大盛。金大定十年（1170），王重阳羽化于还乡途中，享年58岁，葬于西安鄠邑区祖庵镇。他的墓地重阳宫已成为天下公认的全真教祖庭。

全真道主张儒释道三教同源、三教平等、三教合一，它以王重阳《立教十五论》为行为规范，注重清修，不事烧炼与符箓，不食荤腥，除情去欲，忍耻含垢、苦己利人，兼有儒之谦逊、墨之坚苦，静修以明心见性则与佛教禅宗相仿。全真派道教的这种态度，也许正是终南山佛道并存、经久不衰、绵延至今的原因之一。王重阳创建的全真道对中国道教的发展具有划时代的意义。秦汉以来，中国道教走了1400余年的弯路，全真道信奉双修的主旨及内丹修养的方法，终结了外丹道炼服金丹以求长生久视的不归之路。其次，王重阳认为三教同源，他兼容并蓄，汲取佛教经典的精华，充实和完善了道教的理论宝库，为全真道制定了戒律，使蓄发、出家、住庙成为全真道士的行为准则。

（五）陈抟

陈抟为五代宋初著名道教学者，字图南，自号"扶摇子"，宋太宗赐号"希夷先生"，后人称其为"陈抟老祖""睡仙"等。陈抟生卒年以及籍贯不详。据说，陈抟活了118岁。陈抟幼时聪慧，读百家之书，过目不忘，五代后唐长兴四年（933）参加科举考试，可惜落第不中。本来有大志向，想要干出一番大成就的陈抟，在接连几次都落第之后，渐渐有了"出世"思想。此后的20多年间，陈抟便寄情于山水，四处游历。后来陈抟来到武当山，过起了隐居生活。在后周前后，陈抟又移居华山云台观，后又修道于少华山石室。

此前，陈抟就经常沉浸于睡梦中，到了华山之后"睡觉养生"已经渐渐形成，"每寝处，多百余日不起"，与吕洞宾、李琪等人交往甚密。唐明宗曾亲自写诏书召见他，赐号"清虚处士"；周世宗柴荣也曾召见，赐以"白云先生"之号；宋朝之后，陈抟曾经先后两次受宋太宗赵光义召见，下诏赐以"希夷先生"的尊号。回归华山之后，于宋太宗端拱二年（989）羽化，死在莲花峰下张超谷中，宋太宗赐钱五百万，营建北极殿。宋仁宗皇祐年间，为纪念陈抟建起玉泉院。

陈抟喜好读《易经》，手不释卷，常常自号扶摇子，撰写《指玄篇》八十一章，阐述引导养生及炼丹，又著有《三峰寓言》《高阳集》《钓潭集》，以及六百多首诗。

（六）八仙

八仙是中国民间传说中广为流传的道教八位神仙。至明代吴元泰《东游记》始定为：铁拐李（李玄）、汉钟离（钟离权）、张果老（张果）、吕洞宾（吕岩）、何仙姑（何琼）、蓝采和（许坚）、韩湘子、曹国舅（曹景休）。后有"八仙过海，各显神通"之说。名扬天下的八仙大部分在终南山修道，尤其是铁拐李、汉钟离、吕洞宾、韩湘子、何仙姑、蓝采和等，成为终南山有名的仙人。

汉钟离名权字云房，号正阳子，五代京兆咸阳人。面容慈善，身材魁梧，贯文通武，长八尺七寸，须髯过腹，目含神光，仕汉为将军，出兵不利，隐遁终南山，得赤符玉篆，金科灵文，大丹秘诀，周天火候，青龙剑法于东华帝君。修炼成功，天真赐号太极太宫真人。作《破迷证道歌》《灵宝毕法》传于世。今终南山凝阳洞传道观即为其遇东华帝君处。

吕洞宾名岩字洞宾，号纯阳子。据《金莲正宗仙像传》称其生于唐贞元丙子年四月十四日，山西蒲坂县永乐镇招贤里人。早年幻登仕途，却屡考不中。后游玩于长安酒肆（今古城东门外八仙宫门前的长乐坊）遇钟离权，以"一枕黄粱点破千秋大梦"而悟道，历经"十试"后，得授大道天遁剑法、龙虎金丹秘文，潜心修炼，终成正果。宋时，为纪念吕洞宾祖师于长安酒肆遇仙得道的圣事，人们立祠祭祀名吕祖庵，后改称八仙庵，即今天西安东门外的八仙宫道观。

钟离权、吕洞宾于终南隐遁修炼、传播丹法，是推动"钟吕金丹派"从孕育、形成到诞生的重要过程。这一过程也正好突显出终南山在后世道教，特别是内丹理论与实践方面的地位与影响。随着对吕祖信仰的深入及其演法度人圣事的普及，进一步演化出关于八仙的传说和对八仙的崇拜与信仰。特别是宋、元、明时期，八仙的传说故事家喻户晓，对其信仰的信众更是不计其数。今天，矗立在古城西安的千年道观八仙宫，就是自宋以来全国唯一一座以供奉八仙为主神的道观，更是朝拜八仙的祖庭。

三、洞天福地宫观胜境

（一）道门圣地，天下祖庭——楼观台

楼观台位于西安市周至县东南15公里的终南山北麓，因老子在此写作并为尹喜讲述《道德经》而名垂青史，是我国著名的道教胜迹，被认为是道教最早的宫观。《终南山说经台历代真仙碑记》称："楼观为天下道林张本之地。"楼观台为全真道十方丛林，道众历来重清修，且有自耕自食、行医施药的良好传统道风。"楼观台既有周秦遗迹、汉唐古迹，又有优美怡人的自然风光：古迹主要有老子说经台、尹喜观星楼、秦始皇清庙、汉武帝望仙宫、大秦寺塔，以及炼丹炉、吕祖洞、上善池等60余处。其中，老子墓、大秦寺塔为省级重点文物保护单位。古人云："关中河山百二，以终南为最胜；终南千里茸翠，以楼观为最佳。"终南山楼观台以其悠久的道教历史、动人的神话传说和众多的文物遗迹，吸引着古往今来的众多信士、游客。

据《终南山说经台历代真仙碑记》载，"楼观"起始于前11世纪的周康王时代。相传西周大夫函谷关令尹喜在此结草为楼，夜观天象，称为草楼观。一日见紫气东来，预感将有真人从此经过。尹喜便守候函谷关。后来果然老子西游入秦，尹喜便迎请老子于草楼观，老子在楼观著《道德经》五千言，并在草楼观楼南高岗筑台授经，故又称说经台。这便留下了楼观台这一名称。据《周至县志》记载："秦始皇帝嬴政建陵庙于尹喜结楼地之南，并躬行祭祀。"西汉时，"汉武帝刘彻至楼观谒祀老子，建望仙宫于楼观台观北，并增置道员。敕令扩修庙宇，修筑殿坛""战国秦汉间楼观多住隐士和方士，西汉后楼观规模逐渐形成，道士日众，庙户不绝，故史称楼观为中国道教最早的宫观"。

由秦到明清，这里历代高人辈出。相传全真道创始人王重阳及北五祖中的钟离权、吕洞宾、刘海蟾等著名道士均曾于此修道布教。八仙中的蓝采和、何仙姑、韩湘子等人也曾在此修道，名传千古。就连唐朝的开国功臣魏徵、李绩和著名道士袁天罡、李淳风等，也都是出自当时的"楼观道派"，故此楼观台又有"仙都"之称。魏晋南北朝时，这里道士云集，形成著名之"楼观道"，倡导"老子化胡"之说。后世道教之混元派、尹喜派均源于此。

（二）上古名堂，老祖仙居——云台观

云台观位于陕西省华阴市玉泉路北段，南距华山峪口约一公里。据《南轩记》载："古明堂地，老子之徒始占为观。"云台观始建于魏晋时代，占地面积500余亩。历史上这里曾是道教的重要活动场所。魏晋南北朝时期，有一位名叫焦道广的道士居住在华山云台峰上，传说他已修炼成"避粒餐霞"之术。

人间吉凶，天下大事，他全都知晓，常有三青鸟报幽然之事。后来北周武帝宇文邕为其建造道观，赐名"云台"。云台观院墙基本为正方形，建有三门，门上均有房屋，建筑形式类同城墙。建筑非常雄伟，主要建筑有无量殿、三官殿、六师殿、玉皇殿、陈师庵、西岳殿、寝宫、道舍、希夷亭、北斗宫、三清殿、文昌阁、焦仙洞、朱公祠等三十余座。云台观在宋朝时期非常昌盛，但到明朝则毁于战火，虽经多次重修，但规模缩小。如今唯一留存下来的晋武帝太康八年（287）华阴太守魏君实所植的晋柏一棵。另外，还有奇石一块，八仙井一口，人称一柏一石一眼井。

（三）桃花千树，前度刘郎——玄都观

玄都观位于陕西省长安区南崇业坊，始建于后周时期的汉长安故城内，名为通道观。隋文帝以乾卦爻辞规划大兴城时，为了镇住位于第五道高坡的九五贵位，迁建于大兴城崇业坊内，改名为玄都观，隔朱雀大街与兴善寺相对。玄都观是唐朝长安城中最大的道观，殿宇内绘有著名画家范长寿作的壁画，最出名者为观内桃花。据说，桃花盛开时灿若云霞，游人众多。玄都观与唐代诗人刘禹锡是很有"缘"分的。其两起、两落，因言获罪，皆于此地。唐元和十年（815）刘禹锡被贬后应诏回长安，春日去玄都观观赏桃花，写道："紫陌红尘拂面来，无人不道看花回。玄都观里桃千树，尽是刘郎去后栽。"借诗对朝政腐败表达嘲讽之意，被人举报，再次被贬出京。14年后，他又赴玄都观随喜，写道："百亩庭中半是苔，桃花净尽菜花开。种桃道士归何处，前度刘郎今又来。"不仅旧事重提，也是对与己政见不同者的又一次抨击讽刺，因此再次被贬离京东去……昔日隋大兴城中玄都观，留下了千古诗话流传人间。

（四）长寿美誉，遇仙祖庭——牛头观

牛头观位于宝鸡市宝鸡长寿山，始建于元初，因其地形似牛头而得名，为道教主要活动场所之一。史书记载，金元时"全真七子"之一的马丹阳曾于此修道。马丹阳祖籍宝鸡市扶风县，为汉代伏波将军马援后裔，与其妻孙氏同拜王重阳为师，自创遇仙派，广收门徒，主张色空俱忘、清静无为、修炼性命，还擅长针灸疗法，常无私周济贫苦。山门口曾悬挂书有"长寿山"三个大字的木牌，乃王羲之真迹。供奉的主神是南极仙翁。南极仙翁是古代神话传说中的老寿星，又称南极真君、长生大帝、玉清真王，为元始天王九子，是福禄寿三星之一。因其主寿，所以又叫"寿星"或"老人星"。

（五）振兴宗风，全真祖庭——重阳宫

重阳宫，全真道祖庭，又称为重阳万寿宫、祖庵，享有"天下祖庭""全真圣地"之盛名，位于陕西省西安市鄠邑区祖庵镇，地处关中平原腹地，秦岭北麓，甘水之畔。重阳宫是全真派的三大祖庭之首，是全真道祖师王重阳早年修道和遗蜕之所。他主张儒、释、道三教合一，以"三教圆通，识心见性，独全其真"为宗旨，故名其教为全真。其弟子丘处机受到元太祖的器重，全真教在北方日益兴盛，重阳宫从而成为全真教祖庭。金、元由王重阳及其弟子创立并大力弘扬的全真道，是继唐宋以来将道教再次推向兴盛发展的重要标志。特别是流传至今记载祖庭圣人圣事的三十多通弥足珍贵的石碑，成为后代道教学修全真功法、研究教门历史、弘扬全真宗风最重要的圣物。这一批石碑大都有蛟首龟趺，多用蒙汉两种文字刻成，其中以《敕藏御服碑》和《孙真人道行碑》最值得称道。此外还有"七真图像""万寿宫图"及用蒙古文、藏文、八思巴文写成的圣旨碑等石刻。这些石碑是研究中国道教发展史的珍贵资料。

重要遗迹有元代建筑"灵官殿""七真殿"高台遗址、"玉皇殿"遗址、"北极殿"遗址前遗存的石雕香炉（香炉上铭刻着"北极宫"三字）、元代殿宇石雕柱基石，以及元代重阳宫掌教真人安放遗蜕之石函。

（六）天都海隅，人间仙境——太乙宫

太乙宫位于终南山脚下西安城南长安区的神禾塬，传说太乙真人曾在此修炼过，因此而得名。前112年，因秦岭翠华山一带"山林川谷丘陵，能出云，为风雨，见怪物，皆曰神"，汉武帝在翠华山拜谒太乙神，修建太乙宫，浩浩荡荡携百官乘车辇，为民祈福，为国求祥。故翠华山又名太乙山，人称此峪为太乙峪。太乙宫是汉唐时期达官贵族避暑的雅境，王维就曾写道："太乙近天都，连山接海隅。白云回望合，青霭入看无。分野中峰变，阴晴众壑殊。欲投人处宿，隔水问樵夫。"

（七）八仙祖庭，全真圣地——八仙宫

八仙宫，原名八仙庵，渊源于吕洞宾祖师长安酒肆得遇仙人，黄粱梦觉，感悟成道。兴盛于宋元时期的八仙显化、民众推崇。八仙宫自创建以来，宗法于道教全真道，随着历代不断扩建，至明、清已形成全国道教全真派著名的十方丛林性宫观，成为道教徒授受戒律、学习道教知识的主要道场。清末，慈禧太后、光绪皇帝西逃西安，曾驻跸八仙庵。为八仙庵颁赐"玉清至道"匾额，并敕封道观为"敕建万寿八仙宫"，自此八仙庵更名八仙宫，沿袭至今。八仙宫在中国道教史上的地位，不仅仅是因为它是国内唯一供奉八仙祖师的十方丛林，更重要的意义在于，其形成了八仙信仰的体系，推动和发展了八仙文化，以及对全真道思想及其道统的完好继承。

第三节　景教流行

大秦寺是在中国的景教寺院（教堂）的通称。唐朝时，长安的大秦寺很有名，它位于中国西安周至县城东南20公里的终南山北麓，是历史上基督教传入中国最早的寺院之一，也是现存最早的基督教遗迹。大秦寺依山而建，该地东接华岳之紫气，西望太白之巍峨，南依秦岭，北揽渭水，若极目远眺，八百里秦川云林烟村尽收眼底，令人顿觉心旷神怡。大秦寺以其独特的文化价值和中西合璧的人文胜迹而闻名天下，这里自古就是关中著名的游览胜地，历代文人骚客多往来于此，唐有卢纶，宋有苏轼、苏辙，金有杨云翼，明有何景明，他们都在此留下了脍炙人口的诗篇。大秦寺宝塔，据金石资料记载，原名"镇仙宝塔"，唐贞观年间始建，迄今已有1360多年的历史。该塔造型古朴，美观大方，被誉为我国古塔中之佼佼者，特别是该塔内遗存有景教泥塑和古代叙利亚外文刻字多处，这些都是研究古代中西文化交流史不可多得的珍贵资料。该塔作为古代"丝绸之路"的产物和中西文化交流之见证，已经受到国际学术界的关注和有关国际组织的重视。2000年8月，联合国教科文组织将大秦寺的保护纳入"中国丝绸之路保护项目"。2001年10月，世界纪念性建筑基金会将大秦宝塔及大秦寺列入《世界建筑遗产保护名录》，大秦寺也因此而闻名海内外。

阿罗本是目前教会及学术界公认的基督教最早来华传教士。他是叙利亚人，成年后到波斯读神学院，并在那里被按立为传道人。此后，前往东方各国传播福音，于唐贞观九年（635）持经像来到唐朝京城长安传道。唐太宗李世民本着"示存异方之教"的开放政策，派当朝宰相房玄龄"迎于西郊，待如嘉宾"。

不久，他得到李世民的接见。史载："翻经书殿，问道禁闱。深知正直，特令传授。"唐太宗听了他所讲授的福音之后，觉得很有道理，因而礼遇这位远道而来的景教传教士，准许他在中国宣教。阿罗本来华后，广传福音，翻译经书，将基督的真道带给了中华各族。3年内，陆续由波斯东来的宣教士，达到21位。贞观十二年（638），唐太宗特许阿罗本在长安义宁坊兴建教堂一所。初时，误以为该教布教中心为波斯，故称波斯寺；后知其诞生地为大秦（罗马帝国），故于玄宗天宝四年（745）改称大秦寺。朝廷还提供经费支持，所敕诏书上有"道无常名，圣无常体，随方设教，密济群生"的说法，足见唐太宗对景教的扶持。唐高宗李治即位后，对景教更加推崇，封阿罗本为镇国大法主，敕令在全国各州建立景教寺。景教得以广泛流传，出现了"于诸州，各置景寺，法流十道，寺满百城"的盛况，甚至不少传教士成为唐朝的政府官员。

唐建中二年（781），德宗于长安大秦寺建立"大秦景教流行中国碑"，其上记载景教于我国之传播情形。《景教碑》螭首龟座，通高3.60米，楷书碑文，共1780多字，叙利亚文89行，景净撰文，吕秀岩书写，该碑记述了景教入华的一段秘史和传教事迹，歌颂了唐太宗等六朝皇帝对该教的礼遇和崇信，又被誉为"天下第一碑"。德宗贞元初年，波斯僧景净至长安，住于大秦寺，并与般若三藏于寺内译出六波罗蜜经。武宗破佛，大秦寺亦遭其厄，后改建为崇圣佛寺。据《宗教百科全书》记载，该碑于明天启三年（1623）出土于周至大秦寺，因丹麦人荷尔姆盗碑之故，该碑后被移入西安碑林博物馆保护。此系研究唐代景教史实之唯一资料。

第四节　终南隐士

最能代表终南山文化形态和内涵的无疑是其宗教文化；而最能代表终南山宗教文化的则是历代隐士所折射出的隐逸文化。它是一把解读终南山的神奇钥匙，读懂了隐逸文化，才能真正走进大秦岭的深处。

一、何谓隐士

"隐士"一词最早出现在《荀子·正论》中："天下无隐士，无遗善。"荀子在称赞像尧舜一样的圣明君主时提到了"天下无隐士"，其意为能够让天下读书人人尽其才，没有怀才不遇而隐居山林的归隐之士。《辞海》解释"隐士"是"隐居不仕的人"。《南史·隐逸》云：隐士"须贞养素，文以艺业。不尔，则与夫樵者在山，何殊异也"。可见，一般人隐居怕也不足以称为"隐"，必须是有名的"士"，即"贤者"。隐士首先是知识分子，是"士"阶层的成员之一。并不是所有居于乡野山林不入仕途之人都可称为隐士，只有那些能保持独立人格、追求思想自由、不委曲求全、不依附权势、具有一定才德学识，并且是真正出自内心不愿入仕的隐居者，才能被称为隐士。不管是"小隐隐陵薮"，还是"大隐隐朝市"（晋·王康琚《反招隐诗》），德行高洁、与世无争、心无块垒、超然世外，是"真隐士"留给人们的一般印象。开始亦未必不怀有入世济众的抱负，只是现实不尽如人意，因种种原因而逐渐对社会现实和仕途失望乃至绝望，于是转而追求个人心性之自由，从而遁迹山林。亦有"假隐士"如人们熟知的姜太公吕尚隐钓于渭水之滨，为的是钓上姬昌这条大鱼，以实现其建功立业的宏伟志向；

诸葛亮"躬耕陇亩",却"每自比于管仲、乐毅",一待刘皇叔三顾茅庐,便将久蕴心头、构思缜密的"隆中对"一泻而发。他们追求的是达则兼济天下的宏图大志,不失人格磊落。

然而也有例外,这就是欲进故退、欲仕故隐,将隐逸作为出仕铺垫的所谓"终南捷径"。假隐士纯粹是将隐逸作为一种邀名手段,以自高声誉,从而最终达到入仕之目的,这就是《新唐书·卢藏用传》记载的:"(藏用)始隐山中时,有意当世,人目为随驾隐士,晚乃徇权利,务为骄纵,素节尽矣。(司马承祯)将还山,藏用指终南山曰:'此中大有佳处。'承祯徐曰:'以仆视之,仕宦之捷径也。'"以至于"终南捷径"竟成为犀利而准确概括这种假隐作秀行为的成语。

国人尊崇隐士的传统可以一直上溯到中国历史的源头。黄帝作为华夏民族和中国文化的始祖,其治国与修身之术传说是来自于一位神化了的隐士高人——广成子。从此,尊崇隐士的传统得以确立。隐士思想就像历史洪流背后那无所不在的影子,总是在关键的时刻悄悄修正和改变着中华文明的进程。许由拒绝尧帝让天下于他,从而奠定了上古隐士面对世俗权力的绝对精神优势。善卷、壤父、务光三位上古高士,或以布衣而为王者之师,或击壤高歌于太平之世,或以自杀身死来拒绝当帝王,他们虽然在典籍中只有昙花一现般的记录,但却足以成为后世隐者的楷模。接下来的老子和庄子,一举奠定了流传千古的中国道家学术的基石,成为集中国上古隐士思想之大成者。另外,伯夷与叔齐为了道义而双双饿死在首阳山,体现了古代隐者的高尚气节;伯牙与子期一曲高山流水成为千古知音的绝唱;楚狂接舆、蓬莱安期生,更是古代隐者中特立独行的异类。他们不仅丰富了中国隐士的形态类型,更为后世隐者开启了一条纵情肆意、逍遥自在的人生道路。

二、隐逸文化

隐士是一个特殊的社会群体,更是一种特殊社会环境的产物;而他们所追求的隐逸,既是一种文化现象,也是一种生存方式。隐士就其本质来说,最早是一种政治概念,是一种政治不服从或不合作行为,是一种曲折的反抗行为,引用《周易》之语就是"不事王侯,高尚其事"。但随时代变迁,身隐逐渐向心隐转变,这种不服从不合作逐渐演变为一种精神调适,一种生活方式和一种休闲手段。

中国隐逸文化源远流长,早在先周文化发扬之初,隐士人物即已开始产生。所以可以说"隐士"是与中国文化相伴而生的。中国文化的本质,尚谦让,行中庸,薄名利,鄙财富,这些起初都有助于"隐士"思想形成,后来却也受到"隐士"思想的影响。即使到了现代社会,这类思想仍未泯灭,这种隐逸文化仍为人所憧憬。作为中国传统文化主流构成的儒、道两家,都各自有着一套系统的隐逸文化观。

儒家的祖师爷孔子曾对隐逸行为发表过明确的看法,他说:"天下有道则见,无道则隐。"(《论语·泰伯》)并以赞赏的口气评价能这样实践的人:"君子哉!蘧伯玉,邦有道则仕;邦无道,则可卷而怀之。"(《论语·卫灵公》)"宁武子,邦有道,则知;邦无道,则愚。其知可及也,其愚不可及也。"(《论语·公冶长》)尽管孔子自己不能实践这种隐逸思想,但他也曾流露出"道不行,乘桴浮于海"(《论语·公冶长》)的心愿。孟子虽然用世进取而少隐逸之慨,但他也提出了"士"的一条原则,即"穷则独善其身,达则兼济天下"(《孟子·尽心上》)。这一原则实际上也为后世不被当道者所容的士人走上隐士的道路提供了行为依据。

道家讲隐逸,其出发点和归宿都在于追求精神的绝对自由,是对个体生命的无上珍视,他们要解除对个体生命的一切羁绊，世俗的功名利禄当然要首当其冲。这正是庄子所说的"逍遥游"的人生境界，这种境界是能："乘天地之正，而御六气之辩，以游于无穷者，彼其恶乎哉！"（《庄子·逍遥游》）而最终达到"天地与共生，而万物与我为一"（《庄子·达生》）的忘我境界。就两者关系而言，先有隐逸后生道家。南怀瑾先生在《禅宗与道家》一书中提到："与其说，道家渊源于黄、老或老、庄，毋宁说，道家渊源于隐士思想，演变为老、庄或黄、老，更为恰当。""隐"取其隐藏之意，隐其锋而藏其机，以不变应万变；"逸"取其"逸豫"之意，以逸待劳。隐士精神与道家风骨一脉相承，不谋而合，两者有不解之缘。道家为隐逸提供了一种足以自立的政治哲学和文化观念，使其从一种不自觉的个体行为上升为哲学范畴；而姿态潇洒才华纵横的隐士们，则为道家增添了神秘而诱人的精神魅力。

三、终南为冠

"天下修道，终南为冠"，中国大好河山，洞天福地甚众，但是隐居在终南山里的隐士无论是就数量还是就知名度而言，都是别处无可比拟的。春秋有老子、尹喜和鬼谷子；西周有姜子牙；西汉有商山四皓和张良；东汉有挚恂、马融和郑玄；北宋有张载和钟师道；晋朝有王嘉、麻衣子和尹玉羽；北周有静蔼法师；唐代有李白、王维、卢藏用和金可记；宋代有种放和王重阳；元明清则有杨奂、王九思、冯从吾、李柏、李因笃和王宏撰。美国汉学家比尔·波特在其所著的《空谷幽兰——寻访当代中国隐士》中称，隐居在终南山各处的现代隐士有3000余名，引起极大的轰动。据不完全统计，终南山现有茅屋1260个，居住在其间的隐士约1500个，不仅来自中国，也有来自欧美和日韩的外来隐士。他们有的学佛问道，有的练气养身，也有的放松身心，养情怡性。

隐逸传统与自然条件有关。从自然地理的角度看，隐逸文化可以称之为山水文化。终南山的山灵水秀、烟霞雾霭使人能远离尘嚣、超脱名利，所以终南山自古以来便是隐居的好地方。葛洪认为终南山"可以精思，合作仙药"，是道士修炼的佳境。这里四季分明，物产丰富，便于隐士果腹求生。其次，终南山长期靠近中国政治、经济和文化中心——长安，拥有"王者之气"加持利于修行得道。最后，千百年来终南山隐士文化盛行，神仙高人辈出，令人心生向往。天时地利人和最终形成了发达的、特定的且独具魅力的终南山隐士文化和隐逸传统。

所谓现代隐士，是指那些暂时抛开现代文明，隐居山林，选择过简单清贫生活的人群。除了身心方面的考虑外，环保、健康、创建和谐社会，也是当代隐士存在的理由之一。现代人生活压力大、生活节奏快，非常需要进行放松。终南山也称地肺山，是中华大地的肺腑、有着吐故纳新的作用。如果有机缘居住在终南山，不但远离尘嚣，对净化人们的身心也大有裨益。山林间富含负氧离子，能缓解疲劳，清洗肺腑，营养心脑血管，无疑是一座天然氧吧，是现代人借以舒缓身心的理想场所。身体健康，心情舒畅，对于创建和谐社会无疑也能起到促进作用。笔者认为，终南山隐士对当下社会最大的意义就在于倡导安贫乐道的健康生活方式，摆脱物质的束缚和低级趣味，淡泊名利，追求精神的独立、自由和愉悦，找回传统文化的精髓，重新构建人格与尊严。

第四章
秦岭战争文化

秦岭地处华夏中心，东西横跨5省，绵延1500公里。历经西周、春秋、战国、西汉、东汉、魏晋南北朝、唐、北宋、南宋等朝代。隋唐以后，随着京都长安南迁，秦岭的政治、文化地位也随之弱化。但至今留下来的古关隘遗址仍然存在，见证了秦岭曾经在历史、军事上的重要地位。《尚书·禹贡》记载，秦岭古栈道西起甘肃天水，东至河南洛邑，北起陕北高原，南至陕南汉中，占据了中国的半壁江山。地理位置的重要性，决定了秦岭山脉沿线成为历史上的兵家必争之地，由此为后人留下了许多古栈道、驿道、碥道和古关隘遗址，具有很高的历史研究价值。那么，历史上究竟在秦岭发生过哪些战争？这些战争与古栈道和古关隘都有哪些关系？这些战争背后又有哪些鲜为人知的历史故事？带着这些问题，笔者将在本章中，以秦岭古关隘和古栈道为例，追溯秦岭留给我们的战争遗迹及战争背后的历史故事，体会秦岭带给我们厚重的人文情怀。

一、秦岭重地古关隘

关隘一词，出自冯梦龙的《东周列国志》："楚平王悉从其计。画影图形，访拿伍员，各关隘十分紧急"，是指险要的关口，在古代栈道设立的防护设施，也叫关卡。历史上古关隘各守一方，依托秦岭分别设有剑门关、阳平关、大散关（散关）、武关、潼关、函谷关、萧关和石羊关等几个重要关卡。其中"潼关（函谷关）、大散关（散关）、武关、萧关"被称为"关中四关"，分别驻守关中东、南、西、北四个方向。古关隘在古代战争中起到至关重要的作用，通常借助山势修建在易守难攻的位置，正所谓"一夫当关，万夫莫开"，以下将逐一进行介绍。

1. 剑门关

剑门关位于今四川广元市，剑阁县城北30公里处，又名剑阁关。剑门关居于大剑山中断处，两旁断崖峭壁，直入云霄，山峦倚山似剑，绝崖断离两壁相对，形状似门，"又于大剑山峭壁中断两崖相峙处，倚崖砌石为门，置阁尉，设戍守，谓之剑阁"，故称"剑门"。秦岭的水势，大巴山与岷山共同构成剑阁关的特殊地势。宏观看来，从广元市至剑阁县，东西向大巴山与南北向的岷山间形成了狭长幽谷，两山在此关相会，幽深触目。

唐代诗人杜甫《剑门》（节选）诗云：

> 唯天有设险，剑门天下壮。
>
> 连山抱西南，石角皆北向。
>
> 两崖崇墉倚，刻画城郭状。
>
> 一夫怒临关，百万未可傍。
>
> 珠玉走中原，岷峨气凄怆。
>
> 三皇五帝前，鸡犬各相放。
>
> 后王尚柔远，职贡道已丧。

诗中形容的正是唐代剑门关地势的险要和王朝的变迁。从自给自足的农耕经济到"职贡"道路上的必经之地。李白有《蜀道难》"剑阁峥嵘而崔巍，一夫当关，万夫莫开"之绝唱，就连唐玄宗李隆基亲历剑门关时也写下了《幸蜀西至剑门》："剑阁横云峻，銮舆出狩回。翠屏千仞合，丹嶂五丁开。灌木萦旗转，仙云拂马来。乘时方在德，嗟尔勒铭才。"千里蜀汉古道上，"北有大散关，南是剑门关"，剑门关在华夏河山之驰名，可见一斑。

剑门关是秦岭古道的著名险关，剑门之险要，形成了四川盆地独特的人文历史特征，有别于中原文化，史称"巴蜀文化"。巴蜀文化在于崇山峻岭间，在于高岭峡谷间，在于栈道之间形成的每一个关隘中。从军事要地到文化宝库，剑门关既拥有天然的险峰奇秀，又因前朝战争而闻名于世。三国时期，蜀国丞相诸葛亮，利用剑门的地势险峻将其作为蜀国军事要隘。于此地"凿石架空为飞梁阁道，以通行旅"，巍峨剑门，扼入咽喉；可曾想三国名将张飞、霍峻等人在此征战沙场；西晋张载剑门刻石《剑门铭》中写道："凭阻作昏，鲜不败绩。勒名山阿，敢告梁益。"757年，在四川逃过安史之乱的唐玄宗李隆基在看到《剑门铭》之后写下《幸蜀西至剑门》，感叹张载之语，其意是说：我今天在这里刻下剑门铭，就是要告诫梁州、益州的老百姓，不要以为山河险要就可以凭借险要而造反朝廷，这样做成功的少之又少，做个顺民拥护朝廷才是正道。安史之乱以后，唐朝开始由盛世走向衰落，玄宗立于剑门关前，更显得剑门关格外峥嵘。

剑门关关隘宽约50米，长约500米，紧邻成绵广高速公路和宝成铁路，两岸由剑山峭壁中断而得名，峭壁高耸入云，高达两三百米，十分壮观。今天，因风景秀丽，山峰奇峻，剑门关已成为当地著名的风景名胜保护区。景区距四川省广元市剑阁县城南15公里处，景区总规划面积为84平方千米，核心区面积6平方千米，基本复制了历史上重要的战争建筑及军事设施。登临剑门关，你是不是也会感受到它曾经的辉煌和不朽呢。

2. 散关

散关也叫大散关，是关中四大关隘之一，大散关南到秦岭梁清姜河峡谷，北至二里头关，川陕公路穿谷而过，古散关始建于周朝，位置在今天陕西宝鸡市南大散岭（图2-59）。关隘两岸山峰耸立，层峦叠嶂，山花遍山。东侧山崖上刻有"古大散关"四个字。散关北连渭河支流，南通嘉陵江上源。山势险要，扼守西南、西北交通要道枢纽，乃关中西南唯一要塞。登临其中，可"北眺关中，南蔽巴蜀，东达荆襄，西控秦陇"，为秦、蜀往来之要道，自古以来，由巴蜀、汉中出入关中之入口，"关控陡绝"，战略地位非常重要，大有"一夫当关，万夫莫开"之势。正如《史记》所载："北不得无以启梁益，南不得无以固关中"，自古为"川陕咽喉"，因而，这里也就成为历代兵家必争之地。

◆ 图 2-59　大散岭

散关得名于周朝的诸侯国——散国，到战国时期，散国灭亡，仅留下散关萧瑟挺立其中。古散国位于今宝鸡市的渭河南侧，正是散关所在地。据史料记载，史上争夺散关之战多达70多次。前206年，汉王刘邦采取韩信之说："明修栈道，暗度陈仓"，自汉中由散关到陈仓（陕西省宝鸡市）进长安还定三秦，经由此关；东汉光武帝刘秀建武元年（25），延岑引兵进入散关至陈仓；东汉献帝刘协建安二十三年（218），曹操攻打张鲁，自陈仓过散关；三国魏明帝曹叡太和二年（228），曾有诸葛亮出兵散关，围攻陈仓；南宋初年，金兀术为打通入蜀通道，曾和南宋名将吴玠反复争夺于此。上述这些战争的发生，无不表明大散关在军事上的重要地位。

散关因其重要的军事地位，从古到今，不乏文人墨客、达官贵人及平民百姓来此地游览。据传老子西游遇关令尹喜于散关，授《道德经》一卷；《道德经》是我国古代朴素唯物辩证主义者李耳的著作，其哲学思想影响深远，即《道德经》之"天地之始"：

道可道，非常道；

名可名，非常名；

无名天地之始；

有名万物之母。

故常无欲，以观其妙；

常有欲，以观其徼。

此两者同出而异名，

同谓之玄，玄之又玄，众妙之门。

曹操过大散关时也曾赋诗一首，名为《秋胡行 其一》（节选）：

晨上散关山，此道当何难！

晨上散关山，此道当何难！

牛顿不起，车堕谷间。

坐磐石之上，弹五弦之琴。

作为清角韵，意中迷烦。

歌以言志，晨上散关山。

晚唐诗人李商隐也留有诗句：

剑外从军远，无家寄予衣。

散关三尺雪，回梦旧鸳机。

此诗描写了作者从军在外，忍饥受冻，思念家人的心境；王勃、王维、岑参、杜甫、陆游等大诗人曾经多次往返于秦岭散关道，陆游曾题诗《书愤》：

早岁那知世事艰，中原北望气如山。

楼船夜雪瓜洲渡，铁马秋风大散关。

塞上长城空自许，镜中衰鬓已先斑。

出师一表真名世，千载谁堪伯仲间？

伫立关址，纵目远眺，但见群山叠嶂，古木翁郁，两侧的山峰如卧牛，如奔马，又像密不透风的天然屏障。大散岭下，清姜河激湍奔流，这里的自然风光特别优美，诗人墨客们都禁不住为其提笔赋诗。

据说，散关设于西汉，废弃于明末。除了自身的位置和地势，大散关与函谷关、武关、萧关并称为秦之四塞，各自守卫关中东、南、西、北四个门户，可见其在历史上军事地位的重要性。

今天，当你看过有关散关的历史故事后，想亲自去寻找它，去探寻历史真相。从川陕公路、宝成铁路穿关而过，你会发现，散关关址处立有"秦岭"二字的一通石碑。走到散关岭上，古散关关门遗址的东面，又立有一通石碑。山崖上所留为前人镌刻的"古大散关遗址"大字。对于历史，战争已经蜕去，见证它们的只有你眼前看到的这一通石碑和石碑后面的大散关。

3. 萧关

萧关，秦岭四塞之一，是我国历史上著名的关隘。《战国策》记载："地当固原东南，是三关口以北、古瓦亭峡以南的一段险要峡谷，有泾水相伴。"汉代时期，萧关位于今宁夏固原东南。到了北宋时期，朝廷为了防御西夏人的侵犯，又在汉代萧关故址以北约100公里处重筑萧关，位置在今天的宁夏同心县以南，固原以东。六盘山山脉横亘于关中西北，成为萧关西北屏障。由于风化侵蚀严重，关隘隐约可辨的城墙与周围两座山峰上的烽火台形成一道天然屏障。城墙的南侧，有三条道路分别通宁夏、内蒙古及甘肃等地；由萧关进入关中的通道主要是渭河、泾河等河流穿切而成的河谷低地。渭河方向山势较险峻，而泾河方向相对较为平易。经环江、马莲河、泾河直抵关中。险峻的地理位置，使萧关和其他关塞一样易守难攻，深谷险阻。清朝学者顾祖禹称萧关为"据八郡之肩背，绾三镇之要膂"，萧关也是自古以来兵家必争之地。

萧关不仅是军事要地，而且是丝绸之路的必经之地。在今天的宁夏固原历史博物馆里，还保存着当年途经萧关中，丝绸之路贸易往来时，从西域流进中国的珍贵文物——凸钉玻璃碗。该展品是西方之国的瑰宝，具有波斯萨珊王朝传统的玻璃工艺特点，体现了萨珊玻璃器形和纹饰上的独特风格与精湛的磨琢工艺，为我国古玻璃的研究提供了宝贵的资料。萧关见证了古丝路的辉煌史，见证了北朝至隋唐时期"丝绸之路"的盛况，是我国古关隘除了战争文化以外与古丝绸之路经济贸易有关的古关隘。

历史上赫赫有名的萧关是关中的北大门，它的战略地位不容忽视。秦、唐、宋、元等朝代先后在萧关周围设郡立县，建关筑城。秦设乌氏县，修长城，汉置高平城，唐通丝绸之路，宋修城寨，元设安西王府。萧关曾在历史上发生过大大小小无数次的战争。因此在古代关隘中声名显赫。

如今，萧关山头上仍存有烽火台遗迹，秦长城的痕迹也依稀可见。但是那都已经成为历史的印迹。"时危多战垒，猛将守萧关"和曾经熙熙攘攘的丝绸贸易之路，早已被杂草和四通八达的道路所替代。萧关作为陕西关中四关之一，征战要塞的历史地位已经消散在时代发展、社会进步的进程中。在中华民族伟大复兴的道路上，关中四关跨越了其历史使命最辉煌的时刻，最终归于宁静。

4. 武关

武关，即在最东边的秦岭古道蓝武道上，今陕西丹凤县东南90里处。与函谷关、萧关和散关（大散关）并称为"关中四关"。武关历史悠久，可以追溯到春秋时期，战国时改称"武关"，是战国时期秦楚两国的著名战场。三国时期，魏蜀两国多在此关交战，武关从此成为汉蜀国丞相武侯的武关。与武关有关的有武关城，建立在峡谷间一座较为平坦的高地上，北依高峻的少习山，南濒险要。关城周长1.5公里，城墙用土筑，略成方形。东西各开一门，以砖石包砌券洞。西门上有"三秦要塞"四字，东门有"武关"二字，内门额上有"古少习关"四字。武关可以分成两部分，一是今丹凤县境内的武关，一是勉县境内的武关。武侯祠位于今天陕西勉县城西4公里的川陕公路边，与武侯墓隔江而望，颇具特色。

武关的历史可以上溯到战国，其为秦楚两国交战之产物。《史记》卷六："武关，秦南关，通南阳。"作为南大门，武关受到秦国的极大重视。《水经注》有云："丹水县自商县东南流注，历少习，出武关。"可见，武关设置年代历史久远，很难确切考证。以下分享三则历史故事，以加深武关印象。

故事一：秦楚会盟，怀王被骗，武关遗悔，后世当鉴

这则故事发生在前299年，秦国欲灭楚国，秦昭王遣使给楚怀王书信引诱其来武关相见，当面订约结盟，秦国归还楚王之侵地，复遂前好。楚怀王听信谗言，不顾三闾大夫屈原相劝，独自赴武关会见秦昭王，没想到他不仅没有见到秦昭王，也没有取回侵地，反倒被秦昭王囚禁在咸阳客死他乡。

故事二：刘邦智取武关

关中地区古有天府之称，水美田肥，植被茂盛。加之东西南北各拥有关隘驻守，可谓固若金汤。史料记载，汉高祖刘邦当年与西楚霸王项羽约定，谁先到达长安，谁就来坐江山。情急之下，刘邦试图绕过宛城，直取关中，减少路途，缩短行军时间，张良设计买通宛城太守帮助刘邦西进，率军一路攻破武关，势不可挡，秦王子婴溃败。秦王见势，携妻儿老小在刘邦军前投降，武关告捷，刘邦顺利进入关中。

故事三：杜牧提笔《题武关》

唐文宗开成四年（839），杜牧由宣州赴长安任左补阙、史馆修撰。途经武关时，吊古伤今，感叹时事，写下了这首《题武关》。其中"一笑怀王迹自穷"一句，是诗人对楚怀王的悲剧结局的嘲弄。其中，更有对楚怀王其人其事的感叹、痛恨和反思。面对唐王朝渐趋没落的国运，诗人站在武关前，思绪万千。于是对历史的反思，对现实的忧思，一齐涌上心头，形诸笔底。他希望唐王朝统治者汲取楚怀王的历史教训，任人唯贤，励精图治，振兴国运。同时，也向那些拥兵割据的藩镇提出了警诫，不要凭恃山川地形的险峻，破坏国家统一的局面；否则，也与楚怀王般一切皆成空。杜牧作《题武关》：

> 碧溪留我武关东，一笑怀王迹自穷。
>
> 郑袖娇娆酣似醉，屈原憔悴去如蓬。
>
> 山樯谷堑依然在，弱吐强吞尽已空。
>
> 今日圣神家四海，戍旗长卷夕阳中。

当再次读到这首古诗，会有何等感慨，是否也会和大诗人杜牧那样为楚怀王感到惋惜？为他的不听忠臣劝阻而遭亡国亡命的惨痛结局感到愧疚呢？现在的武关，关城基本完好，砖砌的东、西门洞依然可见，以前的小路现已成为平坦的公路，武关作为"关中四塞"之一，其名胜古迹有武关古城、秦楚分界墙、烽火台等。现如今，你要是去了武关，还可以欣赏到武关八景：余光返照、石桥古渡、笔山鹿鸣、砚水鱼跃、龙潭古寺、白崖仙迹、莽岭神芝和玉泉串珠。

5. 潼关

潼关历史悠久，闻名遐迩，位于今陕西渭南市潼关县北，北临黄河，南踞山腰。潼关为我国华北中原、西北之咽喉要冲。地处陕西省关中平原东端，居秦、晋、豫三省交界处。东接河南省灵宝市，西连陕西省华阴市，南依秦岭与洛南县为邻，北濒黄河、渭河，同陕西省大荔县及山西省芮城县隔水相望。《水经注》记载："河在关内南流潼激关山，因谓之潼关。"潼关由此得名。又因潼关河水浪涛汹汹，又称冲关。地貌南高北低，跌宕明显，呈台阶状分布。

潼关是古代关中的东大门，关西为唐都长安，关东为宋都开封（汴梁），也是西汉与东汉，西周与东周的分水岭。潼关雄伟险要，南有秦岭，东南有禁谷，谷南又有十二连城，北有渭河、洛河汇入黄河抱关而下，西近华岳。周围山连山、峰连峰，谷渠崖绝，山高路狭，中通一条狭窄的羊肠小道，往来仅容一车一马。《山海关志》记载："畿内之险，惟潼关与山海关为首称。"过去人们常以"细路险与猿猴争""人间路止潼关险"来形容潼关地势险要。杜甫有诗句曰：

> 丈人视要处，窄狭容单车，
>
> 艰难奋长戟，万古用一夫。

元代诗人张养浩曾写诗《山坡羊·潼关怀古》唱云：

> 峰峦如聚，波涛如怒，
>
> 山河表里潼关路。
>
> 望西都，意踌躇。
>
> 伤心秦汉经行处，
>
> 宫阙万间都做了土。
>
> 兴，百姓苦；亡，百姓苦。

张养浩在任职陕西行台中丞时，正值关中大旱，忙于赈灾之际，行至潼关，眼前是华山雄峰，脚下是黄河之水。壮观景象之下仍寄情于民，写下此诗，令人寻味。

潼关在历史上曾经发生过哪些重大战役？想必大家都想从书里得知一二。经笔者查阅整理，分享几个与潼关有关的历史战争故事。

故事一：曹操潼关大败马超

211年，曹操大军西进，讨伐关中。关中诸将马超、韩遂、杨秋、李堪、成宜等人，获曹操进军关中的消息后联合抗曹。他们拥兵十万，割据关中，扼守潼关。曹操以反叛朝廷的罪名对马超、韩遂等进行讨伐。

曹操率主力逼近潼关，与马超等隔关对阵。他用计吸引住马超，派人叫徐晃、朱灵二将军河西结营，占据黄河以西的有利位置。

曹军进驻渭河南岸宿营。马超派军乘夜偷袭，被曹操的伏兵击败。马超派人向曹操求和，并以割让河西地盘为条件，曹操不答应。命大军全部渡过渭河。马超多次向曹军挑战，曹军坚守营垒，不主动出兵交战。无奈之下，再次提出割地求和，曹操用离间计破了韩遂和马超的联合，先以轻装士卒与马超军作战，待挫伤对方锐气之后，立即派出强劲骑兵突然从两面夹击，大败马超等军，斩了成宜、李堪等人，韩遂、马超等逃往凉州。

故事二：安禄山大败潼关

756年，唐玄宗命老将哥舒翰统兵镇守潼关，时任国舅杨国忠献策，玄宗遣使哥舒翰出关收复安禄山。哥舒翰深知一旦出关，将会失利。玄宗多次遣使，形势之下哥舒翰出关争战，果然如其所料，叛军安禄山大败哥舒翰，并夺下潼关。唐玄宗临危之下，弃长安城西逃。

故事三：黄巢起义潼关劫

880年，黄巢起义军由洛阳进发潼关，唐大将田令孜率兵领10万精兵镇守潼关，未料起义军另辟蹊径潜入，夺取潼关，直逼长安。黄巢起义军虽没有直接推翻唐王朝，却破坏了唐王朝统治的稳定根基。907年，朱温篡位，唐朝覆亡，中国由此进入五代十国时期。

故事四：李自成兵败潼关

崇祯十年，兵部尚书杨嗣昌制订了"四正六隅十面张网"方案对付义军。因义军李自成在汉中遭曹变蛟伏击，只得退居四川在梓潼、剑州一带活动。洪承畴发现李自成大势已去，必出潼关后向东走河南。于是命孙传庭于潼关的南塬设置三重埋伏。1638年春，曹变蛟等人将李自成逼入潼关，中了埋伏，士兵们"遇则棒杀，秦贼遂尽"，伤亡惨重，几乎全军覆没，最后仅以十八骑突围出来，逃入商洛山中。潼关南塬之战是明末闯王李自成与明朝军队的一场大规模战争。此役之后，李自成从此深居商洛深山中没能东山再起，最终失败。

现在去潼关，当地政府按照古潼关西门实际尺寸，进行了复原建设，潼关西门成为整个潼关景区的标志性建筑，也是潼关关隘文化的象征和代表。远看整座城楼雄伟高大、庄严复古，可见巍巍雄关的磅礴气势。登上城楼远望，远眺黄河。也在此观赏"谯楼晚照"的美景，由于潼关在历史上饱受战乱，时至今日，潼关当地仍有许多以"军"或"营"命名的村庄。

6. 石羊关

石羊关是秦岭子午古道上的关隘之一，以石羊关最为险峻，关隘凿于狭隘陡峭的悬崖上，历史上有"绿宝美巅谷，秦岭最险关"的美誉。也有谚语说："石羊关，鬼门关，进门都把命交天。"石羊关位于陕西省长安区西万路南52公里处，也是子午道北端的第一道关隘。石羊关也叫子午石羊关。相比大散关、潼关、武关和萧关，石羊关在军事上并不出名，但具有特殊的文化意义，唐朝杨凝《送客入蜀》云：

剑阁迢迢梦想间，行人归路绕梁山。

明朝骑马摇鞭去，秋雨槐花子午关。

诗中叙述了诗人送别友人后所经途中，先是看到金牛古道上的剑阁，继而写了南郑梁山，最后来到了子午关，正值秋雨时节，槐花凋落，指代一出长安城就思念长安城的离愁。

从沣峪口进山，经过黎元坪、九龙潭、喂子坪，很快就会看到两座大山挡在前行的路上，山中间有一座石桥。过桥之后，就见石壁上刻有"石羊关"三个巨大红字。山顶处有一只石羊在向关口眺望。昼夜守护在此。再向前百米的距离，一个刻有"子午古道"字迹的石牌坊映入眼帘。《元和郡县志》载："子午在长安县南百里。王莽通子午道，因置此关。"即说的是今天的石羊关。关于石羊关，有两则故事与读者分享。

故事一：传说——山羊变石羊

传说在古代，石羊关每到春末，山外的麦子往往会在一夜之间被什么东西统统给吃光。后来人们发现是一对山羊吃掉了麦子，村民便号召所有的年轻人到晚上去田里看守麦子。终于有一天，这对山羊现身了，年轻人便一直追，将其中的一只追到了关石的山崖边，山羊便被年轻人打死了。后来，另一只跑来发现同伴的尸体，便蹲在旁边久不离去。最后，山羊变成了羊形的石头，由此得名石羊关。

故事二：古代的"高速公路"

据说在战国时期，秦昭襄王立范雎为相，开凿栈道。在悬崖绝壁间，凿山为孔、插木为梁，铺木板连为栈阁，形成独特的山间栈道。两千多年前的这一杰出创举，是人类道路史上的一大奇迹，是一个早于万里长城的巨大土木工程，也是中国古代的国家级"高速公路"。

直到今天还依稀可见当年深凿于峭壁上的石窝。穿越秦岭的多条公路及铁路与秦岭古道依旧存在一定程度的承袭关系。陡峭的山崖和湍急的河水构成的险要，那悬崖上或大或小、或方或圆的石孔，在时光的流逝中早已失去了作用，但仍在向后人们诉说着那段曾经辉煌和鲜为人知的历史，那些人与自然、自然与人之间的历史关系。抚摸着古人支撑栈道的那些石孔，真不敢想象前人是用怎样的智慧和勇气在如此险峻的山崖开凿出这条曲折的小径，那些以车代步的现代人走在这条小径上面又会有怎样的想法？

如今，经过当地政府修缮，现在的石羊关口仅留有古牌坊一座。望着两岸高山巨石，紧束沣河，天地近似一条细缝，河若盘龙，地形异常险要，不由叫人想起李白的诗词《答长安崔少府叔封游终南翠微寺太宗皇帝金沙》（节选）：

>初登翠微岭，复憩金沙泉。
>践苔朝霜滑，弄波夕月圆。
>饮彼石下流，结萝宿溪烟。
>鼎湖梦渌水，龙驾空茫然。
>早行子午关，却登山路远。
>拂琴听霜猿，灭烛乃星饭。

李白在755年于金陵出发，途经多处，六月初到长安，3个月后离开京城，由长安南之子午关入。从洋州东之龙亭口出，越过大巴岭后，在巴山楚水间写下了这首忆南山诗。子午关在诗人的记忆里，是"拂琴听霜猿，灭烛乃星饭"的宁静超远世界，清晨即行，体现出急切向往的心灵状态。

7. 五郎关

五郎关，又名五谷关，位于今陕西省安康市宁陕县。742年，唐玄宗李隆基下旨设"五谷"关，其占据南北交通要塞，四面环山、三水相融。北有长安河上谷口，南有长安河下谷口，东北有渔洞河谷，东南有东河谷口，西南有西沟谷口。山高谷狭，地势险要，为关卡要塞之地。明朝中叶为防匪患，在五郎关设立了五郎坝巡检司，关口处于县境西南部的长安河谷地。1783年，设置五郎厅，直隶于省。

有关五郎关的资料较少，以下整理两则历史故事与读者分享。

故事一：杨五郎抗金

北宋政和元年（1111），正是北宋徽宗赵佶当政。当时金军入侵中原，屡次挑衅边疆，并有吞并中原的野心。为了江山社稷，宋徽宗决定派当朝忠将杨继业率领其门下的杨家将，北征抗金。杨继业的第五个儿子叫杨延德，人称"杨五郎"。杨五郎英勇善战一身肝胆，为了保全国土求得安宁，杨五郎同杨八姐西渡黄河，在山西与金军连续作战，直到陕西境内。杨五郎、杨八姐途经宁陕，沿子午古道带兵作战。杨家将战败后，杨五郎死里逃生，出家为僧。

故事二：白莲教与五郎关

清嘉庆五年（1800），白莲教农民起义遍及川、鄂、陕三地，势力范围越来越大。为保卫西安，嘉庆皇帝准奏，命人在五郎关口处筑城建镇，即现在的新城。以屯兵储粮剿灭农民起义军，并赐镇名"宁陕"。随即调集紫阳军营所属千总驻扎在五郎关口，宁陕镇分设十个营，共计兵卒六千名。镇名取义为"镇守五郎关口，确保陕西安宁"，故有"秦岭宁则长安宁，长安宁则陕西宁"之说。同年，"五郎厅"也改名为"宁陕厅"，即今天的陕西宁陕县。

清末，五郎关内沿长安河岸自然形成了街市延续至今。关口四面青山翠拥，清澈见底的长安河流淌其间，街道顺山沿河而建，宛若一条玉带，两岸五桥相连，房屋建筑错落有致，已经从古关隘转变成一座精致小巧颇具特色的山水城市。

8. 函谷关

函谷关，在河南和陕西交界处，有一条绵延的山脉——崤山。崤山是秦岭的支脉，突入河南西部，纵贯南北，横亘在陕西和河南之间，与山西的中条山隔黄河遥相呼应，地势险要、易守难攻，是河南和陕西沟通联结的必经之处。函谷关就位于崤山的谷里。《后汉书·郡国志》记载："谷城瀍水出，有函谷关。"函谷关始建于春秋战国时期，与华山、潼关并称为关中南大门，也是中国历史上建置最早的雄关要塞之一。

《太平寰宇记》记载："其城北带河，南依山，周回五里余四十步，高二丈。"唐代诗人胡宿题诗咏赞："天开函谷壮关中，万古惊尘向此空。"形容关城宏大雄伟；辛愿来到函谷关后，曾有"双峰高耸太河旁，自古函谷一战场"等著名诗句。那么函谷关如何得名呢？历史上，函谷关的战略位置极其重要，要想东出中原，西进关中，必须过函谷关。函谷关同时也是陕西的重要屏障，占据此地，进可攻退可守。那么，历史上在函谷关发生过战役吗？都有哪些历史人物出现呢？接下来分享几个历史故事。

故事一：秦国东门险不可摧

战国时期，群雄争霸。位于西部的秦国占据雍、凉而守崤函（函谷），虎视六国，最终因军事雄厚，占据有利地势，实属"天时、地利、人和"得成霸业。位于东方的其他六国，韩、赵、魏、楚、齐、燕等，都曾攻打过秦国，必经秦国东大门函谷关。换言之，攻秦必破函谷关，由于六国一直攻不破函谷关，所以战火一直没有烧到秦国本土，秦国得以安心发展，秦国在有天然屏障的保护下一天天壮大，最终统一六国，称霸中原，建立了秦朝。

故事二：函谷关之战

前318年，楚、赵、魏、韩、燕、鲁国联合伐秦。史料记载："秦据函谷关天险大败六国军队。"意思是，因为秦国有函谷关做屏障，五国联合作战终没能攻下函谷，击败秦军。前241年，楚、赵、魏、韩、卫等国联合伐秦，"至函关，皆败走"。战国时期，魏国占函谷关而锁秦国，秦国占据函谷关而出山东。后六国合纵攻打秦国，也是以函谷关为主战场的。

故事三：楚汉争霸

历史到了秦末，农民起义频发。为了镇压起义，秦王命各地王侯，出兵镇压各自地盘内的叛军，刘邦当时在诸王中突显威武善战，气势雄浑。后来，他与楚霸王项羽举兵开战，史称楚汉争霸，刘邦占据函谷关军事有利位置，驻兵抵挡项羽进攻；最终，项羽在垓下败给刘邦，一代枭雄孤身杀出重围，四面楚歌响起，面对失败，他放弃过江，无颜再见江东父老。前202年，遂投江自刎。年仅30岁。自刎前，他留下了耳熟能详的千古绝唱——《垓下歌》：

力拔山兮气盖世，时不利兮骓不逝。

骓不逝兮可奈何！虞兮虞兮奈若何！

刘邦在楚汉争霸中赢得战争的决胜，除了谋士、兵力和自身，还有很重要的一个条件，就是"地利"。可见，在古代，地势对一场战争的成败具有极其重要的作用。

故事四：桃林之战

755年，唐朝发生了"安史之乱"。安禄山兼为三大兵营之首，独掌大军，军队最多曾达到十五万人。叛军与官兵相遇在桃林县函谷关，官兵以王思礼等率精兵五万打前阵，庞忠等率十万大军断后，另派三万人在黄河北岸高处击鼓助攻。叛军将领崔乾佑预先在南面山上埋伏精兵，伺机与唐军决战。两军相交，唐军进了埋伏，结果被诱进隘路。叛军伏兵突起，从山上投下滚木礌石，官兵士卒拥挤在隘谷，难以作战，砸伤无数。后叛军纵火焚烧草车，堵塞道路，官兵前进不得，众人被烟焰迷目，看不清目标，以为叛军在浓烟中，没想到叛军从南面山谷迂回到官军背后杀出，唐军前后受击，乱作一团，弃甲逃入山谷，有的被挤入黄河淹死，绝望的号叫声惊天骇地，一片惨状。唐后军见前军大败，不战自溃。此战由安禄山和史思明率领的叛军与官兵在函谷关前展开交战，史称桃林之战。

据史料统计，战国以来的两千多年中，函谷关历经了七雄争霸、楚汉相争，黄巢、李自成农民起义，长达五十公里的峡谷，东头是函谷关，而西头就是潼关。有人统计，历史上发生在函谷关的重要战争达13次，而潼关则多达45次。这段峡谷在军事上的作用被历代军史铭记。

函谷关现存有令尹望气台、孟尝君鸡鸣台、老子著《道德经》的太初宫等，太初宫已经成为国内外信仰者祭奠老子的重要场所。1992年，河南灵宝县政府按照原古关图形，投资重建了关楼。这里已成为知名旅游景点。原关楼已不存在，今天我们看到的是1992年开工修建的仿古建筑。

秦岭关隘多沧桑。曾几何时，三国蜀将赵子龙曾在阳平关大展雄风；南宋名将吴玠在大散关大破金兵，陆游在散关留下了名句："铁马秋风大散关。"到了明代，孙旷仰慕秦岭关隘，赋诗一首：

雄关西峙卫山城，头枕汉江匹练明，

想见黄柑遗敌处，松风犹作战呼声。

◆ 图2-60 西汉高速

经过资料梳理,对古关隘的地理、历史及战争故事做以摘录和讲解。时过境迁,古关隘原址早已在战火硝烟中消失殆尽。留给后人的是为数不多的残垣片瓦,一阵风吹过,松枝铮铮入耳,犹如听到了当年金戈铁马、厮杀号叫的声音。那些史书里记载的历史铭刻在心。面对眼前留存下来的关墙、寨堡、营盘等遗迹,战争的残酷与牺牲时刻警示着我们。历史不会重现,真相就在眼前。秦岭古关隘守住的更是一道历史的风景线(图2-60)!

二、秦岭千年古栈道

1. 褒斜道

褒斜古道,呈南北向依附褒河修建,南至今陕西汉中市汉台区的褒谷,北口是今陕西省宝鸡市眉县的斜谷,故称褒斜道。褒斜道南口的褒谷修有石门水库,古道遗址已经不在,水库西南2公里处,是勉县的褒城镇,乃古褒城所在地;褒斜道北口在宝鸡眉县的斜谷关,褒谷河长180多公里,斜谷河长71公里,从自然地理角度看,褒谷(南坡)长90公里,斜谷(北麓)长约80公里;由北向南,从眉县斜谷关,经太白、留坝、沿褒河南出褒谷口入汉中,全长470公里,然后经米仓古道越过巴山入四川。综合褒斜道历史文献和自然地理,斜谷有广义和狭义之分。狭义的斜谷道在今五里坡东流,在构家峰至鹦鸽嘴变为北流,长约50公里的石头河;广义的褒斜道是在狭义的褒斜道,再加上今日太白县以东的东西向川道。受斜谷地势影响,褒斜谷也归入斜谷,称褒斜道为斜谷道。在不到150公里的山间谷道中,东西行程仅50公里。

秦汉时期的褒斜道,可以追溯到战国时期秦昭襄王期间,秦国打通巴、蜀通道以此进攻楚国,以及东方其他国家,在都城咸阳和汉中、成都间修建秦、蜀通道,修凿不遗余力。此时期的栈道是利用秦岭北麓斜谷与南坡褒谷的自然条件与地势循河而建,全长250余公里。《三国志》中记载:"南郑直为天狱中,斜谷道为五百里石穴。"《战国策》有记载:"栈道千里,通于蜀汉,使天下皆畏秦。"秦之驰道,天下闻名。西汉建都长安,汉武帝修复褒斜古道,用以打通山东之漕运。之后褒斜栈道成为关中通往汉中、巴蜀的主要交通路线。今天的石门水库旁的《石门铭》和《石门颂》,记载了汉代对褒斜道的修筑景象及巨大成就。

历史文献记载,盛唐时期褒斜道,包括三个部分,"秦蜀道""文川道"和"褒斜道"(图2-61);修缮时间始于839年,唐文宗大修秦蜀通道。所修栈道十分艰险,但当时修筑的工具已十分完善。史

◆ 图2-61 褒斜道

书记载:"栈阁盘虚,下临鸿,层崖峭绝,枘木亘铁;因而广之,限以钩栏。狭径深隍,衔尾相接;从而拓之,方驾从容。"盛唐褒斜道并非秦蜀褒斜道,二者有着一定区别。《旧唐书》和《资治通鉴》记载,其所行路线为长安西出,中经岐山、扶风、陈仓、散关、河池、普安至成都。史书有记载:"明皇既幸蜀,西南行,初入斜谷。"还有"寂寞銮舆斜谷里,是谁翻得雨林铃"。诗中指代的斜谷不在今日的眉县,而是在陈仓区。盛唐的褒斜工程相当巨大。《元和郡县志》记载,秦岭褒斜道为670里长。且包括了三段,秦蜀道即秦汉时期修建的直道,唐文宗修缮了褒斜道,还有一段叫文川道的,据西北大学出版的高从宜编著的《秦岭》一书介绍,文川道南口在今汉中城固县文川镇,文川道由唐宣宗命人修建(849),至今在宝鸡太白县境内留下许多栈道遗迹。这些遗迹包括了梁孔、柱孔、阁孔、桥孔、方形孔、圆形孔、梁柱型和千梁无柱型。

故事一:萧何月下追韩信

秦朝末年,韩信曾多次向项羽献计,始终不被采纳,于是离开项羽前去投奔了刘邦。有一天,韩信违反军纪,按规定应当斩首,临刑时看见汉将夏侯婴,就问道:"难道汉王不想得到天下吗,为什么要斩杀壮士?"夏侯婴以韩信所说不凡、相貌威武而下令释放,并将韩信推荐给刘邦,但未被重用。后韩信多次与萧何谈论,为萧何所赏识。刘邦至南郑途中,韩信思量自己难以受到刘邦的重用,中途离去,被萧何发现后追回,在褒斜道上追回韩信。后来,在萧何的举荐下,刘邦重用了韩信,韩信成为汉初四杰之一,对刘邦一统天下作出了重大贡献。

故事二:诸葛亮造木牛流马

木牛流马,为三国时期蜀国丞相诸葛亮发明的运输工具,分为木牛与流马。建兴八年至十一年(230—233),诸葛亮在北伐时所使用,其载重量为"一岁粮",大约四百斤以上,每日行程为"行者数十里,群行三十里",为蜀汉十万大军提供粮食。那么,他们当年就是用木牛流马驮着粮食行军打仗路经褒斜道的。可想而知,古人作战的不易。

故事三:张良献计火烧栈道

鸿门宴之后,项羽自封西楚霸王,分封天下诸侯王,范增献策缩小对手刘邦的军事威胁,封刘邦为汉王,实际上想困死刘邦于巴山蜀水之间。张良献计火烧栈道。这栈道是联系汉中和东边各国的唯一通道。烧掉之后,一是表示无意东归,让项羽安心,二是防范各国,不得入犯。

褒斜道上有秦岭石门隧道,石门通长16.3米、宽4.2米,南口高3.45米、北口高3.75米,当时开凿山石不是用的铁器或火药,而是古老的"火焚水激"法。据说,是世界上最早的隧道修建法,隧道内壁和石门南褒河两岸崖壁上,留下汉魏以来历代著名官员和文人学士的题名和留诗,通称"石门石刻",1971年,石门所在地修建石门水库,有17方主要刻石移入汉中博物馆保存。

2. 傥骆道

作为秦岭古道之一的傥骆道,南口为"傥",在今陕西汉中洋县的傥水河口;北口为"骆",在今陕西周至县的骆谷口,指向京城长安。途经陕西太白县、佛坪县,然后经汉中走米仓道入四川,长约240公里,经过秦岭的有300公里长。唐朝中后期的100多年里,傥骆道是国家驿道,是皇家南下的御道,表明唐朝命运与汉中曾经有非常紧密的联系,汉中曾经一度成为唐朝的临时都城,兴元府就是对此身份的证明。但是，到了唐晚期，傥骆道极具衰落。其原因有三个：首先，傥骆道东有蓝武道，通江汉平原，西有秦蜀道，通四川盆地，京畿的特权淡化；其次，是傥骆道的地理环境条件恶劣，由于政治社会动荡，栈道年久失修，很多驿站、驿馆关闭；北宋以后，傥骆道不再是国家驿道；最后一个原因也是最根本的原因，那就是长安不再是都城，驿道变碥路，有的甚至消失不见。

傥骆道的修筑主要体现在国道救主上。由于栈道是以"木"筑路，且悬于空中，在军事上极易被烧毁，但其艺术和实用价值实现了完美结合。使得很多诗人墨客留下了浩瀚诗句，宰相诗人元稹的《望云骓马歌》有云：

忆昔先皇幸蜀时，八马入谷七马疲。

肉绽筋挛四蹄脱，七马死尽无马骑。

天子蒙尘天雨泣，巉岩道路淋漓湿。

此诗描写中唐时的傥骆道。唐末（880），黄巢农民起义军进迫长安，唐皇带着宦官田令孜等由傥骆道仓皇逃奔汉中、成都。颠沛流离中，唐安公主死于傥骆道上。北宋时期，傥骆道亦曾是驿道。宋敏求《长安志》曾记载了鄠县（今陕西省西安市鄠邑区）、盩厔县（今陕西省西安市周至县）及其通往兴道县（今陕西省汉中市洋县）的驿馆多处。如"樱桃驿""三交驿""林关驿"和"大望驿"等。1161—1163年，金帝完颜亮大举分道攻打南宋。西路金军由凤翔出散关，南将吴璘与姚仲杀出骆谷，分道反击。南宋大诗人陆游在《怀南郑旧游》诗中提到这场战争的一幕："千艘漕粟鱼关北，一点烽传骆谷东。"

傥骆道随着京都迁移逐渐衰落，从皇家御道沦为山间小道，直至荒废堵塞，史书不载。

故事一：魏蜀两国交锋傥骆道

姜维是三国时期蜀国大将，与关羽、张飞、赵云、黄忠等五虎上将齐名；据说他得到孔明的真传，英勇善战，谋略过人。魏将曹爽曾与蜀将姜维多次在此道交锋。姜维足智多谋，利用钟会和邓艾的矛盾，先后除掉了两将。魏国不会就此罢休，曹爽带领大军经傥骆道与蜀军交战。但最终蜀国国势衰弱不敌魏国，最终退出了历史舞台。

故事二：唐明皇过傥骆道避安史之乱

骆谷道（傥骆道）始于隋代，并置"官关"。唐武德七年（624），"复开"骆谷道。唐中后期，傥骆道的使用最为频繁。特别是安禄山叛乱以后，皇帝、大臣、名士，为求近捷，不避艰险，取傥骆道往返于长安、汉中之间。在安禄山叛乱中，唐玄宗等人由傥骆道南逃，朝臣房琯、李煜、高适等，则都取道骆谷捷径。

故事三：解送贬官、罪犯之驿道

史料记载，762年，唐代宗曾下令金牛、傥骆、子午谷等路沿途关卡，要严格检查旅客所带武器与通行凭证的登记是否相符，若不相符，即予扣留。可见此时傥骆道上行旅渐盛。次年，兵部尚书来填被贬为播州县尉，出长安后，赐死于郡县。知傥骆道这时已成为解送贬官、罪犯的驿道。

唐德宗建中四年（783），泾原兵变，朱泚盘踞长安，德宗被迫先逃往奉天，后又南经武功、盩厔入骆谷道（傥骆道），逃往汉中。次年五月，大将李晟平定叛乱后，德宗又返回长安。

故事四：唐宋时期重要驿道

唐元和元年—长庆三年（806—823），唐朝臣文士途经骆谷道者甚多，行旅益盛。仅元和三年至九年（808—814），著名文士元稹在两次往返于傥骆道上，写诗三十余首，记录了沿途风光和驿站。著名诗人白居易、岑参、韩琮、崔觐等，均曾著诗于骆谷道。贞元年间（785—805），柳宗元在作《馆驿使壁记》中，列举当时京都长安通向四面八方的驿路，入川驿路独举骆谷。唐中期以后，是骆谷道使用的鼎盛时期。

如今，傥骆道逐渐走出人们的视线，随着朝代更迭，交通政治的中心北迁，它不再是兵家必争之地，逐渐散落民间，融入普通百姓生活。如今在陕西洋县留有残垣断壁。通过对这段古道的了解，想必来到现场的读者也会联想到当年傥骆道繁盛一时的景象，那么，你就有了和别人不一样的收获。

3.子午道

子午道开辟于汉朝,因子午谷而得名,子午道顺着子午河由北向南走向。古代称北山为子,南山为午,共称子午道。

子午道北起今陕西长安区子午镇西的子午谷，叫子口（北口），南口的位置目前学界有四种说法：一说子午道南口在汉中市西乡县的子午镇；有说是在汉中市洋县的龙亭镇；还有人说是在安康市石泉县的池河镇。王从宜教授认为，子午道南口更有可能在今天安康市汉滨区大河镇的汉王坪。其原因是源于汉滨区大河镇的汉王坪古城遗址。

西北大学出版社出版的《秦岭》中，作者将子午道分成新旧两条，旧子午道从陕西长安出发，越秦岭梁、经宁陕县南下经月沙坪、腰岭关到达安康；新子午道是从今安康宁陕县江口镇七里沟出发，经210国道至汉中的西乡县。子午旧道是王莽子午道的路线，目的地是安康；而新子午道的目的地是汉中，新子午道是南北朝时期萧梁修建，称萧梁新道。

据《汉书》和《资治通鉴》记载："莽以皇后有司孙瑞，通子午道。"王莽为子午道命名。石门水库的摩崖石刻《石门颂》中有描述："上则悬峻，屈曲流颠，下则入冥，倾泻临渊。平阿淖泥，常荫鲜晏，木石相距，利磨确磐。临危枪砀，履尾心寒，空舆轻骑，滞碍弗前。恶虫蔽狩，蛇蛭毒螫，未秋截霜，稼禾夭残。"充分说明栈道险峻。汉代以来，子午道一直是长安城通往安康盆地的要道，历经两汉、三国、两晋和南北朝，三百多年的历史，记录了4个阶段的历史演变。

故事一：汉武帝子午设坛

汉武帝刘彻除了文治武功外，历史上他还是一位热衷于巫术和宗教的皇帝。和秦始皇一样，汉武帝通过设坛封禅等宗教活动，求仙颂道，以求得长生不老。曾派人到处寻找方士，为他炼丹卜卦。汉武帝时期，武帝乐于封禅，在终南山封禅，设玄都坛，置祭具以致天神。玄都坛在今天西安市南边终南山子午谷里，是祭天的神坛，玄都是指神仙居住的地方，在玄都建坛，叩拜神仙，以保江山。

故事二：南北朝开辟新道

唐朝《元和郡县志》记载："子午道有新、旧两道，两汉、三国、晋代循旧道，南北朝又辟新道。旧道在金州安康县界，梁将军王神念以旧道缘山避水，桥梁百数，多有毁坏，分别开干路，更名子午道。"可见，子午道有新、旧道之分，但并非两者分开，而是目的地不同，旧道秦朝以来一直是安康通往长安城的大道，目的地在今天的安康市，新道是从南北朝以后开始使用，北半段和旧道一样，南半段则沿平梁河，进入长安河谷，经宁陕县，再沿子午河南下到达汉中市西乡县子午镇，也称萧梁新道。

故事三：明末清初通信栈道

明末，陕西总督孙传庭领兵由子午道南下攻打李自成、张献忠农民起义军。当年蜀道如此艰险，难怪成为双方交战必须争夺之地（图2-62）。清乾隆年间，陕西巡抚毕沅规定，传递四川文报不取连云栈道而由子午道入，驿路可缩短七八日之程。可见，子午道到了清朝，还有通信送信的军事作用。随着子午道的频繁使用和秦岭山区人口的增加，沿子午道，逐渐发展起来江口镇、旬阳坝、迎凤坝等集镇。

◆ 图2-62 子午岭

4. 蓝武道

蓝武道，曾叫蓝田道、蓝关道、武关道，《唐代交通图考》中其为蓝田武关驿道。历史上，曾是秦地与楚地之间的交通要道，因此也叫"秦楚大道"。它起于西安市蓝田县秦岭北麓玉山镇，止于陕西商洛丹凤县莽岭南麓的武关镇。蓝田关和武关是蓝武道上著名的关隘。栈道上设有驿站。比如，青泥驿（蓝田城区）、蓝桥驿（蓝田东南）、仙娥驿、武关驿（丹凤县）等。蓝武道山间道路总长度在600千米左右（蓝田玉山到丹凤武关）。蓝武道从北端蓝田道、蓝关道经武关道至商於道（南端）栈道总长度接近150千米。

秦岭中的蓝武道是春秋时期（前770—前476）秦国打败楚国、统一中国至关重要的古栈道。正所谓"秦楚大道"，依托丹江和灞河，连通今天的陕西和两湖（湖南、湖北）地带。在历史上，楚国是失败者，先输给秦，而后又败给汉，但在今天看来，"秦楚大道"留给我们的是一笔无价的人文地理财富。多少诗人感慨于此道。这条在昨日秦始皇浩浩荡荡几番巡幸的秦楚御道，白居易眼里是"回看官路三条线，却望都城一片尘"的官道，想必也留给今天前来探访过去的人们更多的想象和感触吧！

5. 金牛道

《辞海》云：金牛道，别名石牛道，古道路名。有关金牛道的路线的观点大体一致：自今陕西省汉中市勉县西行，经宁强县，越七盘岭入四川省，经朝天驿、广元、剑阁县到达成都。金牛道有广义和狭义之分。广义的金牛道，指汉中至成都的古道全程。狭义的金牛道指汉中至成都平原之间的一段栈道。因朝代更迭不断，先秦至南北朝、唐宋时期和元明清时期的路线并不一致。主要有秦汉时期和唐宋时期两次大的变化。据《资治通鉴》记载，秦汉时期金牛道是要经过白水关，白水关是今天四川青川县，其路线为自汉中勉县西南行，经宁强县大安镇、平阳关，西南渡嘉陵江到白水关，沿白龙江越剑门关经绵阳、广汉至成都；唐宋金牛道则是自今陕西宁强县平阳关出发，沿嘉陵江一线行至广元。后者在于经宁强大安至燕子砭后不渡嘉陵江，而沿其南岸直抵广元。明清以后，金牛道选择从宁强县五丁关通行。

明朝薛宣有《金牛峡》一首诗：

巨峡三十里，天开几万年。

泉飞林杪雨，云合管中天。

诗中形容了金牛峡险峻的地势，仰望天光一线，道路依山傍水，两岸奇峰如刀劈斧削，直入云天。金牛道有着很多传说。相传战国时期，秦惠王欲吞并蜀，碍于无路进蜀，秦惠文王便用石牛粪金的计策，哄骗蜀王。蜀王信以为真，派身边五丁力士，劈山开道，入秦迎美女运金牛，才开通了这条蜀道，称为金牛道。正所谓唐代诗人所言："五丁不凿金牛路，秦惠何由得并吞。"

另有传说，秦惠文王将自己的女儿许配给了蜀王，蜀王派五丁力士娶亲。返回蜀国时，遇到一条大蛇钻入了山洞，五丁力士竞相将其拽出，结果山被力士拽塌，五丁力士及秦女被大山压死。李白的《蜀道难》中："地崩山摧壮士死，然后天梯石栈相钩连"，即指代此传说。

金牛古道全长2000余里，金牛道自关中平原逶迤而来，出陕西勉县，过阳平关，走陕西宁强，越七盘关至朝天驿，而后经广元至昭化。在今天四川广元境内的一段计200多里，其间山重水复，栈道相连，沟壑纵横，最为奇险。依据《中国历史地图集》，在金牛道这条路上，至今尚存"五丁关"（陕西省汉中市宁强县）、"军师庙"（四川省广元市）、"筹笔驿"（四川省广元市）等地名。唐诗人李商隐有《筹笔驿》：

猿鸟犹疑畏简书，风云常为护储胥。

徒令上将挥神笔，终见降王走传车。

管乐有才原不忝，关张无命欲何如？

他年锦里经祠庙，梁父吟成恨有余。

6. 陈仓道

陈仓道又名故道，是古代关中翻越秦岭到达汉中通往四川盆地的道路。陈仓道北起凤翔县南至汉中市，全长350余公里。陈仓道的历史能够追溯到商周时期，秦汉时期陈仓道开始兴盛，至唐宋时达到鼎盛。虽然在元、明、清时已经不再是官驿大道，但陈仓道上依旧是商旅车马络绎不绝。相比其他狭窄险峻的蜀道，陈仓道沿途平夷，居民稠密，更易通行，使用时间也比较长。陈仓道在人们生活中是一条交通要道，不仅如此，它在军事上还具有重要的战略价值。历史上许多著名的战役和事件都与陈仓道有关，例如"明修栈道，暗度陈仓""诸葛亮六出祁山"等。此外，宝汉公路、宝成铁路、川陕公路等现代交通设施也是沿着陈仓道修建的。近年来，陈仓道的保护和研究工作得到了重视。许多历史学者和爱好者致力于研究和保护这条古老的蜀道，通过图文和纪录片等形式记录和传播其历史和文化价值。尽管陈仓道的形式发生了巨大变化，但其线路走向基本未变，依然承载着丰富的历史故事和文化意义。

7. 荔枝道

《舆地纪胜》记载："杨贵妃嗜生荔枝，诏驿自涪陵，由达州，取西乡，入子午谷，至长安才三日，香色俱未变"。荔枝道是当年唐玄宗为贵妃杨玉环专门设置的输送荔枝专道，杨玉环嗜食荔枝，朝廷遂在涪陵建优质荔枝园，并修整涪陵至长安的道路，取道达州（今四川省达州市达川区），从今陕西西乡快马入子午谷，至唐长安城仅仅三天，进呈贵妃的荔枝犹新鲜如初。唐天宝荔枝道是为杨玉环从长安到巴蜀，设驿站（每20里设1站）进行传递荔枝的专用驿道，全程1000多公里。由南向北构成南北两段：北段是从唐长安城到今天汉中西乡县的子午道，穿越秦岭南北，约500公里，南段即从今天汉中西乡县的子午道口出发，经镇巴县到达四川万源市，再从万源市经达州市到达重庆涪陵，全长约500公里（图2-63）。

◆ 图2-63　荔枝道一景

综上所述，荔枝道由子午道子午镇向南延伸，经汉中市西乡县、镇巴县，折而向西南经四川万源再至达州，进而到达重庆涪陵，道名以运鲜荔枝而得名，因受当时物质和技术条件的限制，荔枝道路况十分险峻。巴山的三条通道，与秦岭呈平行分布。

唐代诗人杜牧曾有绝句《过华清宫绝句》（节选）形容荔枝道：

长安回望绣成堆，山顶千门次第开。

一骑红尘妃子笑，无人知是荔枝来。

唐代诗人杜甫《病橘》（节选）有诗云：

忆昔南海使，奔腾献荔枝。

百马死山中，至今耆旧悲。

张祜《马嵬坡》记载：

旌旗不整奈君何，南去人稀北去多。

尘土已残香粉艳，荔枝犹到马嵬坡。

前两首诗讲的是杨贵妃在世时，三千宠爱于一身的奢华享受，为了吃到鲜美的荔枝，不惜劳顿地设置驿站速递荔枝，管它马死人亡，在所不辞。后一首诗是描写杨贵妃香消玉殒的地方，竟然也是为她驿传荔枝的荔枝道的山中，不但杨贵妃死在荔枝道的芳香中，而且唐朝的天宝盛世也断送在这里。

8. 米仓道

《辞海》注：米仓道，古道路名。自今陕西汉中市南，至四川巴中市，因穿越米仓山而得名。米仓道全长约500里，循汉水支流濂水谷道和嘉陵江支流巴江谷道，绕山越岭，最终抵达四川巴中地区。米仓道为汉中入四川的交通要道。此外，米仓道还联系着金牛道到成都，南下木门道达重庆。米仓道从陕西汉中的南郑出发，翻越米仓山进入巴蜀的北大门——南江，这段道路可以分为两条供人选择，一是从南郑秦家坝出发，翻越米仓山经米仓关进入南江县；一条则是从南郑经喜神坝，经琉璃关到底塘堡（南江县）；顺着南江县再往南走，称为米仓道北道，出底塘堡经东榆堡、石灰堡、淘金堡、马掌堡、白杨堡、元潭堡，进入巴中城。

从秦汉、三国时期到宋金、宋、元，米仓道的政治、军事地位非常重要。《南江县志》记载，秦末汉初，从南郑到四川的道路中就有米仓道。楚汉相争，萧何追韩信途经米仓道，至今保留截贤岭、韩溪等地名。史载：建安二十年（215），张鲁为曹操所破，相传由米仓道自南山入巴中；建安二十二年（217），张郃越过米仓山，南下进攻巴东、巴西二郡，将当地百姓迁徙到汉中。刘备派征虏将军张飞为巴西郡太守，征讨张郃。最终张郃大败，仅带十余人弃马爬山由此道逃跑，撤回南郑。北宋以后，米仓道为宋朝所用。1206年，金兵入凤州（今陕西省宝鸡市凤县），兴元军帅程松亟由米仓山道遁入阆中（四川阆中市）。

因受到历代官府重视，米仓古道沿路的巴中地区形成了丰富的物质文化和非物质文化遗产。米仓道拥有历代旧关隘6处，城堡3处，店铺21处，仓库遗址1处；附近村落还发现了汉代砖室墓群1处和汉代瓦窑遗址1处。巴中民间舞蹈《翻山铰子》入选《中国舞蹈集成》；独特的方言俚语、民间剪纸、竹编、雕刻等手工艺，饮食习俗、造纸术、酿造技术、银耳栽培技术等源远流长。巴中的生活、生产、消费习俗自成体系，婚丧嫁娶独具风格，岁时节令特色鲜明，民间禁忌也有着悠久的历史。

栈道是我国古代在峭崖陡壁上凿孔、架桥、连阁而成的一种通道，也是兵家攻守的交通要道，工程艰巨，路途险恶，是我国古代交通史上的奇迹。《战国策》记载"栈道千里于蜀汉"。川陕交接（陕西南部与四川北部）的栈道，始建于战国时代，拓展于秦汉两代，历经唐宋元明清两千多年的开拓沟通，在秦巴山区基本形成并沿袭至今的有八条通道（图2-64）：

穿越秦岭的四条栈道有褒斜道、傥骆道、子午道、蓝武道、陈仓道。

横跨巴山的三条栈道有荔枝道、米仓道、金牛道。

古栈道随着自然环境、战乱的影响，时毁时修，此通彼塞，相互交替地使用了数千年。历经两千多年的古代战火焚烧和自然的蚀毁，今天的古栈道留下的只是斑斑痕迹。

古代的栈道与现代的高速公路近似，只能官方走，有些甚至只能由皇帝走，叫作御道。栈道依山傍水凿孔镶嵌在地势险要的山岭间。具有交通、运输、仓储等功能。战争结束后，胜者为王，依附都城利用栈道继续为统治者服务，有些废弃的栈道不再用于军事活动，被用在了商业和其他行业里。有些栈道则一直承担着军事作用，战功显赫。

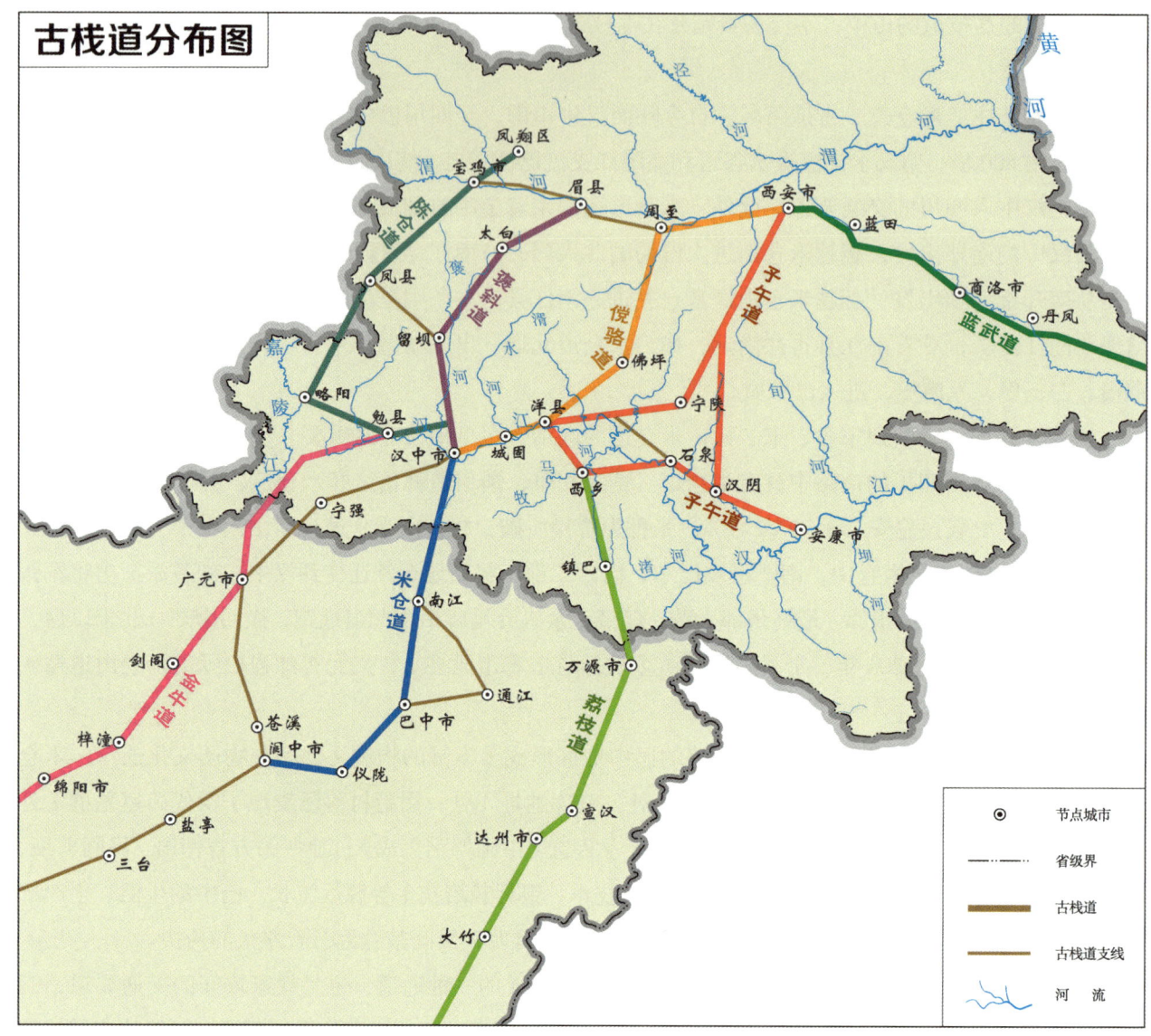

◆ 图 2-64 古栈道分布图

三、秦岭深处古战场

古战场，即古代战役发生的地域、地点。泛指过去的战争所进行的战场，能留存至今仍然有原始遗存或遗迹证明当年战争史实的都称为古战场。历史上，在秦岭发生过的战役如今有没有留下叫人瞻仰的古战场呢？当然有了，只不过有些是人们后来在战场原址上恢复修建的复制版，而少数一些是当年战场原址留下来的历史遗存的真实展示。还有一些古战场至今已经不存在，只留下了传说或文字记载，大秦岭古战场里面，笔者介绍的以下战场，有真实存在的，也有被后人复制的。当然，年代越早的古战场，越容易成为第三种，但也绝非必然。我们按照年代顺序将展开这一节的内容叙述。

1. 秦商鞅邑

据学者考证，商的遗址在今天陕西丹凤至河南西峡一带的河谷。目前，在陕西丹凤城西西河古城村发现一处战国商鞅封邑。遗址南北长约 1000 米，东西宽 300 米左右，南部有丹江自西向南流的老君河与丹江交汇，北边是蟒岭，东边有南北走向的山梁，自蟒岭山脚一直延伸到丹江。这里坐山面江，既适宜居住，又利于防御。在东面山梁上，有一堵与老君河基本平行的城墙，城墙长约 1000 米。

战国末期，群雄逐鹿，商鞅在秦国变法，使秦国迅速成为西部大国，也为后来秦的统一奠定了坚实的物质基础。商鞅因功被封为列侯，受赐商于郡，封地十五邑，随以封地为姓，改原名"卫鞅"为"商鞅"。

1996 年，在遗址当地发掘时出土的釜、盆、豆、罐、壶等战国中晚期陶器，既有秦文化特征，也有楚文化特征。遗址内出土有"商"字模印的瓦片，字体均为小篆，证明了此处遗址曾是商鞅的封邑。邑城仅有最北一小段残留的城墙，其他已被损毁。

2. 蜀汉古战场

（1）张飞饶峰关智取刘封

在介绍秦岭古代栈道中提到子午栈道，子午栈道附近有个饶峰关，就在今陕西石泉县的饶峰镇。据《三国志》记载，历史上的饶峰关曾是三国古战场之一。曾留下过张飞等蜀将征战的记录。

三国时期，诸葛亮坐镇汉中调兵遣将，派镇守饶峰关的刘封东出荆襄，南抵均、房两州以接应关羽。但刘封没有出兵营救关羽，以种种理由按兵不动，图谋趁蜀军败落时，自己养精蓄锐，另立山头，来日夺得刘备的皇位。此情景下，诸葛亮速派张飞前往饶峰关督促刘封出兵。张飞奉命前往饶峰关。刘封预知消息后，暗地里把守张飞来路，企图阻止张飞人马。他深知张飞火暴秉性，张飞本人定出现在军队前的战马上，就在饶峰关的山岭道路上设下陷阱坑。坑内立矛和尖竹，上掩伏草遮人耳目。哪知陷阱被张飞战马识破，连跳险坑，越过险境，躲过一劫。

张飞知道刘封阴险狡诈，设计应对。刘封见张飞奇迹般地带领大队人马已到关岭，防不胜防，无法向张飞禀告畏敌不敢前去营救关羽的行为。于是想降伏张飞，令阵前官兵，只要张飞一人前来见他，张飞将计就计，说他对刘封满怀仰慕之情，这次主动前来饶峰关投奔于他，以辅佐刘封成就大事，举大汉旗帜另建皇室。刘封信以为真，希望三老爷帮他出谋划策，并称事后以丞相酬谢。

张飞献计将刘封藏于巨鼓内，谎称献鼓于刘备，让刘封伺机刺备。刘封照办，张飞见时机已到，速将利刃刺进大鼓，再把大鼓推下饶峰岭。至今在饶峰关滚鼓坡旁的阴沟里有一乱石坑。据说，是刘封之墓。

（2）陈仓古战场

诸葛亮六出祁山，呕心沥血匡扶汉室，年近五旬还亲自出征，试图夺得关中以控天下，再挟中原，完成一统天下的宏大目标。在选择出战的道路上，他坚持以陈仓栈道出击，先占陈仓再逼长安。军中上下无不称赞丞相圣明。

有记载："魏有奇策，与亮说：延请精兵五千。负粮五千，直子午中出，循秦岭而东，不过十日可到长安，十许日而公从斜谷来必足以达，如此一举，而咸阳以西可定矣。"然而，"延每随亮出，辄欲请兵万人，与亮异道会于潼关，如韩信故事，亮制而不许"。其意思是说，众臣中，只有魏延坚持己见，认为应该放弃陈仓栈道，选择子午栈道，过饶峰关出其不意直逼长安才对。诸葛亮并未用魏延良策，主张走陈仓栈道攻打关中，结果蜀汉在祁山彻底失败，最后诸葛亮鞠躬尽瘁，病逝在五丈原。告退断后的魏延欲举旗再振蜀汉杀回祁山时，无奈被马岱所斩，蜀国气数已尽。

(3) 五丈原古战场

五丈原，位于今陕西省宝鸡市岐山县，属于秦岭北麓黄土台塬的一部分，海拔约750米，原上地势平坦，面积南北长约4公里，东西宽约1.8公里。南靠秦岭，北临渭水，东西皆深沟，形势险要。五丈原东10公里处之葫芦口，相传就是诸葛亮伏兵火烧司马懿的战场。

《通鉴·地理通释》记载："五丈原高平广远，行军者必争之地。"《三国志·诸葛亮传》记载：建兴十一年（233年春），"亮悉大众由斜谷出，与司马宣王对于渭南。亮每患粮不足，是以分兵屯田，耕者杂于渭滨居民之间，其年八月，亮疾病，卒于军中，时年五十四"。诸葛亮北伐曹魏、屯兵用武，在五丈原与司马懿隔渭河对阵，可惜由于粮草不足，后因孔明生病而导致没能继续与曹魏决一死战。由此，五丈原成为蜀相诸葛孔明死而后已的古战场。五丈原由此闻名于世（图2-65）。

位于五丈原北麓渭河南岸的高店镇，相传是魏延驻防之地，叫魏延城。渭河北岸的三刀岭，正好与五丈原南北对峙，隔河相望，传说就是司马懿驻扎军营的地方。

◆ 图2-65　诸葛亮庙

(4) 阳平关战场

东汉灵帝末年（189），刘焉担任益州牧，阴谋割据巴蜀，遣张鲁为督义司马，攻打汉中。张鲁率兵自成都北上，沿剑阁栈道出百牢关，到达沔阳（今勉县）。首先从阳平关开战，并于关口西侧的走马岭修筑寨堡，随后，南渡沔水（今汉江）占领定军山，从北面夺取天荡山，杀死汉中太守苏固，从而占领整个汉中，自封"汉宁郡王"，统治汉中长达20多年。

建安二十年（215），曹操率兵10万，攻取徽县、凤县后，开始进军汉中，攻阳平关。张鲁命其守将张卫、杨昂、杨任等人依山筑寨坚守。曹兵久攻不下，只好诈退，使阳平关守军放松警戒。而后，曹兵乘机攻取阳平关，张鲁守军自乱，杨昂战死，张卫、杨任逃回南郑，张鲁逃往四川巴中。曹操夺取汉中后，留夏侯渊、张郃、徐晃等镇守汉中，自己则因恐后方不稳，率主力回到北方。

建安二十三年（218），刘备率领诸将进兵汉中，被张郃阻挡在阳平关外汉江上游的深山峡谷之中，彼此相互对峙一年有余，刘备未能进入汉中盆地。次年，刘备一面派兵攻打张郃在走马岭的营堡，一面南渡汉江，沿山间小路，通过夜间偷袭抢占了军事要地定军山，并且斩了夏侯渊。张郃闻夏侯渊已死，即退守阳平关。随后，曹操增兵阳平关与刘备决战，刘备坚守不出，曹军终因军粮不济，将士伤亡过大，而败退关中。自此，汉中归刘备管辖。

3. 汉刘邦破武关

秦末农民起义中，群雄割据。楚怀王命项羽与上将宋义北上救援河北起义军，命刘邦领兵进攻关中，并与项、刘两路起义军约定"先入定关中者王之"。当时从东部进入关中的通道主要有函谷关道、武关道和蒲关道。刘邦在洛阳东被秦军打败，无法自此道通行，若取蒲道，则需两渡黄河，自然不是上策，只剩下武关道，秦军在此布防的军力较少，警惕性也不高，故刘邦决议从武关进入关中。他招降南阳郡守后，便遵循武关道西行，一路经过丹水、胡阳、析、郦等县均归降于刘邦。最后刘邦军顺利抵达武关，"乘秦守将不备，突袭而攻克武关"后，绕过通往咸阳的最后一道关隘——峣关（今陕西省商洛市商州区西北），翻越蒉山至蓝田南大败秦军，最终入咸阳。此时项羽尚在关中东大门之外。

刘邦利用了秦岭山区地理偏僻隐秘，从武关道直入关中，在兵力较少的情况下，先于项羽攻下咸阳，抢得先机，取得了政治上的优势，为后来统一天下，建立汉朝奠定了基础。

4. 唐德宗避乱傥骆道

唐德宗李适在位期间，国力日衰，藩镇割据愈演愈烈。李适企图压制，却遭兵变。784年，德宗李适为了躲避朱泚兵变，经傥骆道逃难来到汉中。德宗长女唐安公主时年23岁，因经受不了一路的艰难困苦，到今汉中洋县后不久暴病身亡，就地安葬在县城西40里的马畅镇。德宗悲伤之极，虽在逃亡途中，仍以相应的规格埋葬公主，现公主坟被作为历史文物和旅游资源得以保护。

5. 宋金饶风关大战

南宋高宗建炎四年（1130），金兵大举南下进犯中原。南宋抗金名将王彦出任安抚使知，坐镇金州，守均、房二州，率军以"赤心报国，誓杀金贼"为誓言，力保大宋王朝。金将桑仲拥兵十万，攻下襄阳，又乘势西进，直捣荆州，再犯金州。金州将士失色，欲避其锋而弃金州，王彦大怒："枢相张公，方有事关、陕，若桑仲越荆州而至梁、洋，则腹背受敌，大事去矣，敢言避者斩。"于是亲自带兵阻水据山设伏。王彦伏兵从山谷中杀出，桑仲的兵队一拥而上，与桑仲兵激战死斗，桑仲兵溃败退去。王彦乘胜追击，收复荆州。

次年，桑仲带兵再战荆州，气势汹汹。王彦虽兵力甚微，只能且战且退，虽几次大战挡住金军，特别是在金州三条岭伏兵从山谷中杀出，突然发难，使桑仲未能前行，再败走襄阳。

1133年，金军又战，守军撤离，喝率主力，由长安破商州，直捣旬阳，遂乘胜取金州，王彦不敌，退饶风关。

金人占据金州后，继续率军直逼汉中。王彦急告汉中知府刘子羽，刘子羽派兵增援驻守饶风关，又向宋将吴玠告急。吴玠命黄柑驻守关前的霹雳石，黄柑见金军到，在霹雳石迂回又厮杀数日，终寡不敌众，退回饶风关。吴玠联合王彦、刘子羽，重创金兵，取得了胜利。

这就是历史上南宋抗金过程中颇为著名的"饶峰关之战"。饶风关之战使金兵元气大伤，宋军由此士气倍增。诗以咏志：

> 苍崖薄雾水声潺，征马长嘶人未还。
> 三百黄柑烦驿使，五千铁骑出重关。
> 敌兵已据丘陵险，带甲犹盈天地间。
> 大啸高峰云乍合，萧萧落木下空山。

6. 闯王李自成败退商州

明崇祯十年（1637），陕北连年旱灾，农民奋起暴动。以米脂怀远堡的李自成为首的起义军主要在湖北、河南、陕西交界一带活动。其中，陕西的商州成为起义军活动的交通要道和休整之地，这里地处偏远，山脉连绵，官军不易进剿，起义军经常出入此地，甚至在这里建立过政权。崇祯十一年（1638），李自成率领的起义军在四川、陕南一带接连失败，本想北上从关中转战河南，却在潼关的南原遭遇洪承畴伏击，以致妻女俱失，只得南逃至商州山中。他先入洛南，后转入杨家斜，集合溃散部队休整。次年张献忠的起义军在湖北一带起兵，李自成本想趁机向商州南北发展，但被陕西总督郑崇俭包围在洛南与河南交界，最后败退商州。

7. 清白莲教军战陕南

白莲教，是元、明、清时期流传于民间的秘密教会。清乾隆五十九年（1794），朝廷在陕南兴安府（今安康）捕杀了60多名白莲教首领，株连甚广。清嘉庆年间（1796—1820），白莲教起义蔓延湖北、四川、陕西、甘肃、河南五省，史称"川楚教徒之役"。陕南在嘉庆元年到三年成为白莲教起义的主战场，秦岭地区的凤县、商州、蓝田都被卷入了战火。

嘉庆元年（1796）九月，白莲教首领徐天德四川起义，11月将势力扩展至陕南安康、平利、紫阳等县，当地白莲教众也随即加入起义。次年正月，白莲教起义中势力最大、战斗力最强的王聪儿、姚之富、李全、戴金花等人领导的襄阳义军各路在湖北的郧西、陕西的商洛、河南的卢氏交界地区运动，并在镇安会师，随后进入四川。嘉庆四年（1799），清廷以勒保为经略大臣，明亮、额勒登保为参赞大臣，节制川、陕、楚、豫、甘五省官兵进击，并晓谕州县办团练，坚壁清野，攻抚并施，使教匪处境艰难，张汉潮等相继牺牲。嘉庆五年（1800），清廷任勒保为四川总督，集中主力于川西阻截教匪军。经数次激战，教匪退入南山和巴山老林。至嘉庆九年（1804）九月，教匪残部被清军陆续击破，教乱被平定。

小结

在古代，秦岭已经闻名遐迩。它作为中国南北分界线在中国古代历史上地位重要，秦岭深处的这些古栈道、古关隘及古战场，是前人留下的战争军事遗迹。本章以上列举了很多与秦岭有关的古关隘、古栈道和古战场，由于时间仓促，查阅资料不够广泛，内容和深度方面存在缺憾，现将本章介绍的内容做一简表，以供读者参考。

表2-1 秦岭古栈道、古关隘、古战场地理信息汇总表

分类	名称	性质	位置	长度/场次
古栈道	褒斜道	秦岭古道	汉中汉台区褒谷至宝鸡眉县斜谷	335千米
	傥骆道		汉中洋县傥水河口周至县骆谷口	300千米
	子午道		长安子午镇子午谷至汉中西乡子午镇	500千米
	蓝武道	秦楚古道	蓝田玉山镇至商洛丹凤县武关镇	150千米
	金牛道	秦巴古道	汉中勉县至四川成都	1000千米
	米仓道		汉中市南至四川巴中市	250千米
	荔枝道		西安市区至西乡县的子午道（北段）	1000千米
			子午道至四川万源市（南段）	
	陈仓道	秦蜀古道	凤翔县至汉中市	
古关隘	武关	秦楚关隘	丹凤县（秦王）/勉县（蜀汉）	关中南门
	剑门关	秦蜀关隘	四川广元市剑阁县北	蜀汉南门
	散关	秦蜀关隘	宝鸡市南大散岭	关中西门
	子午石羊关	秦岭关隘	长安区西万路南52千米	子午关隘
	潼关（函谷关）	秦豫关隘	渭南市潼关县北	关中东门
	萧关	秦宁关隘	宁夏固原	关中北门
古战场	陈仓道	横跨秦、楚、蜀、中原、西夏五地	陕西宝鸡	暗度陈仓
	子午道		秦楚交界	丹阳一战
	散关	横跨秦、楚、蜀、中原、西夏五地	宝鸡市南大散岭	70多场
	阳平关		陕西汉中宁强县	阳平关大捷
	武关		秦蜀交界	司马错伐蜀

第五章
秦岭诗词文化

"醉翁之意不在酒,在乎山水之间也。"(宋·欧阳修《醉翁亭记》)山水,在中国古代文化中扮演着非常重要的角色。它对中国文化影响至深,直接影响了几千年中国文人的心态和中国文化艺术。山水,是中国古代文人生活的一部分,寄情山水,隐逸江湖,是中国文人的一大梦想。山水,它不仅是古代文人的一种生活和休闲方式,同时也是他们修身养性,感悟佛禅道义,体验儒教天人合一的生命形态的最佳处所,更是他们生活态度和精神追求的一种象征。此外,中国古人热衷山水,还与他们当时的生活环境、生活方式、社会发展等因素有关。山水,由此也成为中国古人生活中不可分割的重要组成部分。很多读书人成为朝廷高官之后念念不忘山水,他们身在庙堂,心系江湖,并常作山水追慕之思之作。同时仕途的不确定和不得意,也与山水之间的自由闲适形成鲜明的对比,造成了中国文人的矛盾心理:既想在庙堂治国平天下,又想在江湖山水间享受闲适,修身养性。古代文人对山水的偏爱直接影响了他们的文学、绘画等艺术创作。

唐诗宋词更是离不开山水,格调高、意境佳的唐宋诗文作品,大都建立在对山水风景的描绘之上。唐诗宋词讲究"意境","境界"高远是其艺术成就的重要指征,而境界高远之作必定是情景交融的作品,而情景交融的作品必定离不开对山水风景的描绘。山水文化的发展极大地丰富了中国的文化,也丰富了中国文人的生活。孔子《论语·雍也》曰:"知者乐水,仁者乐山;知者动,仁者静;知者乐,仁者寿。"古人将人的品格、气质、胸怀、志趣都同自然界的山水联系起来,将个人的审美情趣与道德修养置身于大自然之中,赋予山水人格化,以其来自喻人的节操、格调与品位,而这也正是儒家所提倡的,所谓"以山水比德智"。同样,道家的理念追求"道法自然"的和谐统一和追求"天地与我并生，万物与我为一"的生存理念与精神境界。对于自然山水，道家注重的是"无为"的"逍遥"状态，倡导一种回归自然的修身法门。

秦岭的幽谷深涧与飞瀑流泉，种种景色既可以汇成一曲俞伯牙《高山流水》的千古绝唱，又能够绘成王希孟《千里江山图》的鸿篇巨制。在游山玩水的过程中，诗人们体现了人与自然的和谐交融，以及对于山水的审美意象和自身人格道德的热烈追求。正是中国文化特别是儒释道三教对山水的不同理解和相同选择，气象万千的秦岭山水自然成为中国诗文绘画艺术的重要题材，也为千百年来文人骚客提供了源源不断的灵感源泉。

第一节 《诗经》里的南山

秦岭自古以来有诸多名称。唐人李泰所撰《括地志辑校》卷一云：终南山，一名中南山，一名太一山，一名南山，一名橘山，一名楚山，一名泰山，一名周南山，一名地脯山，在雍州万年县南五十里。宋程大昌《雍录》卷五称："毛氏曰：'中南，言居天之中，都之南也。'又曰：'终南、太一，左右三十里，内名福地。'"汉武帝于元封二年（前109）祀太乙神，并在都城长安以南的南山口建太乙宫，故终南山又名太乙山（也做太一山）。但在东汉班固所作的《西京赋》首次引入"晞秦岭"的新名称之前，流传最广、影响最大的莫过于终南山之名。终南山，原为中南山，亦称南山，取自"其山一名中南，言在天之中，居都之南，故曰中南"（潘岳《关中记》）。

一、周之南山

南山，位于西周国都丰京和镐京之南，因此而得名。周朝都城由丰京迁至镐京，自西向东，展现了周平王消灭殷商统一天下的雄心壮志。周人定居泾河两岸，善农耕，所依丰水源自南山中的沣峪，也是渭河的支流，它与周朝丰京同名，足见南山是周朝的国脉所在。

《诗经·小雅·节南山》（节选）写道：

节彼南山，维石岩岩。赫赫师尹，民具尔瞻。忧心如惔，不敢戏谈。国既卒斩，何用不监！

节彼南山，有实其猗。赫赫师尹，不平谓何。天方荐瘥，丧乱弘多。民言无嘉，憯莫惩嗟。

其诗大意为：巍巍的终南山高耸入云端，层层叠叠的山石危立险矗。太史尹氏正得势权位显赫，引得普天下百姓万众瞩目。仁人君子为国政忧心如焚，不敢开玩笑哪来幽默谈吐！国运已经衰落得如此不堪，你为什么还这样熟视无睹！巍巍的终南山高耸入云端，山谷幽深草密林木可参天。太史尹氏正得势权位显赫，但他执政不平有何善可言？苍天无眼正降下重重祸患，丧乱何其多竟是不可言传！百姓们怨声载道没人说好，你却不曾有丝毫愧怍嗟叹！

虽然这是一首周幽王大夫斥责执政者尹氏的诗，其意在控诉尹氏的暴虐，指斥上天不公，让坏人执政祸害百姓，希望周王追究尹氏罪恶，任用贤人，使万邦安居乐业。但是，从中也能看到南山巍峨雄壮的形象，以及诗人将其作为人间正气象征的殷殷期盼。

《诗经·小雅·信南山》（节选）写道：

信彼南山，维禹甸之。畇畇原隰，曾孙田之。我疆我理，南东其亩。

上天同云。雨雪雰雰，益之以霡霂。既优既渥，既沾既足，生我百谷。

其诗大意为：终南山山势绵延不断，这里是大禹所辟地盘。成片的原野平展整齐，后代子孙们在此垦田。划分地界又开掘沟渠，田垄纵横向四方伸展。冬日的阴云密布天上，那雪花坠落纷纷扬扬。再加上细雨蒙蒙，那水分如此丰沛足量，滋润大地并灌溉四方，让我们庄稼蓬勃生长。

此诗首章写开疆拓土，开篇言："信彼南山，维禹甸之。"诗人是描述周代的京畿地区。在诗人看来，这大片沃土就是当年大禹治水时开辟出来的。在南山脚下，一派生机勃勃的农业文明展现在我们眼前：风调雨顺，五谷丰登，丰衣足食，国泰民安。南山见证了周朝宜农的气候，勤劳的周人与发达的农业经济。

《小雅·南山有台》写道：

南山有台，北山有莱。乐只君子，邦家之基。乐只君子，万寿无期。

南山有桑，北山有杨。乐只君子，邦家之光。乐只君子，万寿无疆。

南山有杞，北山有李。乐只君子，民之父母。乐只君子，德音不已。

南山有栲，北山有杻。乐只君子，遐不眉寿。乐只君子，德音是茂。

南山有枸，北山有楰。乐只君子，遐不黄耇？乐只君子，保艾尔后。

其诗大意为：南山生柔莎，北山长嫩藜。君子很快乐，为国立根基。君子真快乐，万年寿无期。南山生绿桑，北山长白杨。君子很快乐，为国争荣光。君子真快乐，万年寿无疆。南山生枸杞，北山长李树。君子很快乐，人民好父母。君子真快乐，美名必永驻。南山生鸭椿，北山长菩提。君子真快乐，高年寿眉齐。君子真快乐，美德充天地。南山生枳椇，北山长苦楸。君子很快乐，哪能不长寿。君子真快乐，子孙天保佑。

此诗为周代贵族宴飨宾客颂德祝寿的通用乐歌。全诗五章，每章六句，每章开头均以南山、北山的草木起兴，民歌味十足。南山有台、有桑、有杞、有栲、有枸，北山有莱、有杨、有李、有杻、有楰，正如国家之拥有具备各种美德的君子贤人。兴中有比，富有象征意义。这首诗的内容虽单纯，但结构安排相当精巧，五章首尾呼应，循环往复，语意间隔粘连，逐层递进，具有很强的层次感与节奏感。选词用字，要言不烦、举重若轻、颇耐咀嚼，表现出歌词作者的匠心独运。

《诗经·渐渐之石》写道：

渐渐之石，维其高矣。山川悠远，维其劳矣。武人东征，不遑朝矣。

渐渐之石，维其卒矣。山川悠远，曷其没矣。武人东征，不遑出矣。

有豕白蹄，烝涉波矣。月离于毕，俾滂沱矣。武人东征，不遑他矣。

其诗大意为：巉巉石崖壁，矗立多么高呀。山遥水又远，跋涉真辛劳呀。将士向东进，出发无暇等破晓呀。巉巉石崖壁，矗立多么陡呀。山遥水又远，何处是尽头呀。将士向东进。深入无暇顾退走呀。有猪是白蹄，成群蹚水波呀。月亮近毕星，就怕雨滂沱呀。将士向东进，无暇他顾快通过呀。

这首诗的情调酷似《诗经》中的"国风"，可能是下级军官所作，自述东征劳苦，似是途中之作，重在叙述行军艰难而紧张。全诗三章，以赋叙事抒情，头两章叠唱，意思相仿，诗人在急行军途中，迎面映入眼帘的是陡崖峭壁，挡住队伍的去路，忍不住惊呼道"维其高矣""维其卒矣"。头两句写所见，中间两句写所感，叹惋山川遥远，跋涉攀缘，举步维艰，疲劳不堪，十分盼望抵达目的地。然而"山川悠远"，不知道何日才能走到。最后两句点题，交代急行军。"武人东征"一句贯穿全诗，三章都有，点明抒情主体与事件。诗中的"渐渐之石"指的就是南山，既雄伟高峻又浩然连绵，是保护周国的天然屏障，也成为东征将士的艰难险阻。

《诗经·小雅·车舝》写道：

> 间关车之舝兮，思娈季女逝兮。匪饥匪渴，德音来括。虽无好友，式燕且喜。
>
> 依彼平林，有集维鷮。辰彼硕女，令德来教。式燕且誉，好尔无射。
>
> 虽无旨酒，式饮庶几。虽无嘉肴，式食庶几。虽无德与女，式歌且舞。
>
> 陟彼高冈，析其柞薪。析其柞薪，其叶湑兮。鲜我觏尔，我心写兮。
>
> 高山仰止，景行行止。四牡骓骓，六辔如琴。觏尔新婚，以慰我心。

其诗大意为：车轮转动车辖响，妩媚少女要出阁。不再饥渴慰我心，有德淑女来会合。虽然没有众多好朋友，宴饮相庆自快乐。丛林茂密满平野，长尾锦鸡栖树上。那位女娃健又美，德行良好有教养。宴饮相庆真愉悦，爱意不绝情绵长。虽然没有那好酒，但愿你能喝一盏。虽然没有那好菜，但愿你能吃一点。虽然德行难配你，且来欢歌舞翩跹。登上高高那山冈，柞枝劈来当柴烧。柞枝劈来当柴烧，柞叶茂盛满树梢。此时我能接到你，心中烦恼全消掉。巍峨高山要仰视，平坦大道能纵驰。驾起四马快快行，挽缰如调琴弦丝。今遇新婚好娘子，满怀欣慰称美事。

诗中令人仰视的高山无疑是丰镐近郊的南山，它也见证了周人甜蜜的爱情和喜庆的婚礼，并以茂盛的林木为人们提供燃料和果实，是周人富足与幸福生活的靠山。

二、秦之秦岭

战国七雄的霸主秦国，兴起于关中的渭水河畔，灭六国建立了中国历史上第一个多民族融合中央集权的封建帝国。秦穆公亲自为秦岭、灞河命名，故秦之后始用"秦岭"来称呼南山。

终南一词又见于《诗经》中的《秦风·终南》：

> 终南何有？有条有梅。君子至止，锦衣狐裘。颜如渥丹，其君也哉！
>
> 终南何有？有纪有堂。君子至止，黻衣绣裳。佩玉将将，寿考不忘。

其诗大意为：终南山上有什么，既有山楸又有楠。君王受封来此山，锦衣狐裘身上穿。脸色红润像涂丹，君王气度真不凡。终南山上有什么，既有杞柳又有棠。君王受封来山上，锦衣狐裘身上穿。身上佩玉响叮当，富贵长寿莫相忘。

由此诗可知中南山不仅物产丰富，而且还是秦地名山。诗中君子据推测为秦襄公来到他的封地视察时的情形，他因为协助平王东迁有功，获得封地于秦。

秦始皇嬴政曾五次巡视全国，前往泰山封禅，其中两次都取道蓝田——商洛道，横穿东秦岭，天子亲临，御驾东巡，是秦岭人文地理史上的一大盛事。最后一次秦始皇在归途驾崩，秦岭也成了秦国皇帝的不归路。秦始皇帝陵坐落在秦岭北麓的骊山，陪葬的兵马俑军阵被誉为"世界第八大奇迹"，

千古一帝的君王与秦岭生死相系，结下了不解之缘。

三、汉之终南

萧何曾云："语曰'天汉'，其称甚美"。所谓"天汉"，天上银河，人间汉江也。汉江发源于陕西西秦岭的米仓山，流经汉中、安康、十堰等地在武汉汇入长江，与长江、黄河、淮河并称为"江淮河汉"。这里是"一笑值千金""烽火戏诸侯"故事主人公美女褒姒的故乡，也是魏蜀吴三国争雄时的古战场。《诗经·汉广》这样描述道：

南有乔木，不可休思。汉有游女，不可求思。汉之广矣，不可泳思。江之永矣，不可方思。

翘翘错薪，言刈其楚。之子于归，言秣其马。汉之广矣，不可泳思。江之永矣，不可方思。

翘翘错薪，言刈其蒌。之子于归，言秣其驹。汉之广矣，不可泳思。江之永矣，不可方思。

其诗大意为：南山乔木大又高，树下不可歇阴凉。汉江之上有游女，想去追求不可能。汉江滔滔宽又广，想要渡过不可能。江水悠悠长又长，乘筏渡过不可能。柴草丛丛错杂生，用刀割取那荆条。姑娘就要出嫁了，赶快喂饱她的马。汉江滔滔宽又广，想要渡过不可能。江水悠悠长又长，乘筏渡过不可能。柴草丛丛错杂生，用刀割取那蒌蒿。姑娘就要出嫁了，赶快喂饱小马驹。汉江滔滔宽又广，想要渡过不可能。江水悠悠长又长，乘筏渡过不可能。

汉水一路向东流淌在长有高大乔木的南山之中，山水相依，共同塑造了集秦风楚韵为一体的汉水文化。而"汉中王"刘邦正是汉水潜龙，他以汉中为根据地，拜萧何、张良为相，韩信为将，终成西汉王朝的开国之君，开创一代伟业。

第二节　陶渊明所见的南山

陶渊明（352或365—427），字元亮，又名潜，私谥"靖节"，世称靖节先生或五柳先生，浔阳柴桑（今江西省九江市）人。他是东晋末年至南朝宋初期伟大的诗人、辞赋家，曾先后任江州祭酒、建威参军、镇军参军、彭泽县令等官职，三起三落，仕途坎坷。最末一次出仕为彭泽县令，八十多天便弃职而去，从此归隐田园。他是中国第一位田园诗人，被称为"古今隐逸诗人之宗"，著有《陶渊明集》。若论南山第一诗，非陶渊明的《饮酒》其五莫属。

一、悠然见南山

饮酒其五

结庐在人境，而无车马喧。

问君何能尔？心远地自偏。

采菊东篱下，悠然见南山。

山气日夕佳，飞鸟相与还。

此中有真意，欲辨已忘言。

这是一首浅显易懂的诗，千百年来无数读者为"采菊东篱下，悠然见南山"而倾倒，为这一悠然的诗境神往不已，甚而在恍惚中觉得自己就是陶渊明，在某处山脚的树荫下"不求甚解"地眯着眼，度过一刹那一醉一陶然的美妙时光。历来认为，"欲辨已忘言"的出处是庄子《外篇》中的"荃者所以在鱼，得鱼而忘荃；蹄者所以在兔，得兔而忘蹄；言者所以在意，得意而忘言。"这段话的大意是这样的：捕鱼的器具是为了水里的鱼，得到了鱼之后，即可将它弃置一边；捉兔的装置是为了奔跑的兔子，得到了兔子之后，即可将它弃置一边；语言的功能是为了隐藏的"真意"，得到了"真意"之后，亦可将它弃置一边。其要旨与陶渊明的"欲辨已忘言"，实际上大相径庭。陶渊明的"欲辨已忘言"除了表明一种与大自然浑然相融的醉意外，或许还有这样两层含意：一层是，当他欲说出这诗境中感悟的"真意"时，却发现根本无法言说，寻找不到合适的语言；另一层则稍微隐晦一些，就是说，他既已得到了其中的"真意"，实际上已无须言说——而如果试图言说的话，反而会使"真意"在言说中遗失。中国的山水田园诗，或者说，中国古典诗歌的主流，日后实际上就是在其掌门陶渊明所拟定的"欲辨已忘言"这一要义中发展的。它试图在语言中呈示一种水中花、镜中月的诗境，让"真意"蕴藉其中，任读者自己去体悟，永远被一种无法捕捉的魅力所诱惑。有学者将陶渊明与英国著名田园诗人华兹华斯相提并论，遗憾陶渊明的"欲辨已忘言"没能像华兹华斯的诗那样，动辄数十行，甚而上百行地来对"此中"的"真意"进行讨论，辨析。其实，华兹华斯的探讨与辨析虽一时痛快淋漓，最终却将一个无法言说的诗境给肢解了，或者说狭隘化了。他没能像陶渊明那样见到"南山"的整体，他只是得到了一些关于"南山"的片面见解，而这些见解是会随时间褪色的，因为每个时代都会产生观察"南山"的不同角度。"南山"意象所承载的"放心"之意，已经由陶渊明自己独特的生命哲学，上升为中国文人群体乃至国人的共有哲学，继而延伸至中国古典文学与文化的方方面面。

说是陶渊明发现了"南山"，大概不会引发争议；将"采菊东篱下，悠然见南山"称作《饮酒》诗的华彩部分，甚而中国古典诗的一个至境，想来也不会有异议。上至达官贵人，下至平民百姓，皆耳熟能详。"悠然"说来容易，做到却不易，它体现的是一种淡泊名利，从容不迫地"放下"的心境。"悠然见南山"的"见"，在《文选》《艺文类聚》本中曾作"望"，《东坡题跋》对此评判道：神气索然矣。"望南山"为何神气索然，"见南山"为何意境精彩，实因为这个"见"字，含有一种自然呈现的意思，就如同"桃花源"在渔人面前的偶然而奇妙的呈现；而"望"字，则带有一种寻觅索求的姿态。一个无意，一个有心，高下立判。九月初九，重阳佳节，古人有饮菊花酒的习俗，认为可以延年益寿。菊花和南山是陶渊明的眼中所见，亦是心中对于健康和长寿的向往。王叔珉先生在《陶渊明诗笺证稿》中指出："与'采菊'对应的'南山'，是从《诗经》中的'寿比南山'而来，脉气因果方通。"

二、种豆南山下

归田园居其三

种豆南山下，草盛豆苗稀。

晨兴理荒秽，带月荷锄归。

道狭草木长，夕露沾我衣。

衣沾不足惜，但使愿无违。

　　这首诗既可以看成通篇写实，又可以看成通篇比兴（有寓意），双解皆妙。可以理解为诗的字面全部写实，这种"种豆"的生活是当时陶渊明隐居生活的真实写照；也可以认为大学者能从这种"种豆"的生活中悟出一种人生哲理。"种豆南山下"是诗人之前所作《归去来兮辞》的愿望，可是诗人并不是善于种植庄稼的农民，所以"草盛豆苗稀"。但作者毫不气馁，依旧早出晚归，勤于耕作，即使夜晚的露珠沾湿了衣裳也不改初衷，不放弃自己选择的理想与生活。此诗并非比喻政局时事，而是寓意诗人自己的人生感悟。即使结果差强人意，仍不忘初心，坚持不懈，勉力前行，正所谓"求仁而得仁"。身在普通生活中，而心能超越生活现实，有抽象的感悟，这正是文人的价值所在。"带月荷锄归"，一个人在月下扛着锄头踽踽而归，感觉此非渊明种豆，倒颇似黛玉葬花。其实渊明种豆与黛玉葬花，其行为艺术具有同样的意义：渊明种豆，恐草之侵苗；黛玉葬花，惧泥之污洁（林黛玉《葬花吟》："质本洁来还洁去，强如污淖陷渠沟。"）。"夕露"也可以寄托为人生的终极困苦和无奈，为了坚持心中理想之所"愿"，诗人不惜与之抗衡到底，"路漫漫其修远兮，吾将上下而求索，哀民生之多艰，虽九死而无悔。"（屈原《离骚》）

三、南山有旧宅

　　　　杂诗其七

　　日月不肯迟，四时相催迫。
　　寒风拂枯条，落叶掩长陌。
　　弱质与运颓，玄鬓早已白。
　　素标插人头，前途渐就窄。
　　家为逆旅舍，我如当去客。
　　去去欲何之？南山有旧宅。

　　在这首诗中，陶渊明借用了"逆旅舍"和"当去客"的典故。《列子·仲尼篇》曾云："处吾之家，如逆旅之舍。"《古诗十九首》之三也说："人生天地间，忽如远行客。"《文选》卷二九李善曾注："老莱子曰：'人生于天地之间，寄也。寄者固归。'列子曰：'死人为归人，则生人为行人矣。'《韩诗外传》曰：'枯鱼衔索，几何不蠹？二亲之寿，忽如过客。'"李白说，"夫天地者，万物之逆旅也；光阴者，百代之过客也"；到了苏轼这里更加洒脱："人生如逆旅，我亦是行人。"在这些文献中，都能找到把人生比作逆旅，把人比作过客的比喻。时光逝去带来衰老，意气风发的青年变为老态龙钟的长者，黑发转为皓首，人生的旅程眼看就到了尽头。面对这一切，诗人坦然相待，无忧亦无惧，潇洒地把人世的家比作迎来送往的旅店，把自己比作即将归去的旅客，而将人生的终点定在了悠悠南山。如果只把"南山旧宅"理解为陶家的祖坟未免失之偏颇，这里的"南山旧宅"当指诗人的精神家园。陶渊明独特的"在世中"思想（见其《形影神》）不同于儒家的"入世"思想，也不同于道家的"出世"思想，影响了后世大批的中国知识分子成为远离庙堂、亲近自然的风流隐士。陈寅恪先生认为，陶渊明是"中国古代第一大思想家"，就是因为他早在千年以前就在诗中反映了哲学的本体论问题。

五柳先生的南山不仅是他眼中所见的悠悠南山，更是他灵魂皈依的家园。这座"心中山"已经被他提高到了"真理"的角度，而真理是无法用言语完全表达清楚的，在某种程度上，只可意会不可言传。这种通过对自然的浸入式体验获得真理的认知方式，与美国19世纪文坛的超验主义有异曲同工之妙。

第三节　诗唐终南山

唐代不仅是中国封建社会发展的巅峰时代，也是中国文学史尤其是诗歌史一场空前绝后的饕餮盛宴。从来没有一个朝代可以涌现出那么多才华横溢各具特色的诗人，也没有一个时代可以出产那么多灿若星辰、脍炙人口的佳作。初唐四杰，盛唐李杜，中唐柳白，晚唐杜温，那时的长安云蒸霞蔚，诗文荟萃，冠盖满京华，流传下来的千古名篇足以垂范后世，令后人仰慕不已，遂称"诗唐"；而终南山则以它接近帝都的显要位置和独特的地理人文风貌成为所有唐诗中最为耀眼的存在。

一、诗仙与太白山

李白（701—762），字太白，号青莲居士，又号"谪仙人"，是唐代最伟大的浪漫主义诗人，被后人誉为"诗仙"，有《李太白集》传世。李白以秦岭太白山为字，足以显示这位诗仙与秦岭的不解之缘。太白山是秦岭的最高峰，也是中国东部的最高峰，海拔3767米，就像李白取得了中国古典诗歌的最高成就一样出类拔萃。唐代诗人中只有浪漫不羁的李白曾到达过太白山顶，他的潇洒、飘逸、高远成为终南山的最好注解与代言。"五岳寻仙不辞远，一生好入名山游"（《庐山谣寄卢侍御虚舟》）的诗仙李白足迹遍及华夏名山大川，并留下了不少脍炙人口的山水诗篇。其中，秦岭是李白讴歌的主要对象。唐玄宗天宝元年，四十二岁的诗仙李白经道士吴筠和玉真公主的举荐到了京师长安，当了翰林院的一名供奉，成为唐玄宗的文学侍臣。终南山是那个时代的旅游胜地，李白借机饱览了终南山风光，并写下了脍炙人口的游览终南山之作。

望终南山

出门见南山，引领意无限。

秀色难为名，苍翠日在眼。

有时白云起，天际自舒卷。

心中与之然，托兴每不浅。

何当造幽人，灭迹栖绝巘。

这首诗作于天宝四年（745）秋。仰望山岳抒发感慨是许多诗人都写过，李白也不止一次写过的题材。但是，所望的山岳不同，诗篇所涉及的人物不同，其内容和主旨也不大相同。这首诗写终南山，又是送给一位隐居者的，所以诗的主旨紧紧围绕着脱俗返真来抒情状物。

终南山在唐代是隐居者最喜欢的一座名山，它既有佛家名刹，也有道教洞天，还是距关中平原最近的一座林木秀美的宜人山岭，李白就从远望终南山时的感受写起。终南山与陶渊明《饮酒》（结庐在人境）中的"南山"同名，李白也有意效仿陶诗意境。前两句说见到终南山，抬头仰望，感慨和触动很深，三四句就说这触动是因为山中浑然的秀美景色带来的，却无法厘清说透这景色的特点和细节，只是看到葱茏的山林在阳光的照耀下别有一番迷人的光景。作者只写景色和组成景色的要素：阳光、翠岭，而不直接告诉人们他的感受。无形之中，人们被引进了欣赏山色的境界中，需要用心去体会。接着诗人说山中白云随风飘浮卷舒自在，无拘无束，看到这种情景，不由得让人与精神的轻松自由联系起来，于是不但李白"与之然"，读者也在心中与这大好景象合而为一了。诗写到这里，都与陶诗"结庐在人境"意境相仿，在于告诉人们山中景色的恬静优美和身在此境之中的心态，但接下来的结尾，则直叙心声，说一定要去拜访居于山中的这位隐者，相伴隐于林下，远离尘世。

原来，全诗所写的那种幽静自然的景象，是为了赞美那位居于山中的隐者朋友，是说他的精神恰恰与这山林融为一体，是此境中人。那么，"心中与之然"就不仅是与山色同一了，而且也有李白与他的朋友心心相印的意思在其中！全诗景中有情，以景语代替情语，不露痕迹而心境却表现得十分明白，反映出终南山审美与宗教的两种无限性。

登太白峰

西上太白峰，夕阳穷登攀。

太白与我语，为我开天关。

愿乘泠风去，直出浮云间。

举手可近月，前行若无山。

一别武功去，何时复更还？

太白山位于陕西眉县南部，东入周至，西入太白，南至佛坪县，又名太乙峰。因山势高耸，山顶长期积雪，故名太白。李白于唐玄宗天宝元年（742）应诏入京时，踌躇满志。但是，由于朝廷昏庸，权贵排斥，他的政治抱负根本无法实现，这使他感到惆怅与苦闷。在这种心情下诗人创作了《登太白峰》一诗。

在这里，李白并没有直接刻画太白峰的高峻雄伟，只是写他和太白星侧耳倾谈，悄声言语的情景，就生动鲜明地表现出太白山高耸入云的雄姿。这是一种化实为虚，以虚写实的手法。"愿乘泠风去"化用《庄子·逍遥游》中"夫列子御风而行，泠然善也"的语意，表现诗人幻想摆脱尘世俗气，追求个性自由发展的积极浪漫主义精神。这首诗中也表现了诗人游仙与从政的内心矛盾。一方面，他羡慕无拘无束的逍遥神仙，渴望自由自在的游侠生活；另一方面，他又有儒家治国平天下的宏图大志，渴望像管仲、晏婴那样建功立业。

晚唐诗人皮日休说过："言出天地外，思出鬼神表，读之则神驰八极，测之则心怀四溟，磊磊落落，真非世间语者，有李太白。"这首诗就带有这种浪漫主义的创作特色。全诗借助丰富的想象，忽而驰骋天际，忽而回首人间，结构跳跃多变，突然而起，忽然而收，大起大落，雄奇跌宕，生动曲折地反映了诗人对黑暗现实的不满和对光明世界的憧憬。

古风其五

太白何苍苍，星辰上森列。

去天三百里，邈尔与世绝。

中有绿发翁，披云卧松雪。

不笑亦不语，冥栖在岩穴。

我来逢真人，长跪问宝诀。

粲然启玉齿，授以炼药说。

铭骨传其语，竦身已电灭。

仰望不可及，苍然五情热。

吾将营丹砂，永与世人别。

这是一篇游仙诗。诗人自述在太白山上，遇见一位仙风道骨的真人——绿发翁。真人给他传授了炼丹秘诀，这使他五内俱热，决心炼丹，修成正果，永别人间。这首诗主要写太白山的巍峨无限感，"太白何苍苍，星辰上森列"是高耸的太白山给人的直觉感受，星辰就在人的头上"森列"。一个"森"字，既写了太白山的森林，又把山顶高寒和天空空旷写出来了。"去天三百里，邈尔与世绝"，既是山下凡人对太白山的仰视，也可看作是李白对太白山远离山下人间的感叹，概括起来就是"与世绝"，即太白山是与世隔绝的地方。然而，此诗写太白山的重点不在自然地理，而在人文地理；或者，李白描写太白山的重点不是"山"，而是"道"，是以山写道和以道写山。绿发翁无疑是写实性的太白山修道高人。"我来逢真人"，一见到绿发翁，李白即"长跪问宝诀，苍然五情热"。以李白的风骨见识，"长跪""情热"，足见绿发翁的个人魅力之大了，也让我们多少理解了孔子的《论语》中的一句话："朝闻道，夕死可矣。"

君子有所思行

紫阁连终南，青冥天倪色。

凭崖望咸阳，宫阙罗北极。

万井惊画出，九衢如弦直。

渭水银河清，横天流不息。

朝野盛文物，衣冠何翕赩。

厩马散连山，军容威绝域。

伊皋运元化，卫霍输筋力。

歌钟乐未休，荣去老还逼。

圆光过满缺，太阳移中昃。

不散东海金，何争西飞匿。

无作牛山悲，恻怆泪沾臆。

诗中给我们描绘了这样一幅图景：长安之南的终南山紧连着神秘的紫阁峰，山色与苍天的青冥之色浑然一体。站在陡峭的山崖上遥望京城，整齐排列的宫殿楼阁似乎与天上的北极星连在一起。京城中千万条街巷繁花似锦，如在画中，九衢大道笔直如弦通往四方。城北的渭水如清澈的银河拱卫帝都，汩汩滔滔奔流不息。京城内外、朝野上下，物华天宝、文章灿烂，工商士民各色人等，服饰绚丽，冠盖华美。皇家马厩中的马匹漫山遍野地奔腾着，城外军营兵士们军容整齐威震四夷。这些都是因为有伊尹、皋陶这样贤能的文臣掌握朝政，有卫青、霍去病这样忠心的武将训练士卒。长安城里歌舞升平鼓乐不绝。诗人想在京城建功立业之后再荣归山林，可惜年过不惑，时不我待。诗人也知道此时自己已月过望日，日过中天。如果有朝一日能像汉代人疏广那样，领到皇上赏赐的养老金也就满足了。诗人自己绝不会像齐景公登牛山那样，因老之将至而没出息地泪流沾衣。

李白的这首《君子有所思行》极尽夸张之能事来颂扬唐玄宗统治下开元盛世的辉煌功业，其目的显然是为了引起当权者们的重视，以期在长安城里谋得一个职位。而此时正是嫉贤妒能的奸相李林甫把持朝政，安禄山得宠为平卢节度使手握重兵之际，大唐盛世的衰象已初现端倪。自视很高的李白的这些盲目歌颂，显然是缺乏政治远见的。

《太平广记》云："终南山紫阁峰，去长安城七十里。"《陕西志》说："紫阁峰，在西安府户县东南三十里，旭日射之，烂然而紫。其形上耸若楼阁然。"而李白所说的这位隐居在紫阁峰的隐者是何许人，至今已不可考。这首诗开门见山写了终南山之秀，首句化用了陶渊明"采菊东篱下，悠然见南山"诗意，远望终南山，引起诗人无限的联想。接下来诗人感慨道，秀色可人的终南山，真不知如何形容她的美妙，尽收眼底的是无边的苍翠，抬头仰望，山巅上升腾的白云在万里天宇中舒卷自如。酷爱自由的浪漫诗人李白，心中无比羡慕这自由自在的悠悠白云，他感到这白云里蕴含着无尽的深意。难以理解的是，这位自我幽闭的紫阁隐者为何栖身于人迹罕至的悬崖绝巅。李白在这首诗中也写出了自己内心的矛盾：诗人一方面希望能像天际的白云一样自由自在舒卷自如，但另一方面，又不愿像那位隐者"灭迹栖绝巘"，过着凄清孤寂的日子。

蜀道难

噫吁嚱，危乎高哉！蜀道之难，难于上青天！

蚕丛及鱼凫，开国何茫然！

尔来四万八千岁，不与秦塞通人烟。

西当太白有鸟道，可以横绝峨眉巅。

地崩山摧壮士死，然后天梯石栈相钩连。

上有六龙回日之高标，下有冲波逆折之回川。

黄鹤之飞尚不得过，猿猱欲度愁攀缘。

青泥何盘盘，百步九折萦岩峦。

扪参历井仰胁息，以手抚膺坐长叹。

问君西游何时还？畏途巉岩不可攀。

但见悲鸟号古木，雄飞雌从绕林间。

又闻子规啼夜月，愁空山。

蜀道之难，难于上青天，使人听此凋朱颜！

连峰去天不盈尺，枯松倒挂倚绝壁。

飞湍瀑流争喧豗，砯崖转石万壑雷。

其险也如此，嗟尔远道之人胡为乎来哉！

剑阁峥嵘而崔嵬，一夫当关，万夫莫开。

所守或匪亲，化为狼与豺。

朝避猛虎，夕避长蛇；磨牙吮血，杀人如麻。

锦城虽云乐，不如早还家。

蜀道之难，难于上青天，侧身西望长咨嗟！

　　李白的成名也与秦岭有关。一举让他成为天下名士的诗作，正是他写秦岭通往蜀地险恶道路的《蜀道难》。据唐代孟棨的《本事诗·高逸》其三记载，初入长安的李白拿出《蜀道难》一诗，请贺老先生指教。贺知章还没有读完全诗，就赞叹不已，称李白为"谪仙"。李白的这首《蜀道难》是震动京师文坛的成名之作，是他的诗中最为奇丽、最为生动的一篇，是富有高度浪漫主义色彩的千古绝唱。一般认为，这首诗很可能是李白于天宝元年至天宝三年（742—744）身在长安时，为送友人王炎入蜀而写的。

　　诗人大体按照由古及今，自秦入蜀的线索，抓住各处山水特点来描写，以展示蜀道之难。开篇就极言蜀道之难，以感情强烈的咏叹点出主题，为全诗奠定了雄放的基调。以下随着感情的起伏和自然场景的变化，"蜀道之难，难于上青天"的咏叹反复出现，像一首乐曲的主旋律一样激荡着读者的心弦。

　　说蜀道的难行比上天还难，这是因为自古以来秦、蜀之间被高山峻岭阻挡，由秦入蜀，太白峰首当其冲，只有高飞的鸟儿才能从低处飞过。诗人以夸张的笔墨写出了历史上不可逾越的险阻，并融汇了五丁开山的神话，点染了神奇色彩，具有引人入胜的妙用。下一段极写山势的高危，山高写得愈充分，愈可见路之难行。诗人不但把夸张和神话融为一体直写山高，而且衬以"回川"之险。唯其水险，更见山势的高危。诗人意犹未尽，又借黄鹤与猿猱来反衬。山高得连千里翱翔的黄鹤也不得飞过，轻疾敏捷的猿猴也愁于攀缘，不言而喻，人行走就难上加难了。以上用虚写手法层层映衬，下面再具体描写青泥岭的难行。诗人着重就其峰路的萦回和山势的峻危，来表现人行其上的艰难情状和畏惧心理，捕捉了在岭上曲折盘桓、手扪星辰、呼吸紧张、抚胸长叹等细节动作加以摹写。寥寥数语，便把行人艰难的步履、惶悚的神情，绘声绘色地刻画出来，困危之状如在目前。至此蜀道的难行似乎写到了极处。但诗人笔锋一转，借"问君"引出旅愁，以忧切低昂的旋律，把读者带进一个古木荒凉、鸟声悲凄的境界。诗人借景抒情，渲染了旅愁和蜀道上空寂苍凉的环境气氛，有力地烘托了蜀道之难。然而，逶迤千里的蜀道，还有更为奇险的风光。诗人先托出山势的高险，然后由静而动，写出水石激荡、山谷轰鸣的惊险场景。在十分惊险的气氛中最后写到蜀中要塞剑阁。诗人从剑阁的险要引出对政治形势的描写，

从而表达了对国事的忧虑与关切。

李白以变化莫测的笔法,淋漓尽致地刻画了蜀道之难,艺术地展现了古老蜀道逶迤、峥嵘、高峻、崎岖的面貌,描绘出一幅色彩绚丽的山水画卷,诗中那些动人的景象宛如历历在目。

> 下终南山过斛斯山人宿置酒
>
> 暮从碧山下,山月随人归。
>
> 却顾所来径,苍苍横翠微。
>
> 相携及田家,童稚开荆扉。
>
> 绿竹入幽径,青萝拂行衣。
>
> 欢言得所憩,美酒聊共挥。
>
> 长歌吟松风,曲尽河星稀。
>
> 我醉君复乐,陶然共忘机。

李白这首田园诗,似也有陶渊明那种平淡爽直的风格。全诗以赋体写成,以"暮"开首,为"宿"开拓,描写诗人与友人把酒言欢的赏心乐事,是作者真情实感的流露。

从诗的内容看,诗人是在月夜到长安南面的终南山去造访一位名斛斯的隐士。首句"暮从碧山下","暮"字挑起了第二句的"山月"和第四句的"苍苍","下"字挑起了第二句的"随人归"和第三句的"却顾","碧"字又逗出第四句的"翠微"。平平常常五个字,却无一字虚设。"山月随人归",把月写得如此脉脉有情,月尚且如此,人则可知。第三句"却顾所来径",写出诗人对终南山的余情。这里虽未正面写山林暮景,却是情中有景,正是旖旎山色,使诗人迷恋不已。第四句又是正面描写,"翠微"指青翠掩映的山林幽深处,"苍苍"两字起加倍渲染的作用,"横"有笼罩之意。此句描绘出暮色苍苍中的山林美景。这四句,用笔简练而神色俱佳。诗人漫步山径,大概遇到了斛斯山人,于是"相携及田家","相携"显出情谊的密切。"童稚开荆扉",连孩子们也开柴门来迎客了。进门后,"绿竹入幽径,青萝拂行衣",写出了田家庭院的恬静,流露出诗人的称羡之情。"欢言得所憩,美酒聊共挥","得所憩"不仅是赞美山人的庭院居室,也是诗人得遇知己而高兴。两人欢言笑谈,美酒共饮。一个"挥"字写出了李白开怀畅饮的潇洒神情。酒醉情浓,随着松涛放声高歌,直唱到天河群星疏落,夜静更深。"长歌吟松风,曲尽河星稀"句中青松与青天,仍连带上文的一片苍翠。最后转到"我醉君复乐,陶然共忘机",写出酒后陶陶然,把人世的机巧之心一扫而空,显得淡泊而恬远。

二、诗圣与终南山

杜甫(712—770),字子美,唐朝河南巩县(今河南省巩义市)人,自号少陵野老,唐代伟大的现实主义诗人,与李白合称"李杜"。杜甫在中国古典诗歌中的影响非常深远,被后人称为"诗圣",他的诗被称为"诗史"。后世称其杜拾遗、杜工部,也称杜少陵、杜草堂。相较于李白的汪洋恣肆,杜甫的诗却大多抒发去国离乡,忧国忧民的悲苦之意。秦岭,在诗圣杜甫笔下也留下了许多令人难忘的辛酸诗篇。

唐肃宗乾元二年（759）关中大旱，这一年的夏秋之际，杜甫也弃官西行，加入流亡的难民队伍之中，开始了漫长的漂泊生涯。

铁堂峡

（铁堂山在天水县东五里，峡有铁堂庄。）

山风吹游子，缥缈乘险绝。

峡形藏堂隍，壁色立积铁。

径摩穹苍蟠，石与厚地裂。

修纤无垠竹，嵌空太始雪。

威迟哀壑底，徒旅惨不悦。

水寒长冰横，我马骨正折。

生涯抵弧矢，盗贼殊未灭。

飘蓬逾三年，回首肝肺热。

在《铁堂峡》一诗中，诗人描写了途经秦岭深处铁堂峡所见到的险恶环境：峡谷中峭壁颜色青黑，像一块巨大的精铁矗立在那儿。一条羊肠小道曲曲弯弯直上苍穹，峡谷像大地上一条深深的裂缝。沟底是无边的细竹林，而山顶上是亘古以来常年不化的积雪。一家人神色惨淡地在峡谷中行走，谷底长冰横路，马骨几乎被冻折。想到生逢乱世，盗贼猖獗，国事未宁，自己多年漂泊流落，诗人五内俱焚，肝肠寸断。不知诗人一家怎样在荒僻的铁堂峡中熬过了饥寒交迫的一夜。

寒峡

行迈日悄悄，山谷势多端。

云门转绝岸，积阻霾天寒。

寒硖不可度，我实衣裳单。

况当仲冬交，溯沿增波澜。

野人寻烟语，行子傍水餐。

此生免荷殳，未敢辞路难。

越往前走，进入秦岭腹地，环境也愈发险恶。杜甫的《寒峡》一诗，就记叙了诗人一家路过寒峡时的情景：老杜一家路经寒峡时，正值初冬时节，峡中寒云凝聚，阴霾遮天，涧水陡涨。穿着破衣单衫的杜甫一家，在寒风中瑟瑟前行。偶尔遇到打猎或采药的山里人，便就着他们的烟火在水边起火野炊。在这艰苦的行程中，杜甫想到了那些转战四方扛枪打仗的兵士们，他们的日子更苦，而自己"此生免荷殳"，所以，就"未敢辞路难"了。

法镜寺

身危适他州，勉强终劳苦。神伤山行深，愁破崖寺古。

婵娟碧鲜净，萧摵寒箨聚。回回山根水，冉冉松上雨。

泄云蒙清晨，初日翳复吐。朱甍半光炯，户牖粲可数。

拄策忘前期，出萝已亭午。冥冥子规叫，微径不复取。

寂寞的山中之旅偶尔也会出现一抹亮丽的风景。正当杜甫一家人身处窘境、人马劳顿、身心疲惫、黯然神伤地跋涉在秦岭深山中时，一座风景秀丽的古刹突然出现在诗人眼前，这就是建在陡峭的山崖上的法镜寺。诗人在《法镜寺》一诗中是这样描写它的秀美风光的：法镜寺周围的景色十分秀丽，悬崖上幽静的古刹像一位美少女一样鲜亮纯净，寺院周围的落叶如簌簌笋衣聚集在一起。清澈的山溪在寺庙下的山脚静静地流淌，茂密的松林中融化的寒霜如细雨般滴下。清晨的薄雾中，初升的太阳露出了橘红的脸庞。寺庙红色的屋脊半映灿烂的霞光，明丽鲜艳的门窗历历可数。诗人拄杖伫立欣赏了许久，竟然忘记了赶路。这是杜甫在沉闷的漂泊旅途中的唯一一次以较为轻松的心情欣赏这美妙的景色，它似乎扫去了诗人心头沉积了多日的郁闷，给诗人带来一丝短暂的欣喜。

青阳峡（节选）

塞外苦厌山，南行道弥恶。冈峦相经亘，云水气参错。

林迥峡角来，天窄壁面削。溪西五里石，奋怒向我落。

仰看日车侧，俯恐坤轴弱。魑魅啸有风，霜霰浩漠漠。

诗人一家刚刚走过景色宜人的法镜寺，又进入环境更为险恶的青阳峡。诗人在《青阳峡》一诗中对青阳峡作了惊心动魄的描写：行走在秦岭深处，像到了苦寒的塞外，无尽头的山路令人生厌，向南的道路越走越险。峰峦交错、绵亘无涯的深山中，云雾茫茫，水汽腾腾。林木向远山蔓延，怪兽般的峡角迎面向人扑来。走进青阳峡，只能看见狭窄的一线天空，刀削似的峭壁赫然矗立眼前。山溪之西的五里险峰上不时有崩落的巨石，如发怒一般向诗人一家滚来。仰望高耸入云的山巅，好像会撞翻羲和驾的日车。俯瞰绵延无际的沉沉山脚，担心它会把地轴压断。山魈的呼啸引来凄厉的寒风，寒霜雪霰弥漫，峡谷中一片冷寂。这是一幅令人毛骨悚然的恐怖画面。穿越历史的时空，我们可以想象杜甫一家当年在青阳峡所经历的令人心惊胆战的艰难旅程。

泥功山

朝行青泥上，暮在青泥中。泥泞非一时，版筑劳人功。

不畏道途永，乃将汩没同。白马为铁骊，小儿成老翁。

哀猿透却坠，死鹿力所穷。寄语北来人，后来莫匆匆。

杜甫一家接着翻越的是一路中最艰难的泥功山，此山在同谷西北三十里。诗人在《泥功山》一诗中淋漓尽致地描绘了一家人的狼狈模样。诗中写道：白马在泥水中滚成为铁色骊驹，小儿在泥水中染成个老翁。善攀缘的猿猴摔死在山涧里，善奔跑的麋鹿累死在泥淖中。此情此景，怎不令人心惊胆战。自顾不暇的诗人，还要叮嘱后来人翻越泥功山时"莫匆匆"。时时想着别人，正显示了杜甫高尚宽广的情怀。

凤凰台

亭亭凤凰台,北对西康州。

西伯今寂寞,凤声亦悠悠。

山峻路绝踪,石林气高浮。

安得万丈梯,为君上上头。

恐有无母雏,饥寒日啾啾。

我能剖心出,饮啄慰孤愁。

心以当竹实,炯然无外求。

血以当醴泉,岂徒比清流。

所贵王者瑞,敢辞微命休。

坐看彩翮长,举意八极周。

自天衔瑞图,飞下十二楼。

图以奉至尊,凤以垂鸿猷。

再光中兴业,一洗苍生忧。

深衷正为此,群盗何淹留。

杜甫这一路的最后一首纪行诗是《凤凰台》,诗中所写的凤凰台在同谷县东南七里的凤凰山上。古人把凤凰视为天下的祥瑞,凤凰出则天下太平。而现实的情形却是当年的仁者西伯姬昌也寂寞了,凤鸣之声也成了遥远的回响。如今象征和平的凤凰台也面临生存的危机,诗人想象能凭自己的力量来拯救凤凰,让它生出彩翼,展翅飞翔。可见,杜甫虽然远离了庙堂,但依旧忧国忧民,心系天下苍生。

从秦州到同谷这组纪行诗,不仅记录了诗人沿途所经历的自然风光和一家人艰难的步履,而且作者也将自己的目光和情怀由此及彼地推向广阔的社会人生。他没有斤斤计较个人的不幸与悲惨,而是时时想着那些比自己更为艰难的下层士兵和黎民百姓,向世人展示了杜甫伟大的人格。秦岭留给杜甫的记忆也是十分痛苦的,诗人在秦岭中留下了数十首诗,记录了他及家人在这险山恶水中所经受的肉体和心灵的折磨,也记录了动乱年代秦岭山民们的艰难生活,是一组描写秦岭山民生活的现实主义诗歌杰作。

奉赠韦左丞丈二十二韵

纨绔不饿死,儒冠多误身。丈人试静听,贱子请具陈。

甫昔少年日,早充观国宾。读书破万卷,下笔如有神。

赋料扬雄敌,诗看子建亲。李邕求识面,王翰愿卜邻。

自谓颇挺出,立登要路津。致君尧舜上,再使风俗淳。

此意竟萧条,行歌非隐沦。骑驴十三载,旅食京华春。

朝扣富儿门，暮随肥马尘。残杯与冷炙，到处潜悲辛。

　　主上顷见征，欻然欲求伸。青冥却垂翅，蹭蹬无纵鳞。

　　甚愧丈人厚，甚知丈人真。每于百僚上，猥颂佳句新。

　　窃效贡公喜，难甘原宪贫。焉能心怏怏，只是走踆踆。

　　今欲东入海，即将西去秦。尚怜终南山，回首清渭滨。

　　常拟报一饭，况怀辞大臣。白鸥没浩荡，万里谁能驯！

　　在杜甫困守长安十年时所写下的求人援引的诗篇中，要数这一首是最好的了。这类社交性的诗，带有明显的急功近利的企图。常人写来，不是曲意讨好对方，就是有意贬低自己，容易露出阿谀奉承、俯首乞怜的寒酸相。杜甫在这首诗中却能做到不卑不亢，直抒胸臆，吐出长期郁积下来的对封建统治者压制人才的悲愤不平，这是他超出常人之处。

　　此诗通篇直抒胸臆，语句颇多排比，语意纵横转折，感愤悲壮之气溢于字里行间。全诗不仅成功地运用了对比和顿挫曲折的笔法，而且语言质朴中见锤炼，含蕴深广。如"残杯与冷炙，到处潜悲辛"，道尽了世态炎凉和诗人精神上的创伤。一个"潜"字，表现悲辛的无所不在，可谓悲沁骨髓，比用一个寻常的"是"或"有"字，就精细生动得多倍。句式上的特点是骈散结合，以散为主，因此既有整齐对称之美，又有纵横飞动之妙。所以这一切，都足证诗人功力的深厚，也预示着诗人更趋于成熟的鸿篇巨制，随着时代的巨变和生活的充实，必将辉耀于中古的诗坛。

　　喜达行在所其三

　　死去凭谁报，归来始自怜。

　　犹瞻太白雪，喜遇武功天。

　　影静千官里，心苏七校前。

　　今朝汉社稷，新数中兴年。

　　唐至德二载（757）四月，杜甫冒险乘隙逃出被安史叛军占据的长安，投奔在凤翔的唐肃宗。历经千辛万苦，他终于到达了朝廷临时所在地（行在所）。当年五月十六日，唐肃宗拜杜甫为左拾遗。这首诗便是杜甫逃离叛军后又作左拾遗以后心怀激荡之作，因此有"影静千官里"的佳话。

　　开头劈空而至，一开始便假设了自己的死，死且无人知晓，是多么的惨淡，但未曾想到自己居然生还，足堪"自怜"。"犹瞻"再次表达杜甫的侥幸和欣喜，"太白雪"则指代秦岭太白山，亦称"武功山"（《水经注》云："武功太白山，离天三尺三"。）"武功天"在这里暗指唐代当时的天子——唐肃宗，"喜遇"则充分表达了诗人得以重用的喜悦之情。"影静千官里"指自己暂时恢复了平静的生活，和众朝臣一样侍奉天子，王夫之评价此句："写出避难仓皇之余，收拾仍入衣冠队里一段生涩情景，妙甚。非此则千官之静，亦不足道也。""七校"是汉代的七种校尉，这里也代指朝廷百官。而"心苏"一个"苏"字，更是振起全篇，与最后的"中兴"既是对自己报效朝廷的期望，也是对朝廷能够自振的期望。

秋兴八首

玉露凋伤枫树林，巫山巫峡气萧森。
江间波浪兼天涌，塞上风云接地阴。
丛菊两开他日泪，孤舟一系故园心。
寒衣处处催刀尺，白帝城高急暮砧。
夔府孤城落日斜，每依北斗望京华。
听猿实下三声泪，奉使虚随八月槎。
画省香炉违伏枕，山楼粉堞隐悲笳。
请看石上藤萝月，已映洲前芦荻花。
千家山郭静朝晖，日日江楼坐翠微。
信宿渔人还泛泛，清秋燕子故飞飞。
匡衡抗疏功名薄，刘向传经心事违。
同学少年多不贱，五陵衣马自轻肥。
闻道长安似弈棋，百年世事不胜悲。
王侯第宅皆新主，文武衣冠异昔时。
直北关山金鼓振，征西车马羽书驰。
鱼龙寂寞秋江冷，故国平居有所思。
蓬莱宫阙对南山，承露金茎霄汉间。
西望瑶池降王母，东来紫气满函关。
云移雉尾开宫扇，日绕龙鳞识圣颜。
一卧沧江惊岁晚，几回青琐点朝班。
瞿塘峡口曲江头，万里风烟接素秋。
花萼夹城通御气，芙蓉小苑入边愁。
珠帘绣柱围黄鹄，锦缆牙樯起白鸥。
回首可怜歌舞地，秦中自古帝王州。
昆明池水汉时功，武帝旌旗在眼中。
织女机丝虚夜月，石鲸鳞甲动秋风。
波漂菰米沉云黑，露冷莲房坠粉红。
关塞极天唯鸟道，江湖满地一渔翁。
昆吾御宿自逶迤，紫阁峰阴入渼陂。

香稻啄馀鹦鹉粒，碧梧栖老凤凰枝。

佳人拾翠春相问，仙侣同舟晚更移。

彩笔昔曾干气象，白头吟望苦低垂。

《秋兴八首》这组诗，熔铸了夔州萧条的秋色，清凄的秋声，暮年多病的苦况，关心国家命运的深情，悲壮苍凉，意境深闳。它是八首蝉联、结构严密、抒情深挚的一组七言律诗，体现了诗人晚年的思想感情和艺术成就。

《秋兴八首》的结构，从全诗来说，可分两部，而以第四首为过渡。前三首详夔州而略长安，后五首详长安而略夔州；前三首由夔州而思及长安，后五首则由思长安而归结到夔州；前三首由现实引发回忆，后五首则由回忆回到现实。至于各首之间，则亦首尾相衔，有一定次第，不能移易，八首只如一首。八首诗，章法缜密严整，脉络分明，不宜拆开，亦不可颠倒。从整体看，从诗人身在的夔州，联想到长安；由暮年飘零，羁旅江上，面对满目萧条景色而引起国家盛衰及个人身世的感叹；以对长安盛世盛事的追忆而归结到诗人现实的孤寂处境、今昔对比的哀愁。这种忧思不能看作是杜甫一时一地的偶然触发，而是自经丧乱以来，他忧国伤时感情的集中表现。目睹国家残破，而不能有所作为，其中曲折，诗人不忍明言，也不能尽言。这就是他所以望长安，写长安，婉转低回，反复慨叹的道理。

《秋兴八首》中，交织着深秋的冷落荒凉、心情的寂寞凄楚和国家的衰败残破。杜甫在这组诗里，反而更多地使用了绚烂、华丽的字和词来写秋天的哀愁。乍看起来，似和诗的意境截然不同，但它们在诗人巧妙的驱遣下，却更有力地烘托出深秋景物的萧条和心情的苍凉。在杜甫的笔下，这些词被用来衬托荒凉和寂寞，用字之勇，出于常情之外，而意境之深，又使人感到无处不在常情之中。这种不协调的协调，不统一的统一，不但丝毫无损于形象和意境的完整，而且往往比用协调的字句来写，能产生更强烈的艺术效果。

渼陂行

岑参兄弟皆好奇，携我远来游渼陂。

天地黤惨忽异色，波涛万顷堆琉璃。

琉璃汗漫泛舟入，事殊兴极忧思集。

鼍作鲸吞不复知，恶风白浪何嗟及。

主人锦帆相为开，舟子喜甚无氛埃。

凫鹥散乱棹讴发，丝管啁啾空翠来。

沈竿续蔓深莫测，菱叶荷花静如拭。

宛在中流渤澥清，下归无极终南黑。

半陂以南纯浸山，动影袅窕冲融间。

船舷暝戛云际寺，水面月出蓝田关。

此时骊龙亦吐珠，冯夷击鼓群龙趋。

> 湘妃汉女出歌舞，金支翠旗光有无。
>
> 咫尺但愁雷雨至，苍茫不晓神灵意。
>
> 少壮几时奈老何，向来哀乐何其多。

渼陂原名五味陂，源出终南山，环抱山麓，故址在今陕西省西安市鄠邑区西南。这首诗是杜甫与岑参兄弟同游渼陂时所作，以丰富的想象表达了自己的独特感受。诗中讲，在刚到渼陂时即逢狂风大作，天色骤变，渼陂顿时波涛万顷，天地暗淡，本来的兴致一下子变成了忧思，是否能生还已难逆料，"何嗟及"表明了这时的真实感受。疾风骤雨来得突然，去得也迅疾，忽而风平浪静，众多游船升起了片片锦帆，一时间歌声四起，水鸟轻飞，特别是雨后空气特别清新，菱叶荷花干净得如同刚刚洗过，终南山倒映于水中，水波荡漾，如梦如幻，使游人沉浸其间，几乎忘却了时间，船到云际寺时，天色已昏暗下来，不久一轮月魄跃出蓝田关映入水面，更是如诗如画。

正是在这样梦幻般的感受中，诗人进而驰动神奇地联想。"骊龙吐珠""冯夷击鼓""湘妃歌舞""金枝翠羽"一时并集，简直进入了神仙境界！杜甫之诗向来以写实著称，山水写景也被人称为"图经"。因此，这首诗的神奇想象就特别引人注目，体现了杜甫诗艺术创造的多样性成就。

从《秋兴八首》到《渼陂行》，杜甫屡次回忆美好往事，无不借秦岭山水的美丽和游玩的喜悦来反衬自己入蜀后的凄凉心情和对国家破败的忧思。

三、诗佛与秦岭

王维（701—761），字摩诘，号摩诘居士，河东蒲州（今山西省运城市永济市）人。唐朝著名诗人与画家。唐肃宗乾元年间（758—760）任尚书右丞，故世称"王右丞"。王维参禅悟理，学庄信道，精通诗、书、画、音乐等，尤长五言，多咏山水田园，与孟浩然合称"王孟"，有"诗佛"之称。书画双绝，被后人誉为南宗山水画之祖，著作有《王右丞集》《画学秘诀》。

王维一生曾四次出家隐居，其中就有三次选择了秦岭。沉醉于秦岭的山光水色，每日里悠闲自得地谈禅赋诗，礼佛作画，怎一幅超然尘世的隐居生活！这时的王维，以松林明月做伴，与湖光山色为友，终日里赋诗作画。秦岭山中那宁静优美的自然景色，陶冶着王维的性情。这一阶段，他的诗歌创作达到了一个前所未有的至高境界。

在蓝田县秦岭深处，有一条静谧幽深的山谷，名叫辋川。水波含翠，山林相映，王维晚年也就是在这里忘情山水，吟诗作画的。他在《终南别业》一诗中记叙了这件事：

> 中岁颇好道，晚家南山陲。
>
> 兴来每独往，胜事空自知。
>
> 行到水穷处，坐看云起时。
>
> 偶然值林叟，谈笑无还期。

王维是个非常忠于夫妻感情的人，但他的家庭生活又很不幸，正值壮年，爱妻仙逝，其后王维终身未娶。政治的失意，家庭的不幸，生活的孤独，诗人有了更多的闲暇时间，可以远离喧嚣的都市，居家于终南山脚潜心向佛。他在《酬张少府》一诗中说：

晚年唯好静，万事不关心。

　　自顾无长策，空知返旧林。

　　松风吹解带，山月照弹琴。

　　君问穷通理，渔歌入浦深。

诗人隐居终南山下时，每当雅兴陡起，诗人便独自进山欣赏山中美景，借终南山的山光水色、雾气云岚以消解自己心中的郁闷。有时偶然遇到山间老翁，谈笑甚欢，忘记归去。他的《终南山》一诗写出了终南山的磅礴的气势和诗人融入其中的感受：

　　太乙近天都，连山到海隅。白云回望合，青霭入看无。

　　分野中峰变，阴晴众壑殊。欲投人处宿，隔水问樵夫。

这首诗从多种视角展示了秦岭终南山恢宏的气势，有仰视、平视、俯视。诗中既写出了秦岭雄浑辽阔、高耸峻峭的阳刚之美，又写出了它的曼妙轻柔、幻化无穷的阴柔之美。美妙的山景给了落拓的诗人些许心灵的慰藉，山中的安宁和静谧，也许能使诗人忘却仕途坎坷的郁闷和烦恼，与樵夫、山民的交往，也许能让诗人感受到人间真情的存在，终南山的伟岸挺拔也许给了诗人做顶天立地的大写的人的启迪。所以，诗人笔下的终南山景色才如此诱人。

秦岭北麓的辋川谷，风景奇丽秀美。据《蓝田县志》记载："辋川口即山之口，去县南八里，两山对峙，川水从此流入灞，其路则随山麓凿石为之，约五里，甚险狭，即所谓扁路也。过此则豁然开朗，此第一区也，团转而南凡十三区，其胜渐加，约三十里至鹿苑寺（即唐清源寺），则王维别墅。"诗人在《辋川别业》一诗中，对他的别业及周边环境作了详尽的描述：

　　不到东山向一年，归来才及种春田。雨中草色绿堪染，水上桃花红欲燃。

　　优娄比丘经论学，伛偻丈人乡里贤。披衣倒屣且相见，相欢语笑衡门前。

这是一幅多么美妙、和谐的乡村春景图。王维还在辋川亲自耕作，他在《酬诸公见过》一诗中讲述了自己农业耕作的情形："屏居蓝田，薄地躬耕。岁晏输税，以奉粢盛。晨往东皋，草露未晞。暮看烟火，负担来归。"王维的这段描述告诉我们，诗人在辋川庄居住时，每日天未亮时便踏着晨露荷锄亲自下田耕作，傍晚看到农户的炊烟袅袅升起，才挑着担子披着夕阳的余晖回家。每到年底也像其他农户一样交纳皇粮国税，自己也能享受一些新鲜的劳动果实。诗人到这里来是寻求一种恬淡、宁静、安逸、悠闲、超尘脱俗的心境。

辋川河谷中有多处风光极其秀美的景观，王维常以一位参禅者的心态观瞻这些大自然的神奇造化。他的诗有一种其他诗人所难以企及的静谧、澄澈、寂然与旷达。他又是一位擅长描摹山水景物的丹青妙手。所以，他能捕捉到大自然中一刹那间的纷纭变化、转瞬即逝的动态美，也能描绘出自然的清净静谧、禅韵盎然的静态美。王维隐居辋川时，与裴迪多次携手游览辋川山水。王维与裴迪唱和的《辋川集》序中说："余别业在辋川山谷，其游止有孟城坳、华子冈、文杏馆、斤竹岭、鹿柴、木兰柴、茱萸泮、宫槐陌、临湖亭、南垞、欹湖、柳浪、栾家濑、金屑泉、白石滩、北垞、竹里馆、辛夷坞、漆园、椒园等。"他们以这些景点为题，各吟二十首绝句唱和。他有关辋川的诗中用色彩鲜明如风景画一般的诗句，描绘了辋川河谷的奇丽风光。

他的《鹿柴》一诗写出了诗人居住环境的清静幽雅，"空山不见人，但闻人语响。返景入深林，复照青苔上。"这首诗的标题两个字向我们描述了别样的环境，用鹿角一样的树杈围成栅栏，深掩在空山之中。走近别业，客人们能听到山中主人的声音，却看不到人，走进丛林深处，客人的身影却留在了山路青翠的苔藓上。静中有动，更显其静。诗中写出了人与自然和谐相处的禅意。

王维和裴迪的《辋川集》中一些写水的诗极有特点，对辋川中的欹湖及周边景点的描写非常美。裴迪是这样描写欹湖景色的，"空阔湖水广，青荧天色同，舣舟一长啸，四面来清风"。王维的《欹湖》一诗则描述了泛舟湖上的情形与感受，"吹箫凌极浦，日暮送夫君。湖上一回首，青山卷白云"。与志同道合的朋友荡一叶扁舟，徜徉在宽阔的水面上，回首仰望，青山苍翠，蓝天云舒，或引吭长啸、或吹箫自娱，多么悠闲、多么惬意！

欹湖边上还建有临湖亭，供人们歇脚休憩，欣赏湖光山色。王维在《临湖亭》一诗中，是这样描述的："轻舸迎上客，悠悠湖上来，当轩对尊酒，四面芙蓉开。"夏日在湖中尽兴游玩之后，弃舟上岸，临湖亭中两位挚友沐浴着徐徐清风、看着窗外四面荷花，小酌几樽，多么潇洒，多么安逸！

欹湖沿岸柳树成行，每到春日，垂柳倒映水中，柳絮随风起舞，如波浪起伏，别成一番景致。王维用画的语言描绘了欹湖的春柳："分行接绮树，倒影入清漪。不学御沟上，春风伤别离。"诗中也流露出了诗人心中淡淡的惜春忧愁。裴迪的"映池同一色，逐吹散如丝"，则形象地概括了"柳浪"的特点：绿树与碧水成一体，柳絮与涟漪轻飞扬，充满了诗情画意，自成一幅绝妙的山水图，也使我们想起杭州西湖的著名景点"柳浪闻莺"。

柳浪之下有水流湍急的栾家濑，这是欹湖的出水口。王维的《栾家濑》一诗，则写出了秋雨连绵时节辋川山谷水流的另一特点。"飒飒秋雨中，浅浅石榴泻。跳波自相溅，白鹭惊复下。"连日的秋雨河水大涨，河水裹挟着山中各种杂物如石榴般滚落下来。奔腾跳跃的水波溅起朵朵白色的浪花，常在水中觅食的白鹭也惊得远离这里。裴迪的同题诗中"泛泛凫鸥渡，时时欲近人"的诗句，写出了这里人与自然万物和谐相处的生动情景。这是秦岭山中动态的水。他的《柳浪》《临湖亭》《欹湖》，则写出了辋川河中水流宽阔之处的静态之美。

《辋川集》中还有些诗写了辋川谷中山岭的特点。《华子冈》一诗描写了位于辋川谷口的华子冈的山色："飞鸟去不穷，连山复秋色。上下华子冈，惆怅情何极。"飞鸟不绝，秋色连绵的华子岗，让诗人联想到的是无尽的惆怅。

《斤竹岭》一诗描写了辋川上游一个名叫斤竹岭的山峰的风光："檀栾映空曲，青翠漾涟漪。暗入商山路，樵人不可知。"人们在斤竹岭上看到的是满山高大的檀树、栾树，虬枝横溢，遮天蔽日，一片青翠的篁竹如万顷碧波在山风中荡漾。这里又是关中通往商洛的古道，人们听到山间"坎、坎"的砍柴声，却无处寻觅樵夫的踪迹。

诗人的《木兰柴》一诗则写了辋川谷的山的另一种韵味："秋山敛余照，飞鸟逐前侣。彩翠时分明，夕岚无处所。"夕阳的余晖涂抹在秋日群山上，成双成对的鸟儿飞向它们幸福的巢中。五彩的晚霞与青翠的山色交相辉映，傍晚清新的山岚弥漫在整个山谷。诗人所描写的这种景象使我们想起了陶渊明《饮酒》其五中"山气日夕佳，飞鸟相与还"的意境。诗中也暗含着隐居生活的乐趣。辋川的山没有秦岭其他山峰的巍峨峥嵘，似乎也像诗人的性格一样柔和、平静，向人们展示着它的婉约秀美。

王维的《鸟鸣涧》一诗所描绘的意境也别有韵味，诗人描写了秦岭的一条山涧特有的幽静："人闲桂花落，夜静春山空。月出惊山鸟，时鸣春涧中。"远离了喧嚣的官场与都市，一个闲暇的夜晚，在苍茫的秦岭山中寻一条宁静的山涧，嗅嗅秋桂的芳香、听听春鸟的鸣唱，应是人生一大乐事。"桂花"与"春山"这两种不同季节出现的意象，不可能同时出现在一时一地。我们阅读这首诗时，可能会产生这样的疑惑，为什么诗中会同时出现"桂花"和"春山"这两种春季和秋季不同季节的意象呢？我想这不可能是诗人的疏忽，应该是诗人在不同的季节、不同的时间游览秦岭时所看到的不同的景象，诗人用极其凝练的手法概括了他多次游玩鸟鸣涧所看到的情景。

山居秋暝

空山新雨后，天气晚来秋。

明月松间照，清泉石上流。

竹喧归浣女，莲动下渔舟。

随意春芳歇，王孙自可留。

在王维描写秦岭山水的诗歌中，《山居秋暝》的艺术成就最高。这首诗描写了居住在辋川山谷中的诗人，在一个秋雨落日之后的所见所闻、所思所感。诗人用生花的丹青妙笔为人们渲染出一幅雨后恬淡、安宁、静谧、祥和的山村晚景图。诗中所描写的秦岭中的这个小山村犹如陶渊明笔下的世外桃源，这里山美、水美、人更美。生活在这样的环境中，自然有一种神仙般的逍遥与洒脱。

苏轼在《书摩诘蓝田烟雨图》中说："味摩诘之诗，诗中有画；观摩诘之画，画中有诗。"的确如此，在这首诗中，我们既欣赏到了赏心悦目的水墨山水图，也看到了浣女嬉戏、渔翁悠然的山村风情画。似乎又听到了清心悦耳的泉声叮咚、流水潺潺的优雅乐曲。也体会到了诗人超然物外、渴求宁静的禅韵。这首诗中也寄托着诗人高洁的情怀和对理想境界的追求。

王维不但有卓越的文学才能，而且还是一位出色的丹青妙手和音乐天才。他有深厚的艺术素养和敏锐的艺术灵感，由于长期生活在风景如画的秦岭山水中，使他对山水的自然之美具有细致入微的感受，因而他笔下的山水景物鲜活灵动、极富神韵。他的山水田园诗如他的山水画一样，常常是略加渲染便禅意无穷、意蕴深远、耐人玩味。他的诗摹景状物极有画意和音韵，色彩鲜明、音韵优雅、动静结合、音画俱佳。王维的山水田园诗得益于他在秦岭终南山和蓝田辋川别业的隐居生活。王维笔下的秦岭山水向人们展示了它空灵、秀丽、婀娜多姿的一面。秦岭的奇山异水滋养了王维的山水田园诗。秦岭成就了王维，也成就了盛唐山水田园诗。

四、诗魔与秦岭

白居易（772—846），字乐天，号香山居士，又号醉吟先生，祖籍太谷，是唐代伟大的现实主义诗人，唐代三大诗人之一。白居易的诗歌题材广泛，形式多样，语言平易通俗，有"诗魔"和"诗王"之称。山水诗是中国古典诗歌的一大题材。到了中唐，诗人们追求创新，模山范水跳出了王孟藩篱，变自然凝练为铺陈始终、淋漓尽致，若论气度之壮阔，篇章之恢宏，白居易《游悟真寺》可谓其中的代表佳作。

游悟真寺

元和九年秋，八月月上弦。
我游悟真寺，寺在王顺山。
去山四五里，先闻水潺湲。
自兹舍车马，始涉蓝溪湾。
手拄青竹杖，足蹋白石滩。
渐怪耳目旷，不闻人世喧。
山下望山上，初疑不可攀。
谁知中有路，盘折通岩巅。
一息幡竿下，再休石龛边。
龛间长丈余，门户无扃关。
仰窥不见人，石发垂若鬟。
惊出白蝙蝠，双飞如雪翻。
回首寺门望，青崖夹朱轩。
如擘山腹开，置寺于其间。
入门无平地，地窄虚空宽。
房廊与台殿，高下随峰峦。
岩崿无撮土，树木多瘦坚。
根株抱石长，屈曲虫蛇蟠。
松桂乱无行，四时郁芊芊。
枝梢袅青翠，韵若风中弦。
日月光不透，绿阴相交延。
幽鸟时一声，闻之似寒蝉。
首憩宾位亭，就坐未及安。
须臾开北户，万里明豁然。
拂檐虹霏微，绕栋云回旋。
赤日间白雨，阴晴同一川。
野绿簇草树，眼界吞秦原。
渭水细不见，汉陵小于拳。

却顾来时路，萦纡映朱阑。
历历上山人，一一遥可观。
前对多宝塔，风铎鸣四端。
栾栌与户牖，恰恰金碧繁。
云昔迦叶佛，此地坐涅槃。
至今铁钵在，当底手迹穿。
西开玉像殿，白佛森比肩。
斗薮尘埃衣，礼拜冰雪颜。
叠霜为袈裟，贯雹为华鬘。
逼观疑鬼功，其迹非雕镌。
次登观音堂，未到闻栴檀。
上阶脱双履，敛足升净筵。
六楹排玉镜，四座敷金钿。
黑夜自光明，不待灯烛燃。
众宝互低昂，碧佩珊瑚幡。
风来似天乐，相触声珊珊。
白珠垂露凝，赤珠滴血殷。
点缀佛髻上，合为七宝冠。
双瓶白琉璃，色若秋水寒。
隔瓶见舍利，圆转如金丹。
玉笛何代物，天人施祇园。
吹如秋鹤声，可以降灵仙。
是时秋方中，三五月正圆。
宝堂豁三门，金魄当其前。
月与宝相射，晶光争鲜妍。
照人心骨冷，竟夕不欲眠。
晓寻南塔路，乱竹低婵娟。
林幽不逢人，寒蝶飞翩翩。
山果不识名，离离夹道蕃。
足以疗饥乏，摘尝味甘酸。

道南蓝谷神，紫伞白纸钱。
若岁有水旱，诏使修苹蘩。
以地清净故，献奠无荤膻。
危石叠四五，靐嵬欹且刓。
造物者何意，堆在岩东偏。
冷滑无人迹，苔点如花笺。
我来登上头，下临不测渊。
目眩手足掉，不敢低头看。
风从石下生，薄人而上抟。
衣服似羽翮，开张欲飞骞。
孅孅三面峰，峰尖刀剑攒。
往往白云过，决开露青天。
西北日落时，夕晖红团团。
千里翠屏外，走下丹砂丸。
东南月上时，夜气青漫漫。
百丈碧潭底，写出黄金盘。
蓝水色似蓝，日夜长潺潺。
周回绕山转，下视如青环。
或铺为慢流，或激为奔湍。
泓澄最深处，浮出蛟龙涎。
侧身入其中，悬磴尤险艰。
扪萝蹋樛木，下逐饮涧猿。
雪逆起白鹭，锦跳惊红鳟。
歇定方盥漱，濯去支体烦。
浅深皆洞彻，可照脑与肝。
但爱清见底，欲寻不知源。
东崖饶怪石，积甃苍琅玕。
温润发于外，其间韫玙璠。
卞和死已久，良玉多弃捐。
或时泄光彩，夜与星月连。

中顶最高峰，挂天青玉竿。
同令上不得，岂我能攀援。
上有白莲池，素葩覆清澜。
闻名不可到，处所非人寰。
又有一片石，大如方尺砖。
插在半壁上，其下万仞悬。
云有过去师，坐得无生禅。
号为定心石，长老世相传。
却上谒仙祠，蔓草生绵绵。
昔闻王氏子，羽化升上玄。
其西晒药台，犹对芝术田。
时复明月夜，上闻黄鹤言。
回寻画龙堂，二叟鬓发斑。
想见听法时，欢喜礼印坛。
复归泉窟下，化作龙蜿蜒。
阶前石孔在，欲雨生白烟。
往有写经僧，身静心精专。
感彼云外鸽，众飞千翩翩。
来添砚中水，去吸岩底泉。
一日三往复，时节长不愆。
经成号圣僧，弟子名扬难。
诵此莲花偈，数满百亿千。
身坏口不坏，舌根如红莲。
颅骨今不见，石函尚存焉。
粉壁有吴画，笔彩依旧鲜。
素屏有褚书，墨色如新干。
灵境与异迹，周览无不殚。
一游五昼夜，欲返仍盘桓。
我本山中人，误为时网牵。
牵率使读书，推挽令效官。

既登文字科，又忝谏诤员。

拙直不合时，无益同素餐。

以此自惭惕，戚戚常寡欢。

无成心力尽，未老形骸残。

今来脱簪组，始觉离忧患。

及为山水游，弥得纵疏顽。

野麋断羁绊，行走无拘挛。

池鱼放入海，一往何时还。

身著居士衣，手把南华篇。

终来此山住，永谢区中缘。

我今四十余，从此终身闲。

若以七十期，犹得三十年。

诗歌作于元和九年（814），此时白居易丁忧期满，回朝任左赞善大夫之职。

"元和九年秋，八月月上弦。我游悟真寺，寺在王顺山"。起笔不落窠臼，将游悟真寺的时间、地点一一交代清楚。下文再写舍弃车马，徒步上山，小憩两次，登山入寺。将登山过程寸步不遗、娓娓道来。入寺之后，环顾四周，"如擘山腹开，置寺于其间"，以人体比拟山、寺位置，想象怪异却又精当妥帖。寺中所见所闻，树木是"根株抱石长，屈曲虫蛇蟠，松桂乱无行，四时郁芊芊"，鸟儿则"幽鸟时一鸣，闻之似寒蝉"。诗中不乏传统的清雅幽寂，但又忠于现实、客观摹写，美中有瑕，不加美化，有异于传统的审美观念。

入寺之后，诗人正面描写寺中多宝塔、玉像殿、观音堂等建筑。多宝塔是重在整体与个别形象的交叉。玉像殿则只取玉佛雕像。两者重点突出，详略得当。观音堂却浓墨重彩，大肆铺排，于是观音堂的光辉尽落眼中。

天明之后，独游山径。白居易工笔细绘，巧施丹青，点缀以乱竹、寒蝶、山果神祠，登危石而心惊，承山风而体轻。山林逸趣，具体细致，令读者如悠然入其境。白居易笔下的日落月升，令人耳目一新。时而红翠交辉，时而碧金相映，色彩绚烂，形象艳丽。"丹砂丸""黄金盘"比喻日月，颇为奇绝。以俗语入诗，却能化俗为雅。至此一日一夜游程，交代明白。其后则略去时间线索，截取典型山景细绘。蓝水萦山、时急时缓、东崖堆石，亦青亦润。诗人不仅描写游历实境，还将目接心仰、足行不到的山光池色写入诗中。这又是以文为诗的表现手法。

山水诗中，往往将人文景致作为自然风光的附庸；而在散文游记中，人文景致却是重要的组成部分。白居易此诗醉心山水，又着眼灵迹。不仅对寺院描摹工细，而且笔下佛子、仙真、神龙、高僧、名画、法书纷至沓来，大大丰富了山水诗的内容。笔墨详略浓淡，安排十分得当。曲终奏雅，篇末明志，是山水诗结尾的惯常写法。诗中写景洋洋一千余言，为普通山水诗的数十倍篇幅，结尾抒情，向往闲情逸趣，厌倦尘世俗务，也占据一百四十字之多，宣泄无遗。诗歌按照时间顺序，以游山过程贯穿始终，又描摹人文景致、穿插心情感受，题材丰富多彩，使叙事、抒情、写景浑然一体，构成散文化的山水诗，诗化的山水游记。诗歌结构，从游山到游毕抒怀，首尾完整，井然有序。

全诗洋洋洒洒一百三十韵，一千三百字，不落窠臼，不生硬拼凑，颇见诗人深厚的艺术功力。就句法而言，于大量平常句式中，间以散文句法。如"元和九年秋，八月月上弦""若岁有水旱""造物者何意""或铺为慢流，或激为奔湍"，都异于一般的二、二、一句式，平中见拗，调节音律，腾挪有致。就字法而言，诗中用字偶见生僻，但通篇不以艰涩取胜，而以圆转晓畅见长。看似平常，却是苦心经营，大巧若拙。如"树木多瘦坚"写形得神、"韵若风中弦"天趣自得、"眼界吞秦原"的大胆想象、"白珠垂露凝、赤珠溶血殷"静态动写，俯拾皆是。清人刘熙载评白诗用字"用常得奇"，实非虚言。

第六章
秦岭民俗文化

秦岭横跨甘肃、陕西、河南、安徽，东西横跨四个省，民俗文化深远。大致可以从古镇、村落、风俗和饮食方面展开。本章主要介绍陕西境内具有代表性的古镇及村落。

一、秦岭古镇

1. 华阳古镇

华阳古镇在今陕西洋县（图2-66），傥水河及支流与华阳处冲积形成一块群山环绕的小盆地，海拔800～3071米，从《华阳国志》中看，华阳在古代，地理范围极广，指华山之阳，即秦岭南坡，相当于今天陕西省的陕南地区。华阳古镇之所以有如此名气，有赖于傥骆道及沿路驿站的存在。从关中进入汉中最近也最险峻的道路是傥骆道，而华阳恰好位于傥骆道出口傥峪的谷口上，可上通关中，下达巴蜀，唐德宗南避汉中时曾在此驻留。今天的华阳古镇仅是洋县的华阳镇，古镇负阴抱阳，依山傍水，青山为屏，

◆ 图2-66 华阳古镇

盆地为基，两河并流，古船荡漾。素有"千年古船城，秦岭第一镇"的美誉。

唐朝中期，洋县华阳镇被设立为华阳县，一度称之为"真符县"。中唐以后，官员调任或回京、商贾往来、南北物资交流等，必经傥骆道。作为重要驿站，华阳自唐代开始兴旺，先是沿着古道成街，逐渐发展成镇，明清时至鼎盛阶段。最繁盛时人口上万，两天一小集，三天一大集。每逢集日，秦腔戏班就会在戏楼上演出，场面非常热闹。除了战略位置突出、商业发达外，历史上一时兴起和繁华的华阳古镇，是依托傥骆道发展起来的军事经济名镇。

古镇大致沿傥骆道南北延伸，北高南低，古道两旁是商贸铺板门街，东河、西河两水将其夹在中间，总体呈"一"字形结构。300多个院落；鳞次栉比地排在短短600米的铺板门街边，大都为清末民初的前店、后居式建筑。镇上还保存着唐代古堡遗址，以及明清时的古戏楼、客栈、酒楼、茶楼、庙宇等，村外还有堰渠、残桥等。

2. 漫川古镇

漫川古镇位于陕西省商洛市山阳县东南，北距县城203省道96公里，福银高速公路距县城仅47公里，南距郧西县上津镇15公里，处于高山夹峙之中，东、南、西、北分别有太平山、猛桩山、陨岭和天竺山，该镇是金钱河、靳家河交汇处，形成一方河谷平川，可谓陆路地势险要、水路南北连通，受益于地利之便（图2-67）。

春秋时为蛮子国，战国时一度是楚国的疆域，南宋为宋、金双方割据的战场。真正兴起于明清时期，当时，汉江水运发达，作为汉江主要支流的金钱河也随之兴旺起来，漫川关成为重要的水陆码头。是陕西、湖北、河南、四川等省的物资集散之处。当时漫川关主要有两条商业街道：一条是金钱河边的水码头街，俗称"小汉口"，是南方船帮商客、货物的停泊之地；另一条叫旱码头街，主要接纳来自北方的骡帮商人，为骡帮和船帮交易的中心市场，老街以小作坊、手工艺为主，两旁是一色黑漆铺板门、木架板楼的店面；中街以商业贸易为主，会馆、商号、骡马店、酒肆、茶楼等分列街道两旁；下街以水旱码头往来搬运为主。受经商风气感染，镇上很多家庭都是"男人下田，女人摆摊"，后来甚至到了"十户九经商"的程度。

由于地处"秦头楚尾"，这里自古就是民族迁徙、南北文化交融之地。历史上众多移民沿着金钱河航道定居于陕南山区，渐渐创造出了漫川古镇的繁荣。

该镇十分之一的居民俗称"本地人"，即北方人或北方后裔，相传是明洪武年间从山西洪洞大槐树过来的移民后裔；其他居民大部分是明清时期从南方各省迁过来的"下户人"后裔。也因此，当地的人文风俗、建筑风格等都带有浓厚的移民色彩。例如，这里的民众既供奉北方的神社——关帝，也信仰

◆ 图2-67　漫川古镇

长江中下游的水神——杨泗将军；建筑方面，既有"厚实、高大"的北方建筑特色，也有"高墙窄巷"的江南韵味，其中陕西、山西商人修建的骡帮会馆和北方会馆还采用了南方常见的天井设计。

3. 龙驹寨

龙驹寨，在今陕西商洛丹凤县。故称龙龟寨，坐落于丹江上游的西岸，亦谓项羽"神骥乌骓"遂有"龙驹寨"之名。和漫川古镇一样，龙驹寨也是一座因地利之便而发展起来的古镇，它是商於古道上唯一的一座水旱码头。古籍中称该地为"北通秦晋，南连吴楚"；"水走襄汉，陆入关辅"，龙驹寨素有"陕南屏障""三秦要津"之称。可见，龙驹寨的地理位置非常重要。

早在春秋时期，龙驹寨算是一个水陆换载的码头，之后渐渐发展为商埠，是古代西北地区和中原大地之间重要的物资交流中转枢纽。随着明清时期水运的兴起，龙驹寨的商贸运输更是繁荣一时。当时产于东南地区的丝、茶、糖、米和瓷器等物资，一部分经武关由陆路运输至龙驹寨码头，再由骡马驮运至长安及山西、甘肃、内蒙古等地。同时，甘肃的绿丝烟、山西的食盐及商州的油桐、药材、核桃、牛皮等山货特产，也多驮运汇集于龙驹寨，再由船载顺流而下，运抵长江口岸重镇汉口。十里长街上店铺鳞次栉比，曾有过栈行、山货行、盐行、药材行、京货铺、杂货铺、银钱铺、桶铃铺、缨之铺、客店、饭店、理发店、照相店、洗澡堂等，"鸡鸣多未寝之人，午夜有可求之市"。由于商业繁荣，龙驹寨为明清税收作出重要贡献，清朝咸丰年间所收税银15万两，为陕西之冠。

陆路和水路这两条南北交通运输线，在龙驹寨实现交会合流，不但促成了货物流通，而且促进了商业、文化的交流。来自湖北、河南、山西、陕西等地的商户，成立了各种行会和地域性组织，在龙驹寨建起很多会馆。以船帮会馆为核心，当时小小的山城就有青瓷帮、盐帮、马帮、北马帮、商於帮、黄帮、河南帮、铜帮、布帛帮等十二大会馆。如今在十里老街还有船帮、马帮、青瓷帮等会馆遗迹。外国商人、传教士也曾到过这里。例如，意大利传教士安西曼的徒弟华国文于清宣统三年（1911），在此兴办葡萄酒公司。十里老街东西两头还保留有天主教堂和福音教堂等传教场所。这从另一个侧面反映了龙驹寨兼容并蓄、海纳百川的气度。直到近代以来，因陇海线的建立，商家弃水就陆进行运输，龙驹寨才逐渐衰落。

4. 茅坡寨

茅坡寨源于明崇祯年间，李自成起义军在商洛地区流动作战，清嘉庆年间达到极盛。当时，陕西一带又是白莲教起义的主要据点，巡抚陆有仁遂上奏朝廷，建议在相关地区重要关隘处自行筑山寨以自保。白莲教起义军在陕南流动作战，本区地方上的大族为了自保，陆续大规模修筑寨堡。这股修筑寨堡风潮一直延续到后来太平天国起义及民国军阀混战时，仅镇安一地就建了200多座山寨。

这些寨堡或依山而建，或据守山顶，大多以石头砌成，有着完备的防御设施，寨墙、寨门、望楼、跑位、枪眼等一应俱全，还有一套生活设施，如住房、田地、果园、水池、水井、地下水道等，一旦敌人来犯，就可据守多时。其中，保存最好的是茅坪境内的茅坡寨。

如今时代变迁，古寨已失去其军事防御功能，成为镇安的一道人文历史景观。茅坡寨占地约1亩，由高达10米的寨墙将寨子围成圆形，远望古寨气势如虹，宛如一条乌龙盘旋在绿树丛中，横亘在群山之巅。因地势险要，三面凌空，所以防御功能较好。至今，垛口及外围建筑仍保存完好。古寨的庙堂内供奉着佛祖释迦牟尼像，此外还有一尊西汉名臣张良像。

5. 云镇古街

云镇古街（图2-68），在今天陕西镇安云盖寺镇，此镇一直是镇安到安康交通要道的水旱码头，商业很发达。乾佑河支流镇安河穿镇而过，在群山间冲积出一小块狭长的平川，遂有了村镇。小镇现在生活着3000多户居民，部分是山西、河南、安徽、湖北、四川等地移民的后裔。该镇因唐代时曾大规模修建云盖寺而得名，明嘉靖年间和清乾隆年间重修，楼宇庙舍林立，当时有"九楼十八殿，僧舍千余间"之称。

明清时代，镇上最繁华之地就是古街。据载，这条古街始建于汉代，云盖寺镇便是沿着这条全长380米的古街展开。从西安来的客商走山路至云盖寺后，继而在镇安的柴坪码头换水路走汉江至安康。川陕鄂豫的百货、山西的食盐、陕南的特产多在此集散，形成了享誉陕南、关中的"四大源"和"八小号"。昔日古街上有百家店铺，纸坊、染坊、油坊、布店、杂货、土产、旅店、饭店等林林总总，南来北往的驼队、商贩终日不绝。

经过历史的淘洗，古街两旁至今仍保留着联排式店铺和民居。这些房子主要是"下户人"移居到此后逐步建起来的，年代多在清乾隆以后。临街房子为三间连一间的木结构房子，门板易装卸，可商

◆ 图2-68 云镇古街

可居，集市期三门皆开，非集市时仅开一门。民居至今仍保留着40多个大小不一的四水归堂式住宅，其中31处保存较为完好。老房子多是土木结构，院子里有或方或长的天井，屋顶是灰板瓦，白墙黛瓦，山墙上有江南式彩绘画，花格门窗上刻着浮雕，高高耸起的码头墙，极富南方情调。20世纪80年代后，古镇的商业中心从古街转到了公路沿线，古街被人们称为"前街"，后来兴起的新街称为"后街"。

6. 凤凰古镇

距离漫川古镇约70公里的凤凰古镇，是陕西商洛金钱河水系上游的商业市镇，现属陕西柞水辖区。这座藏在秦岭山麓之中的古镇坐落于金钱河上游支流社川河、皂河、水碓沟河三河汇流处。据记载，唐武德七年（624），因推行均田制，一些湖北、湖南等地的百姓移居于此，这里才逐渐形成人口聚集的村落。此处在历史上长期被称为"三汊河口"。清嘉庆年间，因其西南有凤凰山，遂改名"凤凰嘴"。1941年，才改为凤凰镇。

凤凰自古以来都是重要的驿站、军事驻地，开发不多，直到清代中期才发展为商旅云集的商业重镇。清嘉庆元年（1796），为剿击在鄂、蜀、陕流动作战的白莲教义军，朝廷打通了凤凰古镇至宝鸡汤峪的军事古道，使关中与湖北的老河口得以连通，并疏通了金钱河水路航运。随着白莲教义军被镇压，这个昔日的军事要地成为商贾、行旅、驮骡、货运会集之地，形成定期集市，成为商洛山西部第一贸易中心。清末民初，这里的商号、店铺、钱庄遍布，南来北往的货物终日不绝，最繁华时每天有200家商号的货物在此中转，有"小上海"之称。此时的凤凰已成为秦岭以南连接长江水系和黄河水系的重要商贸集镇。北方的山货土特产经马帮和人驮转至此，再经水路南下，而江南的丝绸、大米又经水路在此下码头，而后从旱路翻越秦岭送入关中。

今天的凤凰古镇，仍保留着明清古镇特色，以长1.2公里左右的古街道为中轴线，呈"S"形的东西走向，街道由石条、石块铺成，沿街至今仍保存着142栋明清建筑。这些建筑以四合院为主、古建筑大体沿袭徽派建筑风格，较具地方特色（图2-69）。民居大多建于清嘉庆年间（1796—1820），其中较有特色的有古钱庄、康家大院等建筑。这里的房子一般是南方前庭后院式，庭院之间有隔墙有南方用于防火的封火山墙，以黄土筑成，上方向外弧形突出，有勾起的檐角及翘起的鱼尾。临街的建筑既可做店铺，也可做会客厅，后面是两重或三重房子围成的小庭院，当地人称天井院。天井院透光通风，屋顶内侧的雨水从四面流入天井，天井里有石块砌成长方形井状排水系统，俗称"四水归堂"。

7. 青木川古镇

青木川地处陕、甘、川三省交界处，该镇西连四川省青川县，北邻甘肃省武都县（今甘肃省陇南市武都区）、康县，枕陇襟蜀，素有"一脚踏三省"之誉，是陕西省最西的一个乡镇，距县城108公里，西去227公里即是九寨沟。古镇历史悠久，旅游资源丰富。曾是入川的要道之一，秦蜀之咽喉，兵家必争之地，商贾云集之边贸重镇。

早在三国时期，邓艾攻蜀时部队曾入境南下青木川；崇祯十年（1637），闯王李自成义军由青木川过境入川占领青川县；清太平天国兰大顺义军与官军曾在境内秦家垭鏖战。

青木川原属羌、汉杂居区，始建于明成化年间（1465—1487），后又经清、民国时期的陆续修建，逐渐形成了现在规模（图2-70）。青木川最初名为草场坝、回龙场，清同治年间（1862—1874）改名

◆ 图2-69　凤凰古镇四合院

为永宁里，民国时称凤凰乡，中华人民共和国成立后定名为青木川。

青木川境内有青木川国家级自然保护区，总面积达6万多亩，内有大片的原始森林，并有金丝猴、羚羊等国家重点保护动物，被动植物专家誉为"天然动植物基因库"。境内古建筑群规模宏大，"回龙场"青石街两边明清民居错落有致，窗棂、门楣、瓦当雕刻精美，风格典雅。传奇人物魏辅唐的新老宅院、旱船屋、烟馆、辅仁中学等极具特色和文化底蕴的明清风格建筑至今保留完整。2016年10月14日，被发改委、财政部，以及住建部共同认定为第一批中国特色小镇。

◆ 图2-70　青木川古镇

二、秦岭特色村落

1. 镇安回族村

镇安回族村，位于秦岭南麓的陕西镇安。居民多为移民，以汉族为主，也杂居着回族、满族、壮族等九个少数民族。境内最早的回民是因明洪武、永乐年间的屯军移民制度迁入的。定居山西的魏姓、陕西临潼的王姓等回民迁入镇安茅坪等地。清代,大量回民由关中和甘肃临夏来到镇安,如乾隆初年有安、马、杨、胡、石等姓回民迁入现西口、米粮等镇。此外,也有西安和安康的回民商人及传教士来此定居,镇安逐渐成为陕西除西安外最大的回族聚居地。

镇安回民主要分布在永乐、西口、茅坪、米粮、云盖寺等镇。其中,西口、茅坪为回族镇,回族人口约1万。由于和汉族相处已久,镇安回民大多说汉语,使用汉文,不过偶尔也会使用阿拉伯语。他们的穿着也基本和汉族人相同。但在清真寺做礼拜、聚礼及重要节日时,信仰伊斯兰教的回民还是会穿戴着传统服饰;男性一般会戴白色圆布帽,又称"门拉帽";妇女则头缠黑色头巾,家境富裕的还会缠上数丈长的黑丝纱帕,未婚少女则戴深绿色盖头。

镇安回民以米、面、玉米为主食,辅以牛、羊及其他反刍动物作为肉食。食用之前,须由阿訇或做礼拜的人宰后放血。如果宴请宾客,菜肴要用碗盛。镇安回族食品中,较有特色的是脚踩牛肉:在选好的牛肉上抹料,装入密封袋中,用麻袋、草袋套装,放在门口,任凭往来行人踩踏,等血水被挤出、香料渗入牛肉后,再漂洗、煮熟,就成了一道美味的菜肴。镇安回民还喜欢品茶,有"宁可一日无油盐,不可一日无茶饭"之说。

2. "江南人"

具体位置在今陕西商洛地区的商南、山阳、丹凤、洛南、镇安、柞水等县,都有大量江南人分布,尤其是与南方数省有地缘关系的商南、镇安和柞水三县的南方移民占当地人口的大多数。明清时期,南人移民商洛,这是史上一次较大的移民潮,移民使商洛的人口有了一定的增长。其中,较有代表性的一批在清乾隆年间。这批移民主要从湖北东南的武昌府、安徽西南的池州府和安庆府(潜山、宿松、桐城、怀宁、舒城、望江等县)迁来,因为来自长江以南,被当地人称为"江南人",他们说的话被称为"江南话"。

在江南人聚居的地区,衣、食、住等日常都呈现出浓厚的南方特色。江南人生活的村落里带有明显的徽派民居建筑烙印,南方四水归堂的砖木结构建筑并不少见。他们还将故乡的服饰、器物、饮食习惯等流传下来。比如喜食米饭。在风俗习惯上,江南人仍保留着部分祖籍地的传统,如婚嫁习俗:订婚时要请算命先生"合八字",占卜吉凶,选双日子结婚,以求吉利;结婚时女方要置办嫁妆,称"陪送",亲戚朋友要赠送礼物,称"添箱"。男方家则负责设新房,打制家具、铺新床、办酒席等。江南人过腊八节要吃杂米粥;腊月二十三过"小年夜"时要祭灶,供送"灶君"上天奏事;腊月二十八吃"团年饭"等。最关键的是,江南人往往重视宗族,崇尚"耕读传家"的祖训,商南耀岭河草洼村的叶氏祠堂立柱上所挂的楹联便是这种传统的体现。

上联:振江左,家声好,守诗书,为世业;

下联:听祖考、遗训祇,留忠厚,与儿孙。

移民的江南人保留了属于南方的传统爱好,商南、镇安、柞水三县,主要流行的曲目并不是陕西的秦腔,而是豫剧、黄梅戏、花鼓戏等南方戏种(图2-71)。随着江南人的迁入,商洛地区产生了兼备南北特色的花鼓戏,如著名的柞水渔鼓,镇安花鼓。

◆ 图 2-71 黄梅戏剧照

3. "川楚棚民"

明代中后期，因赋役繁重、自然灾害频繁、耕地稀缺等因素所迫，大量流民从四川、湖北、两广、云贵等地涌入秦岭南麓的荆襄一带。与朝廷组织的移民不同，这些人"既不纳粮，也不当差"，在当地是不合法的居民。他们扶老携幼，成百上千地屯聚，住棚垦荒，后世称之为"川楚棚民"。棚民聚集现象与当地的自然环境息息相关。北有秦岭，南有大巴山，东有熊耳山，中间是武当山、荆山，地广人稀，地理位置偏僻，朝廷鞭长莫及，较受流民青睐。虽相对封闭，但区内有多条南北流向的河流，并形成河谷，足以进行农耕和狩猎，不至于与外界完全隔绝（图2-72）。明朝曾尝试将棚民发还原籍或强行驱逐，但收效甚微，后来以武力镇压仍然失败，只得增设州县，让棚民就地附籍，才有了今天的川楚棚民。

这些人在秦岭南麓扎根后，一开始以垦荒、狩猎为主，所住的房子也是"伐木支椽，上覆茅草，仅遮蔽风雨"，垦荒的种子多是四处赊借，生活较为原始。局势稳定后，他们也开始种植药材及开发矿产，还从深山移居到开阔的河谷地带修建村落。这些村落后来发展成为经济繁荣的城镇，如两当广金大坪的五里长街等。

如今，川楚棚民的后裔主要分布在凤县、两当、徽县等地，操着介于湖南、湖北、广东、广西及当地方言之间的语言。他们仍保留着吊锅炖肉、苞谷煮酒、唱山歌号子的生活习惯。其中，吊锅是最具有棚民特色的用具，俗称吊罐（源于中国西南少数民族，是一种口小肚大底圆的扁圆形铁锅），锅口有一对弧形曲绊，可用木棍制成撑架悬在火上烧水煮饭，可因地制宜随时起锅。

◆ 图 2-72 川楚地貌复原图

4. "花房子"

今陕西汉中佛坪县岳坝村，有一栋气势恢宏、风格独特的"花房子"，是佛坪唯一保存下来的古建筑。这栋老房子建于清嘉庆十七年（1812），为砖木结构的合院式建筑，集砖雕、翘檐、彩绘于一体，具有浓郁的江南风格，被当地人称作"花房子"。

从空中俯瞰，"花房子"的布局呈长方形，外表仿佛一个坚固的石盒子；正门由巨大的条形石块、砖雕及飞檐组成，门两边各有一面耳墙，四面是高耸的三重封火墙。建筑的细部分精致，砖雕砌成的飞檐翘壁下有彩绘的花草图案，大门洞用完整的巨石雕刻而成，门额上有块石匾，上书"耕读传家"，门洞两侧有砖雕的八组民间故事图案。在主房和主房之间穿插着厢房及天井，这种设计不但合理利用空间、节省建材，而且让整个院子看起来很别致。院内门窗均用名贵木材打造，上面精雕细刻了花卉、传统故事等图案，在最里面的主堂内壁上还绘有精致的壁画，这是主人经济实力雄厚的体现。由于木材质量上乘，虽经历 200 多年风雨，房子仍保存完好。

这座合院式建筑为当地的何氏家族所建，是江南移民带来的有代表性的建筑之一（图 2-73）。早期汉中地区是以四川干栏式建筑为主，随着移民的涌入和中原文化的渗透，类似"花房子"的合院式与天井式建筑逐渐成为当地民居的主要表现形式。

5. 女儿坝

女儿坝，在今陕西佛坪县栗子坝，此地是有名的禁赌村，至今尚且保存着明清年间的禁赌碑。

我国从明朝开始，在地方上曾广为推行"里甲制度"，以此维持乡村的秩序。明代后期，里甲制度开始崩溃，而朝廷在治理地方时，原来仅用于思想教化的乡约却成为重要补充。到了清代，朝廷一再强调乡约的作用，在山东、山西、河南、陕西等省遂开始实行相同的基层管理组织。

◆ 图 2-73　合院式建筑

清末，出于本区赌博之风盛行，赌博种类繁多，有掷骰子、弹钱宝、打麻将、掀花牌等。地方官府主要采取以下措施进行禁赌：乡民间立下约定，互相监督；在重要路口立下禁赌碑。栗子坝的禁赌碑立于清道光年间。这里地处山区，地理位置偏僻，人员混杂，赌博之风盛行，官府曾三次出面禁赌，但效果不佳。后来，当地生员苏钟灵等人请求官府彻底禁赌，洋县知县林授昌遂颁布法令文告以此禁赌，违者一律严惩，并于咸丰元年（1851）在栗子坝女儿坝村村头立下禁赌碑。

禁赌碑现保存在女儿坝村乡政府大院内，碑刻之完整为全国罕见。全碑青白玉石质地，光滑细腻，四周装饰有单线回纹，碑高 0.52 米，宽 0.765 米，碑上刻了 186 个字，字体为楷书，共 17 行。碑上还刻着一枚"洋县印"的篆文印章，清道光五年时，佛坪尚无县级机构，栗子坝隶属洋县管辖。

三、秦岭人的风俗与饮食

风俗与饮食受到秦岭当地气候地理条件的影响，在历史的演进中不断地呈现出各朝各代的特色，如今，代代相传的这些风俗文化还在不在呢？本节内容将展开详细介绍。

（一）秦岭人的风俗

1. 陕南祭祖——拜谱

在商洛的商州、柞水、山阳和镇安一带，每个大户人家基本上都有祖先留下来的家谱，至今仍代代续写着。这些家谱被后人小心翼翼地装在精致的木匣里。每年正月初二，这些大户人家就会召集族人祭祀祖先，仪式隆重而神圣。这种特别的祭祖活动，被称为"拜谱"，可以说是对家族历史的尊崇。

拜谱，一般由族中德高望重的长辈在族人中选定一户家境殷实的人家承办。确定下来后，在正月初二这天，族人们就带着财礼前往承办人家里。承办人早已在家准备了香案，上面供奉着历代祖先的牌匾。族人到位后，先在牌位前焚香、烧纸、跪拜，然后去登记所出财礼，办妥后，就到长辈那里查询或登记谱系。

但凡族中男孩子出生或新娶了媳妇，都要向长辈说明，并记入族谱；如有人在外任职，则要在族谱中记下任职地点、职位等。拜谱时，族中有威望的长辈还会讲述本族历史，对事业有成者大加赞赏，不求上进者加以训斥，还要求族人应以仁孝为本，邻里、族人之间和睦相处、互相帮助。此外，拜谱还可以让平时不太往来的族人相互认识，加强族人间的联系。到了吃饭时间，承办人将早已准备好的菜肴端上，开始了热闹的酒宴。每次拜谱结束，都会指定下一位承办人，族谱就交由这个人带回家供奉在香案上。

商洛地区的外来移民较多，很多家族在迁至商洛后，重新开始编修家谱，因此这里的家谱大多都是从移民高峰期的明清时开始修改的。如商州北部有个大家族谷氏，他们的先祖自明代中叶时，从湖北迁来后即开始修家谱，并详细记载历代谷氏族人的事迹。有的家族还会经常召开会议修改家谱，个别家谱中还列有《家规》和《家训》等，家训多为"忠国家、孝父母、敬师长、睦宗族"等内容。

2. 商洛庆生——"门槛子"

秦岭南麓的商洛人重视诞辰，认为某些特殊岁容易遇到灾难，就像人生的一道门槛，俗称"门槛子"，一旦度过便能长寿。例如，婴儿的"门槛子"是出生后的第三天、第十天、第一百天和周岁；中年人的则在36岁和49岁的生日；对老年人来说，"门槛子"是73和84岁的生日，源于孔子活了73岁，而孟子活了84岁。商洛人其他岁数的生日也有讲究，过70岁生日叫"大寿"，80岁生日称"上寿"，90岁生日称"老寿"，若能活至100岁，过生日就叫"期颐"了。

过生日时，当地富裕人家会请客设宴，亲朋好友前去祝贺，称"吃生日"。为了消灾辟邪，寿星到了生日那天，会在腰间系上红裤带，或者穿上红色的内衣裤。给小孩子过生日叫"过岁"，外婆家会送来缰绳，条件好的会送银手镯、银锁及银项圈。晚辈给长辈祝寿时要说的祝福话，称"寿词"。

3. 陕南婚礼——新房谜

陕南秦岭山区外来移民多。这些移民定居此地后，仍保留着部分祖籍地的风俗，"下户人"的"新房谜"便是其中一种。

所谓"新房谜"，是指结婚时，人们猜谜闹新房。结婚时，必须等天黑了新娘才可进婆家，接着是一系列的婚礼仪式，如拜堂、坐床、吃和气饭等。这些都完成后，便进入闹新房的程序。新房中的方桌上摆着核桃、花生、柿饼、白酒等供宾客吃喝的。他们选出"席长"和新娘、新郎"谈判"——

由闹房人出谜让新郎、新娘猜。猜中了，闹房人就喝酒；猜不中的话，新郎、新娘就要唱《姐儿歌》（陕南山歌），有的甚至要求他们做稍有难度的亲昵动作。这样谈妥后，闹房人就拿出事先准备好的谜面来。谜面一般是与风月有关的诗，谜底则是房中既有之物。比如说，谜面"铁石心肠面如面，丈夫出门我当家，总有浪子调戏我，不是丈夫不认他"，谜底是锁。闹房一般闹到子时才散。第二天，这些"新房谜"马上就会传播开来。这就反映出秦岭移民的婚俗礼仪。

4. 陕南丧葬仪式

陕西的南部，以秦岭山脉为分水岭，阻隔南、北两方，有汉中、安康、商洛三市的近30个县、区自西向东分布，周边与甘、川、渝、豫、鄂几省（市）相接。长期以来，受周边多种民俗文化的影响，孕育了自己独特的民俗文化。丧俗，在陕南几十个县中，特别是深居秦岭深山的人们，千百年来，在儒家思想的影响下，常规丧葬习俗有报丧、筹划过事、待职客、全席、散孝、孝子、老衣、奠酒、关殓、打太司、打井、出灵、丘坟、圆坟、服三、过五七、过百天、过头周年、过三年、三年换孝、箍墓立碑等以外，在白河县的乡下，还有其他丧俗礼仪：奠食（寓意亡灵在去天堂路上不缺干粮）、奠猪（在亡灵升天后不缺肉吃，还用猪的花油当孝布戴在猪的面部，为故人守灵）、请灵（乐队孝子来回几十趟，按辈分大小把同门祖先请回神灵堂供奉，便告知先祖们，数落后人的不是，某某宿命归天，望先祖谅解后人们的不忠不孝）、女亡寓凤（门头挂凤凰，人们便知女归天，在出殡前夜，请法师做法，众孝子手持火把护送亡灵安全渡过奈何桥，不会落入十八层地狱）、压钱、压金银（法师诵经手持灵牌将百元大钞及黄金白银，压在奈何桥上行走一遍，还有绸缎和新衣，寓亡灵升天后不缺钱花、衣无忧）、喜冲丧（如出殡与喜事相遇，丧家暗喜，说明亡灵在阳间时人品高尚，积福行善，德高望重，所以丧家便拿只鸡送给喜家，喜家会以相同的方式互换）、压棺撒五谷（由执事和亡者小儿子骑在棺材上，把五谷撒在自家的门前，转三圈，寓亡者要给后人留足粮食，凤舞完之后，将凤棺罩套在棺材上方可出殡）、择墓等。

5. 陕南祭祀——祭拜城隍和土地神

陕西各地多庙会，著名的有华阴的西岳庙会、周至的楼观台庙会、耀州的药王山庙会、汉中的天台山庙会等。除此之外，还有留坝的张良庙会、镇安的城隍庙会等。其中，在镇安县举行的城隍庙会非常热闹，时间从农历四月初八起持续半个月。该庙会祭祀的是城隍神，四月初八上午，镇安人开始抬着城隍老爷主神像游街，路两旁人山人海。在县城的戏台广场上还有戏剧、杂耍助兴。其所祭的城隍最初只是指城池和护城河，后演变为民间传说中的护城之神，是负责阴间司法的第一关卡。人们选在城隍庙附近聚会，进行祭神、娱乐等活动，以保佑平安。

镇安城隍庙会既是民间信仰的产物，也是商业集贸繁荣的见证。明清以来，随着商品经济的发展，借庙会之名行商贸之事成为陕西集市贸易的突出表现。这种经济形态不但适应了农业生产的季节性，还有效地促进了城乡物资交流。不少庙会正是在这种情况下，越发热闹起来的。因为水运发展，位于陕西东南部、秦岭南麓的镇安在明清时期成为陕南重要的商业城镇之一，境内包括城隍庙会在内的许多大小庙会，就是上述集市贸易的代表。城隍庙会举办期间，镇安县城街道两旁往往挤满摊贩，市面熙熙攘攘。商贩中除了本地人外，还有很多来自河北、湖北、山西、四川等外地人，按行业分有职业商人、独立手工业者和农民等。所售卖商品有土特产、牲畜、日用杂货、瓷器、药材等。

中国古代规定二三十家为一社。立社要种树，以其作为社的标志。社有社首、社正，由处事公正的人担任，主管地方的一切政务。汉代以后，乡村中每年春、秋两次举行社日，祭祀土地神。商洛地区流传的土地会，可能就是承袭古代的社日传统而来的，发展至今已鲜见。

土地会一般由8~12人轮流承办，入会的人大多是村中家庭经济条件较宽裕、威信较高、热心慈善事业的青壮年。每年要举行两次土地会，分别是农历二月初二的春会及八月初二的秋会。每到土地会，人们会在早上去土地庙，将土地神迎进承办人家的堂屋里供着，然后在神像前供上囫囵猪头和大方豆腐，接着排队焚香跪拜，最后坐在一起开会。

土地会不仅是祭祀土地神的集会，还是专门协商解决当地难题的民间组织。会议内容多与地方修路、修地、建桥、水路改道或兴办企业等当地大事有关，各人商定自己承担的义务，如集资、购料、督工等事。达成一致意见后，全体会员起立在土地神像前击掌"启会"，最后再摆酒席庆贺。酒席菜肴有当地菜谱，喝酒时上"七盘八碗"，吃饭时上"十三花"，喝酒时一般会行"土地拳"酒令，酒以黄酒著名（图2-74）。

◆ 图2-74 黄酒

6. 商洛礼俗——"拜树王"

商洛地区有种习俗叫"拜树王"，是商洛人重要的人生礼俗。拜的"树王"是椿树，相传是东汉光武帝刘秀因椿树躲过一劫，故封其为树王。但椿树之所以被当地老百姓称为"树王"，大概是因为它即使在恶劣的环境中也能生长，在过去闹饥荒的年代，椿树叶子还能当粮食。

"拜树王"一般在每年农历二月十五的花朝节前后举行。届时，7~12岁的儿童会在大人的带领下种植3~5株椿树，寓意茁壮成长。种好椿树后，女孩子要对着椿树拜月礼，而男孩子则行作揖礼。行礼时，嘴里还唱着一首儿歌，歌词是"椿树王，椿树王，我长高，你长高，你长长，当屋梁"。所种的椿树归种树的孩子所有，当孩子长大成人，盖房子、谈婚论嫁的时候，就可以用种下的椿树建屋、做家具。在商洛，若发现某地的椿树特别多，便可知该地盛行"拜树王"的风俗。

7. 斗鞭

斗鞭又叫甩响鞭，就是用一根长鞭向地面甩动，发出巨大的响声。过去，商洛山区里多野猪、狗熊等兽类。每年农历七八月间，玉米成穗孕实，豆子结籽之后，它们常在夜间成群结队吞食玉米、黄豆。为了守护辛劳所得，山民们就在山间田地搭起茅舍，彻夜看守，当发现有野兽靠近，就使劲抽打鞭子作响，吓跑野兽。时至今日,虽然已不用驱赶野兽,但斗鞭这一习俗在丹凤龙驹寨、商镇等地依然流传了下来,成为每年中秋节的必备活动。

斗鞭在过去是捍卫家园的本领,在今天是强身健体的运动,强调的是臂力强、技艺高,丹凤的青壮年十分重视这个比赛。为了在斗鞭中取得胜利,就是最熟练的人也会在中秋节前好几天就开始做准备,制作响鞭的最好材料就是强韧的龙须草,丹凤人用割来的龙须草结成有胳膊粗的、三四米甚至六七米长的草鞭进行比赛。中秋当晚,苦练多时的鞭手们,就要到大广场或宽敞的街巷占领地方,斗志昂扬地挥舞起长鞭,"啪啪啪"的甩鞭之声很快便此起彼伏。斗鞭的表演方式很多样:有的将长鞭在头顶盘一圈,然后猛然一甩;有的先憋足一口气,上下左右挥甩长鞭,脆响不断;还有人边甩鞭,边做出翻、爬、扑、滚等高难度动作,尤其受人关注。最后,众人推举出最强的鞭手,赶去邻近村子比赛。不同村子的人或在大场上,或是隔着沟,各自甩着鞭子,直到有一方甩不动了,分出高下,斗鞭比赛才算结束。

8. 丹凤元宵节——转坛

每年元宵节,丹凤商镇都会举行舞龙表演。与其他地方不同,商镇在舞龙之前会举行一项很有特色的祭祀活动——转坛。其实,是当地声势浩大的花灯巡游活动。其意在引导"赤子"走州过县,历经盘道,获得"吉祥"。

"坛"是一个由当地人搭建在麦田里的大坛。商镇上的人一般从正月十四就开始设坛。扎坛时先用木棍打桩,竹竿扎墙,再用葛条扎出象征商州的"坛图"。"坛图"的中间表示古时商州,左边有9个拐角,表示州城周长9.9里,外围有四个框,表示商州管辖的几个县。坛前正中搭建草席编成的棚子,呈尖形,里面供着菩萨像,上面的对联写着"金童引上逍遥路,玉女同归不夜天"。

到了元宵节这天,就开始转坛。转坛有先后顺序,王斜村作为坛主,在队伍前"压坛",其余20多个村按顺序跟在后面。转坛开始前,先是王斜村祭拜,主要祈祷风调雨顺,接着转坛开始,只见灯火辉煌,锣鼓喧天,人流滚动。转坛队伍庞大,分领头、灯队、鼓乐及一般村民队伍4个部分;领头人为一位拖着头灯的德高望重者;灯队有24个人,代表二十四节气,他们分别持着牌灯、旗灯、角灯等;最后是穿着盛装的男女老少提着羊抵杖、猴爬杆、白鹤亮翅等花灯,形成长长的村民队伍。转坛的队伍开始从中间走,把9个拐角走过一遍后,再走外围的"四县",最后从出口出坛。由于人数众多,往往需要花一整个晚上才能转完一圈。正月十六晚,坛主的村民还要单独再转一遍,称为"落坛"。

9. 丹凤路灯会

明清时期,丹凤竹林关一带水陆交通便利,带动了商业经济的发展,并出现"庙会搭台,商贸唱戏"的经济形式。每年农历的三月十八日至二十三日,人们会在竹林关举行四场集会:娘娘会、财神会、关帝会和药王会。其间,不仅有社火巡游,昼夜唱戏,还有闻名四方的灯会,在当地称"路灯会"。届时,不仅有商县、商南、山阳、洛南等邻县的客商前来赶会,湖北、河南、四川、山西等地的商人也不远千里,慕名而来。

路灯会以全驾灯最有特色,即新扎花灯超过48盏,有的甚至多达96盏;如果是24盏,称为"半架灯"。这些花灯又称彩灯,制作奇巧,类型多样,除圆形、方形、六棱形的宫灯外,还有以人物、瓜果、车船、花卉、蔬菜、花鸟鱼虫等为题材的花灯。路灯会由当地的白龙社、青龙社、黑龙社、黄龙社、关王社、三官社、张村社、阎王社轮流承办,一年一次。娘娘庙附近是展览花灯的主会场,旁边还有老爷庙、城隍庙、会场香火旺盛,人潮涌动。到了晚上,人们就举着花灯游行,前面是故事队。在故事队表演时,游行队的花灯散立四周,刚好可以把整个场地照得灯火通明。

(二)秦岭人的饮食

1. 柞水饮食——"十三花"

柞水位于秦岭南坡,是春秋战国时秦楚的交界处,故饮食习惯兼有南北特色——既有南方的鱼稻饮食文化,也有北方的麦粟饮食文化,宴会用菜就是其中的缩影。乾佑河、社川河流域的农村每逢红白事都要费三四个钟头举办一场宴席,宴会时要依次摆出不同菜式。其中,"十三花"是用于喜宴的一种(图2-75)。

◆ 图 2-75 十三花

所谓"十三花",其实就是宴会的前菜。每桌中间放一个顶盘,一般放有煮鸡蛋、鸭蛋或豌豆凉粉,寓意圆满或风调雨顺。顶盘周围放着12个青花瓷小碟,分别是四荤、四素、四干果,荤、素、干果间隔摆开。四荤通常是凉菜,多为河鱼、猪肺、牛肉、猪心、酱狗肉、猪肝和熏肠,加香油、辣椒等调料制成。其中,由酱狗肉、拌猪肝、柞水熏肠、卤猪心构成的四荤,被称为"全珍珠宝"。四素一般用时令蔬菜,如灰条菜、商芝、小青菜、香椿芽等组合,加各种调料后酸味十足,寓意四季如春。四干果主要以核桃、板栗、樱桃、花生、柿饼、瓜子等组合而成,有"子孙满堂"的寓意。

十三道菜上好后,就开始上主菜——用鸡肉、猪蹄、猪肚、猪肘子制成的"四大碗"。此外,还有"四大盘",菜式有柞水小炒、春卷、煎豆腐、清蒸豆腐、甜糟肉等。最后还要上两个小碗和两个小盘,称"衬碗衬盘",以腰花儿汤、甜酒醪糟、自烤甜点心、糖酥饺为主。这些都是比较隆重、讲究的宴会用菜,源于普通待客的"八大件子",即先上八个凉菜,摆成矩形方阵,中空位置放一顶盘,再依程序上八个热菜构成传统的"八大件"。宴席上宾客以吃菜、划拳、饮酒为乐,乡邻之间趁此机会叙旧、拉家常,更有年轻男女在酒场相识,小伙儿仗着酒胆碰了姑娘的手,说不定就展开了一段爱情故事。

2. 商南饮食——酸菜

秦岭深处的人家,有"一年四季,酸菜不离"的饮食习惯。很多区域都要以吃酸菜为主,每顿饭都离不开酸菜,因此几乎家家户户都会腌制几大缸酸菜。到了冬天,秦岭人们的日常饮食就是酸菜,一日三餐吃不腻,平时做浆水面、拌汤、搅团等食物时,都要配上酸菜;所烹饪的菜品,也是诸如酸菜鱼、酸辣肚丝、酸辣鸡丁、酸辣洋芋丝等,甚至喝酒时也用酸菜下酒。

当地人"嗜酸如命"，酸菜的制作极为讲究。先将整个白菜或包菜洗干净，在开水里过两下捞起来，接着在准备好的干净的缸里撒一层凤县产的大红袍花椒，在上面放一层白菜或包包菜，撒好花椒和生姜片。以此类推，一层层摆放好，接着在缸里倒入凉开水，以漫过菜为宜。最后，在白菜或包包菜上面压一块大石头，以防菜浮到水面。每隔两三天翻一次菜，直到闻到酸味。

当地人嗜好吃酸菜的饮食习俗，与其所处的自然环境有很大关系。这里地处山区，受到交通限制，日常购物不便，到了冬天下大雪时，新鲜的蔬菜奇缺，而可以长期储存的酸菜便成为重要的食物。

3. 商洛饮食——腊肉

秦岭山民几乎家家养猪。每到过年，山民们就开始杀自己养的猪，这些猪一般养一年到一年半时间，每头猪产50～75千克的猪肉。除过年用的猪肉外，剩下的都要用来制成腊肉，以便延长保质期。在陕南秦巴山区，交通、经济均不发达，因此把鲜肉加工成腊肉，是山民保存肉类的好办法（图2-76）。

◆ 图2-76　腊肉

制作腊肉在当地由来已久，且十分普遍，如商洛地区、汉中的佛坪、安康的宁陕等地，都是腊肉的著名产地。其制作一般是腌制后放在太阳光下晒干水分，然后用柏树枝、椿树皮等木材慢慢烧熏，也有人家将之挂在灶上，任凭烟熏，直到猪肉变成绛红色，腊肉就算制成了。由于熏肉过程较长，因此腊肉在当地也叫熏肉。

山里人平时做饭、办酒宴、招待客人或送礼时，都要用到腊肉。吃肉时喜欢把肉块切得又厚又大，一块甚至大到能盖住碗边，称"过桥肉"或"杠子肉"。腊肉一般做凉菜或配蔬菜烹炒。较有特色的做法是油炸面菜配腊肉，称为"面牛"或"面虎"，还有人家把腊肉切成片状，煮成挂面或锅巴招待女婿。柞水有道菜叫豆酱爆炒腊肉，大致是把熟腊肉切成薄片，先用清油爆炒后捞出来，在锅里加清水，将豆酱煮熟，接着把腊肉倒入，等水烧开后加姜、蒜、辣椒、酱油、味精等爆炒，10分钟以后，便可以出锅品尝了。

4. 丹凤饮食——苜蓿粉蒸肉

香苜蓿是产自丹凤龙驹寨水泉的一年生草本植物。其产地有一地下泉眼，泉水冬暖夏凉，清洌甘甜。种植在泉周围的苜蓿，经泉水滋润，香味浓郁，尤以水泉周围仅10多亩地所产的香苜蓿最佳。丹凤人极爱食香苜蓿，向来喜欢将其当作礼物赠送给亲朋好友。香苜蓿晾干后依然浓香四溢，因此和花椒、桂皮、草果一样被当地人作为调料使用。最能体现香苜蓿特色的，莫过于当地的名菜——丹凤香苜蓿粉蒸肉。

在制作方法上，这种味道独特的粉蒸肉与普通粉蒸肉没有什么不同。先将晾干的香苜蓿洗净、煮软、切段，倒入炒熟的小麦面粉搅拌，再加上适量的猪油、糖及其他调料，接着将肥猪肉去皮，煮半熟后切成片，加入盐、酱油、料酒、白糖等调料后装入碗中，加上糯米粉，然后放入锅中蒸，需要蒸到熟烂吐油才行，最后在盘中先装上做好的松软香苜蓿，将蒸好的肉片整齐地排列在上面。香苜蓿的香与肉交融在一起，别有一番风味。

5. 闸口石饮食——罐罐茶

陕南汉江上游和嘉陵江上游地区曾经是羌族的聚居地，传说罐罐茶即是他们当地的遗产。至今两当、略阳、宁强等地仍保留着喝罐罐茶的习俗（图2-77）。但与这些地方相邻的留坝闸口石罐罐茶做法有所不同，相传这里饮罐罐茶的习俗起源于三国时期：诸葛亮当年出兵岐山，途经闸口石地带，人乏马疲，便让将士仿照羌族人的御寒之法用砂罐煎熬浓茶饮用，这种饮茶方式后来流传下来，成为闸口石人的习俗。闸口石位于留坝西北边缘，由于气候高寒，当地人早晚需团坐于火塘四周取暖，而清香可口的罐罐茶也正好用于祛除寒气，保暖效果极佳。

罐罐茶煮法极为简单，只需要一个小土陶茶罐、一只小茶盅、一点茶叶，加上煮茶的炉火即可。考究的话还可以加点配料，如盐、核桃仁、花生米、面粉、猪油等。煮熟时，先在火塘中生好火，小茶罐里放入适量茶叶，倒入清水，再加一点食盐和猪油，在火上反复煎熬后就可以喝了。

与其他地区原料丰富的罐罐茶相比，闸口石人喝的罐罐茶更讲究色泽浓稠、味道苦涩。当地百姓说，要是早上起床喝下三盅黏稠吊线的浓茶汁，哪怕一天不吃饭，照样把活干。亲朋好友来做客时，当地家庭也会煮罐罐茶，并配着油煎饼或玉米吃。

◆ 图2-77 罐罐茶

6. 商洛酒令

商洛的水好，酒也好，饮酒之风很盛，不管是红白事，还是宴请亲戚朋友，都要一醉方休。人们喝酒多样，有苞谷酒（玉米酒）、甘蔗酒、柿子酒、橡子酒、红薯酒、菊芋酒、马桑子酒等，多是家庭的自酿。为营造喝酒的热闹气氛，商洛人发展出了一整套复杂的酒令，娱乐性很强，可以算是商洛的一种酒俗文化了。

商洛酒令是一种雅俗共赏的艺术，需要智慧、技巧应变能力并用，在席位安排、酒菜配置、酒令规则、时间空间的选择上都有讲究。比如，在落座时，先要德高望重的长者或客人坐在首席上，其他人才能就座；首席喝了"开杯酒"后，才算正式开席；敬酒时，年轻人和长辈行酒令要先喝一杯"礼貌酒"；宴席结束前，也是由首席喝一杯"提壶酒"来收尾。

商洛各个地区的酒令虽各有变化，但大体一致。行酒令前，先要讲酒，就是讲好每一拳酒需要喝的量，起初量少，后来则是成倍地增加。开始行酒令时，可以说是花样百出，宗旨就是把人喝倒，气氛热烈。不同的人有不同的起拳法。比如，朋友之间一般以"两好"或"二喜"起拳。商人则以"发财"起拳。还有的酒令是男女对答的，歌词如"夫妻二人心挂心，把情倾，清水长呀流，我的心颤悠悠，盯紧眼神莫睬它"等。值得一提的是，在此熏陶下的商洛女性，不但擅长喝酒，还擅长划拳。

7. 安康蒸面

蒸面是安康风味小吃一绝，和"芝麻炕馍"一道，成为当地人早点的首选（图2-78）。另外，也是在外地游客中颇具口碑的风味小吃。

蒸面以面粉为主料，添加少许食盐，用水和成面浆，将面糊盛入表面涂擦食油的铁制或铝制圆蒸面锣里，放入大口铁锅水里蒸，数分钟后，圆形、清黄、柔软的蒸面即成。面质筋道，富有弹性，蒸面表面刷上香油，再配8分熟的黄豆芽，浇上特制醋汤、蒜泥、芝麻酱、油泼辣子。入口有油，咀嚼起来有弹性再配淡淡醋香的汤，辣椒油使之成为安康地区一绝。

8. 汉中美食

汉中有句俗话叫"汉中小吃打天下"，体现出当地小吃的美味和百姓对于小吃的喜爱。简单的原料、简单的调料、简单的工艺，却能炮制出一味味令当地食客痴迷的美食，令人叹服。热面皮、菜豆腐、腊汁肉夹馍等特色小吃，

◆ 图2-78 安康蒸面

不仅在当地遍布街头巷尾，而且也慢慢随着汉中人走到了全国各地。身在外乡的汉中游子每每吃到"稀饭面皮菜豆腐"的经典正宗"套餐"这样的家常美味，总是会勾起对家乡的浓浓思念。汉中美食琳琅满目，因受气候条件影响，加之千百年来，汉文化、蜀文化和楚文化的熏陶，形成了与安康饮食和商南饮食共同的一面和安康、商南气候、地理条件近似，受秦岭影响，气候潮湿多雨，冬季、春季也是细雨绵绵。因此，饮食上偏辛辣，用于取暖。汉中与其他地方不同的一面，在于当地人对水稻的钟爱。汉中人酷爱吃米饭，这一点与两广地区的饮食近似，但汉中人更喜欢用米制成一系列食物，汉中米皮就是一个例子。只要你来到汉中，必定得吃一碗地道的米皮，其食材就是稻米为原料，经碾磨成粉，在笼里加热将米粉糊蒸为米皮，再挑上当地人爱吃的辣子油、蒜水、青菜、豆芽，就是美味地道的汉中米皮了。

汉中菜豆腐是汉中地区一种民间家常饭，虽然做的方法不复杂，但因取料方便，做工较细，好吃且富有营养，所以已成为当地待客的佳肴了（图2-79）。这种家常饭之所以被民间奉为待客上品，还有一个重要的原因，就是这种饮食极富营养，即使从现代营养学的角度来看，豆浆、豆腐都有很高的营养价值，且易于消化，有利体内吸收，也不失为一种配方科学，有利于人体健康的美味佳肴。

◆ 图2-79 汉中菜豆腐

浆水面是汉中地区少有的一道面食，就是把葱花过油到稍焦时，将浆水倒入，炝到微沸即可舀出，然后炒一盘素韭菜提味。待手工面下熟后浇上浆水，调上炒过的韭菜、油泼辣子、细盐后即可食用。汉中的浆水面，其味酸、辣、清香，别具一格。传说，菜名是由汉高祖刘邦与丞相萧何在此吃面时所起。汉中人的主食里除了米、面以外，还有米糕馍；米糕馍，并不像北方地区用面粉蒸馍那样，而是以大米为原料打浆发酵蒸制而成的一道主食。味甜、柔软易消化。还有一种以苞谷米为原料，磨浆加食碱蒸制而成的叫碱水馍。可直接食用也可切片炒肥肉，味道颇佳，秦巴山区都会做米糕馍。

腊汁肉（图2-80）是汉中美食里常见的一道荤菜，它不同于干腊肉，干腊肉是用烟熏腊的；它也不同于卤肉，卤肉是用卤法制作的肉。腊汁肉不加姜葱、料酒，也不用加糖来调色，只需用几味中草药及香料与肉同煮即可。常见的腊汁肉所用中草药及香料有甘松、良姜、砂仁、白蔻、细辛、白芷、肉桂、丁香、茴香、草果。混杂在一起制成药料包，即可用来熬制腊汁。它除了能提供特殊香味外，还有健胃消食，润肺理气，散寒祛风，镇痛化滞，通窍开胃等功效。既可以充饥，也可以养生，真乃天下美食也。

腊汁肉如此有用，那么做法很复杂吗？其实，它的制法十分简单：将药料包放入清水锅里，以旺火烧开，再以小火慢慢熬出味，调入精盐后，即可放入肉料同煮。所用肉料以猪杂碎为主，牛肉、鸡、鸭、干鱼等，也可选用。煮时用文火，慢慢地熬，让肉充分入色、入味。肉不宜煮烂，要恰到好处，约40分钟，将肉捞出，即可食用。

秦岭自古以来就是秦、蜀、楚、豫的造物者。秦岭富含了丰富的物产资源和历史文人精神。如果把黄河比作我们的母亲河，那么，秦岭毫不夸张地说，可以是包括陕西等沿线各省的父亲山。因为，

◆ 图2-80 腊汁肉与肉夹馍

它赐予人类赖以生存的食物、水和氧气，赐予了人类躲避自然和人为灾难的天然避难所。它独特的气候环境影响了寄生于其中的人类和其他物种的生活习性与品性。它养育了一代又一代秦岭人，为之守候终身。

  它在保护人类的同时，也孕育着大自然的其他生命。山、人、生物与天地达成了一种和谐的共存之境。在本章里介绍秦岭美食和习俗中，看到了秦岭儿女的独特习俗和生活习惯，尤其是讲到饮食文化时，顿感嗅到了秦岭的美味佳肴，更加叫人对这片热土充满期待和好奇。秦岭的茫茫气势和连绵壮阔，使得人们难以窥其全貌，却又不得不去探寻，只因为它与我们那样亲密。

第三篇
惠及后世的绿水青山

DI-SANPIAN HUIJIHOUSHI DE LÜSHUI QINGSHAN

第一章
打造国家中央公园

"秦岭国家中央公园"这一提法,最早源自《中国国家地理》2005年陕西专辑中那篇《秦岭,中国人的中央国家公园》。秦岭在中国地理、历史上的地位,特别是在哺育中华文明中有着不可替代的作用。

"秦岭作为中国非常重要的一个生态系统,不仅体现在生态环境上,而且体现在文化和历史上。""可以毫不夸张地说,没有一座山脉像秦岭一样哺育中华文明进程,也没有一座山脉像秦岭那样深刻地影响着中华文明进程。如果把黄河比作中华民族的母亲河,那秦岭就应该是中华民族父亲山。""我们拥有了秦岭,实在是一种得天独厚的福分;选择了秦岭,便选择了一个深厚而博大的文化优势,一个可以自由驰骋、大展宏图的广阔天地"。

大秦岭是中华脊梁,中华龙脉,中华父亲山,中国地理标识,中国生态命门,中国文化与中国生态的一张亮丽名片。大秦岭不是一省一地的"后花园",而是中国人的中央花园、中央公园。2005年,《中国国家地理》杂志推出著名篇目:秦岭,中国人的中央国家公园。第一次明确道出,一直以来陕西人怀有建设"秦岭国家公园"的梦想。怀有如此梦想,基于"九个理由":

一是秦岭是中央山脉。

中国国家地理坐标的基准点,即中国大地原点,在西安以北40公里处的泾阳县永乐镇北流村。2000多年前,一条南北走向、长达1000多公里、穿越汉长安城中轴的西汉地理基线也从此处经过。摊开中国地图,你一定会发现:最靠近中国大地原点的大山,就是东西走向、恢宏巨丽的大秦岭。也就是说,秦岭是中国地理上的中部大山。也可以说,秦岭是中国地理上的"中央之山"。理所当然,秦岭国家公园是中国地理上的"中央之山"。

二是秦岭是地脉之山。

大秦岭是一座古老的褶皱断层山脉，地质构造很复杂、很特殊，也很富有特色，山体内部沟壑交织，峰峦叠嶂，地势高低悬殊，状态升降强烈，形成形态各异的地质景观。秦岭是野外地质博物馆，也是野外地质实验室，享有"天然地质博物馆"美誉。中央造山带由西昆仑造山带、东昆仑造山带、西秦岭造山带、秦岭造山带和大别山造山带"五大造山带"构成。它宛若一条巨龙横亘在"中国中部"，而大秦岭又处在"中部的中部"。早在2500多年前，《周易》就把秦岭称作"龙脉"。

三是秦岭是地气之山。

也许，正因为处在中国地理位置的"中央"，大秦岭以她坚实而高耸的脊梁，将偌大个中国分为南方和北方。主脊以南是亚热带，主脊以北是暖温带。秦岭主脊不仅是气候分界线，也是黄河流域与长江流域的分水岭。南秦岭属于长江流域，北秦岭属于黄河流域。今人以为，森林是"地球之肺"。其实，秦岭早有"地肺山"之名。终南山是北秦岭核心地段，《史记·夏本纪》："终南山，一名地肺山。"秦岭之商山、枯枞山，亦有"地肺山"或"肺山"之名。

四是秦岭是文史之山。

在中国文化中，大秦岭的气场之大，可谓独树一帜、举世无双。秦岭哺育了渭河，哺育了关中，这里是中国历史上最早的"天府之国"。中华民族的神话故事，大部分发生在这一带。西安是"关中之中"，古称长安，历史上十三个朝代在此建都。古老的"丝绸之路"由此出发，连接欧亚，联通世界。周秦汉唐是决定中国文化走向的四大朝代，皆奠基和崛起于关中。

在文化上，大关中是"中国龙首"。在地理上，大秦岭是"中国龙脉"。汉中在大秦岭之中，由此定鼎了汉室、汉朝、汉人、汉字、汉文化。汉江与丹江交汇的丹江口地带是楚文化"祖庭"所在。嘉陵江源出秦岭之玉皇山，嘉陵江流域的巴蜀文化独具一格。

五是秦岭是宗圣之山。

西安、洛阳皆为十三朝古都，"佛、道、儒"三教荟萃，"天、地、人"竞相生辉，"山、寺、貌"互补争艳。佛、道两家崇山尚水，佛、道祖庭多在秦岭。楼观台、白马寺、大慈恩寺、草堂寺、静业寺、香积寺等佛、道祖庭及其流派分支密集分布，秦岭因此成为佛教、道教名山。龙门山、麦积山是中国佛教四大石窟之一。"五岳"之西岳华山、中岳嵩山皆在秦岭。"长安回望绣成堆，山顶千门次第开。"帝王行宫也是秦岭中的亮丽风景。

六是秦岭是栈道之山。

早于大运河的历史景观是万里长城，早于万里长城的历史景观是秦岭栈道。长城的精神在于"围"和"堵"，以大围墙的姿态拒绝外人进入自己的"家园"，而栈道的精神是延伸、沟通和发展，引进来、走出去。有人将"中国古栈道"定义为"世界第九大奇迹"。秦岭栈道已有三千多年历史，远早于"秦直道"的历史。如果没有秦岭栈道，就不会有大秦强汉盛唐。秦岭栈道是巨大而密集的交通网，是中国古代山区"高速路"。"栈道千里通蜀汉"，由东向西秦岭古道分别是武关道（商山道、秦楚道）、子午道、傥骆道、褒斜道、陈仓道（故道），以及米仓山中的荔枝道、米仓道、金牛道。历史悠久的栈道文化、栈道景观，正在走出深山，走向世界。

七是秦岭是水源之山。

大秦岭是一座巨大的绿色水库，源源不断地向山麓下的文明提供水源。大秦岭孕育了对中国文化有重要影响的四大著名江河。秦岭之水曾经支撑了古代中国的国都：长安、洛阳，如今更是我国中线调水的水源区，为华北地区供水提供保障。

渭河也称再河，黄河最大支流，关中—天水母亲河。《尚书》记述，大禹"与渭于鸟鼠同穴山"。千百年来，人们认为鸟鼠山是渭河源头。今人也有认为，渭河正源在与鸟鼠山相距不远的豁豁山。无论是鸟鼠山，还是豁豁山，皆出自秦岭，并沿秦岭北麓向东818公里，至潼关入黄河。北岸接纳黄土高原之水，南岸接纳秦岭之水。秦岭是大关中的绿色水库，滋润了大西安、大关中，滋润了中国历史上最早的"天府之国"。

南洛河古称链水，源出东秦岭，源头是陕西洛南、蓝田、华县交界草链岭龙潭沟，一路向东453公里入黄河，洛河北岸接纳华山、崤山南麓之水，南岸接纳蟒岭、熊耳山北麓之水。南洛河是黄河下游南岸最大支流河洛地区（居"天下之中"）的绿色水库和母亲河。

嘉陵江的正源在宝鸡南山玉皇山南侧，一路向南1345公里，流经甘肃、四川，在重庆朝天门汇入长江，是长江第二大支流。西汉水是嘉陵江的源头，出自天水南部齐寿山南麓，流向东南279公里，在略阳县入嘉陵江。

汉江，长江最大支流。汉江三源：漾水、沮水、玉带河，均出自秦岭。汉江东流1577公里，在汉口入长江，号称"三千里汉江"。丹江是汉江一大支流，源自商洛秦岭凤凰山，流向东南384公里，在丹江口汇入汉江。从秦岭湖（丹江口水库）取水的南水北调中线工程，其水源皆源自秦岭。

八是秦岭是精灵之山。

森林是生灵乐园，秦岭是精灵之山，生物基因库，世界生物多样性典型地区。

秦岭气候涵盖了亚热带、暖温带、温带、寒温带、亚寒带。多样的气候造化了多样的物种，从亚热带到寒带植物，应有尽有。南秦岭是亚热带森林植被景观，以落叶阔叶和常绿混交林为基带，自下而上有常绿、落叶阔叶混交林、落叶阔叶林、针阔叶混交林。北秦岭明显垂直分布暖温带山地森林景观，由低到高是暖温带、温带、寒温带、亚寒带4种气候，自下而上落叶栎林带、桦木林带、针叶林带和高山灌丛草甸带。

秦岭种子植物涉及197科，1007属，3446种，分别占全国同类总科数的65.23%、总属数的33.79%、总种数的14.04%。其中，秦岭裸子植物9科、23属、45种，分别占全国相应同类别的81.81%、67.65%、23.31%。秦岭被子植物188科、984属3401种，分别占全国各相应类别的64.60%、33.40%、13.96%。有华杉、连香树、山白树、金线槭独叶草、星叶草、西麦草瓶儿小草等26种国家重点保护珍稀植物。太白山生物多样性最为丰富。俗语"太白无闲草"，"走趟太白山，胜读半部《本草》"。

植物是第一性生产，动物是第二性生产，多样化植物造化了多样化动物。秦岭脊椎动物82科642种。其中，兽类142种，鸟类338种。其中，国家Ⅰ、Ⅱ级重点保护野生动物80种。朱鹮、大熊猫、羚牛、金丝猴、豹、林麝、金雕、白冠长尾雉、红腹角雉、血雉、红腹锦鸡等珍稀濒危动物。两栖爬行类动物77种，大鲵最具代表性，是中国特产最大有尾两栖动物。朱鹮、大熊猫、羚牛、金丝猴，被称为"秦岭四宝"。

九是秦岭是国有之山。

秦岭是中国森林宝岛,周边省份的国有林场、森林公园、自然保护区、风景名胜区、地质公园多在秦岭之中。陕西秦岭国有森林占秦岭森林的四分之一,国有乔木林占秦岭乔木林的三分之一。在秦岭最核心部分,国有林场集中连片,自然保护区成群分布,全是国有山林。秦岭山大部分地域是限制开发和禁止开发的主体功能区,适宜于构建国家公园。2015年,陕西省将启动"秦岭国家中央公园"项目建设,该项目位于西安周至境内的秦岭北麓地带,在秦岭国家植物园现有规划的基础上,面积扩大一倍延伸到秦岭南坡,使整个秦岭国家植物园处于秦岭国家中央公园的核心区域。

第二章
保护中华绿肺

一、秦岭自然保护区群概述

秦岭被誉为"中华绿肺",无论东西还是南北,对中国生态环境的影响是其他山脉所无法比拟的。调节小气候、净化空气、涵养水源,都是秦岭不可推脱的生态责任。秦岭地区自然生态系统具有高度的复杂性、典型性和完整性,包含了典型的北亚热带北界和暖温带南界的过渡带,不仅仅是中国南北地理分界线,更是明显的气候分界线、土壤和农业分界线、动物地理分布分界线、植物区系分界线等,"北人吃面,南人吃米",在秦岭两侧体现得尤为明显,使秦岭成为名副其实的"中国地理标志"。秦岭丰富的种质资源和生物多样性,是我国乃至全人类的宝贵财富,中国特有的植物品种,秦岭占到一半以上,700多种野生动物,众多的动植物资源和特殊的地理位置,使得秦岭成为我国重要的生态屏障和基因库。

我国自然保护区起步较晚。1956年,我国开始进行自然保护区的建设工作,经过几十年艰难的发展过程,现已经发展成体系较为完整、范围较大、保护对象较全面的全国自然保护区群。陕西省1965年在秦岭地区建立第一个自然保护区——太白山自然保护区,其目的是保护典型的森林生态系统。到目前为止,陕西省已经拥有国家级及省级自然保护区49处,陕西段秦岭拥有国家级及省级自然保护区26处(图3-1),针对不同保护对象实施保护措施,已达到在减少人为干扰的情况下,通过恢复动植物的栖息地环境,保护自然状态下种群的生存、繁衍和恢复。这对于保护秦岭的自然生态系统至关重要。其中,佛坪、周至、太白山、牛背梁、长青、天华山、桑园、老县城、青木川、黄柏塬、观音山、平河梁和汉中朱鹮国家级自然保护区,以保护大熊猫、金丝猴、羚牛、朱鹮、小熊猫、豹、红腹角雉等陆生珍稀濒危动物及其栖息地为主要目的，此外，陕西省还拥有5个水生生物保护区，占全国国家级水生生物自然保护区总数的21.7%，为全国各省份之最，其主要保护对象为大鲵、秦岭细鳞鲑、多鳞铲颌鱼等珍稀鱼类。

集中、连片的自然保护区群，俨然已成为中国大陆南北分界线上的璀璨明珠，闪烁着人类与自然和谐相处的光芒，是人类努力保护地球这颗蔚蓝星球生物多样性进程中浓墨重彩的一笔，也是留给子孙后代最珍贵的宝藏。

二、秦岭国家级自然保护区群简介

1. 陕西太白山国家级自然保护区

1965年9月，经原陕西省人民委员会批准建立，位于东经107°22′25″~107°51′30″，北纬33°49′30″~34°5′35″，海拔1060~3767米，保护区总面积56325公顷，核心区面积32378公顷，实验区面积23947公顷。1986年7月，经国务院批准为国家级自然保护区，1995年加入世界人与生物圈"中国生物圈保护网络"，主要保护对象是暖温带山地森林生态系统、生物多样性、第四纪冰川遗迹、古文化遗产和水源地。保护区地理位置特殊，生态环境复杂，生物多样性丰富。森林面积45725公顷，森林覆盖率达92.6%，森林总蓄积705万立方米。区内有种子植物1899种，苔藓植物253种，蕨类植物120种。其中，太白山特有种子植物40余种，国家重点保护植物21种。复杂多样的生态环境，孕育了种类繁多的野生动物资源。据调查，太白山有兽类64种，鸟类192种，两栖类9种，爬行类14种，鱼类6种，昆虫1435种。其中，国家Ⅰ级重点保护动物有大熊猫、金丝猴、羚牛、豹4种，Ⅱ级保护动物29种，本保护区为大熊猫在我国分布的最北界，有着极为重要的科研价值。

2. 陕西周至国家级自然保护区

陕西周至国家级自然保护区管理局筹建于1986年。1988年，经国务院批准为森林和野生动物类型的国家级保护区，位于东经107°39′~108°19′，北纬39°41′~33°57′，海拔1200~2996米，保护区总面积56393公顷，核心区面积27971公顷，实验区面积28422公顷。

主要保护对象为金丝猴及其栖息地。保护区内山势陡峭，森林茂密，生态系统完整，森林覆盖率高达96.0%。生物多样性丰富，有种子植物1076种。其中，有国家Ⅰ级保护植物红豆杉、独叶草等2种，Ⅱ级保护植物9种，陕西省地方保护植物36种。脊椎动物267种。其中，有国家Ⅰ级保护动物大熊猫、金丝猴、羚牛、金钱豹和林麝等5种，国家Ⅱ级保护动物24种。金丝猴有11群，1230只左右，是我国金丝猴分布最集中的保护区之一，大熊猫数量有20只左右。保护区是我国具有全球重要意义的40个A级保护区之一，也是全国唯一位于秦岭北坡的国家级保护区，为秦岭保护区群的枢纽和重要成员，是秦岭大熊猫核心种群的组成部分及其向东扩散的唯一生态走廊，具有重要的区位优势和资源特色。

3. 陕西汉中朱鹮国家级自然保护区

1986年，陕西省人民政府批准成立了陕西朱鹮保护观察站。2001年，陕西省人民政府授权陕西省环境保护局批准建立陕西朱鹮自然保护区。2005年7月，国务院批准成立陕西汉中朱鹮国家级自然保护区，位于东经107°11′~108°3′，北纬33°8′~33°62′，保护区总面积37549公顷，核心区面积11390公顷，缓冲区面积9930公顷，实验区面积16229公顷。

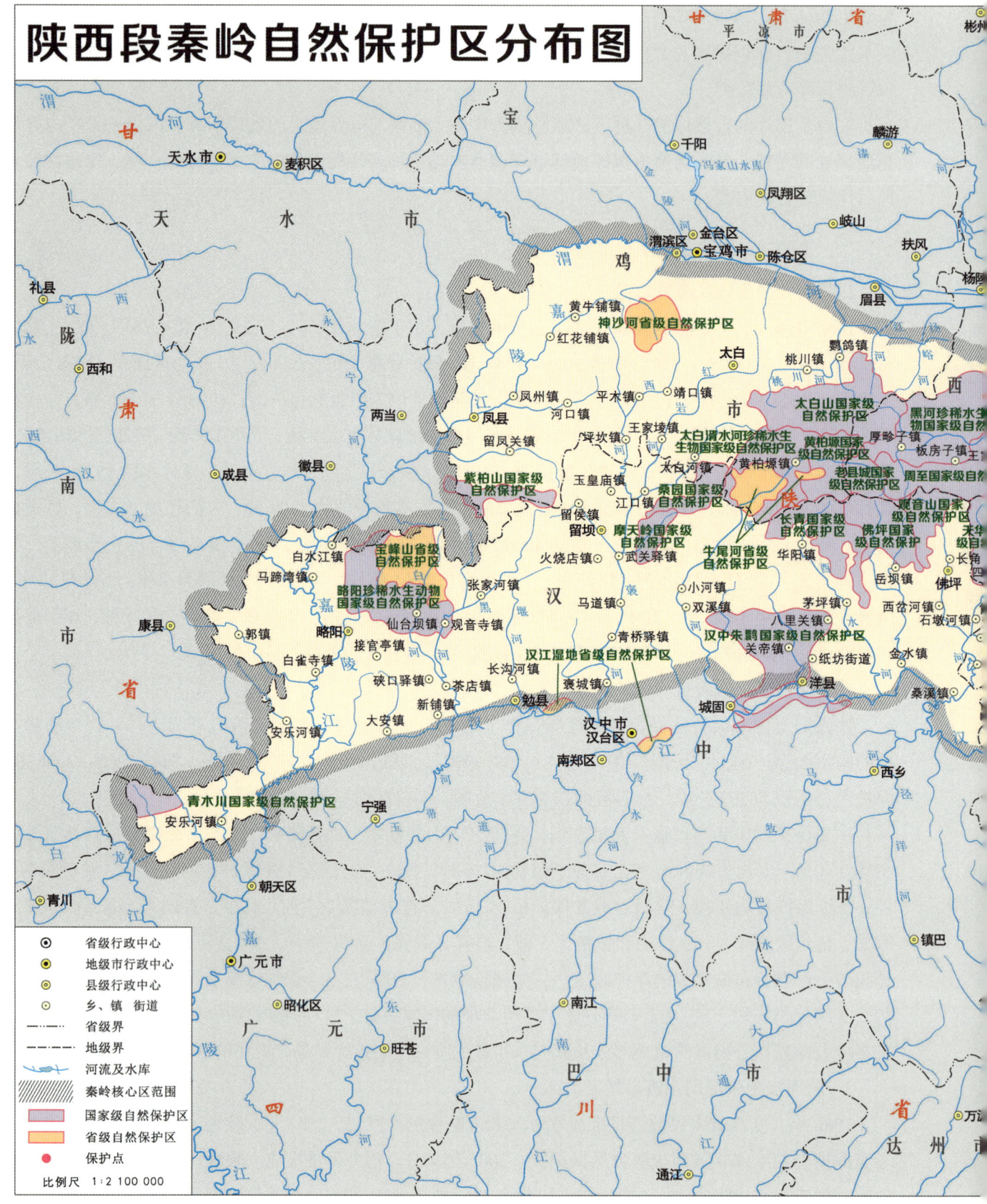

第三篇　惠及后世的绿水青山

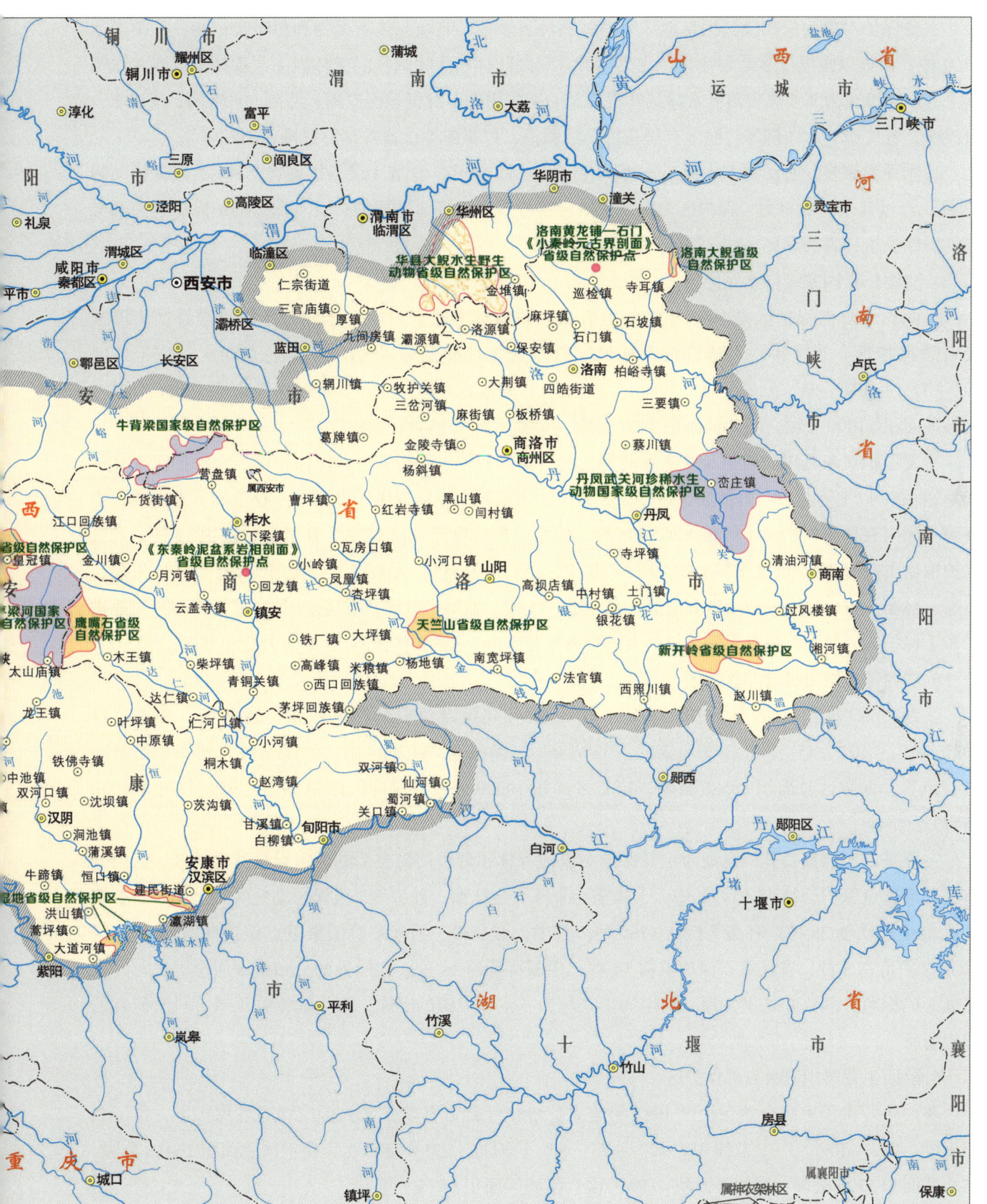

◆ 图 3-1　陕西段秦岭自然保护区分布图

主要保护对象为朱鹮及其栖息地。区内植物种类繁多，兼顾亚热带植物和温暖带植物，种类多达2560种。植被以暖温带落叶阔叶林、北亚热带常绿阔叶林和落叶阔叶混交林为主，森林覆盖率在60%以上，顶级植被为北亚热带落叶常绿阔叶混交林。主要树种有麻栎、栓皮栎、毛栗、水青冈、杨、柳、山核桃、青皮槭、水曲柳等。灌木有松花竹、野刺梅、野花椒等；藤本有猕猴桃、南蛇藤等。

动物种类繁多，有动物534种，分属29目，96科。其中，国家I级保护动物7种，2级保护动物62种。经过几十年的努力，保护区为恢复朱鹮种群数量做出了显著成绩，具有深远的国际影响力和濒危鸟类保护里程碑的意义。

4.陕西长青国家级自然保护区

陕西长青自然保护区是1994年经陕西省人民政府批准建立，1995年经国务院批准晋升为国家级自然保护区。2014年，入选首批全球最佳管理保护地绿色名录（IUCN绿色名录）。位于东经107°17′~107°55′，北纬33°17′~33°44′，海拔800~3071米，保护区总面积29906公顷，核心区面积11000公顷，缓冲区面积3409公顷，实验区面积15497公顷。

主要保护对象是以大熊猫及其栖息地为主的"森林和野生动物类型自然保护区"。保护区森林覆盖率达90%以上。其中，竹林面积达21358公顷，为秦岭大熊猫提供了良好的生存空间和丰富的食物资源。区内有种子植物144科684属1594种，国家保护的珍稀植物27种，II级保护植物11种，省级保护植物16种。国家重点保护动物39种。其中，I级保护动物有大熊猫、金丝猴、羚牛、豹、朱鹮、金雕、林麝7种，II级保护动物有黑熊、毛冠鹿、大鲵、血雉、红腹角雉等33种。"活化石"大熊猫广布于保护区，是我国最有保护价值的大熊猫密集分布区，受到国内外科学界的关注和重视。

5.陕西佛坪国家级自然保护区

陕西省佛坪国家级自然保护区是1978年经国务院批准建立的国家级自然保护区，位于东经107°40′~107°55′，北纬33°33′~33°46′，海拔980~2904米，处于秦岭自然保护区群的中心位置，保护区总面积28586公顷，核心区面积10326公顷，缓冲区面积5141公顷，实验区面积13773公顷。

主要是以大熊猫及其栖息地为主要保护对象的森林和野生动物类型的国家级自然保护区。区内分布有国家重点保护动物45种。其中，大熊猫、朱鹮、金丝猴、羚牛等I级保护动物8种。黑熊、金鸡等II级保护动物38种。有高等植物1769种。其中，红豆杉、独叶草等国家重点保护植物64种，国家II保护植物8种，省级重点保护植物14种，中国特有种18种。大熊猫的分布密度居全国之首，世界唯一的棕色大熊猫在这里发现，被生物学家誉为"生物资源的宝库，野生动物的天堂，科学研究的理想场所"。

6.陕西牛背梁国家级自然保护区

陕西牛背梁国家级自然保护区1987年建立。1988年经国务院批准为国家级自然保护区，位于东经108°45′~109°3′，北纬33°47′~33°55′，海拔1100~2802米，保护区总面积16418公顷，核心区面积5725公顷，缓冲区面积4119公顷，实验区面积6574公顷。

主要是以羚牛及其栖息地为主要保护对象的森林和野生动物类型的自然保护区。区内水资源丰富，是长江、黄河两大水系的分水岭，是汉江、渭河支流的重要源头，也是西安市的重要水源涵养地。区内天然林保护较为完整，有种子植物113科525属1268种。其中，有国家Ⅰ级保护植物红豆杉，Ⅱ级保护植物太白红杉、连香树、水曲柳、山白树、星叶草和野大豆等6种，省级保护植物10多种。区内有兽类83种，鸟类171种，两栖爬行类42种，鱼类8种。其中，国家Ⅰ级保护动物有羚牛、豹、林麝、金雕等4种，Ⅱ级保护动物有黑熊、斑羚、红腹角雉等26种。保护区是"秦岭自然保护区群"的重要组成部分，秦岭东段生物多样性最为丰富的地区，是羚牛秦岭亚种的模式产地，被誉为"秦岭东部的绿色明珠"。

7. 陕西老县城国家级自然保护区

陕西省周至县老县城国家级自然保护区1993年建立，2013年经国务院批准为国家级自然保护区。位于东经107°40′~107°49′、北纬33°43′~33°50′之间，海拔1524~2904米。保护区东西长14.5公里，南北宽14公里，总面积12611公顷。

主要是以大熊猫、金丝猴等为主要保护对象的森林和野生动物类型的国家级自然保护区。动植物资源丰富，共有野生种子植物112科，471属，1146种，分别占秦岭种子植物总科数的70%，总属数的45%，总种数的44%。有药用植物319种（其中，被《中华人民共和国药典2000版》收录的原植物有103种），可用于庭院或其他观赏的植物232种，油脂植物和芳香植物有136种，纤维植物有43种，淀粉及糖类植物有77种，鞣质植物100种。有野生脊椎动物263种，隶属25目70科179属，占陕西省脊椎动物739种的35.59%。其中，国家Ⅰ级重点保护物种6种（大熊猫、金丝猴、羚牛、林麝、金雕等），Ⅱ级重点保护物种24种。

8. 陕西天华山国家级自然保护区

陕西省天华山国家级自然保护区2002年建立，2008年经国务院批准为国家级自然保护区。位于陕西宁陕县境内，介于东经108°02′~108°15′、北纬33°35′~33°45′之间，属北亚热带湿润季风气候区。总面积25485公顷。其中，核心区面积9680公顷，缓冲区面积4317公顷，实验区面积11488公顷。

主要保护对象为大熊猫及其栖息地为主的森林和野生动物类型自然环境。区内有野生植物207科760属1819种。其中，蕨类植物24科48属111种，苔藓植物46科95属180种，种子植物1528种。国家级珍稀濒危、重点保护植物21种，陕西省级重点保护植物14种，主要有红豆杉、秦岭冷杉、大果青杆、太白红杉、连香树、水青树、野大豆、水曲柳、香果树等。有野生脊椎动物227种。其中，哺乳动物54种，鸟类138种，爬行类21种，两栖类8种，鱼类6种；已知昆虫2788种；占陕西省脊椎动物总数的30.72%，属国家重点保护的野生动物种类37种。其中，最具代表性的有大熊猫、金丝猴、羚牛和林麝等。

9. 陕西桑园国家级自然保护区

陕西桑园自然保护区2002年建立，2009年经国务院批准为国家级自然保护区。位于陕西省汉中市留坝县东北角，地理坐标介于东经106°38′05″~107°18′14″，北纬33°17′42″~33°53′29″，海拔1132~2603米，属北亚热带山地暖温带湿润季风气候。总面积13806公顷，核心区为8796.02公顷，缓冲区为2620.65公顷，实验区为2389.33公顷。

主要以大熊猫及其栖息地为主要保护对象的野生动物类型自然保护区。保护区已知有高等维管束植物144科516属1073种。其中，国家重点保护野生植物9种；有大型真菌2亚门30科57属68种。有野生脊椎动物249种（亚种），隶属于5纲23目69科167属，在脊椎动物中，有大熊猫等国家I级重点保护动物6种，II级重点保护动物24种；被列入"国家保护的有益的或者有重要经济、科学研究价值的陆生野生动物名录"的物种有152种；被列为陕西省省级重点保护的野生动物有14种；被列入《濒危野生动植物种国际贸易公约》（CITES）附录I的物种有8种，附录II的物种有20种。这些动物是保护区最为宝贵的自然资源之一，具有很高的生态、经济、科研、文化和保护价值。

10.陕西紫柏山国家级自然保护区

陕西紫柏山国家级自然保护区2002年建立，2012年经国务院批准为国家级自然保护区。位于陕西省宝鸡市凤县境内，地理坐标为东经106°28′50″~106°40′04″，北纬33°39′45″~33°45′31″之间，海拔1250~2610米，属暖温带半湿润山地气候。保护区总面积17472公顷，其中核心区面积5278公顷，缓冲区面积5186公顷，实验区面积7008公顷。

保护区属野生动物类型自然保护区，主要保护对象是林麝及其栖息地。野生种子植物133科1480余种，大型真菌38种，隶属4纲4目15科26属；国家级珍稀濒危植物19种，国家重点保护植物7种，有红豆杉、秦岭冷杉、连香树、野大豆、水青树、水曲柳等。有野生脊椎动物25目74科192属271种。其中，鱼类2目4科10属11种，鸟类11目35科105属166种，兽类6目23科57属68种，两栖类2目5科6属9种，爬行类3目6科14属17种；国家一级重点野生保护动物有大熊猫、林麝、羚牛、豹、云豹等8种。

11.陕西观音山国家级自然保护区

陕西观音山国家级自然保护区2003年建立，2013年经国务院批准为国家级自然保护区。地处秦岭中段南坡的佛坪县境内，地理坐标介于东经107°51′~108°01′，北纬33°35′~33°45′之间，海拔1150~2574米。地处暖温带和北亚热带两个类型植物区系的接壤地带，总面积13534公顷，其中实验区5467公顷，缓冲区3793公顷，核心区4274公顷。

区内现约有高等植物（苔藓、蕨类、植物、被子植物）约1600余种。其中，孢子植物106科196属314种，种子植物136科581属1305种；国家一级保护植物3种（银杏、红豆杉、独叶草），国家二级保护植物11种（连香树、水青树、香果树、秦岭冷杉、水曲柳、榉树等）。有脊椎动物29目82科338种。其中，兽类7目26科68种，鸟类15目39科217种，两栖类2目6科12种，爬行类3目7科26种，鱼类2目4科15种；国家一级保护动物6种（大熊猫、金丝猴、羚牛等），二级保护动物33种。

12.陕西平河梁国家级自然保护区

陕西平河梁国家级自然保护区2006年建立，2013年经国务院批准为国家级自然保护区。位于秦岭南麓的陕西省宁陕县境内，地理位置为东经107°40′~107°55′，北纬33°33′~33°46′，海拔980~2904米。属于北亚热带向暖温带过渡的山地暖温带气候，具有显著的山地森林气候特征。东西长24.8千米，南北宽22.0千米，总面积29240公顷，核心区10326公顷，缓冲区5141公顷，实验区13773公顷，是以保护大熊猫及其栖息地为主的国家级自然保护区。保护区内有高等植物340余科1800余种，种子植物137科600多属1500种。有国家重点保护的野生植物9种。其中，Ⅰ级保护植物有银杏、红豆杉、南方红豆杉、水杉等，Ⅱ级保护植物有连香树、鹅掌楸、水青树、水曲柳等。脊椎动物有289种。其中，鱼类2目3科9属10种，兽类7目85种，鸟类11目163种，爬行类2目22种，两栖类2目9种。国家Ⅰ级重点保护物种有大熊猫、羚牛、金丝猴、金钱豹、林麝、金雕和云豹7种，Ⅱ级重点保护物种有黑熊、金猫、豹猫、鬣羚、血雉、红腹角雉、白冠长尾雉、红腹锦鸡等24种。昆虫29目287科2004种。

13.陕西黄柏塬国家级自然保护区

陕西黄柏塬国家级自然保护区2006年建立，2013年经国务院批准为国家级自然保护区。地处秦岭中段南坡、太白县境内，地理位置为东经107°31′16″~107°42′30″，北纬33°42′02″~33°54′05″，海拔1280~3120米。保护区东西长约18千米，南北宽约22千米，总面积21865公顷。其中，核心区面积7080公顷，缓冲区面积6550公顷，实验区面积8235公顷，是以保护秦岭大熊猫等珍稀野生动物及其栖息地为主的野生动物类型自然保护区。有野生种子植物113科466属1109种。其中，裸子植物4科9属13种，被子植物109科457属1096种；在被子植物中双子叶植物99科374属911种，单子叶植物10科83属185种；蕨类植物22科41属84种，苔藓植物48科88属157种；国家Ⅰ级保护植物有红豆杉、独叶草2种，国家Ⅱ级保护植物有秦岭冷杉、大果青杄、太白红杉、连香树、水青树和水曲柳等36种。有野生脊椎动物346种，隶属23目72科224属。其中，鱼类2目4科10属10种，两栖动物2目6科8属13种，爬行动物2目8科19属25种，鸟类10目31科217种，兽类于7目23科64属81种；昆虫有29目296科2832种；国家Ⅰ级重点保护物种7种，Ⅱ级重点保护物种36种。

第三章
人与自然和谐相处

一、秦岭在人类自然、社会经济发展中的重要地位

秦岭山地的主体位于陕西省境内,其4亿年的形成历史和6000多年人类活动轨迹,不仅孕育了周、秦、汉、唐的绝代风华,而且它特有的典型性和包容性,成为中华民族生生不息、血脉永续的载体和象征。同时,这里也是我国南北之间气候、生态、地理、地质等自然环境,以及语言、风俗、习惯等文化特征的天然分水岭与汇聚地。其中,蕴藏着丰富的能源、矿产与生物资源和人文与旅游资源,被誉为我国的"中央公园"。

(一)秦岭在中国自然地理环境中的重要地位和作用

秦岭是于晚古生代,在我国中部崛起上升,到三叠纪时与海完全隔绝,雄伟的身姿基本成型。距今约8000万年的燕山运动,及其后喜马拉雅山运动的断块式垂直升降等地质作用,形成了现今秦岭的地貌格局,最终成为我国中部平均海拔最高的庞大山系。

1. 中国最重要的地理分界线

在我国居中的位置、庞大的地域分布、中东部高海拔的隆起及其与四周高程的大落差、北山坡短仰南山坡长俯,以及几亿年形成历史保育的动植物和人文景观,这些突出的特性决定了秦岭在我国乃至东亚自然地理、气候水文、生态、农事、动植物区划等天然界线划分中的重要地位和作用。它将中国一分为二,构成我国境内一条重要的综合地理界线:黄土高原的南界,长江水系与黄河水系、亚热带与暖温带、湿润区与半湿润区、亚热带常绿阔叶林和温带落叶阔叶林、动物地理区划上的古北界和东洋界,河流有无结冰期的分界,农业水田与旱地、两年三熟与一年两熟、水稻和小麦杂粮种植的分界等。中国地理、气候和环境，"南方"和"北方"，"南方人"和"北方人"均以秦岭为界。

2. 中国重要的生物基因库

秦岭生态系统虽然受到了人类社会的破坏，但是，秦岭仍然是我国重要的生物基因库，为我国的生态系统提供了重要的绿色基因库和物种基因链。其中，有超过25%的兽类基因、超过30%的鸟类基因遗迹、超过10%的种子植物都保存于秦岭，而国家重点保护的野生植物有32种，国家Ⅰ、Ⅱ级重点保护野生动物超过80种，连香树、水青树、独叶草、红豆杉等珍稀植物，豹、林麝、朱鹮、金雕、白冠长尾雉、大熊猫、血雉、红腹锦鸡、金丝猴、羚牛、红腹角雉等我国特有珍稀濒危动物也广泛分布其间。由此可以发现，秦岭在中国乃至世界的生物物种中具有很重要的地位。

3. 中国最主要两大水系重要的水源地及水源涵养地

中国的第一大河（长江）和第二大河（黄河）均流经于秦岭地区，两大水系的重要支流都发源于秦岭。秦岭山地流域面积超过100平方千米的河流共计195条，其中，秦岭北坡63条，分别汇入渭河、洛河后，流入黄河；秦岭南坡132条分别流入汉江、嘉陵江后，注入长江。秦岭地表水资源丰富，山地降雨充沛，约占陕西地表水资源总量的50%。同时，秦岭也是长江、黄河两大水系重要的水源地，我国南水北调中线工程枢纽——丹江口水库就位于秦岭境内，其集水面积有66%分布在汉江左岸的秦岭南坡，地表水资源量159亿立方米，占丹江口水库入库水量的50%。

历史上的秦岭地区山高林密，森林资源丰富，为流经秦岭的河流涵养的丰富水源，滋养了秦岭北坡"沣、涝、潏、滈、浐、灞河"。在汉唐时期的长安城，也就是现今的西安市，河流水量的丰沛孕育了丰富的湿地资源，其湿地面积超过了30000公顷，更有"八水绕长安"的美誉；在中华人民共和国成立后的草滩仍拥有6700公顷左右的沼泽森林，灞河两岸更有大面积的芦苇荡。秦岭现有林地247.5万公顷，森林覆盖率达到48.5%，占秦岭森林总面积的54%。林地蓄积量1.52亿立方米。秦岭林区森林每公顷年涵养的水量800~1000立方米，年涵养的水资源总量相当于一座库容30多亿立方米的大型水库。

（二）秦岭在中国人类发展史中的地位

1. 古文明的孕育与发祥

秦岭的诸多流域有着适合人类起源与发展的良好条件，充分地显示了秦岭是中国人类社会起源与演化的最为重要的地域。这些遗址不但分布在渭河流域，而且在汉江上游、丹江流域都有发现。以蓝田人、半坡文化遗址、福临堡遗址与客省庄遗址、紫荆遗址、李家村遗址、何家湾遗址等，最具有代表性的古文化与各个流域良好的自然条件密切相关。

因为有秦岭的气候屏障和水源滋养，才会有八百里秦川的风调雨顺，才会周、秦、汉、唐的绝代风华。中华民族最引以为骄傲的古代文明,的确得益于这样一座朴实无华的由巨大花岗岩体构成的山脉,才会有十三朝帝都长安的繁华。

2. 农田水利的兴修

秦岭南北两侧作为华夏古文明的发源地，古人类发明了原始农业，最早地进入到了农业社会。农田水利是传统农业发展的基石。秦岭两侧由于水源条件的差异，造就了秦岭南北两侧农田水利的不同：

秦岭北侧的农田水利以渠为主，秦岭南侧的农田水利以堰为主。

渭河流域是中国农业的发源地，周秦汉唐等王朝建都于此，对农业发展提出了更高的要求，而农田水利是农业的发展和基本保证。渭河及其支流丰沛的水资源为该流域农业发展所必需的农田水利的开发提供了有利的条件。

汉江上游发育的多级阶地成为秦岭山区较集中的农耕之地，这里良田广布。而进行的水稻种植需要大量的水。汉江上游水资源总量很丰富，但时空分布不均，所以，也需要以农田水利事业作为用水的保证。因此，自古以来农田灌溉水利事业发达，渠堰众多，人口密集，是陕西开发较早的农业区之一，号称"鱼米之乡"。

3.穿越秦岭的水陆交通

秦、汉、隋、唐在秦岭北坡的关中建都时期，均利用黄河、渭水航道，向国都运输物资。而黄河与渭水河道本身都存在一些问题，造成运输上的很多困难。

汉江航道比黄、渭航道的条件好，所以在汉代，唐朝时就有人提出沟通渭河与汉江水系间的水陆运道，使关东、江淮、江汉一带的财富，由长江转到汉江，再沿汉江诸支流漕渠转至关中。

秦岭北坡河流急陡，平均有100米/公里的落差，南坡地势坡和缓，40公里才有同样的落差。因河谷多为南北方向，所以它们就形成越过秦岭南北的交通线。像这样的路线较为著名的有陈仓道（散关道）、褒斜道、傥骆道、子午道、蓝武道等。

4.宗教文化的盛行

发源于秦岭的八水围绕长安，为古都营造了山清水秀，人杰地灵的风土人情。地灵孕育人杰，远古的伏羲氏发明了阴阳八卦，试图解析天地万物，思索天人关系；西周王朝的周文王与周公旦撰写《周易》，探讨事物发展的规律，奠定了中国传统"天人合一"的哲学思想；汉武帝"罢黜百家，独尊儒术"，用四书五经教育知识分子，选拔官吏，令儒家思想和价值观深入人心；老子骑青牛入函谷关，在楼观台讲授《道德经》，创立道教；鸠摩罗什在草堂寺建立译经所，把佛经从梵文翻译成汉语，以便于广泛传播；阿罗本从大秦（罗马）来到大唐传教基督教，得到唐太宗的支持建立大秦寺传播景教（基督教）。秦岭还是中国佛教各宗派创立发展的源头。汉传佛教八大宗派中，秦岭及关中就聚集了三论宗、净土宗、律宗、法相宗、华严宗、密宗六大宗派祖庭。

二、秦岭生态环境现状及存在问题

（一）秦岭北麓生态环境存在的主要问题

秦岭北麓历史上山青水绿、水草丰茂、沃野千里、生态良好，由于长期的农耕文明、人为的过度开发和气候变化，生态环境趋向恶化。经过数十年的努力，特别是党的十八大以来，秦岭生态环境保护取得了一系列的成果，生态环境出现了稳中向好趋势。但必须看到，由于生态环境禀赋、历史欠账以及未来人口增加、经济社会发展、现代化进程加快等原因，秦岭北麓生态环境压力持续加大、形势依然严峻复杂，生态环境治理工作依然艰巨，生态修复任务依然繁重，水利基础设施仍存短板，空间协同管控体系仍需完善。

1. 发展与保护的矛盾突出，生态环境压力持续加大

近30年来，秦岭北麓生态系统格局变化剧烈，城镇面积增加30%以上，尤其西安、宝鸡、渭南三座城市的城镇面积和人口增加显著，依靠土地占用等增量扩张的发展模式仍然占主导地位，区域内经济社会和生态环境在空间布局上不是很均衡，空间与时序、发展与自然禀赋相互割裂的状况依然存在，资源环境超载问题突出。由于非农项目建设用地快速增长，森林、草地、湖池、湿地和水田被占用，造成涵养水源的能力降低、水域大幅减少，水环境、水生态遭到局部破坏。而峪口及环山一带乱采滥挖、乱砍滥伐、乱搭滥建、乱排滥放等现象突出存在，旅游度假、农家乐呈无序发展状态，水污染、水土流失等问题，对生态环境保护和水源安全构成严重威胁。

2. 水资源禀赋不优越，水生态、水环境问题凸显

受到气候以及降雨量的影响，秦岭北麓水资源时空分布不均，河水暴涨暴落，径流变化波动加大，水体总量减少，季节性河流增多，水资源可利用率下降，且开发利用难度大，每年80%的地表水以洪水形式流失。同时，随着国家战略的实施，加上人口的增加、人民对美好生活的向往和城市化、工业化进程的加快，经济社会发展对水资源的需求将持续增长，缺水问题将更加突出。长期大量缺水进而挤占生态水，致使河湖水面面积从20世纪80年代至今已缩减约1/5，造成水生态空间不足，湿地功能退化，河湖自我修复能力总体不高。峪口以下河段生态基流难以保障，枯水期常出现断流，少数河流甚至常年断流，降低了河道自净能力和环境承载力，河道不断萎缩，基本丧失了行洪、供水和生态功能，导致河道原自然形态破坏严重，两岸景观失去原有风貌，水生态环境相对失衡。另外，部分河段被渠化、加盖、硬化，被侵占、被填埋，使原河道变窄变深，甚至消失，有的成为生活排污通道。部分支流水质较差，城镇和农村集中居住区水体黑臭现象普遍存在，湖库富营养化未得到有效控制。部分城市地下水超采，形成地下水下降漏斗，引起地面沉降和地裂缝及地面塌陷等不同程度的环境地质问题，加剧城市内涝。水资源禀赋的不优越，致使秦岭北麓水生态、水环境问题凸显。

3. 水利基础设施仍存短板，水安全体系有待进一步完善

"盛水的盆"严重不足，水资源调蓄、调控能力低，供需矛盾突出，特别是缺乏蓄滞洪区和防洪控制性工程等调蓄设施，秦岭北麓全域未能实现洪水资源化利用，湖泊之间、河流与湖泊之间、水系之间，缺乏有效合理的沟通与连接。另一方面，以引汉济渭调水工程为龙头的关中供水网络尚未建成，水源联网调控能力较低，不足以保障供水安全。防洪抗旱减灾体系仍不完善，南山支流综合治理尚未完成，防洪工程标准仍然偏低、安全隐患较多，特别是城市规模、体量扩大后，河道原农防段标准已远远达不到城市防洪标准要求，防洪安全压力依然较大。城市发展挤占河湖空间，导致河湖阻隔、水系连通度降低、洪涝水出路不畅等问题依然严重。

（二）秦岭南麓生态环境存在的主要问题

20世纪70年代以来，秦岭自然保护区群（含佛坪、太白、周至、牛背梁、长青和老县城自然保护区，以及设在洋县境内的陕西朱鹮保护观察站，总面积1614.5平方千米，占秦岭地区总面积的3.7%）和13个国家级、地方级森林公园的相继建立，使生态因子和生物多样性得到有效保护，为珍稀野生动物营造了一个良好的栖息环境。全国1/4的大熊猫分布在秦岭南麓，秦岭南麓的洋县是世界上唯一朱鹮野

生保护地。因此，秦岭南麓的生态环境总体情况良好，但是也随着水土流失的加剧，工业化、城市化进程的加快而随之恶化。秦岭南麓地区气候温和，雨量较丰，多山地，地表植被较好，植被覆盖率高于全国平均值，但由于地质构造复杂，断层密布，山高坡陡、沟壑纵横、地形破碎，属中重度水土流失区，境内水土流失严重。加之人口急剧增加，耕地面积不足的浅山区，大面积的植被破坏和陡坡耕种，在中、高山区，由于林业的过度开采，使天然林大面积减少，水源涵养作用减弱，洪水灾害频繁发生，水土流失形成恶性循环。

1. 贫穷成为驱使环境污染的重要因素

秦岭南麓地区生物资源极为丰富；区域内河流密布，水力资源丰盈；大部分地区地质构造复杂，成矿条件优越，开发潜力较大。由于生物资源的特殊性，在生态良好的同时，与生态脆弱的矛盾并存。同时，在拥有丰富矿产资源的情况下，发展潜力较大，但由于助推经济发展的基础设施、科技水平等相对滞后，使得发展潜力与现状不协调的矛盾并存。中华人民共和国成立以来，陕南地区经济虽然取得长足进展。但无论是从国内还是从省内讲，都属欠发达地区，几乎所有的县都在国家级贫困县之列；自然灾害多，人均国土面积大，但人均耕地面积小，人均纯收入列全省后位。而贫穷是污染的最大制造者，因为贫穷会导致急功近利地乱采乱挖，会导致经济结构不合理和发展模式的相对滞后，引发严重的区域性污染问题。

2. 因水土流失导致的农业面源污染是生态环境的最大隐患

进入20世纪80年代后，各地开矿、修路等开发项目，破坏地貌、植被，造成新的水土流失现象日益增多。公路、铁路建设大多分布在丘陵和山区，且依山傍水，所弃土石大部就地倾入沟道、河流，人为造成新的水土流失量年均也在 5000×10^7 千克左右，为全省流失总量的6%。严重的水土流失不但威胁到当地群众的生存和生活，而且加剧了面源污染。据调查分析，陕南地区坡耕地平均每年每亩流失表土1.5厘米，约流失12000千克土壤，相当于每亩每年损失氮磷钾肥270千克，土地肥力不断降低，迫使农民不断增加化肥使用量。90年代末和80年代中后期相比，化肥使用量由每年 9.8×10^7 千克增加到 17.1×10^7 千克，增加了1.8倍，单位面积使用量增加了3.1倍。

3. 地方经济发展不足导致生活和工业污染得不到有效处理

在相对拮据的经济实力基础下，陕南三市地方财政难以负担城市环境保护项目及解决其他环境问题所需要的资金。目前，三市一级污水处理厂建成的运行困难，在建的资金缺口较大，建设进度缓慢。县一级和沿江城镇还没有一个污水处理厂和垃圾处理场。汉江汉中段流域生活污水排放总量达4091万吨以上（是工业废水排放总量的2倍多），污水中COD产生量16643.5吨、氨氮产生量1925.4吨（工业污染排放总量的4倍多），生活垃圾产生量50多万吨。安康市每年有1600万吨城镇生活污水未经处理直接排入汉江，21万吨生活垃圾沿江倾倒，简易处理率只有60%。丹江流域城市生活污水年排放1191余万吨，城市生活废水占年废水排放总量的61%，全部未经处理直接排放。沿江工业污染源虽然不断得到治理，但一些企业污染处理设施水平较低，生产配套和处理性能不高，生产废水难以稳定、全面达标排放。而且有部分企业受利益驱动，存在擅自停运治理设施、偷排和超排的现象，使得工业污染的威胁长期存在。

4. 人类工程活动形成众多的地质灾害

以不合理的人类工程活动为主体的人为因素是诱发滑坡、崩塌、泥石流地质灾害的外部因素中最重要的因素。人们在工农业建设和生产、生活中无不与地质环境发生关系。近20年来，随着经济建设的高速发展，人口增加，人类对地质环境的改造范围在不断增加，强度不断增高，使人类活动已成为不可忽视的地质应力。

三、人与自然和谐共生

（一）指导思想

习近平总书记在党的十九大报告中提出："人与自然是生命共同体，人类必须尊重自然、顺应自然、保护自然。我们要建设的现代化是人与自然和谐共生的现代化。"自然是人类生存之本、发展之基，人的生存和发展依赖于自然。人离不开自然，自然界为人类的生存提供了基本栖息地，为人类的物质生产活动提供了基本场所，为人类的发展提供了广阔的空间。2018年5月18日至19日，习近平总书记出席了全国生态环境保护大会并发表了重要讲话，他提出："坚持人与自然和谐共生，坚持节约优先、保护优先、自然恢复为主的方针，像保护眼睛一样保护生态环境，像对待生命一样对待生态环境，让自然生态美景永驻人间，还自然以宁静、和谐、美丽。"环境就是民生，青山就是美丽，蓝天也是幸福。

作为我国南北气候的分界线和重要的生态安全屏障，秦岭有"国家中央公园"的美誉。2015年2月，习近平总书记在陕西视察时指出，秦岭"这样的自然生态美景，谁都不能破坏"。秦岭一直是陕西人的生态院落，保护秦岭生态环境，实现人与自然和谐共生，陕西不遗余力。2007年，陕西省制定《陕西省秦岭生态环境保护条例》，从秦岭保护、生态修复与制度建设三方面着手，全面促进秦岭地区人与自然和谐相处。2013年西安市制定了《西安市秦岭生态环境保护条例》，设立了秦岭生态环境保护办公室，坚持对破坏秦岭生态环境的违法犯罪行为"零容忍""无禁区"。秦岭中包括朱雀森林公园在内，约有20个国家、省、县级森林公园。2012年颁布实施《陕西省森林公园条例》，保护、培育与合理利用森林风景资源，促进森林生态旅游发展。秦岭的生态环境保护，不仅关系自身发展质量和可持续发展，而且关系全国生态环境大格局。秦岭在国家生态安全、水源安全以及文化建设中，发挥着不可替代的作用。要以秦岭整治保护为重中之重打好青山保卫战，坚决遏制秦岭生态环境破坏现象，扎实搞好生态修复，切实把山区自然生态环境保护好。2019年9月27日《陕西省秦岭生态环境保护条例》（修订草案）经陕西省十三届人大常委会第十三次会议修订通过，并于2019年12月1日起实施。

（二）秦岭生态环境保护在行动

1. 自然保护区的建设

陕西省已经在秦岭设立自然保护区44处，保护对象为大熊猫、金丝猴、羚牛、朱鹮等野生动植物、森林生态系统、湿地及生物多样性。2016年，朱鹮野外生存数量达1480余只，栖息地由汉江两岸扩展至渭河以北。陕西第四次大熊猫调查发现：秦岭野外生存大熊猫的数量大约345只，种群数量增长了26.4%。2016年12月，国家正式审议通过《大熊猫国家公园体制试点方案》，确定秦岭为大熊猫国家公园试点区域，目的在于增强大熊猫主要栖息地的连通性、协调性、完整性，推动整体保护、系统修复，实现种群稳定繁衍。通过实施以保护秦岭林区为重点的天然林保护工程，秦岭森林覆盖率和水土流失治理面积明显增加，2014年4月，陕西省被列入全国退耕还林生态效益监测重点省份。

2. 水源地的保护

南水北调中线工程实施以来，秦岭实行了最严格的水源地保护制度，设立水源地保护区，保证"一江清水送北京"。

在保护区内，禁止倾倒工业废渣、城镇垃圾及其他废弃物，或者贮存、堆放固体废弃物和其他污染物；禁止排放油类、酸液、碱液或者剧毒废液；禁止清洗装贮过油类、有毒污染物的车辆或者容器；禁止排放、倾倒放射性固体废弃物或者含有高放射性和中放射性物质的废水；禁止向水体排放热废水或者含病原体的污水；禁止擅自改变、破坏地理界标、警示标志和隔离设施；禁止运输危险化学品的车辆通过饮用水地表水水源保护区，确需通过的，应当依照国务院《危险化学品安全管理条例》的有关规定执行；禁止在饮用水水源保护区内设置排污口；禁止在饮用水水源保护区内使用农药。

饮用水水源一级保护区内，禁止新建、改建、扩建与供水设施和保护水源无关的建设项目；已建成的与供水设施和保护水源无关的建设项目，由市、县（区）人民政府责令拆除或者关闭；禁止在饮用水水源一级保护区内从事网箱养殖、旅游、游泳、垂钓、掩埋动物尸体或者其他可能污染饮用水水体的活动。

3. 流域治理

2005年，陕西省制定《陕西省汉江丹江流域水污染防治条例》，防治汉江、丹江流域水污染，保护和改善水资源环境，保证水资源的有效利用，促进区域经济可持续发展，并规定汉江、丹江流域水污染防治，坚持预防为主、防治结合，从源头防治污染、保护生态环境和水污染水治理的原则。2013年颁布实施了《陕西省渭河流域管理条例》，在陕西省境内渭河及其支流，加强渭河流域水利管理，合理利用渭河及其支流水资源，防治渭河流域水污染，改善流域生态环境，保障人民生命财产安全。在"十一五""十二五"期间和"十三五"规划中，在渭河及其支流、汉江及其支流、丹江及其支流、嘉陵江及其支流、洛河及其支流，有计划地逐步启动综合整治项目。2013年陕西省政府出台《关于实行最严格水资源管理制度的实施意见》，最严格的水资源管理体制机制基本建立。渭河、汉江等江河综合整治全面推进，防洪保安、环境改善和产业聚集效应全面显现，开创了水系系统治理的新模式。

4. 生态红线的划定

2015年7月公布的《国家主体功能区规划》和2016年3月陕西省印发的《陕西省主体功能区规划》都将陕西秦岭划为重点功能区，划为限制开发区域。2017年，陕西在秦岭划定生态红线，确保生态功能不降低、面积不减少、性质不改变；将用途管制扩大到所有自然生态空间，并严守生态红线，严禁任意改变用途，防止不合理开发建设活动对生态红线的破坏。2018年4月，陕西省国土资源厅启动《秦岭地区专项执法"绿肺行动2018"工作方案》，进一步加强对秦岭地区矿产资源勘查开发管理，严厉打击违法勘查开采破坏生态环境行为，逐步恢复和改善秦岭"国家绿肺"功能。

2019年4月陕西省政府办公厅近日印发《陕西省青山保卫战行动方案》，提出到2020年，陕西省将完成生态保护红线勘界定标工作，健全生态保护红线监管制度，实现一条红线管控重要生态空间，确保青山区域生态保护红线面积不减少、性质不改变、功能不降低；青山区域矿山地质环境治理恢复面积达到3.8万亩，秦岭区域水土流失治理率达到60%以上，各类生态破坏行为有效遏制，生态系统有效保护，生态功能持续提升，生物多样性有效保障。

（三）实施措施

1. 加大"五乱"整治力度

在整治乱搭乱建上持续用力，全面整治不符合秦岭生态环境保护要求的建设项目，强化日常巡查和联合执法，加强村镇规划建设管理，从源头上遏制违建问题发生。要在整治乱砍滥伐上持续用力，扎实开展"绿卫""绿箭""春雷"等行动，严肃查处侵占林地、毁林毁草、破坏植被等问题，严格森林资源开发，统筹做好森林资源保护和利用。要在整治乱采乱挖上持续用力，用好上限处罚、停产整顿、关闭取缔等措施，确保矿产资源适度规范开发利用，推进生产矿山地质环境修复。要在整治乱排乱放上持续用力，严格实施排污许可制度，加强入河污染源排放、水体水质联动管理，加强农村污染治理，提升污染物排放处理能力。要在整治乱捕乱猎上持续用力，完善日常监测预警机制，深入实施打击秦岭猎杀濒危野生动物专项行动，坚持打、防、管、控并举，不断提高管控水平。

2. 推进秦岭生态环境系统保护

加大植树增绿力度，持续推进退耕还林还草和植树造林，做好重点区域增绿，加强森林资源管理。要加强生物多样性保护，深入推进大熊猫国家公园陕西秦岭片区建设，加快珍稀濒危野生植物资源收集基地建设，切实搞好植物资源保护利用，强化野生动植物繁育、利用及制品监管。要强化水资源保护，加快饮用水水源地规范化建设，推进秦岭北麓峪口水土保持综合治理，加快清洁小流域等项目建设，严控秦岭区域水土流失。要加快形成绿色生产方式和生活方式，推动秦岭区域产业转型升级，有序淘汰高污染、高环境风险的设备和产品，加强再生资源回收、加工、利用，加大绿色旅游宣传力度，最大限度减少人类活动对生态环境的影响。

3. 用最严格制度、最严密法治保护秦岭生态环境

严格贯彻中央精神和上位法要求，科学划定秦岭生态环境保护范围，做好秦岭各市相关法规立改废释工作，强化刚性约束，切实执行好秦岭生态环境保护法规，严肃查处破坏秦岭生态环境的责任人和涉事单位。要落实主体功能区战略，开展覆盖资源环境承载能力评价和国土空间开发适宜性评价，落实保护面积不减少、保护强度不降低、保护性质不改变要求，强化分级分类管控，坚决守住秦岭生态功能区保障基线、环境质量安全底线、自然资源利用上线。要严格产业和建设项目准入，坚持生态优先、绿色发展导向，加强生态环境风险评估，严格项目审批，落实重点保护区、一般保护区产业准入清单，鼓励支持绿色循环经济、有机农业、生态旅游等产业发展，强化事中事后监管，完善部门协作、信息共享、联合惩戒机制，加强各类开发建设活动全过程监管。

保护秦岭生态环境绝非朝夕之功，应必须始终将秦岭生态环境保护作为一项长期性工作紧盯不放、常抓不懈，以壮士断腕的决心、背水一战的勇气、攻城拔寨的拼劲，不断爬坡过坎、攻坚克难，为夯实三秦大地的绿色本底，为开创生态文明建设新局面而不懈奋斗。通过一系列的措施保护秦岭生态环境，坚持节约资源，形成绿色发展方式和生活方式，实现人与自然和谐共生。

附 录

附表1 秦岭地区 I 级保护植物

序号	中文名	学名	科名	保护等级	在秦岭的分布
1	巨柏	Cupressus gigantea	柏科	I	西段
2	东北红豆杉	Taxus cuspidata	红豆杉科	I	西段
3	红豆杉	Taxus wallichiana var. chinensis	红豆杉科	I	秦岭全段
4	南方红豆杉（变种）	Taxus wallichiana var. mairei	红豆杉科	I	秦岭全段
5	人参	Panax ginseng	五加科	I	中段
6	华山新麦草	Psathyrostachys huashanica	禾本科	I	东、中段
7	珙桐	Davidia involucrata	珙桐科	I	中、西段
8	光叶珙桐	Davidia involucrata var. vilmoriniana	珙桐科	I	中段
9	独叶草	Kingdonia uniflora	毛茛科	I	中、西段
10	莎叶兰	Cymbidium cyperifolium	兰科	I	中段
11	蕙兰（线兰）	Cymbidium faberi	兰科	I	秦岭全段
12	春兰	Cymbidium goeringii	兰科	I	秦岭全段
13	无苞杓兰	Cypripedium bardolphianum	兰科	I	西段
14	对叶杓兰	Cypripedium debile	兰科	I	西段
15	毛瓣杓兰	Cypripedium fargesii	兰科	I	西段
16	华西杓兰	Cypripedium farreri	兰科	I	西段
17	大叶杓兰	Cypripedium fasciolatum	兰科	I	中段
18	黄花杓兰	Cypripedium flavum	兰科	I	中、西段
19	毛杓兰	Cypripedium franchetii	兰科	I	秦岭全段
20	紫点杓兰	Cypripedium guttatum	兰科	I	东、中段
21	绿花杓兰	Cypripedium henryi	兰科	I	秦岭全段

续 表

序号	中文名	学名	科名	保护等级	在秦岭的分布
22	扇脉杓兰	Cypripedium japonicum Thunb	兰科	I	秦岭全段
23	大花杓兰	Cypripedium macranthum	兰科	I	东、中段
24	西藏杓兰	Cypripedium tibeticum	兰科	I	中、西段
25	曲茎石斛	Dendrobium flexicaule	兰科	I	东段
26	细叶石斛	Dendrobium hancockii	兰科	I	秦岭全段
27	霍山石斛	Dendrobium huoshanense	兰科	I	东段
28	细茎石斛	Dendrobium moniliforme	兰科	I	秦岭全段
29	华西蝴蝶兰	Phalaenopsis wilsonii	兰科	I	中段
30	铁皮石斛（黑节草）	Dendrobium officinale	兰科	I	东、中段
31	苏铁（栽培种）	Cycas revoluta	苏铁科	I	秦岭全段
32	银杏（栽培种）	Ginkgo biloba	银杏科	I	秦岭全段
33	水杉（栽培种）	Metasequoia glyptostroboides	杉科	I	东、中段

附表2 秦岭地区 II 级保护植物

序号	中文名	学名	科名	保护等级	在秦岭的分布
1	岷江柏木	Cupressus chengiana	柏科	II	西段
2	秦岭冷杉	Abies chensiensis	松科	II	秦岭全段
3	太白红杉	Larix potaninii var. chinensis	松科	II	中段
4	麦吊云杉	Picea brachytyla	松科	II	秦岭全段
5	大果青扦	Picea neoveitchii	松科	II	秦岭全段
6	黄杉	Pseudotsuga sinensis	松科	II	中段
7	巴山榧树	Torreya fargesii	红豆杉科	II	中、西段
8	榧树	Torreya grandis	红豆杉科	II	东、中段
9	木贼麻黄	Ephedra equisetina	麻黄科	II	中、西段
10	中麻黄	Ephedra intermedia	麻黄科	II	中、西段
11	草麻黄	Ephedra sinica	麻黄科	II	中段
12	羊角槭	Acer yangjuechi	槭树科	II	中、西段
13	刺五加	Acanthopanax senticosus	五加科	II	秦岭全段
14	长序榆	Ulmus elongata	榆科	II	中段
15	大叶榉树	Zelkova schneideriana	榆科	II	东、中段
16	南方山荷叶	Diphylleia sinensis	小檗科	II	中、西段
17	八角莲	Dysosma versipellis	小檗科	II	东、中段
18	桃儿七（变种）	Sinopodophyllum hexandrum	小檗科	II	中、西段
19	连香树	Cercidiphyllum japonicum	连香树科	II	秦岭全段
20	翅果油树	Elaeagnus mollis	胡颓子科	II	中段
21	台湾水青冈	Fagus hayatae	壳斗科	II	东、中段
22	华雀麦	Bromus sinensis	禾本科	II	东、中段
23	高羊茅	Festuca elata	禾本科	II	东、中段
24	中华羊茅	Festuca sinensis	禾本科	II	东、中段
25	毛披碱草	Elymus villifer	禾本科	II	中段

续 表

序号	中文名	学名	科名	保护等级	在秦岭的分布
26	天竺桂	Cinnamomum japonicum	樟科	II	东、中段
27	油樟（变种）	Cinnamomum longepaniculatum	樟科	II	中、西段
28	润楠	Machilus pingii	樟科	II	中段
29	闽楠	Phoebe bournei	樟科	II	中段
30	楠木	Phoebe zhennan	樟科	II	东、中段
31	线苞两型豆	Amphicarpaea linearis	豆科	II	秦岭全段
32	锈毛两型豆	Amphicarpaea rufescens	豆科	II	中段
33	劳豆（野大豆）	Glycine soja	豆科	II	秦岭全段
34	红豆树	Ormosia hosiei	豆科	II	秦岭全段
35	黄耆	Astragalus membranaceus	豆科	II	中、西段
36	甘草	Glycyrrhiza uralensis	豆科	II	秦岭全段
37	西南野豌豆	Vicia nummularia	豆科	II	秦岭全段
38	鹅掌楸	Liriodendron chinense	木兰科	II	中段
39	圆叶玉兰	Magnolia sinensis	木兰科	II	中段
40	宝华玉兰	Magnolia zenii	木兰科	II	东段
41	五味子	Schisandra chinensis	木兰科	II	秦岭全段
42	水青树	Tetracentron sinensis	水青树科	II	秦岭全段
43	奶桑	Morus macroura	桑科	II	西段
44	云南桑（变种）	Morus mongolica var. yunnanensis	桑科	II	秦岭全段
45	喜树	Camptotheca acuminata	珙桐科	II	西段
46	水曲柳	Fraxinus mandschurica	木犀科	II	东、中段
47	白花马蔺（变种）	Iris lactea	鸢尾科	II	秦岭全段
48	东北茶藨子	Ribes mandshuricum	虎耳草科	II	中、西段
49	明党参	Changium smyrnioides	伞形科	II	中段
50	秦岭石蝴蝶	Petrocosmea qinlingensis	苦苣苔科	II	中段

续　表

序号	中文名	学名	科名	保护等级	在秦岭的分布
51	红花绿绒蒿	Meconopsis punicea	罂粟科	II	西段
52	金荞	Fagopyrum dibotrys	蓼科	II	秦岭全段
53	香果树	Emmemopterys henryi	茜草科	II	秦岭全段
54	川黄檗（变种）	Phellodendron chinense	芸香科	II	中段
55	山莨菪	Anisodus tanguticus	茄科	II	西段
56	紫椴	Tilia amurensis	椴树科	II	秦岭全段
57	野菱（变种）	Trapa incisa	菱科	II	东段
58	软枣猕猴桃	Actinidia arguta	猕猴桃科	II	秦岭全段
59	硬齿猕猴桃	Actinidia callosa	猕猴桃科	II	中、西段
60	城口猕猴桃	Actinidia chengkouensis	猕猴桃科	II	中段
61	中华猕猴桃	Actinidia chinensis	猕猴桃科	II	秦岭全段
62	圆果猕猴桃	Actinidia globosa	猕猴桃科	II	秦岭全段
63	狗枣猕猴桃	Actinidia kolomikta	猕猴桃科	II	东、中段
64	海棠猕猴桃	Actinidia maloides	猕猴桃科	II	秦岭全段
65	黑蕊猕猴桃	Actinidia melanandra	猕猴桃科	II	秦岭全段
66	葛枣猕猴桃	Actinidia polygama	猕猴桃科	II	秦岭全段
67	四萼猕猴桃	Actinidia tetramera	猕猴桃科	II	秦岭全段
68	关木通	Aristolochia manshuriensis	马兜铃科	II	东、中段
69	马蹄香	Saruma henryi	马兜铃科	II	秦岭全段
70	甘肃桃	Amygdalus kansuensis	蔷薇科	II	中、西段
71	丽江山荆子	Malus rockii	蔷薇科	II	中段
72	刺萼参	Echinocodon lobophyllus	桔梗科	II	中段
73	苞藜	Baolia bracteata	藜科	II	西段
74	小丛红景天	Rhodiola du mulosa	景天科	II	中段
75	狭叶红景天	Rhodiola kirilowii	景天科	II	中、西段

续 表

序号	中文名	学名	科名	保护等级	在秦岭的分布
76	大果红景天	Rhodiola macrocarpa	景天科	II	中、西段
77	四裂红景天	Rhodiola quadrifida	景天科	II	西段
78	粗茎红景天	Rhodiola wallichiana	景天科	II	中段
79	云南红景天	Rhodiola yunnanensis	景天科	II	秦岭全段
80	穿龙薯蓣	Dioscorea nipponica	薯蓣科	II	秦岭全段
81	盾叶薯蓣	Dioscorea zingiberensis	薯蓣科	II	秦岭全段
82	黄连	Coptis chinensis	毛茛科	II	中段
83	矮牡丹	Paeonia jishanensis	毛茛科	II	东、中段
84	美丽芍药	Paeonia mairei	毛茛科	II	中、西段
85	卵叶牡丹	Paeonia qiui	毛茛科	II	东段
86	紫斑牡丹	Paeonia rockii	毛茛科	II	全段
87	绿花百合	Lilium fargesii	百合科	II	中、西段
88	金线重楼	Paris delavayi	百合科	II	中、西段
89	球药隔重楼	Paris fargesii	百合科	II	中段
90	七叶一枝花	Paris polyphylla	百合科	II	秦岭全段
91	四叶重楼	Paris quadrifolia	百合科	II	中段
92	黑籽重楼	Paris thibetica	百合科	II	中、西段
93	北重楼	Paris verticillata	百合科	II	秦岭全段
94	文县重楼	Paris wenxianensis	百合科	II	西段
95	棒距无柱兰	Amitostigma bifoliatum	兰科	II	中、西段
96	无柱兰（细葶）	Amitostigma gracile	兰科	II	东、中段
97	一花无柱兰	Amitostigma monanthum	兰科	II	秦岭全段
98	小白及	Bletilla formosana	兰科	II	中、西段
99	黄花白及	Bletilla ochracea	兰科	II	秦岭全段
100	白及	Bletilla striata	兰科	II	秦岭全段

续　表

序号	中文名	学名	科名	保护等级	在秦岭的分布
101	城口卷瓣兰	Bulbophyllum chrondriophorum	兰科	II	中段
102	河南卷瓣兰	Bulbophyllum henanense	兰科	II	东、中段
103	广东石豆兰	Bulbophyllum kwangtungense	兰科	II	东、中段
104	藓叶卷瓣兰	Bulbophyllum retusiusculum	兰科	II	西段
105	流苏虾脊兰	Calanthe alpina	兰科	II	秦岭全段
106	弧距虾脊兰	Calanthe arcuata var. arcuata	兰科	II	秦岭全段
107	肾唇虾脊兰	Calanthe brevicornu	兰科	II	中、西段
108	剑叶虾脊兰	Calanthe davidii	兰科	II	秦岭全段
109	峨眉虾脊兰	Calanthe emeishanica	兰科	II	中段
110	少花虾脊兰	Calanthe delavayi	兰科	II	西段
111	天府虾脊兰	Calanthe fargesii	兰科	II	西段
112	钩距虾脊兰	Calanthe graciliflora	兰科	II	东段
113	镰萼虾脊兰	Calanthe puberula	兰科	II	中段
114	三棱虾脊兰	Calanthe tricarinata	兰科	II	中、西段
115	布袋兰	Calypso bulbosa	兰科	II	中、西段
116	银兰	Cephalanthera erecta	兰科	II	秦岭全段
117	头蕊兰	Cephalanthera longifolia	兰科	II	秦岭全段
118	独花兰	Changnienia amoena	兰科	II	秦岭全段
119	凹舌兰（变种）	Coeloglossu mviride	兰科	II	秦岭全段
120	珊瑚兰	Corallorhiza trifida	兰科	II	东、中段
121	杜鹃兰	Cremastra appendiculata	兰科	II	秦岭全段
122	血红肉果兰	Cyrtosia septentrionalis	兰科	II	东段
123	火烧兰	Epipactis helleborine	兰科	II	秦岭全段
124	大叶火烧兰	Epipactis mairei	兰科	II	秦岭全段
125	裂唇虎舌兰	Epipogium aphyllum	兰科	II	中、西段

续　表

序号	中文名	学名	科名	保护等级	在秦岭的分布
126	虎舌兰	Epipogium roseum	兰科	II	中段
127	长距美冠兰	Eulophia faberi	兰科	II	中段
128	美冠兰	Eulophia graminea	兰科	II	东段
129	毛萼山珊瑚	Galeola lindleyana	兰科	II	秦岭全段
130	台湾盆距兰	Gastrochilus formosanus	兰科	II	中段
131	天麻	Gastrodia elata	兰科	II	秦岭全段
132	大花斑叶兰	Goodyera biflora	兰科	II	东、中段
133	光萼斑叶兰	Goodyera henryi	兰科	II	东、西段
134	小斑叶兰	Goodyera repens	兰科	II	秦岭全段
135	斑叶兰	Goodyera schlechtendaliana	兰科	II	秦岭全段
136	手参	Gymnadenia conopsea	兰科	II	秦岭全段
137	西南手参	Gymnadenia orchidis	兰科	II	中、西段
138	小花玉凤花	Habenaria acianthoides	兰科	II	西段
139	毛葶玉凤花	Habenaria ciliolaris	兰科	II	东、西段
140	雅致玉凤兰	Habenaria fargesii	兰科	II	西段
141	粉叶玉凤花	Habenaria glaucifolia	兰科	II	秦岭全段
142	十字兰	Habenaria schindleri	兰科	II	东段
143	粗距舌喙兰	Hemipilia crassicalcara	兰科	II	东、中段
144	扇唇舌喙兰	Hemipilia flabellata	兰科	II	东、中段
145	裂瓣角盘兰	Herminium alaschanicum	兰科	II	东、西段
146	叉唇角盘兰（变种）	Herminium lanceum	兰科	II	秦岭全段
147	角盘兰	Herminium monorchis	兰科	II	秦岭全段
148	长瓣角盘兰	Herminium ophioglossoides	兰科	II	中段
149	套叶兰	Hippeophyllum sinicum	兰科	II	中、西段
150	无喙兰	Holopogon gaudissartii	兰科	II	东段

续　表

序号	中文名	学名	科名	保护等级	在秦岭的分布
151	叉唇无喙兰	Holopogon smithianus	兰科	II	中段
152	瘦房兰	Ischogyne mandarinorum	兰科	II	东、中段
153	福建羊耳蒜	Liparis dunnii	兰科	II	东段
154	小羊耳蒜	Liparis fargesii	兰科	II	秦岭全段
155	羊耳蒜	Liparis japonica	兰科	II	秦岭全段
156	长唇羊耳蒜	Liparis pauliana	兰科	II	中段
157	大花对叶兰	Listera grandiflora	兰科	II	中段
158	巨唇对叶兰（变种）	Listera grandiflora var. megalochila	兰科	II	中段
159	对叶兰	Listera puberula	兰科	II	秦岭全段
160	沼兰	Malaxis monophyllos	兰科	II	秦岭全段
161	全唇兰	Myrmechis chinensis	兰科	II	中段
162	风兰	Neofinetia falcata	兰科	II	西段
163	尖唇鸟巢兰	Neottia acuminata	兰科	II	秦岭全段
164	北方鸟巢兰	Neottia camtschatea	兰科	II	东、西段
165	高山鸟巢兰	Neottia listeroides	兰科	II	西段
166	密花兜被兰	Neottianthe calcicola	兰科	II	西段
167	二叶兜被兰	Neottianthe cucullata	兰科	II	东、中段
168	一叶兜被兰	Neottianthe monophylla	兰科	II	中段
169	兜被兰	Neottianthe pseudo-diphylax	兰科	II	秦岭全段
170	毛叶芋兰	Nervilia plicata	兰科	II	西段
171	广布红门兰	Orchis chusua	兰科	II	秦岭全段
172	二叶红门兰	Orchis diantha	兰科	II	中、西段
173	宽叶红门兰	Orchis latifolia	兰科	II	西段
174	华西红门兰	Orchis limprichtii	兰科	II	东、西段
175	北方红门兰	Orchis roborovskii	兰科	II	中段

续表

序号	中文名	学名	科名	保护等级	在秦岭的分布
176	河北红门兰	Orchis tschiliensis	兰科	II	东、中段
177	短梗山兰	Oreorchis erythrochrysea	兰科	II	西段
178	长叶山兰	Oreorchis fargesii	兰科	II	秦岭全段
179	囊唇山兰	Oreorchis indica	兰科	II	中段
180	狭叶白蝶兰	Pecteilis radiata	兰科	II	东段
181	一掌参	Peristylus forceps	兰科	II	东、西段
182	二叶舌唇兰	Platanthera chlorantha	兰科	II	秦岭全段
183	对耳舌唇兰	Platanthera finetiana	兰科	II	西段
184	舌唇兰	Platanthera japonica	兰科	II	秦岭全段
185	小花舌唇兰	Platanthera minutiflora	兰科	II	秦岭全段
186	独蒜兰	Pleione bulbocodioides	兰科	II	东、中段
187	台湾独蒜兰	Pleione formosana	兰科	II	中段
188	绶草	Spiranthes sinensis	兰科	II	秦岭全段
189	筒距兰	Tipularia szechuanica	兰科	II	中、西段
190	蜻蜓兰	Tulotis fuscescens	兰科	II	秦岭全段
191	小花蜻蜓兰	Tulotis ussuriensis	兰科	II	东、中段
192	旗唇兰	Vexillabium yakushimense	兰科	II	中段
193	胡桃（栽培种）	Juglans regia	胡桃科	II	秦岭全段
194	樟（栽培种）	Cinnamonum camphara	樟科	II	秦岭全段
195	凹叶厚朴（栽培种）	Magnolia officinalis subsp. biloba	木兰科	II	秦岭全段
196	厚朴（栽培种）	Magnolia officinalis	木兰科	II	秦岭全段
197	野茶树（栽培种）	Camellia sinensis	山茶科	II	东、中段
198	珊瑚菜（栽培种）	Glehnia littoralis	伞形科	II	中段
199	莲（栽培种）	Nelumbo nucifera	睡莲科	II	秦岭全段
200	玫瑰（栽培种）	Rosa rugosa	蔷薇科	II	秦岭全段
201	牡丹（栽培种）	Paeonia suffruticosa	毛茛科	II	秦岭全段

附表3　秦岭地区 I 级保护动物

序号	中文名	学名	目科	保护等级	分布范围
1	东方白鹳	Ciconia boyciana	鹳形目 鹳科	I	平利
2	朱鹮	Nipponia Nippon	鹳形目 鹮科	I	汉中
3	金雕	Aquila chrysaetos	隼形目 鹰科	I	陕西省
4	白肩雕	Aquila heliaca	隼形目 鹰科	I	关中、陕北
5	大鸨	Otis tarada	鹤形目 鸨科	I	关中、陕北
6	川金丝猴	Rhinopithecus roxellanae	灵长目 猴科	I	秦岭
7	秦岭大熊猫	Ailuropada melanoleuca	食肉目 熊科	I	秦岭
8	虎	Panthera tigris	食肉目 猫科	I	秦岭、巴山
9	云豹	Neofelis nebulosa	食肉目 猫科	I	秦岭、巴山
10	豹	Panthera pardus	食肉目 猫科	I	陕西省
11	羚牛	Budorcas taxicolor	偶蹄目 牛科	I	秦岭
12	林麝	Moschus berezovskii	偶蹄目 麝科	I	秦岭、巴山、关山

附表4 秦岭地区 II 级保护动物

序号	中文名	学名	目科	保护等级	分布范围
1	中华虎凤蝶	Luehdorfia chinensis	鳞翅目 凤蝶科	II	秦岭
2	阿波罗绢蝶	Parnassisus Apollo	鳞翅目 绢蝶科	II	秦岭
3	秦岭细鳞鲑	Brachymystax lenok tsinlingensis	鲑形目 鲑科	II	秦岭
4	贝氏哲罗鲑	Hucho bleekeri	鲑形目 鲑科	II	秦岭
5	大鲵	Andrias davidianus	有尾目 隐鳃鲵科	II	秦岭、巴山
6	山瑞鳖	Trionyx steindachneri	龟鳖目 鳖科	II	巴山
7	斑嘴鹈鹕	Pelecanus philippensis	鹈形目 鹈鹕科	II	关中、陕北
8	白琵鹭	Platalea leucorodia	鹳形目 鹮科	II	陕西省
9	大天鹅	Cygnus cygnus	雁形目 鸭科	II	关中、陕北
10	小天鹅	Cygnus columbianus	雁形目 鸭科	II	镇安
11	鸳鸯	Aix galericulata	雁形目 鸭科	II	关中、陕南
12	鸢	mivus Korschum	隼形目 鹰科	II	陕西省
13	赤腹鹰	Accipiter soloensis	隼形目 鹰科	II	关中、陕南
14	雀鹰	Accipiter nisus	隼形目 鹰科	II	陕西省
15	苍鹰	Accipiter gentilis	隼形目 鹰科	II	秦岭、巴山
16	松雀鹰	Accipiter virgatus	隼形目 鹰科	II	秦岭
17	大鵟	Buteo he milasius	隼形目 鹰科	II	关中、陕北
18	普通鵟	B. buteo	隼形目 鹰科	II	陕北、陕南
19	毛脚鵟	B. lagopus	隼形目 鹰科	II	关中
20	灰脸鵟鹰	Butastur indicus	隼形目 鹰科	II	石泉、南郑
21	白尾鹞	Circus cyaneus	隼形目 鹰科	II	关中、陕南
22	燕隼	Falco subbuteo	隼形目 隼科	II	关中
23	红脚隼	Falco amurensis	隼形目 隼科	II	关中、陕北
24	灰背隼	Falco columbarius	隼形目 隼科	II	关中、陕北
25	红隼	Falco tinnunculus	隼形目 隼科	II	陕西省

续 表

序号	中文名	学名	目科	保护等级	分布范围
26	血雉	Ithaginis cruentus	鸡形目 雉科	II	秦岭
27	红腹角雉	Tragopan temminckii	鸡形目 雉科	II	秦岭、巴山
28	勺鸡	Pucrasia macrolopha	鸡形目 雉科	II	秦岭、巴山
29	白冠长尾雉	Syrmaticus reevesii	鸡形目 雉科	II	秦岭、巴山
30	红腹锦鸡	Chrysolophus pictus	鸡形目 雉科	II	秦岭、巴山
31	灰鹤	Grus grus	鹤形目 鹤科	II	陕西省
32	蓑羽鹤	Anthropoides virgo	鹤形目 鹤科	II	城固
33	红翅绿鸠	Treron sieboldii	鸽形目 鸠鸽科	II	佛坪、太白
34	红角鸮	Otus scops	鸮形目 鸱鸮科	II	秦岭、巴山
35	领角鸮	Otus bakkamoena	鸮形目 鸱鸮科	II	留坝、宁陕
36	普通雕鸮	Bubo bubo	鸮形目 鸱鸮科	II	关中、陕南
37	毛脚鱼鸮	Ketupa flavipes	鸮形目 鸱鸮科	II	镇平、周至
38	雪鸮	Bubo scandiaca	鸮形目 鸱鸮科	II	鄠邑区
39	领鸺鹠	Glaucidium brodiei	鸮形目 鸱鸮科	II	周至
40	斑头鸺鹠	Glaucidium cuculoides	鸮形目 鸱鸮科	II	秦岭、巴山
41	鹰鸮	Ninox scutulata	鸮形目 鸱鸮科	II	秦岭、巴山
42	纵纹腹小鸮	Athene noctua	鸮形目 鸱鸮科	II	陕西省
43	灰林鸮	Strix aluco	鸮形目 鸱鸮科	II	宁陕、南郑
44	长耳鸮	Asio otus	鸮形目 鸱鸮科	II	关中、陕南
45	短耳鸮	Asio flammeus	鸮形目 鸱鸮科	II	汉中、渭南
46	猕猴	Macaca mulatta	灵长目 猴科	II	巴山
47	豺	Cuon alpinus	食肉目 犬科	II	陕西省
48	黑熊	Ursus thibetanus	食肉目 熊科	II	秦岭、巴山
49	小熊猫	Ailurus fulgens	食肉目 小熊猫科	II	宁陕、宁强
50	黄喉貂	Martes flavigula	食肉目 鼬科	II	陕西省

续　表

序号	中文名	学名	目科	保护等级	分布范围
51	水獭	Lutra lutra	食肉目 鼬科	II	陕西省
52	大灵猫	Viverra zibetha	食肉目 灵猫科	II	秦岭、巴山
53	小灵猫	Viverricula indica	食肉目 灵猫科	II	秦岭、巴山
54	猞猁	Lynx lynx	食肉目 猫科	II	石泉
55	亚洲金猫	Catopuma temmincki	食肉目 猫科	II	秦岭、巴山
56	鬣羚	Capricornis sumatraensis	偶蹄目 牛科	II	秦岭、巴山
57	斑羚	Naemorhedus goral	偶蹄目 牛科	II	秦岭、巴山

注：沈茂才．中国秦岭生物多样性的研究与保护［M］．北京：科学出版社，2010．

参考文献

[1] 刘胤汉. 秦岭水文地理 [M]. 第一版. 西安：陕西人民出版社, 1983.

[2] 刘兴昌. 秦岭水文特征及其对泥石流影响的初步分析 [J]. 西北大学学报（自然科学版）, 1997, 27（5）: 438-442.

[3] 陕西省地方志编纂委员会. 黄河水系. 陕西省志水利志 [M]. 西安：陕西省人民出版社, 1997.

[4] 董文旭. 秦岭地区水资源及其开发利用研究 [D]. 西安：西北大学, 2015.

[5] 高善明. 渭河下游河流地貌 [M]. 北京：科学出版社, 1983: 1-230.

[6] 张艳玲. 陕西省渭河流域水文特性分析 [J]. 西北水资源与水工程, 2002, 13（2）: 62-64.

[7] 宝鸡市地方志编纂委员会. 宝鸡市志 [M]. 西安：三秦出版社, 1998.

[8] 陕西省地方志编纂委员会. 南洛河水系 [M]// 陕西省志地理志. 西安：陕西人民出版社, 2006.

[9]《洛南县志》编纂委员会. 洛南县志 [M]. 北京：作家出版社, 1999.

[10] 马志有. 伊洛河水系水文特性浅析 [J]. 水文, 1998（2）: 57-58.

［11］陈升辉，郭慕夷.中华民族的发祥地之一——洛河［J］.中国水利，1982（1）：39-41.

［12］陈明荣.秦岭的气候与农业［M］.西安：陕西人民出版社1983.

［13］姚媛.秦岭北麓生态文化旅游示范区开发模式研究［J］.陕西农业科学，2014，60（01）：97-101.

［14］樊啸宇，项红军."生态文明"下秦岭山地体育健身旅游资源开发与环境保护的研究［J］.教育现代化，2018（15）：244-247.

［15］李战刚，任毅，王学杰.陕西长青国家级自然保护区综合科学考察报告［M］.西安：陕西科学技术出版社，2006.

［16］王学琪.汉江上游地区水文概况［J］.水文，1988（6）：46-49.

［17］梁中效.试论汉水流域的历史文化特征［J］.汉中师范学院学报，2003，74（2）：1-7.

［18］陕西省地方志编纂委员会.陕西省地理志［M］.西安：陕西人民出版社，1999.

［19］凤县志编纂委员会.凤县志［M］.西安：陕西人民出版社，1994.

［20］略阳县地方志编纂委员会.略阳县志［M］.西安：陕西人民出版社，1992.

［21］宁强县志编纂委员会.宁强县志［M］.西安：陕西师范大学出版社，1995.

［22］井涌.秦岭生态保护区水文水资源特征［J］.长江职工大学学报，2003，6：9-11.

［23］田宏伟.秦岭北麓降雨与渭河洪水的关系［J］.陕西气象，2006（3）：11-14.

［24］王健.伊洛河上游水文特性浅析［J］.陕西水利，2008（5）：73-74.

［25］张楷.汉江上游暴雨洪水特性研究［J］.灾害学，2006，21（3）：98-102.

［26］李桃英，殷峻暹，张丽丽，等.汉江上游径流演变趋势及影响因素分析［J］.人民长江，2011，42（9）：19-22.

［27］陈清.秦岭地区苔类植物区系及拟大萼苔属植物研究［D］.西安：西北大学，2008.

［28］李思锋，黎斌.秦岭植物志增补（种子植物）［M］.北京：科学出版社，2013.

［29］袁永明，张志英.秦岭的珍稀特有植物及其区系特征［J］.武汉植物学研究，1986，4（4）：353-362.

［30］岳明，张林静，马凯，等.华山新麦草濒危原因及种群繁殖对策［J］.生态学报，2001.

［31］刘晓清，张霞，王亚萍，等.秦岭地区生物多样性及其保护对策［J］.安徽农业科学，2012.

［32］比尔·波特.空谷幽兰——寻访当代中国隐士［M］.海口：南海出版公司，2010.

［33］高从宜，王小宁.终南幽境［M］.西安：西北大学出版社，2016.

［34］高均善.终南问道［M］.西安：西安出版社，2015.

［35］蒋星煜.中国隐士与中国文化［M］.上海：上海人民出版社，2009.

［36］史飞翔.终南隐士［M］.西安：陕西人民出版社，2013.

［37］景俊海.陕西旅游文化丛书：山水秦岭［M］.西安：陕西旅游出版社，2010.

［38］骆玉明.诗经全三册［M］.西安：三秦出版社，2018.

［39］彭定求.全唐诗［M］.北京：中华书局，1960.

［40］肖云儒.秦岭四库全书［M］.西安：西安出版社2016.

［41］俞平伯.诗词鉴赏［M］.西安：陕西师范大学出版社，2010.

［42］高从宜，王建林.秦岭——道汇长安［M］.西安：西北大学出版社：2010.10：153-154.

［43］姚媛.秦岭北麓生态文化旅游发展模式构建研究［J］.旅游纵览（下半月），2013（04）：178.

［44］许洁雯，杜宏争.中国地理百科秦岭［M］.北京：世界图书出版社，2016：168-170.

［45］许洁雯，杜宏争.中国地理百科秦岭［M］.北京：世界图书出版社，2016：180-181.

［46］惠西平，王广群.大秦岭［M］.西安：陕西人民出版社，2010：131-140.

［47］惠西平，王广群.大秦岭［M］.西安：陕西人民出版社，2010：116-119.

［48］惠西平，王广群.大秦岭［M］.西安：陕西人民出版社，2010：131-140.

［49］高从宜，王小宁.终南幽境［M］.西安：西北大学出版社，2016：79-85.

［50］何奇彦.基于功能分区理论的秦岭北麓自然保护区生态旅游开发研究［J］.林业调查规划，2018，43（03）：141-144+152.

［51］董文旭.秦岭地区水资源及其开发利用研究［D］.西安：西北大学，2015.

［52］蒋志刚.陕西老县城自然保护区的生物多样性［M］.北京：清华大学出版社，2006

［53］赵桦，王东，杨培君，等.陕西留坝地区种子植物区系分析［J］.西北植物学报，1998，18（3）：466-474

［54］丁小维，刘开辉，邓百万，等.秦岭紫柏山大型真菌资源初步调查［J］.贵州农业科学，2012，40（10）：111-113

［55］陈洪，张永斌，刘瑞明，等.平河梁自然保护区的生态评价.西北林学院学报，2012，27（4）：103-107

[56] 李绍文. 浅析秦岭北麓生态系统保护与修复[J]. 陕西水利, 2012, 2（2）: 103-105, 110.

[57] 郑生民, 井涌. 秦岭山地水文生态功能的战略地位[J]. 中国水利, 2006（15）: 56-58.

[58] 李怀印, 徐刚, 肖颖. 及早重视保护秦岭南麓生态环境[J]. 陕西林业, 2008,（2）: 28-30.

[59] 张秦伟. 秦岭种子植物区系地理[M]. 西安: 西北大学出版社, 2001.

[60] 岳明, 刁鲲鹏. 秦岭——中国南北分界线上的自然保护区[J]. 森林与人类, 2016（11）: 60-73.

[61] 沈茂才. 中国秦岭生物多样性的研究与保护[M]. 北京: 科技出版社, 2010.

[62] 朱明旗. 秦岭多孔菌资源及区系地理成分研[D]. 杨凌: 西北农林科技大学出版社, 2005.

[63] 祁鹏, 李峻志, 李安利, 等. 秦岭中段地区大型真菌种质资源调查初报[J]. 中国食用菌, 2013, 32（01）: 8-13.

[64] 卯晓岚, 王苒, 丁学欣, 等. 秦岭真菌[J]. 森林与人类, 2014（02）: 80-87.

[65] 圣志存, 吴双, 王安平, 等. 珊瑚菌子实体和菌丝体营养成分与抗氧化活性的比较[J]. 现代食品科技, 2018, 34（05）: 62-67, 40.

[66] 李艳萍, 李金钢. 秦岭太白山区蝶类多样性的研究[J]. 现代生物医学进展, 2006（12）: 56-57.

[67] 沈茂才. 秦岭植物园科学考察报告[M]. 西安: 陕西科学技术出版社, 2008.

[68] 狄维忠, 于兆英. 陕西省第一批国家珍稀濒危保护植物[M]. 西安: 西北大学出版社, 1989.

[69] 郜旭鸽. 秦岭山地珍稀濒危保护植物及地理分布格局研究[D]. 杨凌: 西北农林科技大学, 2017.

[70] 张文辉, 周建云, 李景侠. 秦岭濒危植物种群生态及保育技术研究[M]. 杨凌: 西北农林科技大学出版社, 2015.

[71] 杨平厚, 孙承骞. 陕西野生兰科植物图鉴[M]. 西安: 陕西科学技术出版社, 2007.

[72] 党坤良, 李登武, 王开锋. 陕西观音山自然保护区综合科学考察与生物多样性研究[M]. 北京: 中国林业出版社, 2006.

[73] 岳明, 刁鲲鹏. 秦岭中国南北分界线上的自然保护区群[J]. 森林与人类, 2016（11）: 60-73.

［74］沈茂才.中国秦岭生物多样性的研究与保护［M］.杨凌：西北农林科技大学出版社，2015.

［75］张文辉，周建云，李景侠，等.秦岭濒危植物种群生态及保育技术研究［M］.杨凌：西北农林科技大学出版社，2015.